U0910815

本书获得浙江省哲学社会科学规划重点课题基金、台州市宣传文化名家工作室建设基金、台州市优秀人才培养（著作出版类）基金资助。

政治经济学原理及教学研究

张明龙 著

Zhengzhi Jingjixue Yuanli Ji
Jiaoxue Yanjiu

中国社会科学出版社

图书在版编目(CIP)数据

政治经济学原理及教学研究/张明龙著.—北京：中国社会科学出版社，2016.8

ISBN 978-7-5161-8625-1

Ⅰ.①政… Ⅱ.①张… Ⅲ.①政治经济学—教学研究 Ⅳ.①F0-42

中国版本图书馆CIP数据核字(2016)第170125号

出 版 人 赵剑英
选题策划 刘 艳
责任编辑 刘 艳
责任校对 陈 晨
责任印制 戴 宽

出 版 中国社会科学出版社
社 址 北京鼓楼西大街甲158号
邮 编 100720
网 址 http://www.csspw.cn
发 行 部 010-84083685
门 市 部 010-84029450
经 销 新华书店及其他书店

印刷装订 三河市君旺印务有限公司
版 次 2016年8月第1版
印 次 2016年8月第1次印刷

开 本 710×1000 1/16
印 张 25.5
插 页 2
字 数 403千字
定 价 92.00元

目　录

前言 …………………………………………………………………（1）

第一章　导论部分理论与教学研究 ……………………………（1）

第一节　政治经济学创新的定位与体系研究 ……………………（1）

一　政治经济学理论创新的视角定位 ……………………（1）

二　结构上不宜分成资本主义与社会主义两部分 ………（3）

三　理论体系的基本框架：运行、发展和制度 …………（7）

四　中国古代经济思想成为体系的必备构件 ……………（10）

第二节　经济规律体系中各种规律的关系 ………………………（11）

一　支配经济运行的是经济规律体系 ……………………（11）

二　社会主义经济规律体系中的规律构成 ………………（12）

三　社会主义经济规律体系中各个规律的作用特点 ……（13）

第三节　社会主义公有制与国有经济比重 ………………………（15）

一　对坚持社会主义公有制的理解 ………………………（15）

二　国有经济的主导地位与应有的产值比重 ……………（16）

三　所有制改革不会动摇国有经济的主导地位 …………（18）

第四节　政治经济学导论部分的教学研究 ………………………（19）

一　运用分解式示意图讲解生产关系 ……………………（19）

二　运用组合式示意图讲解生产方式 ……………………（20）

三　对经济规律传统观点的一个质疑 ……………………（21）

第二章　商品与货币理论及教学研究 …………………………（28）

第一节　从产品与商品的差异审视价值范畴 ……………………（28）

一　价值的内容和形式 …………………………………… (28)
二　价值首先存在于"劳动产品"中 ………………………… (32)
三　价值范畴的历史过渡性 ……………………………… (36)
第二节　正确认识商品供求关系 ……………………………… (39)
一　影响商品供给量的因素 ……………………………… (39)
二　影响商品需求量的因素 ……………………………… (41)
三　正确认识商品供求的变动趋势 ……………………… (43)
第三节　价值信号机制 ………………………………………… (46)
一　价值信号机制的功能 ………………………………… (46)
二　价值信号机制的运行特点 …………………………… (51)
三　健全价值信号机制的措施 …………………………… (55)
第四节　商品与货币部分的教学研究 ………………………… (59)
一　运用比较式表格讲解基本范畴 ……………………… (59)
二　运用推导式示意图阐述商品交换原因 ……………… (61)
三　运用概括式示意图分析货币起源 …………………… (62)
四　运用叙述性案例通俗讲解货币本质 ………………… (63)
五　运用函数图像讲解价值规律 ………………………… (67)

第三章　资本与剩余价值理论及教学研究 …………………… (70)
第一节　影响资本运行的资源因素 …………………………… (70)
一　影响资本运行的土地资源因素 ……………………… (70)
二　影响资本运行的水资源因素 ………………………… (74)
三　影响资本运行的生物资源因素 ……………………… (80)
四　影响资本运行的矿产资源因素 ……………………… (82)
五　影响资本运行的能源因素 …………………………… (85)
六　影响资本运行的海洋资源因素 ……………………… (88)
第二节　获取剩余价值的有形资产与无形资产 ……………… (93)
一　可用来获取剩余价值的有形资产 …………………… (93)
二　能够带来剩余价值的无形资产定义 ………………… (94)
三　无形资产的构成要素 ………………………………… (96)
第三节　资产获利权能及其制度安排 ………………………… (103)

一 资产所有权概述 …………………………………… (103)
二 资产所有权的内含权能 ……………………………… (105)
三 资产权能制度的类型 ………………………………… (107)
四 资产权能制度的安排 ………………………………… (111)
五 资产权能制度的配置 ………………………………… (114)
第四节 准确量化企业的资产价值 …………………………… (116)
一 确定企业资产的真正净值 ……………………………… (116)
二 确定企业运用资产获得的年利润 ……………………… (119)
三 确定企业获利能力的补偿价值及企业总价值 ………… (121)
第五节 剩余价值分配过程的公式推导 ……………………… (125)
一 利润率的公式推导 …………………………………… (125)
二 利息和利息率的公式推导 …………………………… (128)
第六节 资本与剩余价值部分的教学研究 …………………… (130)
一 运用比较式表格讲解基本范畴 ………………………… (130)
二 运用分解式示意图讲解基本范畴和基本原理 ………… (135)
三 运用概括式示意图讲解有关原理 ……………………… (137)
四 用公式推导法讲述无产阶级相对贫困化 ……………… (138)
五 运用案例通俗讲解资本主义垄断 ……………………… (140)

第四章 生产组织理论与教学研究 ………………………… (144)
第一节 我国先秦时期手工业生产组织 ……………………… (144)
一 我国先秦时期手工业生产组织概况 …………………… (144)
二 先秦时期手工业的发展及其专业分工 ………………… (147)
三 《考工记》反映的先秦手工业生产要求 ……………… (149)
第二节 我国古代瓷器生产组织的发展 ……………………… (152)
一 远古至汉代瓷器生产组织的发展 ……………………… (152)
二 唐时期瓷器生产组织的发展 ………………………… (153)
三 宋代瓷器生产组织的发展 …………………………… (154)
四 元时期瓷器生产组织的发展 ………………………… (156)
五 明代瓷器生产组织的发展 …………………………… (157)
六 清时期瓷器生产组织的发展 ………………………… (158)

第三节　按公司制规范要求推进国有企业改革 ……………（159）
一　明确国有企业改革的方向 ……………………………（159）
二　健全提高经营者绩效的激励机制 ……………………（165）
三　完善降低代理成本的约束机制 ………………………（169）
第四节　产业集群产生的溢出效应 …………………………（172）
一　企业集群与产业集群 …………………………………（172）
二　产业集群中企业之间产生的溢出效应 ………………（172）
三　产业集群引起的家庭之间溢出效应 …………………（175）
四　产业集群引起的公共经济溢出效应 …………………（175）
第五节　产业链式化转移与承接 ……………………………（177）
一　产业转移与承接概述 …………………………………（177）
二　以价值链为基础的产业转移与承接 …………………（179）
三　以供应链为基础的产业转移与承接 …………………（182）
四　以生产链为基础的产业转移与承接 …………………（187）
第六节　生产组织部分的教学研究 …………………………（190）
一　运用比较式表格讲解基本范畴 ………………………（190）
二　运用分解式示意图讲解两权分离理论 ………………（192）
三　运用函数图像讲解经济学原理 ………………………（193）

第五章　市场贸易理论与教学研究 ………………………（199）
第一节　市场及其类型与结构分析 …………………………（199）
一　市场内涵的分析 ………………………………………（200）
二　市场类型分析 …………………………………………（202）
三　市场结构分析 …………………………………………（208）
第二节　市场规则与市场规则体系 …………………………（212）
一　市场规则 ………………………………………………（212）
二　市场主体规则体系 ……………………………………（213）
三　市场客体规则体系 ……………………………………（214）
第三节　计划与市场两大调控机制的水乳交融式结合 ……（216）
一　计划与市场结合模式若干观点的共同缺陷 …………（217）
二　计划与市场两大调控机制水乳交融结合模式的

基本框架 …………………………………………………… (221)
三 计划与市场水乳交融结合而成的机制类型
及其运用 …………………………………………………… (225)
第四节 社会主义市场经济两大调控机制比较 ……… (229)
一 联系方式比较 ……………………………………………… (230)
二 信息传导方式比较 ………………………………………… (231)
三 资源配置方式比较 ………………………………………… (232)
四 平衡方式比较 ……………………………………………… (232)
五 利益协调方式比较 ………………………………………… (233)
第五节 市场贸易部分的教学研究 ……………………… (234)
一 运用比较式表格讲解基本范畴 ………………………… (234)
二 运用演进式示意图讲解市场区 ………………………… (236)
三 我国古代商业资本的参考资料 ………………………… (240)
四 运用案例通俗讲解社会主义市场的调节机制 …… (243)

第六章 区域发展理论与教学研究 ……………………………… (247)
第一节 我国古代农村土地开发思想管窥 ……………… (247)
一 对农村土地资源进行分类 ……………………………… (247)
二 依据农村土地区位差别核定税收数量 ………………… (248)
三 根据农村土地的区位特点建造农田 …………………… (248)
四 以农村耕地为基础建立国家行政区 …………………… (252)
第二节 杜能的区域农业发展同心圆模式 ……………… (253)
一 区域农业发展理论假设条件及基本命题 ……………… (253)
二 区域农业发展理论的核心内容：同心圆模式 …… (256)
三 杜能区域农业发展理论的贡献与不足 ………………… (260)
第三节 韦伯区域工业布局论的结构考察 ……………… (262)
一 区域工业布局论概述 …………………………………… (262)
二 韦伯的运费最小区域工业布局论 ……………………… (263)
三 韦伯的劳动力费用最小区域工业布局论 ……………… (265)
四 韦伯的区域工业集聚布局论 …………………………… (267)
五 区域产业布局指向论 …………………………………… (268)

第四节　区域发展规律概述 …………………………………… (269)
一　区域利益规律 ……………………………………………… (269)
二　区域非均衡发展规律 ……………………………………… (270)
三　区域阶段性发展规律 ……………………………………… (273)
四　区域主导产业优先发展规律 ……………………………… (275)
五　区域周期性波动发展规律 ………………………………… (278)
第五节　区域发展模式比较与选择 …………………………… (280)
一　世界发展大趋势 …………………………………………… (280)
二　区域发展模式比较 ………………………………………… (282)
三　区域发展模式选择 ………………………………………… (285)
第六节　欠发达地区跨越式发展思索 ………………………… (288)
一　大力培育植根于当地的制造业 …………………………… (288)
二　充分挖掘当地特色产业潜力 ……………………………… (294)
三　不断拓宽招商引资空间 …………………………………… (295)
第七节　区域发展部分的教学研究 …………………………… (298)
一　运用概括式示意图讲解区域发展原理 …………………… (298)
二　运用分解式示意图讲解区域发展原理 …………………… (299)
三　运用图表讲解影响区域发展的等费线原理 ……………… (300)
四　立体利用区域空间资源的环保住宅举例 ………………… (304)

第七章　收入分配与宏观调控理论及教学研究 …………………… (309)
第一节　我国就业制度演变纵向考察 ………………………… (309)
一　改革开放前的就业制度 …………………………………… (310)
二　我国改革开放初期就业制度演进的四大步骤 …… (313)
三　社会主义市场经济条件下就业制度的变动趋势 … (316)
第二节　我国工资制度变迁纵向考察 ………………………… (320)
一　改革前工资制度的演变 …………………………………… (321)
二　改革开放以来工资制度的变迁 …………………………… (323)
三　在理顺收入分配制度关系的基础上推进工资
制度创新 ……………………………………………………… (328)
第三节　宏观调控目标与健全宏观调控机制 ………………… (330)

一 宏观调控的总目标 …………………………………… (331)
二 宏观调控的具体目标 ………………………………… (332)
三 健全宏观调控的核心机制 ……………………………… (336)
第四节 市场经济条件下政府的宏观调控方法 ……………… (343)
一 制定适宜的经济政策 ………………………………… (343)
二 完善经济法规 ………………………………………… (344)
三 更好地发挥计划机制的长处 ………………………… (344)
四 变动经济参数 ………………………………………… (345)
五 加强道德规范建设 …………………………………… (346)
六 健全监督体系 ………………………………………… (346)
七 提供社会公共服务，并直接参与某些经济活动 … (347)
八 积极开展有利于市场经济发展的制度创新 ……… (348)
九 建立适应市场经济的社会保障制度 ……………… (348)
十 综合运用示向性引导措施 …………………………… (349)
第五节 我国宏观调控政策变迁纵向考察 ………………… (350)
一 由市场经济走向计划经济时期的宏观调控 ……… (351)
二 计划经济体制下的宏观调控 ………………………… (353)
三 由计划经济走向市场经济时期的宏观调控 ……… (357)
第六节 宏观调控部分教学研究 ………………………… (364)
一 运用公式推导讲解扩大再生产公式的相互联系 … (364)
二 运用分解式示意图讲解基本原理 ………………… (368)
三 运用案例通俗讲解资本主义经济危机的实质与根源 ……………………………………………… (369)
四 国外宏观经济环境治理新技术举例 ……………… (372)

参考文献 ………………………………………………………… (381)
一 中文著作 ………………………………………………… (381)
二 中文论文 ………………………………………………… (386)
三 外文 ……………………………………………………… (390)

后记 ……………………………………………………………… (393)

前　言

近几年，中央领导多次强调政治经济学的重要作用。2014 年 7 月 8 日，习近平总书记在主持召开经济形势专家座谈会时谈到，学好用好政治经济学，这对于领导干部完善知识结构、提高治理经济能力、推动经济持续健康发展具有十分重要的意义。2015 年 11 月 23 日，习近平在主持中共中央政治局第二十八次集体学习时，指出学习马克思主义政治经济学基本原理和方法论有六大重要作用：有利于我们掌握科学的经济分析方法，认识经济运动过程，把握社会经济发展规律，提高驾驭社会主义市场经济能力，更好回答我国经济发展的理论和实践问题，提高领导我国经济发展的能力和水平。

在学好用好政治经济学的热潮中，笔者也想参与讨论，谈谈自己的点滴心得体会。笔者学习和研究政治经济学，将近 40 个年头了。1977 年下半年，浙江师范大学正在筹建政史系，但是没有政治经济学教师，经组织研究决定提前派笔者去杭州大学（现为浙江大学西溪校区）政治系进修，自此开始，笔者由学习汉语言文学转向学习政治经济学。

1979 年 5 月 3 日至 23 日，南方 16 所大学政治经济学教材讨论定稿会议，在杭州屏风山工人疗养院举行。参加讨论会的有编写人员和四川人民出版社编辑等 40 余人。教育部有关方面的负责同志和浙江等省部分高校政治经济学教师也参加了讨论。当时，笔者大学尚未毕业，但由于已被确定为政治经济学教师培养，所以，有幸接受浙江师范大学派遣，参加了这次高水平的学术会议。

会议把笔者列入政治经济学（社会主义部分）编写组的讨论。与会人员，对原稿逐段逐句进行认真推敲，力求完整、准确地理解和阐述马克思主义政治经济学原理。同时，又各抒己见，畅所欲言，针对国际、国内现实经济生活中一些重大经济理论问题，展开探索，提出许多建设性意见，为教材进一步修改和提高打下了扎实基础。笔者当时学识浅薄，只有听的资格，很难提供有价值的发言。但是，这个讨论会，却为笔者提供了一个极其难得的学习机会。面对众多国内著名专家的真知灼见，笔者惜之如金玉，点点滴滴记录下来，会议结束时，留下了写得满满的两本笔记。

此后，笔者又在复旦大学经济系和中国人民大学经济系进行了两次系统的政治经济学专业学习。就这样，与政治经济学结缘至今，一直成为个人学习和研究的对象。

多年来，笔者先后担任浙江师范大学经济研究所首任所长，省级经济学重点学科负责人。主持或参与国家及省部重要课题研究10多项，其中包括浙江省新世纪高等教育教学改革项目、浙江省教育科学规划项目等多个教育教学类研究课题。获得浙江省政府哲学社会科学优秀成果一等奖、二等奖等20多项学术成果奖，并获得国家教委曾宪梓教育基金会高师教师奖、全国高校经济理论与教学改革优秀成果一等奖、浙江省首届优秀教学成果二等奖等教育教学类的奖项。

最近，笔者结合政治经济学理论研究和教学改革的需要，对以往的研究成果进行了系统梳理。在此基础上，撰写成这部专著《政治经济学原理及教学研究》。本书从我国社会主义市场经济的实践出发，以马克思主义政治经济学特别是邓小平经济理论为指导，研究了国内外一些学者有关政治经济学的学术成果，阐明了自己许多大胆而新颖的观点，拓宽了对政治经济学研究的思路。本书按照理论研究与教学研究相结合的方式，探索政治经济学的前沿问题，其特色主要体现在以下几方面。

（一）努力进行基本概念和理论观点创新

本书基本概念创新，主要体现在三个方面：一是提出独创的全新概念，如融合机制、无形资产补偿系数、制造业链式化转移、家庭消费溢出效应等。二是通过分解外延较复杂的经济范畴推导出从属于它们的较简单的新概念，如分别从供给与需求两个方面考察价值信号机制的具体形式，演绎出供方价格机制和需方价格机制、存款利率机制与贷款利率机制、供方工资机制和需方工资机制等。三是修正、充实某些原有的经济概念，或对它们做出新的解释，使它们更加完善、准确，特别是注意赋予它们与社会主义市场经济理论相一致的新含义。如无形资产概念，以往的定义很不一致，有的把它看作企业长期使用而没有实物形态的资产，有的认为它是能为企业取得未来经济效益的资产，有的认为它代表企业使用有形资产创造利润的能力，还有的将其等同于商誉。本书尽可能吸收原有各种定义的长处，并努力避免它们的不足或缺陷，提出以下经过修正的定义：能为企业带来高于有形资产一般获益率的利润而没有实物形态的固定资产。

本书理论观点创新，主要以我国经济实践为源头活水，对制度变迁和经济发展做出新的思考。例如，在探索制度变迁方面，针对计划体制改革，提出计划与市场“水乳交融”的结合模式，认为要使计划与市场从根本上消除对立关系，真正有机地结合在一起，必须采取“水乳交融”的结合方式，使计划与市场两大调控机制全面融合起来，形成浑然一体的融合制约机制，并由这种融合制约机制产生综合调节作用。在探索经济发展方面，认为欠发达地区跨越式发展的途径之一，是大力培育植根于当地的制造业。欠发达地区在培育当地制造业时，应该逐步做到：从零部件开始提高整个产品质量，从优势产品开始推动产业结构优化，从现有产业优势开始分类培育制造业基地，从先进适用技术开始加强科技创新，从龙头企业开始提高产业核心竞争力，从企业集群开始完善区域产业组织形式。

（二）努力进行理论框架和理论体系创新

笔者认为，政治经济学理论创新的大体思路应该是：按照从抽象到具体的基本理论顺序，从体现经济关系的基本概念入手，逐步构建一个新的分析范式，形成在一般原理基础上体现中国特色的政治经济学核心概念，并使之逐步凝聚成理论硬核和相应的防护带；进而紧扣经济关系的理论逻辑发展线索，通过经济运行、增长发展和制度变迁三个部分，进行系统的理论创新，建立起一个具有内在逻辑联系的政治经济学体系。

需要指出的是，本书不是编写政治经济学教材，同时也限于笔者的能力和水平，它不可能依据上述思路建立起完整的理论体系，只能在某些方面做点尝试和探索。

就理论框架创新角度来说，本书结构上，贯通了政治经济学的资本主义部分与社会主义部分。本书的理论框架，是构筑在理论思维逻辑顺序的基础上，而不是通过区别社会制度来安排各章节。本书按照理论思维进程的基本框架，分析不同社会阶段的各类经济现象。例如，在阐述生产组织理论时，依据理论思维进程的需要，把封建手工业作坊、资本主义企业和社会主义企业，有机地组合在一起，不再按照原来的政治经济学框架，资本主义部分阐述资本主义企业，社会主义部分阐述社会主义企业。

就理论体系创新角度来说，本书密切联系我国经济运行和发展实践，尽可能使其具有更加鲜明的中国特色。在整个理论体系中，体现中国特色的内容主要包括三个方面，一是反映我国制度变迁实践的成功经验，二是反映我国增长发展实践的成功经验，三是反映我国精辟深邃的古代经济思想。

（三）把理论研究与教学研究有机结合起来

本书共七章，每章多的安排七节，少的为四节。不管各章含有多少节数，其最后一节，都是与本章内容相关的教学研究。这样，把政治经济学理论研究与教学研究结合为一体。例如，第二章商品与货币理论及教学研究，前面三节阐述商品价值及形式、商品供求关系，以及价值信号机制，最后一节阐述商品与货币部分的教学研究。

政治经济学是一门抽象程度很高的学科，它阐述原理通常使用逻辑的科学语言，要求准确、缜密、规范。学生学习这门课，普遍感到困难的是内容抽象、深奥，基本范畴多而且往往含义丰富，难以全面把握不同范畴之间的有机联系，也难以迅速辨明不同范畴之间的细微区别。因此，提倡采用图表图像、公式推导、形象比喻和典型例证等教学方法，以帮助学生理解抽象的内容，不断激发他们的学习兴趣。

据此，笔者结合自己多年的课堂教学实践，对政治经济学教学方法改革进行了多视角的研究。本书主要介绍其中的直观教学法研究成果，其内容包括：（1）运用比较式表格、分解式示意图、组合式示意图、推导式示意图、概括式示意图，以及函数图像等分析政治经济学基础理论。一张设计精巧的图表，可使内容简明紧凑，条理清晰，层次分明，学生看了一目了然，稍加注意就可留下深刻印象。(2) 运用数学演算和公式推导论证政治经济学基本原理，使课堂语言变得简洁凝练、缜密深刻，从而使经济理论的阐述更加完整紧凑，明白易懂。(3) 运用案例讲解政治经济学基本理论，案例教学有利于激发学生的学习兴趣，有利于引起学生的丰富联想，有利于促使他们快速理解和接受经济学理论知识。(4) 选用适于论证某些经济理论的典型例证，例如，在市场贸易部分的教学研究中，列举了我国古代商业资本的典型例证。

(四) 把中国特色实践经验提炼为经济理论体系重要构件

从历史演变看，我国延续五千年的文明进程，有过辉煌的经济业绩，产生了丰富的经济思想，值得经济学理论研究总结的实践材料多得不可胜数。从现代改革开放看，由计划经济转变为市场经济，是一个属于剧烈变动的制度变迁过程，但是，我国却实现了顺利平稳过渡，这在世界上尚属首例。所以，这次制度变迁形成的丰富材料和大量案例，特别是解决制度创新难题积累的各种经验，不仅为政治经济学理论创新奠定了坚实的基础，而且具有世界性的首创意义。

本书努力尝试从中国特色实践经验中，提炼出政治经济学理论新内容，从而使我国古代经济思想和改革开放新成果，成为政治经济学体系的重要构件。

本书在第一章第一节就指出，我国精辟深邃的古代经济思想，不仅对本国经济发展产生过重大推动作用，而且也对世界学术思想的发展产生过一定影响，是中国特色经济理论的源头之一，应该成为政治经济学体系的必备构件之一。接着，在第四章生产组织理论中，先安排一节内容阐述我国先秦时期手工业生产组织，再用一节笔墨考察我国古代瓷器生产组织的发展。我国是瓷器的诞生地，瓷器是汉民族对世界经济作出的一项伟大贡献，在英文中“瓷器”(china) 与中国 (China) 同为一词。笔者认为，在政治经济学中介绍我国古代瓷器生产组织，对于建立中国特色经济理论体系来说，应是一个有益的探索。此外，还在第六章区域发展理论中，介绍了我国古代农村土地开发思想。

本书在第一章第一节中谈到，中国的体制改革为制度创新提供了大量案例和研究成果，同时中国从贫穷落后状态一步步走向全面小康社会，也积累了大量促使经济增长和发展的成功经验。所以，从制度变迁和经济发展实践经验中提炼的理论，应该成为中国特色经济理论的主体内容。本书在第一、三、四章，分别阐述公有制及产权制度改革等有关内容。在第二、五章分别阐述价格改革、市场管理制度改革、计划体制改革等有关内容。在第七章分析劳动制度、就业制度和用工制度改革，分析工资制度和收入分配制度改革，还分析金融体制、财政体制和宏观调控方法改革等。另外，从经济发展实践中提炼的理论，主要集中在第六章的有关内容中。

第一章　导论部分理论与教学研究

中共中央在《关于进一步繁荣发展哲学社会科学的意见》（以下简称《意见》）中指出，在全面建设小康社会、开创中国特色社会主义事业新局面、实现中华民族伟大复兴的历史进程中，哲学社会科学具有不可替代的作用，必须进一步提高对哲学社会科学重要性的认识，大力繁荣发展哲学社会科学。《意见》的发表，充分体现了党中央对哲学社会科学的高度重视，对广大哲学社会科学工作者寄予的殷切期望。政治经济学是哲学社会科学的重要组成部分，如何繁荣和发展经济学，一直受到人们的广泛关注。20 世纪 90 年代中期以来，我国政治经济学界，对“中国政治经济学向何处去”展开了热烈讨论。当前，我国和世界经济都已进入一种前所未有的新常态，这将是一个动态、曲折且长期的结构调整与发展方式转型过程，[①] 将发生一系列全局性、长期性的新现象、新变化。[②] 为了适应经济新常态出现的新形势，政治经济学的讨论和探索，也正在向纵深发展。本章针对政治经济学导论方面的有关问题做些探索，主要分析政治经济学理论框架、经济规律体系、生产资料所有制，以及相关内容的教学方法等。

第一节　政治经济学创新的定位与体系研究

一　政治经济学理论创新的视角定位

政治经济学理论体系如何创新，特别是如何定位，学术界存在较大

① 陈凤英：《国际背景下的中国经济新常态》，2014 年 11 月，瞭望观察网（http：//www. lwgcw. com）。

② 金碚：《中国经济发展新常态研究》，《中国工业经济》2015 年第 1 期。

分歧，主要有两种不同观点。一是建立全新的本土化的中国政治经济学体系。认为中国政治经济学应扎根于中国本土，主要研究中国经济问题，总结中国经济发展经验，形成反映中国经济实践的“中国政治经济学”。二是建立有中国特色的政治经济学体系。主张对原有政治经济学进行改造，吸收其精华，摒弃其糟粕，同时充实我国政治经济学界取得的特有新成果，使它的逻辑推理更加严密，理论构架更加完善，从而能够较好地解释和指导现实经济活动。

自 1978 年以来，以市场化改革为方向的经济转型，给中国带来了举世瞩目的经济成就。但是，必须看到，中国的市场化转型道路还没有完成，中国经济的可持续增长有赖于进一步推进市场化改革。[①] 因此，就目前的社会经济条件看理论创新定位问题，笔者认为，建立全新的本土化的中国政治经济学体系，时机尚未成熟，将会遇到一些无法克服的困难。

（一）本土化“中国政治经济学”的研究视角难以确定

完善的经济理论，一般产生于成熟的经济运行实践，它以成熟的经济体制为基础。目前我国尚处于社会主义初级阶段，社会主义经济远远还没有达到成熟的水平。经验表明，不成熟的经济实践很难形成成熟、规范的经济理论。如果“中国政治经济学”把研究视角对准现实经济，由于经济发展促使经济体制不断变化，若干年后，这个理论可能早已过时了。要是把研究视角调整到成熟的社会主义阶段，就需对目前的经济活动进行抽象，去掉某些不符合社会主义本质的东西，这样又会脱离现实，可能还会产生与现行政策不一致的提法。

（二）本土化“中国政治经济学”的理论“硬核”难以形成

根据拉卡托斯的“科学研究框架”理论，一个完整的或成熟的理论体系，必须有自己特有的“硬核”和相应的“防护带”。

硬核表现为无可辩驳的事实或不可证伪的公理，通常由若干个最能反映理论体系的核心概念凝聚而成，它显示该理论的本质特征。硬核具有坚韧性、独立性和稳定性，它一旦形成便不再轻易变动，不容许被反

---

① 樊纲、王小鲁、马光荣：《中国市场化进程对经济增长的贡献》，《经济研究》2011 年第 9 期。

驳或遭否定。若是硬核遭否定，则表明整个理论体系已被抛弃。

防护带由一组假说或假设构成，可以通过科学研究或现实事例进行检验或反驳。它附着于硬核四周，起到保护硬核的作用，使硬核免遭经验事实的冲击。

对照科学研究框架理论，不难发现，以往的“中国政治经济学”，主要围绕着不同时期的经济政策转圈子，它一方面要解释和指导经济运行实践，另一方面实践中出现的新概念、新名词也要不断充实到理论中来，这就很难保持自身的独立性和稳定性，直接影响了核心概念的产生和凝聚，无法形成坚韧的理论硬核。于是，整个理论几乎都属于可以经常遭反驳的防护带，这怎能建成科学的体系呢？

（三）本土化“中国政治经济学”难以升格为普遍通用的政治经济学

从世界经济运行状况来看，由于自然资源、历史背景和社会经济条件等存在显著差异，决定着各国采取不同经济体制和发展模式。例如，就市场经济体制来说，美国实行垄断竞争的市场经济体制，日本采取政府主导型的市场经济体制，新加坡选择“第三条道路”混合型的市场经济体制，等等。如果各国都以本国的经济发展模式为研究对象，形成政治经济学，那么就有“美国政治经济学”、“日本政治经济学”、“新加坡政治经济学”，等等。但是世界上并没有产生以国名命名的政治经济学，西方各国的经济学家尽管有不同观点的争论，但他们共同拥有西方主流经济理论，如新古典经济学、凯恩斯主义、新古典综合派等，这些理论都不带有某个国家的名称。所以，冠有国家名称的本土化的“中国政治经济学”，不符合世界通用的经济学规范，也很难升格为一般政治经济学。

笔者认为，通过改造和完善原有政治经济学的构架，建立有中国特色的政治经济学体系，相对来说可行性较大，当然还需要解决一些问题。

二　结构上不宜分成资本主义与社会主义两部分

目前，我国高校普遍开设政治经济学课程。这门课一般都分为资本主义部分和社会主义部分。资本主义部分又分成两块：一是垄断前资本主义部分，内容基本上属于马克思《资本论》的缩写；二是垄断资本主义部分，改革前主要按照列宁《帝国主义论》进行编写，现在已有很大突破，但描述性的内容多，理论性不强。社会主义部分，主要是总结各个时期社会主义的实践经验，大多依据中央文件的精神来撰稿。因而，在基本概念、基本分析框架及其结论等方面，不能保持前后的一致性。把政治经济学分成资本主义与社会主义两部分，是苏联政治经济学教科书首先发明的。随着改革开放的发展，我国政治经济学的状况与苏联教科书有了很大差别。但是，对苏联教科书发明的划分法并不否定，也很少引起怀疑，大多只是尝试打通资本主义与社会主义两部分的逻辑体系。笔者对此提出异议，认为苏联教科书发明的划分法，缺乏学科分类的科学依据，应当抛弃。① 理由是：

（一）苏联教科书的划分法缺乏科学性

苏联政治经济学教科书，是作为马克思主义政治经济学出现的。苏联为了显示对马克思主义的发展，除了按照《资本论》的体系，编写出资本主义政治经济学以外，还以自己的社会主义实践为基础，编写社会主义政治经济学。

苏联这样做的目的，主要不是为了发展和创新政治经济学理论体系，而是为了总结30多年的社会主义实践经验，同时回答国外共产党人对苏联普遍关注的一些问题。斯大林认为，外国同志们都想知道，苏联怎样挣脱资本主义的镣铐，怎样以社会主义精神改造全国经济，怎样达到和农民建立友好关系，怎样使不久以前还是贫弱的国家变成富强的国家，什么是集体农庄，为什么虽然生产资料已经公有化了，但还没有消灭商品生产、货币、商业等。外国同志们想知道这一切及其他许多东西，并不单纯出于好奇，而是要向我们学习，并为了自己的国家来利用我们的经验。②

不难看出，这本教科书的主要任务是宣传苏联的光辉业绩，解释苏联的经济政策，推广苏联的实践经验，论证斯大林社会主义模式的正确性。因此，它把大量笔墨用于对苏联现实问题的具体描述和对策化阐

---

① 张明龙：《推进经济学理论体系创新》，《学术月刊》2005年第1期。

② 斯大林：《苏联社会主义经济问题》，人民出版社1961年版，第35页。

释，缺乏基本的科学抽象和理论深度。

同时，章节的设定带有很大的随意性，例如，当这本教科书以未定稿形式出现时，有《马克思主义关于社会主义的学说。列宁和斯大林之创立社会主义政治经济学》一章。送给斯大林审阅时，斯大林认为，这一章在教科书中是完全不需要的，应该从教科书里删去。[①] 于是，这一章就没有了。

苏联出于政治宣传的目的，把政治经济学分成资本主义和社会主义两部分，进而在社会主义部分中，大量采用类似于政治宣传品和政策宣传材料的做法编写教科书，缺乏理论内容的稳定性和内在逻辑的一致性，只能算是一本解释苏联社会主义经济实践的通俗读物，并没有形成一个独立的马克思主义政治经济学的新体系。可见，苏联教科书的编写方法不可能具有普适性。

目前，我国的政治经济学教材，从具体内容看，与苏联教科书已有天壤之别。但从体系结构看，仍然沿用资本主义与社会主义的划分法，特别是社会主义部分并没有摆脱苏联教科书的主要缺陷，一是缺乏一门学科发展所必需的稳定性和独立性，内容增删，在很大程度上取决于中央文件和政府政策的变化，几乎中央每开一次重要会议，就得赶快跟着修改一遍，具有明显的政策宣传学特征。二是章节安排存在明显的随意性，不同年份有差别很大的版本，不同版本有差别很大的章节结构。不难看出，不管是苏联教科书，还是我国现有的各种社会主义政治经济学，都远远没有成熟到可以作为一门独立的学科！

（二）社会主义政治经济学缺乏自己的专有术语

每个学科都有自己特有的术语，不同学科有不同的术语。专有术语是一个学科区别于另一个学科的重要标志，是一门学科必不可少的基础性构件。恩格斯在《资本论》英文版序言中指出：“一门科学提出的每一种新见解，都包含着这门科学的术语的革命。”

据此，社会主义政治经济学要想从以往的政治经济学中分离出来成为一门独立学科，必须进行相应的术语革命，形成能体现自身特色的一系列专有术语。

---

① 斯大林：《苏联社会主义经济问题》，人民出版社1961年版，第34—35页。

然而，数十年来，社会主义政治经济学的术语创新一直收效甚微，不得不大量沿用和照搬已有的政治经济学术语。时至今日，在社会主义政治经济学中，能真正体现自己性质的术语，仍然只有社会主义基本经济规律、按劳分配原则等极少数几个。此外，就难以发现本学科独创的全新术语了。这说明，社会主义政治经济学很难成为也没有必要成为一门独立的学科。

（三）马克思没有按照社会制度差别建立理论体系

马克思的《资本论》是依据理论思维逻辑的顺序，而不是按照社会制度的差别来建立理论体系的。

马克思运用科学抽象的力量，按照由分析到综合的方法，第一卷阐述资本的生产过程，中心分析剩余价值的生产问题；第二卷阐述资本的流通过程，中心分析剩余价值的实现问题；第三卷阐述资本主义生产总过程，中心分析剩余价值的分配问题。

马克思在阐述经济理论时，许多方面涉及资本主义以前社会的经济现象和经济思想，也有不少地方是对未来社会的设想。但是，马克思并没有以社会制度的差别，把理论分成资本主义以前部分、资本主义部分、资本主义以后部分。马克思总是在理论思维进程的基本框架下，分析不同社会阶段的各类经济现象，批判和吸收奴隶社会、封建社会、资本主义社会思想家的各种政治经济学说。同时，在理论思维进程的基本框架下，阐述自己对未来社会主义、共产主义社会的设想。这给我们一个启示：不宜把政治经济学理论分成资本主义、社会主义两部分。

（四）社会制度不是划分学科的典型标志

目前，在我国所有的社会科学中，除了政治经济学外，其他学科，如哲学、管理学、宗教学、语言学、文学、艺术学、历史学、考古学、政治学、法学、社会学、民族学、新闻学与传播学、图书馆、情报与文献学、教育学、体育科学、统计学等，都没有按社会制度的差别而分成资本主义和社会主义两块。

我国哲学分为马克思主义哲学、中国哲学和西方哲学三大类，没有资本主义哲学与社会主义哲学的分类。我们也没有听说过管理学资本主义部分与管理学社会主义部分的分类吧？

其他学科，不分成资本主义部分与社会主义部分，照样可以坚持马克思主义，照样可以解释社会主义，为什么政治经济学就不行呢？政治经济学应该与其他学科一样，把反映社会主义本质特征的内容，自然而然地体现在一般原理的阐述中。

三　理论体系的基本框架：运行、发展和制度

不少专家认为，时代在前进，实践在发展，我国经济学不应该也不会停留在现有水平上。[①] 我国经济理论研究必须开拓进取，为顶层设计和基层实践提供全面的科学理论指导，以更好地全面推进我国经济的发展。[②] 笔者对此深有同感，面对全面深化改革与经济升级转型的实践需要，我们必须加快政治经济学理论体系的研究与创新。

笔者认为，在有中国特色政治经济学体系中，坚持联系生产力和上层建筑研究经济关系，以揭示经济关系的运行变化规律为主要任务。按照从抽象到具体的基本理论顺序，从体现经济关系的基本概念入手，构建一个新的分析范式，形成在一般原理基础上体现中国特色的核心概念，并使之逐步凝聚成理论硬核和相应的防护带。进而紧扣经济关系的理论逻辑发展线索，通过经济运行、增长发展和制度变迁三个部分，进行系统的理论创新，建立起一个具有内在逻辑联系的政治经济学框架。在整个理论框架的安排上，有关中国特色的内容，将主要体现在制度变迁和增长发展两个部分。因为中国的体制改革为制度创新提供了大量案例和研究成果，而且，这种改革不仅仅是改变体制，还要改变人，包括人们的习惯、价值判断以及行为。[③] 同时，中国从贫穷落后状态一步步走向全面小康社会，也积累了大量促使经济增长和发展的成功经验。

（一）经济运行

经济运行部分，属于基础性理论，是整个有中国特色政治经济学体系中抽象程度最高、理论性最强的内容。它由两部分组成：

1. 微观经济运行。

采取个量分析方法，研究个量性质的经济运行及其变量，主要分析

① 逄锦聚：《新中国60年经济学的发展和启示》，《政治经济学评论》2010年第1期。
② 钱津：《中国经济理论研究与中国经济发展》，《河北经贸大学学报》2015年第4期。
③ 张维迎：《从中国改革看制度变革的演进特征》，《中国改革》2003年第11期。

市场主体的行为，探索交易过程涉及的各种人际关系，在微观层次阐述商品、货币、资本、价值、价格、劳动、生产、工资、成本、剩余价值、利润、利息、地租等政治经济学基本范畴，以及相应的基本原理。

2. 宏观经济运行。

采取总量分析方法，研究总量性质的经济运行及其变量，分析社会总产品如何实现、社会总服务怎样配置、国民收入如何分配等。它的主要任务是，探索整个国民经济如何在运行过程中，实现充分就业，稳定物价，做到持续适度增长，优化经济结构，确保个人收入分配公平，保持国际收支平衡。

（二）增长发展

发展中国家如何选择合适的发展道路，促进经济迅速增长，摆脱贫困落后状态，是一个世界性实践课题，对它的研究，应该成为政治经济学基本理论内容之一。

已有的发展经济学理论，对发展中国家的经济增长、核心竞争力培育、农业现代化、工业化、信息化、劳动力转移、宏观调控、财政和货币政策、对外贸易等方面做出了深刻分析。但是，由于以往研究发展经济学的著名专家，大都长期生活在发达国家，很少有机会直接接触发展中国家的经济生活状况，缺乏对发展中国家的感性认识，得出的理论结论和提出的政策建议，往往脱离发展中国家实际，不仅难以指导发展中国家的经济实践，而且有些理论还产生了消极作用，这使得发展经济学在政治经济学中的学术地位受到一定影响。

我国是发展中大国。改革开放以来，在邓小平“发展是硬道理”理论的指引下，积极探索经济持续、高效、快速发展之路，在实践上取得了很大成功。我国经济发展和经济增长的实践，为发展经济学理论研究提供了丰富的源头活水，是发展经济学研究条件最好、最有利的地方。[①] 我国学者在已有理论的基础上，探索发展实践带来的产业和就业人口变动趋势，人均收入和消费支出演变状况，生产方法和新产品式样变化走向等，总结自己如何摆脱贫困，怎样推进工业化，走向现代化，

① 简新华：《发展经济学的最新发展：中国特色发展经济学》，《政治经济学评论》2011年第1期。

提高城市化，可望产生一系列发展经济学的新观点、新原理和新对策。进而探索发展道路、发展战略、发展动力、发展机遇、发展环境、发展保证、非均衡发展、阶段性发展、周期性发展和可持续发展等理论，可望形成有中国特色的发展经济理论，为世界发展经济学的创新作出贡献。所以，应该把增长发展理论作为有中国特色政治经济学体系的基本内容。

（三）制度变迁

制度是经济主体共同遵守，并按一定行动方案处理经济关系的规则，它可以对经济关系进行合理调整和有效保护。制度创造了人们在政治、社会或经济活动中的激励和约束机制。长期以来，制度变迁形成了社会进化的必经之路，而且从此成为理解历史发展的关键。人们的经济活动，总是在特定的制度环境中，根据各种具体的制度安排展开的。所以，制度也是重要的经济变量，它影响人们的经济行为，影响社会资源配置，影响企业经营绩效。经济学说史证明，经济制度需要大变更的时代，都是催生经济学划时代大家巨著的时代。①

发达资本主义国家形成垄断条件下的竞争性市场制度以后，制度背景进入一个相对稳定的时期，制度变迁表现为人们在原有基础上进行创新和改善，整个过程很少发生剧烈变动，较少引起人们的关注。

我国的制度变迁与此不同，至少有两次剧烈变动。一是新中国成立初期，抛弃了原有的资本主义制度，选择了崭新的社会主义制度，从而促使制度的激励和约束功能完全改变。二是20世纪70年代末，对计划经济制度进行改革。到90年代初，宣布建立社会主义市场经济体制，抛弃计划经济体制，选择了与原有模式有明显差别的新模式。

我国经济体制改革，从提出计划与市场相结合，到提出建立社会主义市场经济为我国经济体制改革的目标。期间经历了曲曲折折，主要是我们中国人总结我们中国的历史经验教训，也参考了外国的历史经验教训，包括前苏联的历史经验教训。② 特别是，我国从计划经济向市场经济的转变，尽管属于一个剧烈变动的制度变迁过程，但实现了顺利平稳

① 胡培兆.《政治经济学的创新与学风》,《经济学动态》2010年第9期。

② 刘国光:《经济学教学和研究中的一些问题》,《经济研究》2005年第10期。

过渡，这在世界上尚属首例。所以，此次制度变迁形成的丰富材料和大量案例，特别是解决制度创新难题积累的各种经验，不仅为政治经济学理论创新奠定了坚实的基础，而且必将具有世界性意义。如果通过这些经验精心提炼出新的政治经济学理论，其学术水平有望达到世界领先。因此，制度变迁应该成为有中国特色政治经济学体系的基本内容之一。

四　中国古代经济思想成为体系的必备构件

我国五千年文明史，有过辉煌的经济业绩，产生了丰富的经济思想。例如，古代名著《周易》有这样一段话："日中为市，致天下之民，聚天下之货，交易而退，各得其所。"① 其大意是，通过按一定期限组织集市的方式，招来各方老百姓，汇聚各地物产，让大家做完买卖后回到各自的住处，使参与市场活动者得到各自想要的物品。这说明，我国太古神农氏时就已出现经常性的商业贸易，并形成了一定规模的市场。

到殷商，我国城市中居住着相当数量专门从事贸易活动的商人，形成了一些比较固定的市场。周代，随着商业的进一步发展和经商者的大量增加，商人成了与士、农、工并列的四大社会阶级集团之一。国家还根据市场发展的需要，委派专职官员管理市场。《周礼》明确记载着市场管理者的职责："司市，掌市之治教，政刑量度禁令。"②

一些先秦思想家专门研究过产品营销问题。范蠡提出了"旱则资舟、水则资车"的市场营销待乏策略，总结了"贵出如粪土、贱取如金玉"的买卖原则。白圭提出了"乐观时变、人弃我取、人取我与"的竞争方法。

尽管重农抑商是我国封建社会的主导思想，但也有不少学者认为，市场贸易和商业活动，对社会经济发展具有其他行业不可替代的作用。晋代的傅玄指出："夫商贾者，所以伸盈虚而获天地之利，通有无而壹四海之财，其人可甚贱，而其业不可废。"③ 这告诉我们，商人靠了解

---

① 《周易·系辞》（下），《十三经注疏》，中华书局1980年版，第86页。

② 《周礼·地官·司市》，《十三经注疏》，中华书局1980年版，第734页。

③ 吴枫主编：《中华思想宝库》，吉林人民出版社1990年版，第1719页。

各地货物余缺而获得收入。他们起着互通有无、平衡各地物资的作用，虽其社会地位相当卑微，但他们从事的商业却是社会不可缺少的。

我国古代经济思想，不仅对本国经济发展产生过重大推动作用，而且也对世界学术思想的发展产生过一定影响。近年来一些学者的研究表明，亚当·斯密“看不见的手”原理，或多或少受到司马迁自由主义经济思想的影响。法国“重农学派”的理论，在不少方面可以看到中国古代重农抑商经济思想的烙印。甚至美国“新政”时期有关“农业调整法”的条款，其思想源头就是中国古代的“常平仓”理论。

精辟深邃的古代经济思想，是中国特色经济理论的源头之一，应该成为政治经济学体系的必备构件之一。①

第二节　经济规律体系中各种规律的关系

一　支配经济运行的是经济规律体系

支配一定时期经济运行的不是单个经济规律，而是一个完整的经济规律体系。构成一定时期经济规律体系的各个经济规律，都在一定范围内和一定过程中发挥着一定的作用，都会产生自身运动的强制力，这些强制力的作用有高低不同的层次、大小不等的范围和长短不一的过程。②

各个经济规律不是同一平面上的几条直线，而是一个互相依存、互相制约、互相配合、互相交错的运动立体，也就是“有无数互相交错的力量，有无数个力的平行四边形”③。一种经济现象的产生，一个经济结果的形成，是由众多经济规律矢量合力的作用所决定的。

在社会主义条件下，我们运用某个客观经济规律发展经济时，不能从孤立的角度，而必须从彼此联系、相互制约的角度去把握，不只考虑这一经济规律本身的要求和作用，更要考虑它与其他经济规律矢量合力的要求和作用。

---

① 张明龙：《经济学新问题求解》，中国经济出版社 2007 年版，第 6 页。

② 张明龙：《论竞争在社会主义经济规律体系中的作用》，《浙江师范大学学报》（哲学社会科学版）1987 年第 3 期。

③ 《马克思恩格斯选集》（第 4 卷），人民出版社 1972 年版，第 478 页。

二 社会主义经济规律体系中的规律构成

(一) 社会主义经济规律体系中的特有经济规律

这里简要分析社会主义条件下特有经济规律的构成及运行情况。

随着社会主义制度的建立，众多社会主义经济特有规律产生之后，它们在纵的方面呈现立体多层次，在横的方面有基本的和非基本的、主要的和次要的区别，其中社会主义基本经济规律起着主导作用，它制约着其他经济规律的活动范围和作用程度。

在社会主义特有经济规律中，以社会主义基本经济规律为依据的国民经济按比例发展规律，紧密配合社会主义基本经济规律的作用，在整个社会主义经济规律体系中担任总协调的角色，它协调着两大部类之间及其部门内部的各种比例关系，协调着各类生产要素供求及时离开失衡，较快走向均衡。

在社会主义特有经济规律中，以社会主义基本经济规律为依据的按劳分配规律，则是社会主义制度下个人消费品分配领域中的客观规律。它紧紧跟随社会主义基本经济规律的指向，协调个人消费品分配过程的各种经济关系。它要求劳动者在为社会提供的全部劳动中做了必要的扣除后，按照等量劳动领取等量报酬，使得生产者占有消费品的“权利是和他们提供的劳动成比例的”①。在社会主义市场经济现阶段，商品生产依然存在，劳动者的劳动所得，基本上都采取货币形式，必须经过市场，把货币转化为个人消费品，才能达到消费目的。这样，决定和影响人们消费水平的不仅是按劳分配规律，还有市场经济特有的一系列规律。

(二) 社会主义经济规律体系中的共有经济规律

不管社会形态如何，在一定社会的整个经济规律体系的矢量合力中，生产关系一定要适合生产力性质的规律总是起着最大、最主要的强制力的作用，它统率着所有其他经济规律。在社会主义条件下，生产关系一定要适合生产力性质规律的要求，具体表现为社会主义生产方式矛盾运动的要求，从而决定了一系列社会主义经济规律的产生和运动

---

① 《马克思恩格斯全集》(第3卷)，人民出版社1975年版，第11页。

方向。

就社会主义经济运行来说，组成其经济规律体系的，除了上述社会主义特有经济规律、整个人类社会所共有的规律外，还包括几个社会所共有的规律。例如，价值规律、供求规律、竞争规律、货币流通规律、商品储备规律等。

这类共有规律，既要受整个人类社会所共有的规律制约，更要受社会主义特有经济规律的直接制约。也就是说，它们既是生产关系一定要适合生产力性质规律麾下的成员，必须服从这位经济规律最高统帅的支配；又要直接受命于社会主义基本经济规律。当然，还必须接受国民经济按比例发展规律的协调。

三　社会主义经济规律体系中各个规律的作用特点

（一）社会主义经济规律体系中各个规律的合力形式

从人类社会发展史看，不同时期有不同的经济规律体系。各个经济规律体系，都会产生一个体现当时社会制度性质的力的“平行四边形”。在社会主义经济规律体系整体合力中，特有经济规律总是根据社会主义制度的要求产生自身的作用力，并发生调节作用。不难看出，它们与社会主义经济规律体系的整体方向通常都能保持一致。

那么，共有经济规律在社会主义经济规律体系中将呈现何种状态，又是如何发挥作用的呢？下面以竞争规律为例，做点说明。

竞争规律，素称价值规律的“孪生兄弟”，它与价值规律一样，也属于几个社会所共有的经济规律。在社会主义市场经济条件下，竞争规律照样存在。不过，它的作用力和调节方向出现了以下变化：

首先，竞争规律将受到生产关系一定要适合生产力性质规律的强劲牵引，只能沿着社会主义生产关系和生产力矛盾运动的轨道发生作用，并为这种矛盾运动服务——在推动社会主义社会生产力发展的同时，促使社会主义生产关系自我扬弃，日臻完善。

其次，竞争规律将受到社会主义基本经济规律更加直接而有力的牵引，从而表现为劳动者不是在根本利益截然对立，而是在根本利益一致的基础上争取各自不同的经济利益，体现着社会主义劳动者之间互助合作和平等互利的关系，反映出社会主义市场经济的本质。

最后，竞争规律也受到国民经济按比例发展规律整体协调力的牵引，它的作用力调节方向，就总体来说，是有利于各部门协调有序发展，而不是加剧各部门之间的比例失衡，或无政府状态的盲目发展。

需要指出的是，在社会主义经济规律体系中，只有所有经济规律，包括竞争规律，各自充分发挥作用，才能形成有效的平行四边形结构的矢量合力，如果竞争规律的作用受到限制，这个规律体系的矢量合力肯定是有缺陷的。同时，竞争规律也会对社会主义基本经济规律、国民经济按比例发展规律等经济规律产生牵引、制约作用。

还需要指出的是，经济规律在相互制约、相互渗透、相互融合的过程中发生作用，并不意味着一个经济规律限制另一个经济规律。

（二）社会主义经济规律体系中共有规律的作用特点

理论研究表明，共有经济规律在社会主义经济规律体系中，受到众多经济规律作用力的影响、渗透和制约，特别是社会主义特有经济规律的牵引，它已经成为具体的社会主义条件下的某个规律。例如，社会主义竞争规律，除了一般竞争规律的共性外，还有以下几个体现社会主义性质的主要作用特点：

1. 导向性。对于短线紧缺、急需发展的行业或产品，社会主义竞争将通过宏观调控的具体形式，定向产生特别有利于生产者的经济结果，促使这些行业或产品向着预定目标稳定而迅速地发展。

2. 遏制性。对于应限制发展的行业或产品，社会主义竞争会通过一定的宏观调控措施，在适当范围内适时适度地造成不利于生产者的经济结果，较小浪费而及时地淘汰一些落后企业和落后产品。

3. 平抑性。市场上某种关系国计民生的重要商品严重供不应求，出现市价暴涨势头时，政府将利用竞争中的一些有利条件，采用适当的宏观调控手段，如拨出一定资金，指定某些企业从别的市场或国外购进这种商品，按正常市价或按低于过高市价的价格销售，调剂市场，平抑物价；反之亦然。

4. 协调性。在比较有利的原料产地、投资场所或销售市场，往往会出现不同地区、不同部门、不同所有制生产者的多层次竞争，这时，政府将运用各种宏观调控对策，利用竞争有方向地协调各种经济成分的生产比例，使之趋向最佳组合，获取最佳经济效益。

第三节　社会主义公有制与国有经济比重

一　对坚持社会主义公有制的理解

社会主义公有制是社会主义的经济基础，坚持社会主义就必须毫不犹豫地使公有制在改革开放的进程中不断得到巩固和发展。① 当前，我国处于社会主义初级阶段，坚持公有制为基础主要体现在：公有资产在社会总资产中占优势；国有经济控制国民经济命脉，对经济发展起主导作用。

如何衡量国有经济的主导作用呢？有人认为，国有经济应在国内生产总值中占50%，起码也得占40%以上，才能在国民经济中处于支配地位，起主导作用。这种单纯从数量上、从产值所占比重上分析国有经济能否起主导作用的方法，是片面的、不正确的。“公有资产占优势，要有量的优势，更要注重质的提高。国有经济起主导作用，主要体现在控制力上。”②

国有经济为了发挥主导作用，必须拥有资产上的一定优势比重。但这个比重并非固定不变，它在不同时期有明显差异，在同一时期的不同部门和不同产品中，也很不一样。

改革在一定时期内会造成国有经济产值比重下降，但只要国有经济在关系国民经济命脉的重要行业、关键领域和高新技术产业中，资产处于支配地位，它就不会丧失主导地位。

改革国有企业制度，增强其生机和活力，是我国经济体制改革的核心内容。我国企业制度改革的走向是：从外部环境入手，对企业放权让利，扩大它们的自主权。接着，以财产所有权和经营权的内部分离为基础，推进企业内部经营机制和管理方式的改革，普遍实行承包经营责任制。最后，按照财产所有权和经营权外部分离的要求，建立现代企业制度，采取委任代理的经营方式。

---

①　吴树青：《深化社会主义初级阶段的认识》，《北京大学学报》（哲学社会科学版）2003年第2期。

②　江泽民：《高举邓小平理论伟大旗帜，把建设有中国特色社会主义事业全面推向二十一世纪》，《江泽民文选》（第二卷），人民出版社2006年版，第19页。

二　国有经济的主导地位与应有的产值比重

（一）从国内生产总值分析国有经济的主导地位和产值比重

就国内生产总值来说，各种所有制经济的产值比重不是常数，而是不断变动的，无法用一个标准值作为衡量“主导地位”的尺度。

为了发挥主导作用，国有经济在产值上有一定优势比重是必要的，但是不能不顾具体情况而硬性确定一个比例数字。实际上，国有经济在发挥主导作用的整个历史过程中，它在国内生产总值上占的比重几乎每时每刻都在发生变化，不同时期甚至可以相差几十个百分点。

从我国国有经济的发展过程看，在国内生产总值中，工业产值比重呈现上升势头，农业产值比重呈现下降势头。这样，即使国有经济占有的工业产值比重是固定的，占有的农业产值比重也是一成不变的，但它在工农业总产值中所占的比重也会因工业产值比重上升、农业产值比重下降而相应变动。更何况，国有经济所占的工业产值比重和农业产值比重，并不是固定不变的。在我国，由于国有经济在工业中所占的产值比重高于农业，所以它占有的国内生产总值比重在改革开放前一直呈现不断增大的趋势。又由于我国工农业产值是从农业占优势发展为工业占优势的，所以，国有经济在国内生产总值中所占的比重必然有一个从低到高的发展过程。

在此发展过程中，国有经济并不是当它的产值刚好达到国内生产总值的40%或50%时，才开始处于主导地位，而是早就发挥着主导作用了。

（二）从部门结构分析国有经济的主导地位和产值比重

就各部门的分布状况来说，国有企业产值在国内生产总值中的比重，不能准确反映国有经济是否占据关系国民经济命脉的重要行业和关键领域。

全国解放的1949年，在整个国民经济的产值数量上占优势的是农业经济，而农业中占绝对优势的是个体经济，国有经济微乎其微，几乎构不成比例。国有企业产值在全国工业总产值中也没有超过半数，仅占34.7%，它在国内生产总值中所占的比重还不到20%。

但是，恰恰从那时开始，国有经济已经成为国民经济的主导力量，已经成为以后我国恢复国民经济和改造生产资料私有制的主要物质基础。

这里的关键不在于国有经济所占的产值比重大小，而在于它掌握了关系国民经济命脉的重要行业和关键领域。此时，它已经拥有社会基础设施、邮电通信、铁路运输及大部分交通运输业，同时掌握了主要工业部门，特别是重工业部门的大部分生产，它已支配着全国58%的电力，已拥有全国产量68%的原煤、57%的钢铁、92%的生铁、68%的水泥、53%的棉纱。

（三）从产品结构分析国有经济的主导地位和产值比重

就部门内的产品结构来说，国有经济在国内生产总值中所占比重的高低，不能表明国有经济是否占有高技术、高水平的新兴产品和关键产品。国有经济在各部门的分布是不均匀的，它在不同部门占有的产值比重也高低不一，明显地表现为在重工业中所占的产值比重高于轻工业，在轻工业中所占的产值比重高于农业。之所以会出现这种情况，其中一个重要原因是具有高技术、高水平的新兴产品和关键产品，在这些部门中的分布状况及所占比重是大不相同的。

在我国农业部门中，国有经济所占比重一直很低。农业是国民经济各部门独立化和发展的基础，但它不是国民经济进行技术改造的主导力量。国有经济只需掌握良种选育、大型水利建设等农业生产中技术水平高的关键环节，同时掌握农业机械化、电气化的生产设备，以及化肥、农药等重要农业生产资料，尽管它在农业部门所占比重不高，也足以推动农业的技术改造，并保证我国农业沿着社会主义方向前进。

轻工业也与农业一样，主要是生产消费资料的生产部门，它的技术装备也是由重工业供应的，但它高技术、高水平的新兴产品和关键产品要比农业多得多，所以国有经济在轻工业中占的产值比重要比农业高。

重工业是为国民经济各部门提供先进技术设备的部门，资金密集、技术密集和知识密集的产品和关键产品特别集中，国有经济所占的产值比重就比较高。

国内生产总值是一个综合性数字，它可以由农、轻、重各业不同的比例组成，而且这种比例是随经济体制改革和国民经济发展经常变化的。这样，国有经济在国内生产总值中所占的比重也可以分解为很不相同的数字组合。

三　所有制改革不会动摇国有经济的主导地位

（一）正确看待改革过程所有制结构的变化

在我国，国有经济经过几十年的发展，到1978年，它在轻工业中约占65%，在重工业中约占80%。重工业内部的电力工业、石油工业、黑色冶金工业，国有经济所占产值比重均达90%左右；煤炭工业、化学工业的国有经济产值比重占70%以上。但是，国有经济的这种发展，是在传统体制下片面追求“一大二公”而形成的，它不顾生产力的多层次和非均衡发展状态，以包揽一切为出发点，以限制和排斥其他经济形式为条件，因此，尽管它的产值比重达到很高水平，但这并没有加强，反而在一定程度上削弱了它的主导作用。

经济体制改革，要求形成合理的所有制结构和产权模式，把不宜采用国有产权形式的转变为其他产权形式。它还要求调整部门结构，如在一定时期内适当提高轻工业在工业中的比重，相应降低重工业的比重。由于国有经济在重工业中所占的产权比重高于轻工业，部门结构的这种调整，以及部分国有企业破产、出售、转让、兼并或退出竞争性领域，会使国有经济在一段时间内呈现下降势头，但这并不意味着这种下降趋势会长期持续下去。

1978年，在工业总产值中，国有企业占77.6%，集体企业占22.4%，呈现出单一型的公有制经济形式。经过30多年的经济体制改革，我国所有制结构发生了很大变化。

到近年，各类工业企业占工业总产值的比重分别为：国有企业20.2%，集体企业6.3%，股份合作企业2.4%，股份制企业38.6%，个体、私营企业以及港澳台商和外商企业32.5%；如果国有企业加上股份制企业中的国有股份，那么国有经济大约占30%。

另外，股份制企业中还含有一定比例的集体和合作成分，同时国有经济在重要行业、关键领域和高新技术产业中占据很高比重。

可以看出，所有制结构已转变为以公有制为主体，国有经济为主导，多种经济成分共同发展的多元经济格局，这是符合社会主义初级阶段生产力发展的客观需要的。

（二）改革有利于加强国有经济的主导地位

根据经济体制改革的发展趋势，可以预计，再过一段时期，我国所有制结构和部门结构将会出现一个相对稳定的局面，国有经济与其他所有制经济肯定会形成一个较为适度的资产比例关系，它占有的产值比重也就不再下降。

还可以预计，随着社会主义现代化建设的发展，社会主义初级阶段向中级、高级阶段推进，我国生产力水平将不断提高，用现代化技术装备起来的大中型企业将越来越多，这样，与社会化大生产相适应的国有经济将会得到更快发展，资产比重相对提高，它在国内生产总值中的比重就会再次出现上升趋势。到那时，社会主义市场经济将达到更高水平。

同时，经济体制改革并没有使国有经济丧失关系国民经济命脉的重要行业和关键领域，而是使其卸掉包袱，轻装上阵，集中力量管理好国民经济中最重要的部分。所以，经济体制改革过程出现国有经济在国内生产总值中所占比重下降的现象，不会动摇国有经济的主导地位，相反还在不断加强和巩固这种主导地位。

从上述分析还可以看出，只要国有经济掌握了国民经济命脉，在重要行业和关键领域中处于支配地位，特别是占领了具有高技术、高水平的新兴产业，尽管它的产值不到国内生产总值的50%、40%，甚至不到20%，仍然可以发挥主导作用，而且产值比重在一定范围内的升降，并不会引起主导地位的改变。①

第四节　政治经济学导论部分的教学研究

一　运用分解式示意图讲解生产关系

这种讲解方式是通过分解式示意图来进行的。它是用花括号和直线等组成的示意图，可用来分解属种关系的经济范畴，也可用来分解某些经济理论。讲述时，先将需要阐述的经济理论或某个外延较大的经济范畴，置于图表的首端，然后层层展开，一步一步深掘下去，一直分解到

---

① 张明龙：《经济学新问题求解》，中国经济出版社2007年版，第124页。

最基本的要素。课堂教学中采用分解式示意图（如图1-1所示），可以牢牢牵住学生的思路，使其由浅入深，由简单到复杂，由抽象到具体，逐步认识不同范畴之间的有机联系，从而全面掌握基本原理。①

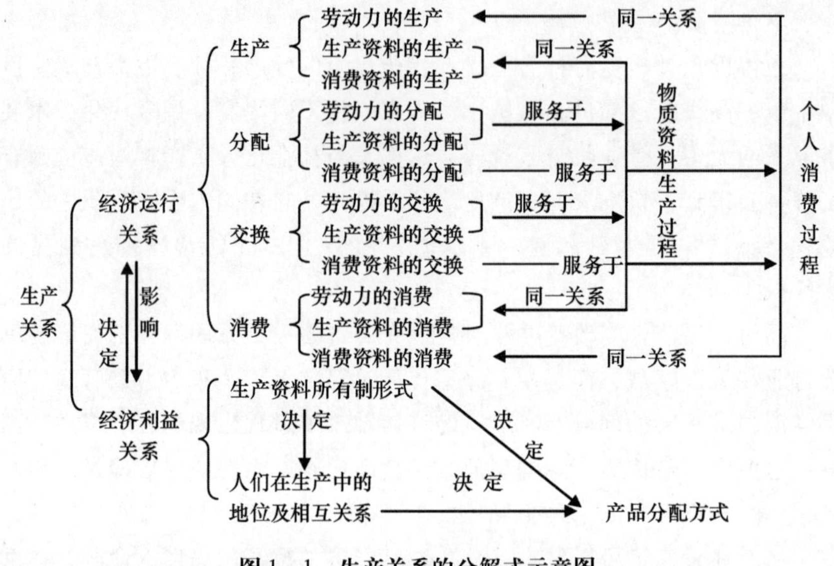

图1-1　生产关系的分解式示意图

二　运用组合式示意图讲解生产方式

组合式示意图，设计上与分解式示意图恰好相反，它把各种较简单的要素组合成较复杂的经济范畴，或将外延较小的经济范畴组合成外延较大的经济范畴，用来组合种属关系或其他关系的经济范畴，还可以组合某些经济理论。阐述时，先把有待组合的外延较小的范畴或较简单的要素放在图表的首端，然后，用线条和箭头等把它们组合成外延较大的新范畴，接着以相似办法把这些新范畴再组合成外延更大的新范畴，环环紧扣，犹如登金字塔般拾级升高，一直组合到外延最大的范畴，或组合到某个理论的结论。这种办法把纷繁庞杂的经济概念，依据各自内在的联系，排列得整整齐齐，变得简洁清晰（如图1-2所示）。学生边听边看图表，在很短时间内就能明白一个新范畴或一个新结论是怎么形

① 张明龙：《政治经济学教学研究》，中国经济出版社2011年版，第23页。

成的，可以提高学习效率。

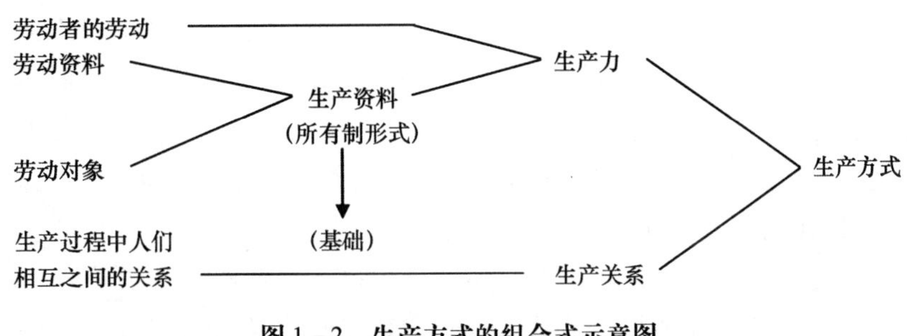

图 1-2　生产方式的组合式示意图

三　对经济规律传统观点的一个质疑

不少政治经济学教科书和学术论文，有“竞争和生产无政府状态规律”的提法。许涤新主编的《政治经济学辞典》也把它作为一个词条，定义为：“以私有制为基础的商品经济，特别是资本主义商品经济因竞争而造成无政府状态的客观必然性。”[①]对此，笔者提出下面的疑问，以求教于经济理论界同人。

（一）在私有制商品经济中，竞争的结果是生产无政府状态吗？

在私有制为基础的商品经济中，竞争规律作用的结果是二重的：一方面会引起和促使商品生产者两极分化，另一方面又会与价值规律、供求规律等结合在一起，“在生产的各种偶然变动中，维持着生产的社会平衡”[②]。因为竞争会引起商品价格的波动，从而引起供求关系的自发调整，造成生产要素从一个生产领域转移到另一个生产领域，促使社会生产重新趋向合乎比例地分配于不同生产部门。

竞争规律作用的二重结果在资本主义制度下尤为明显。一方面，竞争加剧了资本家之间的弱肉强食，一些资本雄厚、技术先进、设备精良的资本家往往在竞争中获胜，资本实力越来越大；而无力改进生产技术的资本家则会破产。另一方面，从资本主义市场经济发展的全过程来看，不管竞争怎样加剧生产无政府状态，带来多少企业破产倒闭，甚至

① 许涤新主编：《政治经济学辞典》（上册），人民出版社 1980 年版，第 599 页。
② 《马克思恩格斯全集》（第 25 卷），人民出版社 1975 年版，第 995 页。

爆发经济危机，但是，竞争会引起“市场价值的提高或降低，造成资本从一个生产领域抽出并转入另一个生产领域，造成资本从一个领域向另一个领域的转移”①。尽管竞争这种引起价格涨落和与之相应的生产扩大或缩小，带有很大的盲目性，生产和需求的平衡只是在不断的不平衡中实现的一种趋势，然而这种促使社会生产重新平衡的客观性是不容否认的。为此，马克思在分析资本主义社会各种经济规律调节着不同生产部门之间的必要平衡时，特地点明“通过竞争达到平衡”②。

在资本主义社会，竞争引起小商品生产者、资本家两极分化的作用，与生产无政府状态紧密交织，彼此推波助澜。特别是资本家之间极端尖锐的利害冲突，使竞争变得空前激烈，激烈的竞争会逐步把生产无政府状态推上顶点；而生产无政府状态的发展，也会加剧竞争，逐步把资本家的利害冲突推向顶点。但是，即使如此，竞争造成的必然结果仍然是少数人发财而大众贫困，不是社会生产的无组织无计划。也就是，竞争仅仅加剧生产无政府状态，并非导致生产无政府状态。

如果说“竞争和生产无政府状态规律”的定义——“因竞争而造成无政府状态的客观必然性”，就是指竞争规律必然造成两极分化，那么这个“规律”应该称其为“价值和生产无政府状态规律”，才更合乎逻辑。因为商品生产者两极分化，不是孤立地由竞争引起，而是竞争规律与价值规律合力作用的结果，它必须在社会必要劳动时间已经成为社会唯一能承认的决定商品价值的标准，个别价值偏离社会价值时才能形成。所以，竞争规律引起的两极分化，实际上，首先是价值规律引起的两极分化。可是有谁会承认、有谁能理解“价值和生产无政府状态规律”是一个经济规律呢？

与此同时，竞争引起和促使社会生产趋于平衡，则与生产无政府状态是根本对立的。在资本主义发展的一定时期，竞争规律的这种作用与资本主义经济规律体系内的某些规律合力一处，强劲地遏制着生产无政府状态，以暂时在一定程度上消除生产无政府状态所引起的社会生产比例失调、国民经济各部门发展不平衡现象。否则，资本主义社会再生产

① 马克思：《剩余价值理论》（第 2 册），人民出版社 1974 年版，第 595 页。

② 同上书，第 604 页。

过程是无法进行的，资本主义社会生产力也就不可能向前发展。这怎能说竞争的必然结果是生产无政府状态呢？

（二）在私有制商品经济中，生产无政府状态起因于竞争吗

马克思对生产无政府状态这个经济范畴有过精辟阐释：“全部生产的联系是作为盲目的规律强加于生产当事人，而不是作为由他们的集体的理性所把握、从而受他们支配的规律来使生产过程服从于他们的共同的控制。”① 也就是说，生产无政府状态指社会生产无组织无计划地盲目发展。

造成社会生产无组织无计划的原因是私有制，而不是竞争。因为在私有制条件下，生产者的根本利益彼此对立，他们追求的只是自身的经济利益，生产资料和劳动力的使用方向仅仅根据生产者自己的利益来决定，不必也不可能服从全社会的利益和社会化生产的要求，不能由某个社会中心来预先调节和控制他们的活动，社会生产只能在自发的、盲目的状态中进行。

只要存在私有制，哪怕没有竞争，也可能并且必然会出现生产无政府状态。例如，与商品经济相对立的自然经济，生产为了直接满足生产者本人或本经济单位的需要，没有交换，不能形成共同市场，生产者彼此不接触，难以互相争胜，竞争规律因无活动场所而不存在。然而，在私有制为基础的自然经济中，生产者生产什么、生产多少，仅仅根据自己或本经济单位的需要，不必服从全社会的合理需要，与商品经济一样，没有也不可能有某个社会中心来预先规定生产者的活动。倘若孤立地从一个经济单位内部来看，生产资料和劳动力的分配或许是有组织有计划的，或许是合理的。但从全社会整个经济活动来看，这种生产的安排仍然是无组织无计划的。只不过，此时此刻，生产无政府状态所造成的社会生产不平衡、不协调现象，尚处潜伏状态，不甚明显而已。

如果说，私有制商品经济中的生产无政府状态是由竞争引起的，那将导致一系列理论上的矛盾和错误。就拿资本主义商品经济来看，生产无政府状态的加剧，必然造成各个生产部门之间的比例失调现象日益严重，社会资本再生产的实现条件不断遭到破坏。这种比例失调现象达到

① 《马克思恩格斯全集》（第 25 卷），人民出版社 1975 年版，第 286 页。

一定程度，就会阻碍整个社会生产的某些重要产品的实现，从而引起连锁反应，触发普遍性的买卖脱节的支付连锁关系破坏，爆发经济危机。要是认定生产无政府状态起因于竞争，那么自此溯源，可以发现竞争起因于商品生产者经济利益的彼此差别和相互矛盾，而这种经济利益的差别和矛盾，又是源于商品经济的，这样，就会从逻辑上推出商品生产和商品交换是经济危机根源的荒谬结论。倘若我们从私有制上揭示生产无政府状态的根源，就不至于发生这类错误了。资本主义私有制是建立在以机器劳动为特征的社会化大生产基础上的，一方面社会生产力获得了巨大发展，生产达到高度的社会化；另一方面生产资料和生产成果却被一小撮剥削者占为己有，形成了生产社会化与资本主义私人占有形式之间尖锐对立的资本主义基本矛盾。正是资本主义基本矛盾造成整个社会生产处于严重的无政府状态之中，同时造成加剧社会生产无政府状态的个别企业生产的有组织性，其发展结果必然导致经济危机。所以，经济危机的根源在于资本主义的基本矛盾。

马克思在《资本论》等著作中，也没有把竞争当作生产无政府状态的原因，他从来没有提到过由因果联系结合成的“竞争和生产无政府状态规律”。马克思经常提到的是“无政府状态的竞争制度”①、“竞争的无政府状态”②，等等。他的意思是，在资本主义制度下，生产社会化与资本主义私人占有形式的矛盾造成生产的无政府状态，竞争规律是以生产无政府状态为条件，在无政府状态中发挥着自己的作用。恩格斯也说过类似的话：商品经济特有的竞争规律在私有制商品经济里“不顾无政府状态、在无政府状态中、通过无政府状态来为自己开辟道路”③。不言而喻，生产无政府状态的原因只能是私有制，不可能是竞争。

（三）竞争和生产无政府状态是性质等同的一个规律，还是性质迥异的两个规律

既然不存在因竞争而造成的生产无政府状态的客观必然性，把竞争和生产无政府状态硬用因果联系结合为一个规律是不正确的，那么，能

① 《马克思恩格斯全集》（第23卷），人民出版社1975年版，第579页。

② 《马克思恩格斯全集》（第25卷），人民出版社1975年版，第289页。

③ 《马克思恩格斯选集》（第3卷），人民出版社1972年版，第312页。

否把两者作为性质相同的经济范畴，从而看成一个规律呢？回答也是否定的。因为竞争和生产无政府状态体现着性质迥然不同的经济关系，是两个不同性质的经济规律。

1. 它们依存于不同的经济条件。

竞争赖以存在和起作用的经济条件是商品经济，是与商品经济相联系的共同市场和不同的经济实体，它是商品经济的运动规律。而生产无政府状态赖以存在和发生作用的经济条件是私有制，它是自发经济的运动规律。在社会主义公有制商品经济中，竞争规律依然存在，而生产无政府状态规律却“寿终正寝”了。把竞争和生产无政府状态作为一个规律，即便在商品经济前面用定语限定“以私有制特别是资本主义私有制为基础”，仍会造成普遍的惧怕竞争的心理。其中一个例子就是，在我国几十年的社会主义经济建设中，一提起竞争，人们往往把它与生产无政府状态联系在一起，担心竞争会冲击国家计划。由此看来，把竞争和生产无政府状态作为一个规律，不光是个理论上的错误，还有碍于社会主义实践。

2. 它们有不同的内容。

竞争的基本内容是不同的商品生产者在共同市场中争取各自的经济利益。在公有制条件下，它成了贯彻社会主义物质利益原则的重要手段，它不仅反映出生产者与劳动的性质和数量差别相联系的经济利益差别，而且表明他们的根本利益是一致的。而生产无政府状态的基本内容是整个社会生产的无组织无计划，它反映出社会劳动盲目地任意地分配到不同的生产部门，从而表明生产者之间的经济利益关系是根本对立的、不可调和的。

3. 它们有不同的要求。

竞争规律要求经较量决高低，由比试分优劣，通过择优汰劣推进经济活动，要求生产者用较少的劳动耗费提供较多的物美价廉的商品和优等的服务，以在交换中占据有利地位，获取较多的经济利益。而生产无政府状态规律要求生产资料和劳动力在各部门之间自发地进行分配，整个社会生产在“理智总是事后才起作用”[①] 的盲目中发展。各部门实际

① 《马克思恩格斯全集》（第24卷），人民出版社1975年版，第350页。

花费的劳动时间经常偏离社会总劳动时间中该部门的必要部分。倘若某部门实际花费的劳动时间少于社会必要劳动时间，商品供应偏紧，即使商品质次价高，生产者也能获取厚利。与此相反，倘若某部门实际花费的劳动时间超过社会必要劳动时间，商品供应过剩，即使商品物美价廉，生产者也只能获利微薄。这种偶然性决定经营得失成败，根本不同于竞争规律的“优胜劣汰”。

4. 它们有不同的活动范围。

竞争规律依存于商品经济中，与商品经济共始终，它的活动范围就是商品经济存在的范围。从纵的方面即从社会经济发展的历史过程看，它自原始社会末期商品经济出现开始，到共产主义社会商品经济消亡的时期止。从横的方面看即从一定历史阶段的整个社会经济看，它仅仅局限于商品经济部分，不包括自然经济部分。而生产无政府状态规律依存于以私有制为基础的自发经济中，与自发经济共始终，它的活动范围就是自发经济存在的范围。所以，它的纵向活动范围比竞争规律小，自原始社会末期私有制出现开始至资本主义社会止，可是横向活动范围却比竞争规律大，在一定历史阶段的整个社会经济中，它不仅包括商品经济部分，还包括自然经济部分。

5. 它们有不同的后果。

在私有制商品经济中，竞争规律作用的后果是二重的，它在引起商品生产者两极分化的同时造成社会生产重新趋于平衡。而生产无政府状态规律作用的后果是各个生产部门之间比例失调、社会再生产的实现条件经常遭到破坏。在资本主义制度下，它在资本主义基本矛盾的驱使下，引起周期性的经济危机。在私有制商品经济中，竞争规律引起的商品生产者两极分化会加剧生产无政府状态，但它造成的社会生产重新趋于平衡却会有力地抑制生产无政府状态。

概而言之，竞争规律植根于商品经济，生产无政府状态规律则植根于自发经济，它们的内容、要求、范围和后果均有很大差别，是体现着不同经济关系的两个性质不同的经济规律。两者在私有制条件下虽然会彼此推波助澜，但没有必然的因果联系，根本不存在《政治经济学辞典》中所说的“因竞争而造成无政府状态的客观必然性”，因此，也就不存在“竞争和生产无政府状态规律”。

笔者提出以上意见，是冀望经济理论界能进一步解放思想，对竞争规律的研究有更大突破和成就，并希望在社会主义实践中能无限制地、大胆而充分地发挥竞争规律的积极作用。[①]

① 张明龙：《“竞争和生产无政府状态规律”质疑》，《学习与探索》1985年第6期。

第二章　商品与货币理论及教学研究

商品是用来交换的劳动产品，货币是固定地充当一般等价物的特殊商品。本章以商品和货币为考察对象，涉及的内容主要是劳动创造价值的理论。劳动价值论是马克思主义经济学的基础，剩余价值理论就是建立在劳动价值论之上的。本章从产品与商品的差异入手，首先阐明价值存在于“劳动产品”中，价值范畴具有历史过渡性。接着分析影响商品供给量和需求量的因素，以及商品供求的变动趋势，分析价格机制、信贷利率机制、工资机制和汇率机制等价值信号机制。最后研究如何讲授商品与货币的理论内容，探索运用比较式表格、推导式示意图、概括式示意图、函数图像，以及案例教学等教学方法。

第一节　从产品与商品的差异审视价值范畴

剩余价值理论是马克思经济理论的基石，而剩余价值理论又是矗立在劳动价值理论基础上的。马克思在《资本论》开篇，就分析商品和货币，深究价值内容和形式，建立起科学的劳动价值理论，为全面分析资本主义经济奠定了理论基础。因此，准确把握价值这个经济范畴，对于全面理解马克思主义政治经济学有着重要意义。①

一　价值的内容和形式

马克思在《资本论》中，首先从质和量两个方面分析了价值的内

① 张明龙：《试谈产品价值与商品价值》，《浙江师范学院学报》（哲学社会科学版）1983年第1期。

容。他说："如果把商品体的使用价值撇开，商品体就只剩下一个属性，即劳动产品这个属性。"① 如果再抽去劳动产品的使用价值，并使体现在劳动产品中的具体劳动也随之隐匿，那么"现在我们来考察劳动产品剩下来的东西。它们剩下的只是同一的幽灵般的对象性，只是无差别的人类劳动的单纯凝结，即不管以哪种形式进行的人类劳动力耗费的单纯凝结。这些物现在只是表示，在它们的生产上耗费了人类劳动力，积累了人类劳动"②。这就是说，价值是看不见、摸不着，但又是客观存在的，它是劳动产品抽去使用价值后剩下来的东西。

显然，只有一般人类劳动，才是价值实体。

形成价值实体的劳动，不仅要求是同质的，还要求都是凝结的，都是凝结在物品里面，都是物化劳动。"处于流动状态的人类劳动力或人类劳动形成价值，但本身不是价值。它在凝固的状态中，在物化的形式上才成为价值。"③ 如果一种有使用价值的物品，不是劳动产品，没有抽象人类劳动的凝结，那么它就没有价值。"一个物可以是使用价值而不是价值。在这个物并不是由于劳动而对人有用的情况下就是这样。例如，空气、处女地、天然草地、野生林等等。"④ 可见，从质的方面考察，价值是一般人类劳动在"劳动产品"中的凝结。

马克思接着说："价值量是怎样计量的呢？是用它所包含的'形成价值的实体'即劳动的量来计量。"⑤ 劳动本身的量是用劳动的持续时间来计量。所以，作为价值量，一切劳动创造的物品都只是一定量的凝结的劳动时间。计算价值量的劳动量不是个别人的劳动时间，而是社会必要劳动时间。"社会必要劳动时间是在现有的社会正常的生产条件下，在社会平均的劳动熟练程度和劳动强度下制造某种使用价值所需要的劳动时间。"⑥

这里，我们可以知道，决定社会必要劳动时间的是物和人两方面的

---

① 《马克思恩格斯全集》(第23卷)，人民出版社1975年版，第50页。

② 同上书，第51页。

③ 同上书，第65页。

④ 同上书，第54页。

⑤ 同上书，第51页。

⑥ 同上书，第52页。

因素。从物的方面看，生产条件必须是正常的。这是指所使用的劳动资料已被社会普遍采用，原材料具有正常的、一般的质量，劳动资料和原材料的使用必须合理，具有社会平均的性质。从人的方面看，劳动者必须具有平均的熟练程度、劳动强度和操作技巧。这两方面的因素合起来，就是使同种使用价值的生产有同样水平的劳动生产率。

还应当看到价值量和价值量的实现是有区别的。价值量的实现有个数量界限。这个数量界限由社会需要该种产品使用价值量而应耗费的必要劳动时间决定。社会产品总量的使用价值必须适合社会对每种特殊产品的特定数量的需要，劳动必须根据这种特定数量的社会需要按比例地分配在不同的生产领域。因此，只有当全部产品是按必要的比例进行生产时，它们的价值量才能全部得到实现。“为了满足社会需要，只有这样多的劳动时间才是必要的。在这里界限是通过使用价值表现出来的。社会在一定生产条件下，只能把它的总劳动时间中这样多的劳动时间用在这样一种产品上。”①

可见，从量的方面考察，一切劳动产品的价值量都只是一定量物化的劳动时间。

马克思从质和量两方面分析了价值的内容后，又分析了价值的形式。他指出，形成价值实体的一般人类劳动，不是个别的私人劳动，而是共同的社会劳动。当有用物品创造者的背后隐藏着社会分工，表现在价值中的劳动是以分散的个人劳动为前提时，“这种劳动要通过它采取与自身直接对立的形式，即抽象一般性的形式，才变成社会劳动”②。在这种情况下，往往会造成使用价值和价值的对立运动，“物的使用价值对于人来说没有交换就能实现，就是说，在物和人的直接关系中就能实现；相反，物的价值则只能在交换中实现，就是说，只能在一种社会的过程中实现”③。因为一个物品的价值不能由这个物品自身来表现，而必须在同另一种物品交换时，在所交换的物品上表现出来。一个物品的价值由另一个物品来表现，就是价值形式。价值形式首先表现为一种

① 《马克思恩格斯全集》（第 25 卷），人民出版社 1975 年版，第 717 页。

② 马克思：《政治经济学批判》，人民出版社 1976 年版，第 18 页。

③ 《马克思恩格斯全集》（第 23 卷），人民出版社 1975 年版，第 100 页。

使用价值同另一种使用价值相交换的量的关系或比例，这个比例随着时间和地点的不同而不断改变。

一切劳动产品通过交换供给别人、供给社会消费，它便成为商品，价值形式则随着商品生产和商品交换发展而发展。商品是必定要进入交换过程的。在交换过程中，某一个商品所有者换进商品，只是为了满足他所需要的使用价值，这是个人过程；他让出商品，则是为了实现价值，这又是一般的社会过程。但是对于一切商品所有者来讲，同一过程不可能是个人的过程，同时又是一般的社会过程。这就造成了交换过程的矛盾，随着这一矛盾的发展，价值形式也由简单的、个别的、偶然的发展到总和的、扩大的，又发展到一般的，使一种特定的商品成了一般等价物，通过这种商品来表现商品世界其他一切商品的价值，于是这一商品的自然形式就成为社会公认的等价形式。如果一般等价物固定地由某一种特殊商品来充当，这种商品就成为货币。货币是价值形式的最终完成形态。

劳动产品一旦进入交换，一般的人类劳动就表现为价值；用劳动时间计算的劳动量表现为价值量；人类劳动的社会性，表现为一个劳动产品与另一个劳动产品相互交换的关系。这样，本来是生产者的私人劳动的社会关系，却被看成是人与人之间交换劳动产品的关系，或劳动产品相交换的社会关系，而不是人们在劳动中的直接的社会关系。“人和人之间的社会关系可以说是颠倒地表现出来的，就是说，表现为物和物之间的社会关系。”① 因为只有在一个劳动产品作为价值同别的劳动产品发生关系时，不同个人的劳动才作为相同的一般的劳动相互发生关系，而这种关系在人们的生产活动过程中就已形成，只是在劳动产品交换时才显露出来。所以，价值实质上是“隐蔽在物的外壳之下的”“人和人之间的关系”②。

由此可知，根据马克思的论述，价值从质的方面看，是“劳动产品”中一般人类劳动的凝结；从量的方面看，是一定量物化的劳动时间。质和量两个方面，即价值实体和价值量，是价值内在的要素，构成

---

① 马克思：《政治经济学批判》，人民出版社1976年版，第18页。

② 同上。

价值范畴的内容。这个内容的形式，是按其内含的一般人类劳动量进行交换。生产者等价交换劳动产品，实质上是等量交换他们各自的劳动。

二 价值首先存在于“劳动产品”中

如果暂时撇开价值形式，单就价值内容来分析，一般人类劳动究竟是凝结在“劳动产品”中，还是凝结在“商品”中呢？如果我们深入考察马克思劳动价值理论的全部内容，就将得出结论：它是凝结在“劳动产品”中的。可以说，单就价值是物化的一般人类劳动看，价值是“劳动产品”的属性。

（一）从马克思分析价值内容的逻辑顺序看

马克思在分析价值内容时说，如果把商品体的使用价值撇开，商品体就只剩下劳动产品这个属性了。尽管商品外表千差万别，但本质上都是一种劳动的产品，于是他从劳动产品入手展开分析：“如果我们把劳动产品的使用价值抽去，那么也就是把那些使劳动产品成为使用价值的物质组成部分和形式抽去。……随着劳动产品的有用性质的消失，体现在劳动产品中的各种劳动的有用性质也消失了，因而这些劳动的各种具体形式也消失了。各种劳动不再有什么差别，全都化为相同的人类劳动，抽象人类。”① 这样，“劳动产品剩下来的东西……只是无差别的人类劳动的单纯凝结”②。

可见，马克思是在对劳动产品的分析上阐明价值质的规定的，在明确了“劳动产品中一般人类劳动的凝结”后，才进一步推及到分析商品上。这是因为商品首先是劳动产品，而劳动产品总是生产者在一定具体形式下从事劳动，并耗费了一定体力和脑力创造出来的。只有当“这些物，作为它们共有的这个社会实体的结晶”③，也就是说，只有当劳动产品成为商品，个别的、私人的劳动必须通过交换形式转化为共同的社会劳动时，一般人类劳动才被看作是凝结在“商品”中的。然而，这时候价值不但有质和量的规定，而且也有它的形式了，完整的价值范

---

① 《马克思恩格斯全集》（第23卷），人民出版社1975年版，第50—51页。

② 同上书，第51页。

③ 同上。

畴已经具备，针对这种情况，马克思说："价值——商品价值。"① 因此，劳动产品在通过等价交换供别人消费以前，它已经有一定的物质形式，也包含着一定量物化的劳动时间，即凝结着一定量的一般人类劳动。

（二）从价值的对立面使用价值看

马克思指出："物的有用性使物成为使用价值。……不论财富的社会形式如何，使用价值总是构成财富的物质内容。在我们所要考察的社会形式中，使用价值同时又是交换价值的物质承担者。"② 也就是说，在商品生产社会中，使用价值既有自然属性又具社会属性。

就使用价值的自然属性来看，它具有能满足人们某种需要的效用，从而构成财富的物质内容，是一个永恒范畴，不因任何社会形式的变更而消失。

就使用价值的社会属性来看，它具有用于交换的效用，"它直接是表现一定的经济关系即交换价值的物质基础"③，"从而是交换手段"④，是一个历史范畴，只与商品经济共始终，将随着商品经济的消亡而消失。马克思说："如果说商品的'价值'只是一切社会形式内都存在的东西的一定的历史形式，那么，以商品的'使用价值'为特征的'社会使用价值'也是这样。"⑤ "因此，使用价值——作为'商品'的使用价值——本身具有特殊的历史性质。"⑥ 这里，马克思十分清楚地告诉我们，商品的使用价值与商品的价值一样，也是一个历史的范畴。

可见，商品的使用价值和一般劳动产品的使用价值是有区别的：商品的使用价值必须同时具备自然的和社会的两个属性，其中的社会属性即用于交换的效用，是一般劳动产品的使用价值所没有的。

正是由于这一区别，在没有商品交换的社会里，商品的使用价值不

---

① 《马克思恩格斯全集》（第23卷），人民出版社1975年版，第51页。

② 同上书，第48页。

③ 马克思：《政治经济学批判》，人民出版社1976年版，第12页。

④ 《马克思恩格斯全集》（第23卷），人民出版社1975年版，第103页。

⑤ 马克思：《评阿·瓦格纳的"政治经济学教科书"》，《马克思恩格斯全集》（第19卷），人民出版社1975年版，第421页。

⑥ 同上书，第413页。

会出现，但一般劳动产品的使用价值却是可以存在的。例如，在生活资料由社员共同生产和共同分配的原始公社里，共同的产品直接满足公社每个社员、每个生产者的生活需要，这时劳动产品的使用价值在公社成员的共同劳动中取得，又在共同的消费中得到实现。虽然劳动不是使用价值的唯一源泉，但是单凭不借人力而天然存在的使用价值，难以满足人们物质、文化生活和生产的多方面需要，所以不管社会形态如何，人类社会的存在和发展都离不开物质资料的生产，离不开具体劳动。人们通过具体劳动，在一定具体形式下耗费体力和脑力，改变自然物质形态，创造劳动产品。劳动产品一经完成，它便具有能够满足人们某种需要的效用，同时凝结着一定量的一般人类劳动。

显然，凡是劳动产品就必定具备使用价值的自然属性和价值的内容。劳动产品一旦成为商品，它原来包含的使用价值自然属性和价值内容不会发生任何质和量的变化，而仅仅是增加了使用价值的社会属性和价值形式。由此可知，价值内容即物化的一般人类劳动是与一般劳动产品的使用价值相伴同，共始终的。

（三）从形成价值的抽象劳动看

马克思认为形成价值的抽象劳动是一般人类劳动的耗费，是平均的简单的劳动，具有社会劳动的性质。同时形成价值的抽象劳动，其社会性是通过物化为价值的形式表现出来的，因此人与人之间的社会关系也就颠倒地当作物与物的社会关系表现出来了。

因为我们前面假定撇开了价值形式，所以“被物的外壳掩盖着的人与人之间的关系”这个价值本质也说无从表现，因此暂时不涉及，这里单就价值的内容来说，也就是把形成价值的抽象劳动，仅仅看成是具有社会性的人类劳动力生理学意义上的支出。这样，不难明白一般人类劳动是凝结在“劳动产品”中的。这是因为：

首先，不管是否采取商品生产形式，不管经济形态如何，生产本质上总是社会生产。因此，个人在其中进行的特殊劳动，总是社会劳动的一部分。例如，在原始公社中，每个成员的“个人劳动直接表现为社会机体的一个肢体的机能”①。又如在自给自足的个体农业中，个人的

① 马克思：《政治经济学批判》，人民出版社 1976 年版，第 18 页。

特殊劳动是作为家庭范围内的社会劳动直接存在的。马克思说："在农村宗法式生产条件下，纺工和织工住在同一个屋顶之下，家庭中女纺男织，供本家庭的需要，在家庭的范围内，纱和布是社会产品，纺和织是社会劳动。"① 在上述例子的社会条件下，劳动都是直接以具体的形式作为它的社会形式的。

其次，虽然这种直接的具体劳动并不反映人们等量劳动相交换的经济关系，但是人们的劳动也是人的脑、肌肉、神经、手等的生产耗费，从而也是人类劳动力生理学意义上的支出。

最后，劳动者耗费劳动力的结果，形成了劳动产品。劳动产品中凝结着一般人类劳动，是由生产过程中的抽象劳动决定的，并不由劳动产品的消费形式或是否用于交换来决定的。如果劳动产品转化为商品，那么其中凝结的一般人类劳动也随之转化在商品中，但这种转化并没有改变凝结着的一般人类劳动的性质和数量。如果劳动产品是用来满足劳动者自己需要，或是无偿地被别人直接占有，不必转化为商品，那么它本来包含的物化的劳动时间或凝固的一般人类劳动，也不会因此而消失。

（四）从马克思分析非商品经济的价值规定来看

马克思主要是在商品生产的基础上分析价值范畴的全部内涵的，但为了更完整地说明价值的本质特征，也分析了非商品经济的价值规定及其作用。

马克思在分析非商品经济的价值规定时，以虚拟的漂流到荒岛上去的鲁滨孙为例，说道："需要本身迫使他精确地分配自己执行各种职能的时间。在他的全部活动中，这种或那种职能所占比重的大小，取决于他为取得预期效果所要克服的困难的大小。……他的账本记载着他所有的各种使用物品，生产这些物品所必需的各种活动，最后还记载着他制造这种种一定量的产品平均耗费的劳动时间。"②

这就是，按照对各种物品的需要量及生产这些物品平均每种所耗费的劳动时间，鲁滨孙把自己所有的总劳动时间相应地分配到生产这种种物品上去，以便使自己的劳动能满足自己的需要。鲁滨孙对自己的产品

① 马克思：《政治经济学批判》，人民出版社 1976 年版，第 17 页。

② 《马克思恩格斯全集》（第 23 卷），人民出版社 1975 年版，第 93—94 页。

是一清二楚的，既明白每种产品有何用处，也知道每种产品凝结着多少劳动时间。鲁滨孙的劳动产品虽然始终不会成为商品，但由于这些生产物中包含着平均耗费的劳动时间，即凝结着一般人类劳动，还由于他正是以每种所需的劳动产品中含有多少物化劳动时间为准绳，来精确合理地分配自己的劳动，所以马克思说："价值的一切本质上的规定都包含在这里了。"①

就价值质的规定来说，马克思还谈到自然经济中的农奴无论为自己，还是为地主干活，只要在产品上耗费了劳动力，都同样创造价值。他说："价值实体不外是而且始终不外是已经耗费的劳动力，——劳动，即和这种劳动的特殊的有用性质无关的劳动，——而价值生产不外就是这种耗费的过程。例如，一个农奴在六天当中耗费了劳动力，他劳动六天。这种耗费的事实本身，不会因为他例如其中三天是在自己的田里为自己干活，另外三天是在地主的田里为地主干活，而发生变化。他为自己干的自愿劳动，和为地主干的强制劳动，同样都是劳动；如果我们对他这六天的劳动从它所创造的价值或从它所创造的有用产品来考察，那我们就看不出他这六天的劳动有什么差别。"②

可见，根据马克思的论述，如果撇开价值形式，单就价值内容来分析，一般人类劳动是凝结在"劳动产品"中，而不是凝结在"商品"中的。因此，"物化的一般人类劳动"是"劳动产品"的属性，是产品价值的含义。

三　价值范畴的历史过渡性

上面我们分别分析了价值的内容和形式，说明价值内容首先存在于产品中，但一般劳动产品不含价值形式，所以产品价值就是指劳动产品中一般人类劳动的凝结。只有当劳动产品通过交换转化为商品，才同时具备价值内容和价值形式。那么，价值内容和价值形式之间关系如何呢？

马克思认为，任何内容都具有某种形式，任何形式也都包含有某种

① 《马克思恩格斯全集》（第 23 卷），人民出版社 1975 年版，第 94 页。

② 《马克思恩格斯全集》（第 24 卷），人民出版社 1975 年版，第 428 页。

内容，不具有内容或者不具有形式的事物是没有的。价值的内容和形式也是不能截然分开的，它们统一在一个整体中。

如果我们把价值仅仅看作是产品价值，即“劳动产品中一般人类劳动的凝结或一定量的物化劳动时间”，那么即使有了“价值的一切本质上的规定”，还是不足以构成价值这个经济范畴的。因为无差别的人类抽象劳动虽然使劳动产品具有等同性，可以相互比较，但作为劳动产品，在它成为商品之前，要么用来满足劳动者自己的需要，没有交换的必要和可能，要么作为剩余产品被奴隶主、地主直接无偿占有，无须进行等价交换，并不反映人们相互交换劳动的经济关系。因此，在这种场合，价值作为经济范畴仍然不存在，至多只处于潜伏的可能的状态。

相反，如果把价值仅仅理解为按价值进行交换的形式，或在等价交换基础上反映出来的“被物的外壳掩盖着的人与人之间的关系”也是不行的。因为这样既不能回答价值是怎样形成的，价值实体是什么，也无法衡量和比较不同的价值物。

事实上，只有当“劳动产品中一般人类劳动的凝结或一定量物化的劳动时间”这个价值的内容具备后，各种不同的使用价值才能在交换中按一定比例互相替换，成为等价物，才能使“一种社会生产关系采取了一种物的形式，以致人和人在他们的劳动中的关系倒表现为物与物彼此之间的和物与人的关系”①。

所以，只有当价值的内容和形式同时具备，也就是说只有当产品价值和交换价值一起出现形成商品价值时，才能构成价值这个经济范畴。因此，作为经济范畴的价值概念是以产品价值为内容、交换价值为形式的统一整体，就完整的价值概念来说，所谓价值总是指商品价值。

显然，一旦按照物品内含的一般人类劳动量进行交换的形式不存在了，在等价交换基础上产生的人们相互交换劳动的经济关系就会自然消失，完整的价值概念也就不复存在，所剩下来的只是劳动产品中一般人类劳动的凝结或物化的劳动时间。马克思在举鲁滨孙的故事这个例子时只说他如何分配劳动时间，如何记载物化劳动，而没有提价值概念；在预言“一个自由人联合体，他们用公共的生产资料进行劳动”时，也

① 马克思：《政治经济学批判》，人民出版社 1976 年版，第 18 页。

只是说“在那里，鲁滨逊的劳动的一切规定又重演了，不过不是在个人身上，而是在社会范围内重演”①。马克思同样没有提价值概念。因为这两种场合都没有商品、货币，没有等价交换形式。这就是说，在消灭了私有制，废除了按价值进行交换的社会里，价值的形式不再存在，作为经济范畴的价值概念消失了。由此可知，价值与商品一样，具有历史过渡性。

不过，价值的历史过渡性质，与商品的不尽相同。商品在它产生的经济条件消失后，它的全部内涵、本质特征旋即泯灭，荡然无存。价值则不是这样，它在寿终正寝时，尚有遗骸存留。

不存在商品生产和商品交换，废除了按价值进行交换的社会里，虽然价值概念不复存在，但是价值的消亡仅仅失去按物品内含的劳动量进行交换的形式，而“劳动产品中一般人类劳动的凝结或物化的劳动时间”这个价值内容是“劳动产品”的属性，是产品价值，不受商品经济条件限制，依然存在，并且还有发生作用的场所。

在共产主义社会，将是社会占有生产资料的非商品经济。然而，即使在这种情况下，“要想得到和各种不同的需要量相适应的产品量，就要付出各种不同的和一定数量的社会总劳动量。这种按一定比例分配社会劳动的必要性，决不可能被社会生产的一定形式所取消，而可能改变的只是它的表现形式”②。也就是说，到了共产主义社会，人们也必须知道，每种消费品的生产需要花费多少劳动，以便根据当时社会所具备的生产资料和劳动力，以及社会对各种消费品的需要量来安排生产，实现产需平衡。这在客观上要求以“劳动产品中一般人类劳动的凝结或物化的劳动时间”即产品价值为尺度，计量和比较每种消费品内含的劳动量，按一定比例合理分配社会总劳动时间，解决社会总产品的生产问题。

恩格斯肯定了价值的内容即产品价值在商品经济消亡以后仍在发挥作用，他说：“在私有制消灭之后，就无须再谈现在这样的交换了。到

---

① 《马克思恩格斯全集》(第23卷)，人民出版社1975年版，第95页。

② 马克思：《马克思致路·库格曼（1868－07－11）》，《马克思恩格斯选集》（第4卷），人民出版社1972年版，第368页。

那个时候，价值这个概念实际上就会越来越只用于解决生产的问题，而这也是它真正的活动范围。”①

在我国社会主义现阶段，产品大多经过市场交换进入消费领域。但为了加强宏观调控，政府也在一定领域采用直接计划调节，以“产品价值”为基础直接确定价格。这类价格的制定，一般以正常生产、合理经营情况下的社会中等成本，加上平均利润作为主要依据。尽管它们必须全面反映市场商情变动的要求，但它们毕竟不是通过市场机制形成价格，而是更多地取决于“产品价值”。正因为这样，才要求我们必须更加充分地研究价值范畴，特别是“产品价值”，即“劳动产品中一般人类劳动的凝结或一定量物化的劳动时间”这个价值内容，以“物化的劳动时间”为准绳组织非竞争性领域产品的生产，力争用最少可能的劳动花费，取得最大可能的经济效果。

由此可见，正确理解价值的内容和形式，正确认识产品价值和商品价值的区别与联系，全面把握价值范畴，不仅具有重要的理论意义，还有助于促进社会主义建设，加速现代化的实现。

第二节　正确认识商品供求关系

商品供给、商品需求，以及它们量的对比，每时每刻都在发生变化。影响供给量与需求量的因素，尽管并不相同，但它们主要取决于生产者和消费者的行为。正确认识影响供求的因素，有利于理顺供求关系，更好地发挥供求机制的调节作用，实现商品供求的动态平衡。②

一　影响商品供给量的因素

对于许多人来说，短缺经济的烦恼尚记忆犹新，但过剩经济的苗头又悄悄来临。商品积压，劳动力过剩，资本找不到合适的投资场所，有效需求不足随处可见。经济现象中的短缺和过剩，总是相对一定商品供

---

① 恩格斯：《政治经济学批判大纲》，《马克思恩格斯全集》（第1卷），人民出版社1975年版，第605页。

② 张明龙：《经济学基本理论研究》，中国文史出版社2002年版，第308页。

求量而言的。商品供求量受到来自生产者和消费者多方面因素的影响，每时每刻都在发生变化。为了保持协调、平稳的经济运行状态，短缺时应适当刺激有效供给增加，过剩时则应适当刺激有效需求增加。无论是刺激有效供给，还是刺激有效需求，首先得正确认识供给与需求的本质特征，全面把握影响供给量与需求量变化的诸多因素，以便综合运用各种调节措施，使生产者愿意继续供应的数量与消费者愿意继续购买的数量保持动态的一致。这里，先分析影响供给量变动的各种因素。

商品供给，指社会在一定时期内能够提供给消费者的各种商品和劳务。供给方由供给主体和供给客体组成。供给主体包括企业和家庭等商品或劳务的生产者、供给者，销售商品的各类中介商，劳务中介机构，以及为供应商品或劳务服务的一切单位和个人。供给客体由待售商品和劳务组成，它们因具体市场而异，主要包括：商品市场中的待售商品的品种、规格、花色、款式、质量、数量，金融市场中的信贷资金、股票、债券、期票、汇票、外汇和黄金等可供种类和数量，劳动力市场中待流通的劳动力种类和数量，技术市场中待有偿转让的技术成果及相应的技术服务和技术咨询，信息市场中供有偿转让的消息、情报、指令、代码、信号等。

供给不管是使用价值还是价值，都可以表现为一定数量。一定市场中的供给总量受一定市场价值的制约。市场价值由社会必要劳动时间决定。市场价值越高，表明内含的社会必要劳动量越多，反之亦然。一般来说，在某种商品生产上社会劳动消耗量已定时，其商品供给总量主要取决于市场价值的高低。市场价值高意味着市场价格高，这将刺激生产者增加投入，促使供给数量增多；市场价值低意味着市场价格低，这将迫使生产者压缩投入，供给数量就会随之减少。据此，人们往往把供给看作是家庭或厂商在一定价格上所愿意出售的物品或劳务的数量。①

供给量的变化受多种因素影响，其中主要有以下几种情况：

(1) 某种产品自身价格上升或下降，会引起供给量跟着增加或减少。

---

① ［美］斯蒂格利茨：《经济学》（上册），姚开建、刘凤良、吴汉洪等译，中国人民大学出版社 1997 年版，第 76 页。

（2）某种产品的互补产品（如录音机和录音磁带）价格上升或下降，其供给量会随之增减。

（3）某种产品的替代品价格上升，其生产者会转向生产替代品，将造成这种产品的供给量减少，反之亦然。

（4）某种产品生产所需的各种要素，如资金、技术、信息、劳动力和土地等价格上涨，会引起这种产品的成本提高，从而将减少供给量，而生产要素价格下跌，则会增多其供给量。

（5）科学技术和生产力提高，可以充分利用各种社会资源，有利于降低厂商成本，将会引起供给量增大 。

（6）生产周期的延长和繁荣阶段，生产者对未来经济发展趋势做出乐观的预期，可促使供给量以较大幅度增长。

（7）消费者个人收入增多，特别是扣除税款、减去维持生活必需支出后的余额，即可任意支配收入有较大幅度增长，将拉动选购品和特殊品的价格上涨，刺激其供给量随之增加。

（8）经济信息导向、宣传舆论导向和名人行为示向，会对企业的生产经营活动产生一定程度的制约作用，从而可推动供给量增加或减少。

（9）政府宏观调控措施，如采取鼓励性政策、优惠税收或给予特种补贴等，可以促使企业增加投资，扩大生产，从而推动社会供给量增多。

二　影响商品需求量的因素

需求，指人们对某种目标的渴求与欲望。需求可分为生理需求和社会需求。生理需求，指人体自身发展过程中形成的饥渴、冷暖、睡眠和排泄等天然需要；社会需求，指为了维持社会生活、进行社会生产和社会交往而形成的需要。需求又可分为物质需求和精神需求。物质需求包括对各种物质消费品，以及劳动资料和劳动对象的需要；精神需求包括对文化、艺术、知识、友谊、尊严、威望和成就等方面的需要。需求也可分为生活需求和生产需求。生活需求表现为人们对消费资料的渴望与欲求，它又包括为维持生命和繁殖后代的生存需求，以及向较高层次上升提出的发展需求和享受需求。生产需求表现为人们对各种生产要素的渴求与欲望，这是人们为最终实现生活需求而进行生产或再生产所提出的需要。在市场经济条件下，人们的生活和生产需求，往往以商品需求形式表现出来。商品需求，通常指人们获得有货币支付能力所需物品和劳务的要求与欲望。①

需求方面由需求主体和需求客体组成。需求主体包括作为顾客、用户、消费者的一切单位和个人。需求客体由待购入的商品和劳务组成，主要包括：商品市场中的待购商品的使用价值要素和数量，金融市场中的信贷资金、有价证券、外汇和黄金等需求种类和数量，劳动力市场中的劳动力需求种类和数量，技术市场中的待购入的技术成果及其相关服务项目，以及房地产、旅游、信息等方面的需求品质和数量。

需求量与供给量一样，它在一定市场中也受一定市场价值的制约。市场价值代表着一定的社会必要劳动量，以它为基础的市场价格可以引导并决定需求的形成。由于需求量与价格具有十分密切的关系，以至于人们把需求概念理解为家庭或厂商在一定价格上所选择购买的物品或劳务的数量。②

需求量的增减取决于多种因素，它主要有以下几种变化情况：

（1）某种产品自身价格上升或下降，需求量会按相反方向变动，出现减少或增加。

（2）某种产品自身价格不变，它的互补产品跌价，其需求量会随之增加。如影碟片保持以往价位，而 VCD 影碟机的售价下降，会在一定程度上造成它的需求量上升。

（3）某种产品的替代品价格上升，其需求者可能会把替代品的一部分或全部需求转移到这种产品上来，增加它的需求量，如猪肉涨价时，鸡蛋的需求量可能会有所增多。

（4）人口状况。在人均收入一定的条件下，一个区域人口总数越多，其消费需求和购买力总量就越大；一个区域人口密度越高，它的消费需求总额也越大。在人口总量一定的条件下，年龄结构、家庭生命周

① 张明龙：《市场供求变量及趋势分析》，《商业研究》2005 年第 13 期。

② ［美］斯蒂格利茨：《经济学》（上册），姚开建、刘凤良、吴汉洪等译，中国人民大学出版社 1997 年版，第 73 页。

期，以及性别、职业、教育程度、民族和宗教等方面的差异越大，需求种类越多，需求的变化趋势便越复杂。

（5）个人收入。它是指一个国家或一个地区所有个人从各种来源获得的收入。个人收入总和除以人口总数所得的商，便是人均收入。一个国家或一个地区的个人收入总额，大致决定了该国或该地区的消费商品需求总量，而人均收入的高低，则可反映当地购买力水平的大小。

（6）顾客、用户的兴趣和偏好。当产品价格既定时，顾客、用户对产品的兴趣和偏好提高或下降，会造成产品需求量随之相应增多或减少。

（7）消费者对收入和物价的未来预期。消费者估计未来自己个人可支配收入有较大幅度增多，或估计所需物品今后将出现涨价走势，可能会增加当前的购物量。相反，消费者预计日后收入将减少或物价将下跌，可能会缩减当前的购物量。

（8）消费者所属群体和相关群体的价值观及行为倾向。群体往往无形中会对个人施加压力，使个人的意向符合群体的价值取向和信仰，并采取合乎群体要求的从众行为。通常，每个群体似乎都有领头人，他们的消费行为，常被群体其他成员所仿效。群体领头人对某种商品消费需求的增减，会在群体内部迅速扩散，形成放大效应。例如：某群体领头人崇尚节俭，可能会使该群体消费需求偏紧；某群体领头人喜好奢侈，可能会引起该群体消费需求过量。

（9）政府的宏观调控措施。政府宏观调控中常用的经济政策、经济法规和经济杠杆等手段，对市场消费需求的形成和实现，具有重要的影响作用。例如，国家征收的所得税、消费税、工商税和资源税，出台的消费政策，采用的专卖、专营办法，制定的生活费用价格指数等，不仅可调节居民的收入水平，而且能鼓励或限制某些商品的消费需求。

三 正确认识商品供求的变动趋势

（一）供求关系的含义

供给与需求互相联结、彼此制约形成的对立统一体，称作供求关系。马歇尔曾将供求比喻为一把剪刀的两片刀刃，认为剪刀的两片刀刃是同时工作的。所以，研究供求应同时从供给与需求两方面进行。美国经济学家克莱因说："不论单独的供给分析还是单独的需求分析，都无从对经济上出现的事情做出适当的解释。"①

（二）供求失衡的表现

供给与需求会经常出现不一致。这种不一致，可以通过供求总量失衡的形式，在宏观经济领域里表现出来，但更多的则是通过供求结构性失衡的形式，显现于微观经济领域中。在供给总量与需求总量一定的前提下，最终产品的供给和需求，以及产业部门之间中间产品的供给和需求在品质与绝对量上不相适应，就会造成商品供求结构性失衡。这一现象大体有两种情况：

（1）在消费品市场上，某些种类可供商品的品质与消费者的需要不相符；某些种类商品的供给数量与人们的需求数量不一致。

（2）在要素市场上，可供生产资料、信贷资金、劳动力、技术、信息和土地的品质或种类，与购买者的需要有差异；某些生产要素的供给数量与人们的需求数量有出入。

商品供求结构性失衡，将使资源大量闲置而浪费，会加剧供求总量不平衡。消除供求结构性失衡现象，可从供给方面入手，也可从需求方面入手，还可以供给与需求双管齐下，究竟采用何种措施为好，应根据具体时空条件和失衡严重程度来决定。

（三）供求机制的形成

由于供给方面和需求方面都有弹性，并且受到不同因素的影响，因此供求关系从来不是静止的，总是处于不断的变动之中。马克思指出："供求实际上从来不会一致；如果它们达到一致，那也只是偶然现象，所以在科学上等于零，可以看作没有发生过的事情。"②

正是因为供求经常失衡，供给要素与需求要素的组合与变动经常不一致，才使供给方面与需求方面同市场信号一起形成一个相互作用、相互制约的运动整体，即商品供求机制。

---

① ［美］劳伦斯·克莱因：《供求经济学》，司一、向宁译，商务印书馆1988年版，第7页。

② 《马克思恩格斯全集》（第25卷），人民出版社1975年版，第212页。

（四）供求机制的功能

1. 调节市场价值的形成过程，并迫使市场价格以市场价值为轴心上下波动。这大体有三种情况：

（1）如果供给接近通常的供给，需求接近通常的需求，供求双方数量对比基本一致，供求机制将使市场价值取决于社会必要劳动时间。这时，“市场价值，一方面，应看作是一个部门所生产的商品的平均价值，另一方面，又应看作是在这个部门的平均条件下生产的、构成该部门的产品很大数量的那种商品的个别价值”①。

（2）如果需求超过通常的需求，或者供给小于通常的供给，供求相抵缺口很大，供求机制将可能迫使市场价值暂时取决于最差条件下生产的商品价值。

（3）如果供给超过通常的供给，或者需求小于通常的需求，供求相抵尚有很大剩余，供求机制将可能迫使市场价值暂时取决于最好条件下生产的商品价值。

在供给短缺而需求过旺的条件下，供求机制将会促使生产者增加供给，也会促使消费者减少需求。在供给过剩而需求不足的条件下，供求机制将会迫使生产者压缩生产，也会诱使消费者扩大需求。供求机制总是力图使供求双方数量对比趋向平衡，所以，第二、第三两种情况下形成的市场价值只是特殊的暂时现象，它们一般都会朝第一种情况发展。市场价值一旦形成，供求机制又会以它为基础调节市场价格，即调节市场价格与市场价值的偏离，同时市场价值也会调节供求关系，从而使自己成为拉平市场价格的中心。这样，“供求的变动使市场价格围绕着这个中心发生波动”②。

2. 调节生产者愿意继续供应的数量与消费者愿意继续购买的数量，使之趋向均衡。

（1）当生产者愿意继续提供给市场的货物数量，较大幅度地超过消费者愿意继续从市场上购买的货物数量时，由于生产者之间激烈的销售竞争，纷纷削价出卖，会对价格形成下跌的压力，迫使生产和交易成

① 《马克思恩格斯全集》（第25卷），人民出版社1975年版，第199页。

② 同上书，第202页。

本较高的生产者退出市场，缩减商品供给数量。或者，随着价格下跌，一方面，较低的价格带来新的购买者；另一方面，每次价格的降低可以诱使该物品的每一个消费者购买更多的数量，从而使供过于求的买方市场走向供求一致的均衡市场。

（2）当消费者愿意继续购买的某种物品数量，较大幅度地超过生产者愿意继续供应的该物品数量时，由于消费者之间激烈的购买竞争，纷纷抬价抢购，会对价格造成上涨的压力，迫使手持现金短缺或购买力不足的消费者不得不离开市场，减少商品需求数量。或者，随着价格升高，一方面，较高的价格带来新的生产者；另一方面，每次价格的上涨可以诱使该物品的每一个生产者生产更多的数量，从而使供不应求的卖方市场，逐步朝供求一致的均衡市场方向发展。

第三节　价值信号机制

商品交换在市场机制推动下运行。市场机制大体上可分为动力机制、压力机制和价值信号机制三大系列。价值信号机制表现为供给方面、需求方面与价格、利率、工资、汇率等价值信号之间形成的有机制约关系，主要包括价格机制、信贷利率机制、工资机制和汇率机制等。价值信号机制是市场机制的基本组成部分。正确认识和运用价值信号机制，对于促进市场经济顺利、正常运行，提高经济整体效益，具有十分重要的现实意义。①

一　价值信号机制的功能

市场体系包括许多分类市场，各个具体的分类市场，均有具体的价值信号和相应的价值信号机制。每个价值信号机制都有特定的调节对象，并由此形成特定的功能和作用。

（一）价格机制的功能

1. 价格机制的内涵。

价格是商品市场的价值信号。价格机制是商品市场的价值信号机

① 张明龙：《走向市场经济的思索》，企业管理出版社 2014 年版，第 62—70 页。

制，它表现为商品供求数量增减与价格涨落之间的有机联系和运动。它可分成两个部分：

（1）供方价格机制，即商品供给方面与价格信号相联系的一端；

（2）需方价格机制，即商品需求方面与价格信号相联系的一端。

2. 供方价格机制可以促使产业结构合理调整。

（1）促进生产同种商品的企业结构优化。在供方价格机制与竞争机制和风险机制的合力及联动作用下，生产同种商品的不同厂商，谁以最优的质量出卖同一价格的商品，或者谁以最便宜的价格出卖同一质量的商品，谁就会在市场竞争中处于有利地位。供方价格机制的这一作用，将推动商品不断朝物美价廉方向发展，从而降低生产质次价高商品的落后企业在该商品生产中所占的比重，相应提高先进企业的比重。

（2）促进生产不同种类商品的企业比例协调。供方价格机制在竞争和风险叠加压力的推动下，将决定各种商品的价格比例及其变动趋势，可给厂商发出调整生产方向和生产规模的信号，从而引导厂商在不同部门之间适度转移生产资料和劳动力，使社会劳动趋向合乎比例地分配于不同生产部门。

3. 需方价格机制可以灵敏调节需求规模和需求结构。

（1）需方价格机制引起商品市场价格总水平上升，将导致购买者的购买力减弱，缩小购买者的需求规模；相反，需方价格机制引起商品市场价格总水平下跌，则会造成购买者的购买力增强，扩大购买者的需求规模。

（2）需方价格机制引起不同商品的价格比例发生变化，将给购买者发出改变需求方向的信号，这会促使购买者选择代用品，放弃购买高价商品，转向购买低价而效用相近的商品，从而改变不同商品之间的数量比例，改变需求结构。

供方价格机制与需方价格机制在实际运行过程中不是截然分开、孤立地发挥作用的，恰恰相反，它们总是彼此衔接成统一的价格机制来调节市场经济活动。

（二）信贷利率机制的功能

1. 信贷利率机制的内涵。

信贷利率是金融市场的价值信号。信贷利率机制是金融市场的价值信号机制，指的是信贷资金的供给与需求同利息率之间的有机制约关系。它由两个部分衔接而成：

(1) 存款利率机制，即信贷资金供给方面与利率信号相联系的一端；

(2) 贷款利率机制，即信贷资金需求方面与利率信号相联系的一端。

2. 存款利率机制可以灵敏调节信用资金的来源及价值构成，直接影响存款总量的增减及各类存款之间的数量比例。它的功能主要体现在两个方面：

(1) 调整积累基金和消费基金的比例。存款利率提高，将增强储蓄的积累功能，可以促使资本或信贷资金供方，主要是城乡居民，把一部分暂时不用的消费资金转化为储蓄存款。把这部分储蓄存款投入生产，变作生产基金，就与积累基金一样，可以扩大社会生产规模。相反，降低存款利率，则会减弱储蓄的积累功能，可以促使人们增加当前的消费需求。

(2) 调节市场货币流通量。在银行自存资金、财政性存款、企业存款和储蓄存款等信贷资金中，对存款利率机制调节作用反应最敏感的是储蓄存款。储蓄存款的供方是城乡居民，也就是它来自于流通中居民手持的现金，储蓄存款与流通中的现金成反比，储蓄存款额越大，流通中的现金量越小；反之亦然。当市场中流通的货币量过多时，提高存款利率，可以促使信贷资金供方推迟货币购买力，把手持现金变作银行存款，这对于回笼现金，减轻市场货币购买力对有效供给的压力有重要作用。当市场中流通的货币量偏少时，降低存款利率，可以促使信贷资金供方取出存款变作手持现金，使之逐渐符合实现商品所需的货币量。

3. 贷款利率机制可以有效地调节信用资金的使用方向和重点，它直接影响贷款规模、范围和用途。它对经济运行的主要作用是：

(1) 促使企业加速资金周转，节约使用资金。贷款利率机制，把作为信贷资金需方的企业与一定利率信号联结在一起。当贷款利率既定时，企业使用贷款数量多、期限长、周转慢，需要支付的利息量就大，这会增加企业的负担，减少企业利润。在贷款利率机制的压力下，企业必然十分注意资金使用效果，将对借款精打细算，能不借就不借，能少借就少借。已经借了的贷款也要积极采取措施，争取按期或提前偿还。

（2）引导资金流向，调整货币资金在各部门的分配。贷款利率机制往往与价格机制形成联动关系，以合力形式调节资金运行：当某部门商品供不应求时，价格机制促使这一商品价格提高，使之获利增多；这一部门必然要求扩大生产规模，增加信贷资金投入，于是推动贷款利率机制发出超过社会平均水平的高利率信号，诱使更多信贷资金向这一部门转移。当某部门商品供过于求时，价格机制会迫使这一商品价格降低，使其获利能力随之减弱；该部门不得不缩减生产，减少贷款额，这将促使贷款利率机制发出低于社会平均水平的低利率信号，限制信贷资金流入该部门，甚至导致该部门原有的信贷资金转移到其他部门。

（三）工资机制的功能

1. 工资机制的内涵。

工资是劳动力市场的价值信号。工资机制是劳动力市场的价值信号机制，表现为劳动力供给与需求跟工资之间的有机联系和相互制约作用。它可以分成两个部分：

（1）供方工资机制，即劳动力供给方面与工资信号相联系的一端；

（2）需方工资机制，即劳动力需求方面与工资信号相联系的一端。

2. 供方工资机制的作用对象是劳动者，它的调节功能主要体现在：

（1）激励劳动者勤奋劳动。供方工资机制的变动趋势表现为，劳动者所得的工资量，与劳动力实际支出即劳动的消耗量成正比。影响劳动力实际支出的因素主要包括：劳动时间的多少，劳动强度的高低，劳动条件和环境的优劣。在劳动条件相同的情况下劳动时间越多，在相同的时间里劳动紧张程度越高，在井下、高空、高温、野外、低温等相对较差的劳动条件和环境中工作，劳动者实际支出的劳动力越大，获得的工资也就越多。这会促使劳动者在生理、社会道德和法律允许的条件下，乐于接受艰苦、繁重的工作，并尽可能地多劳动和努力劳动。

（2）促使劳动者提高劳动技能。供方工资机制变动的另一趋势是，劳动者获得的工资多少，与其劳动质量即劳动复杂程度和熟练程度成正比。如果一个人经过专门的训练，从事复杂的劳动，相对地说在同样的时间内其物化劳动较多，价值较大，相应就会得到较多的工资收入。这会促使劳动者钻研和掌握科学技术，努力提高自己的劳动技巧和熟练程度。

3. 需方工资机制对经济运行的调节是多方面的，其中主要是:

(1) 调整劳动力和其他生产要素的比例。任何社会生产都需要人和物两大要素。人的要素主要是指劳动者的劳动力，物的要素由机器设备、半成品、原材料和燃料等组成。作为生产要素，劳动力和机器设备之间存在着一定的相互替代关系：生产过程的某些方面既可以由劳动者操作，也可以由机器设备替人完成。当劳动力短缺时，需方工资机制将发出高工资信号，迫使劳动力需求者把工资支出与购买机器设备费用做一仔细比较。假若发现因工资太高，不如以增添先进设备代替人工更有利，企业就会尽可能采取技术密集型的生产方法，以便减少劳动力的使用量。与此相反，当劳动力富余时，需方工资机制就会发出低工资信号，企业如果发现由于工资较低，增加人工比添置新设备有利得多，它就会尽可能采取劳动密集型的生产方法，以便减少机器设备的使用量。

(2) 调整劳动力在各个部门的分配。当某部门的产品供不应求时，价格就会上涨，需方工资机制接收到价格机制这一变动信息之后，很快就会通过内在的机理变换，发出超过社会平均水平的高工资信号，吸引更多的劳动力流向这一部门。当某部门的产品供过于求时，价格就会下跌，需方工资机制将随之发出低于社会平均水平的低工资信号，阻碍劳动力向该部门流入，并促使该部门原有的劳动力流向工资水平高、对劳动力有较大需求的部门。

(四) 汇率机制的功能

1. 汇率机制的内涵。

汇率是外汇市场的价值信号。汇率机制是外汇市场的价值信号机制，指的是外汇供求变动同汇率升降之间的彼此制约关系。外汇供给方面与汇率信号相联系的一端，叫作供方汇率机制；外汇需求方面与汇率信号相联系的一端，叫作需方汇率机制。

2. 供方汇率机制对于调节外汇来源、规模、结构有重要作用。它可以影响贸易外汇收入和吸引外资。它对侨汇和旅游业外汇收入的调节尤为灵敏。

(1) 从调节侨汇看，如果供方汇率机制发出的汇率信号，是以国内外货币购买力为基础，能够反映国内外物价的对比水平，海外华侨就愿意直接用外汇向生活在祖国的亲属汇款，客观上起到了鼓励侨汇收入增加的作用。相反，如果人民币汇价偏高，不符国内外物品的正常比价，华侨就会将汇款改作就地购买物品寄回，这将减少侨汇收入。

（2）从调节旅游业外汇收入看，海外旅游者在我国使用外汇，主要用于食宿、交通等生活费用，以及购买工艺美术纪念品和其他一般商品。如果供方汇率机制发出的汇率信号比较合适，海外旅游者用外币换得的人民币，在我国生活和购物，跟在自己居住的国家或地区一样方便，一样便宜，甚至更有利些，他们将愿意在我国逗留较长时间，购买较多物品，或者再次来我国旅游。这样，供方汇率机制就会起到促进旅游外汇收入增加的作用。假若人民币的汇价定得过高，就将减少我国就地出口商品的机会，不利于增加旅游外汇收入。

3. 需方汇率机制在外汇的使用过程中发生作用。需方汇率机制输出的合理汇率信号，有利于规范使用外汇的经济行为，有利于形成适宜的外汇支出方向和额度。

它与其他机制的合力，将促进外汇需方根据有利于技术进步，有利于增强出口创汇能力和有利于节约使用外汇的原则，合理安排进口，把有限的外汇集中用于引进先进技术和关键设备，进口国家重点生产建设所需的各类紧缺物资。

以汇率信号把外汇供求双方联结在一起的统一汇率机制，调节外贸活动时有两种作用趋势：其一，在其他条件不变的情况下，本国汇率下跌，降低本国货币对外币的汇价，将有利于出口而不利于进口；其二，在相同条件下，本国汇率上升，提高本国货币对外币的汇价，将有利于进口而不利于出口。可见，汇率机制变动，特别是汇率的升降，会直接影响进出口贸易。

二　价值信号机制的运行特点

在市场经济体制下，各个价值信号机制不能单独、孤立地调节经济活动，它们各自产生的调节作用力，必须融入其他市场机制的调节作用力。它们一方面遵循着自己的运行轨迹发挥本身固有的功能，另一方面又必须或多或少地吸纳其他市场机制的调节要求。每个价值信号机制，只能是不可分割的市场机制整体的一个构成部分。健全的价值信号机制，通常运行过程表现为：各个价值信号在自变的基础上形成联动关系，各个价值信号的变动能够互为因果，及时反馈，各个价值信号机制能够在各自发挥功能的同时又共同发挥功能。① 价值信号机制的正常运行具有下述特点：

（一）价值信号成为联结全社会各个独立商品生产者的纽带

在市场经济条件下，由于社会分工，各个生产者彼此分离，他们都为别人需要、为社会需要从事不同产品的生产。一个生产者的产出物可为许多别的生产者提供投入物。生产要素只有依据价值信号顺利交换，才能由产出物转化为投入物。

能够对社会资源实行有效配置的价值信号机制，不仅在交换过程中把生产要素供给者与需求者彼此联系起来，而且表明供求比例关系，制约和调整产出物转向投入物的运行，从而使社会生产形成一个产出、投入相互衔接的链式有机整体。随着生产社会化和专业化的发展，各个商品生产者之间这种由价值信号机制联结起来的链式关系将会变得越来越紧密。

（二）价值信号是联结商品生产与商品消费的媒介

商品从生产领域进入消费领域，由生产者之手转到消费者之手，必须经过流通领域。商品流通，只有依靠价值信号提供的经济信息，才能使自身的锁链环环紧扣。

价值信号既可使卖者或生产者将其销售意愿通知给可能的买者或消费者，也可使买者或消费者将其购买意愿通知给可能的卖者或生产者，并使商品在这种由价值信号机制提供的信息联系的基础上，发生从生产者手中转到消费者手中的实际交易联系。

（三）价值信号通过横向渠道在企业之间直接传导经济信息

在市场经济条件下，生产者生产的产品只有通过市场才能销售，他们生产经营活动所需的生产资料只有在市场上才能买到，消费者所需的物品必须依赖市场的供应来解决，因而社会生产和社会需要的变动就表现为市场供求的变动，生产与消费的矛盾就表现为市场供求的

---

① 张明龙：《培育市场体系，强化市场机制作用》，《商业经济研究》1993 年第 3 期。

矛盾。

这样，国民经济各个方面和社会再生产各道环节的实际状况怎样，存在何种矛盾，必然要通过价值信号反映出来。所以，价值信号能够显示出社会经济运行中各种比例关系的协调或失调状态。

价值信号是在买方之间、卖方之间以及买卖双方之间的竞争中自然形成的，是通过生产者之间、生产者与消费者之间的直接联系和接触传输的，因此它提供的经济信息可以被企业直接接收，不需要经过国家计划机关或政府管理部门的纵向渠道递送。

（四）价格、信贷利率、工资、汇率等价值信号本身能够灵活变动

这里，以金融市场为例加以说明。在金融市场中，信贷利率信号的调整，必须是信贷利率机制变动的结果，同时又应是促使信贷利率机制变动的原因。

社会平均利率信号能随社会资金总供给和总需求的比例改变而及时调整，还能反映社会生产总供给和总需求的变动状况。

差别利率信号，既能反映不同部门、不同项目信贷资金需求轻重缓急的差别，又能反映信贷资金的合理流向。

一定时期，社会信贷资金总供给超过总需求，利率就会随之下降；反之亦然。利率信号调整，也能灵敏影响信贷资金供方和需方。利率升高，存款机制就会随之增强吸收社会闲散资金的功效，贷款机制则会随之削弱出借资金的功效。利率降低，存款机制吸收存款的作用力会相应变小，贷款机制出借资金的作用力则会相应变大。

商品市场中的价格、劳动力市场中的工资、外汇市场中的汇率等价值信号，与信贷利率信号一样，能够随着自身机制供求对比的调整而灵敏变动，它们都同自身机制中的供方和需方联结成相互适应的有机因果链。

（五）价格、信贷利率、工资、汇率等价值信号能够彼此协调运行

在市场经济条件下，某个价值信号变动，将相应引起它所在的市场机制作用力和作用方向改变。各个市场机制的调节方向及其变动趋势只有保持一致，才能有效地促进社会生产的增加或减少。否则，就会得到相反的经济结果。

价格机制、信贷利率机制、工资机制所产生的作用力，均对生产者

有利，就能有效地促进生产发展；均对生产者不利，就能有效地限制生产增加。倘若价格机制促进生产，而信贷利率机制和工资机制却遏制生产，它们的作用力相互抵消，谁也无法收到应有的调节效果。

要使各个市场机制的调节方向尽可能趋于一致，首先必须使各个价值信号的变动能够相互呼应，密切配合。就价格信号来说，它的变动，不仅反映商品供求的变动，而且反映资金供求和劳动力供求的变动。就信贷利率信号来说，它的变动虽以信贷资金供求为基础，但也受到商品供求和劳动力供求变动的影响。就工资信号来说，它的变动既有劳动力供求变动的内因，又有商品供求和资金供求变动的外因。这样，各个价值信号将在相互协调的关系中变动，由它们引起的市场机制作用就能趋向协调和一致。

（六）价格、信贷利率、工资、汇率等价值信号能够相互顺畅传递

各个市场机制能否形成一个统一的有机整体，能否以合力形式发挥作用，关键在于各个价值信号能否顺畅传输和及时反馈。如果价值信号相互之间不能传递，那么它们的变动只能局限于自身机制，既不能反映别的机制供方与需方的变动状况，也不能对其产生制约作用，市场机体就会被一个个孤立的机制所分割，难以成为统一整体。

一个价值信号，只有能把自身变动的消息传送到别的市场机制上，同时又能接收到别的价值信号的变动消息，才能使自己与其他价值信号形成彼此协调的关系。

价值信号的传递是通过接力式的方法来进行的：某个价值信号变动引起自身机制的作用力调整，这个调整机制作用力的过程会引起别的市场机制中的价值信号改变。在各个价值信号能够彼此顺畅传递的市场机体中，各个市场机制能在价值信号因果链的基础上形成联动关系。

从调节生产角度看，当某个部门的产品供过于求时，会引起价格信号朝价值下方滑低，价格机制能使这个部门的利率降低，从而引起金融市场机制变动使资金向外流出，价格机制和利率机制的合力又能使这个部门的工资总额减少，从而引起工资机制变动使劳动力转移到其他部门，这个部门的生产随之缩减，直至与需求趋向一致。这样，各个市场机制就形成了一个彼此协调适应的整体。

三　健全价值信号机制的措施

目前，我国价值信号机制体系尚不完善，主要表现为价值信号机制扭曲现象没有完全消失，各个市场机制的健全程度高低不一，并存在区域性不平衡，价值信号无法形成灵敏的联动关系和完整的反馈回路。这不仅弱化了价值信号机制应有的调节功能，而且还常常向企业输出失真的参数。企业在错误的市场参数引导下，出现了反常的不合理行为，影响了经济效益的提高。为此，应着重做好以下几项工作：

（一）完善价格机制

当前，影响价格机制功能有效发挥的因素主要有：原材料、能源等上游产品价格偏低，中下游加工工业产品价格偏高，导致上、中、下游产品比价不合理。下游产品缺乏必要的宏观导向，交换行为不规范，价格变动及管理秩序紊乱。特别是生产资料价格双轨制未能及时清除，其弊端已日益明显。双轨制价格使计划与市场互成抗体，在整个经济运行中相互掣肘，不可避免地导致整个社会经济无序运行。

要解决这一问题，必须根据各方面的承受能力，加快推进调放结合的价格改革，积极理顺上、中、下游产品的价格关系，逐步建立以市场形成价格为主的价格机制。从完善价格机制总的趋势看，可以采取按社会成本价格为统一尺度的办法，重新衡量所有计划内商品的现行价格。低于成本价格加平均利润的调高，高于成本价格加平均利润的调低，使之基本符合该类商品的社会生产价格。在此基础上，充分考虑国家、企业和群众的承受能力及各方面的实际情况，有计划、有步骤地安排调价项目，适当分散出台时间，尽量减少连锁反应，争取在近期内中下游产品价格全面放开，按品种形成国家宏观调控的统一单轨制市场价格，并建立公平竞争、规范有序的市场交易和市场管理制度。供求基本一致，或可以借助市场力量实现自然均衡的上游产品，或采取先调后放、调放结合、以调促放的办法，逐步转向单一的市场形成价格。因自然资源稀缺或特定生产技术所限，必须由政府计划调节的上游短缺产品，可以根据不同品种，采取各种行之有效的措施，使其全部实行国家统一定价，形成统一单轨制的计划出厂价和供应价，并建立与之相适应的数量调节制度。

国家计划价格的作价、调价原则，应以同期其他上游产品及中下游产品的成本、利润和市场价格为参照系，并体现实行计划定价企业的利益要求，使上游短缺产品生产企业的资金利润率等于或略高于社会平均资金利润率，从而确保政府定价紧密联系市场运行，使统一单轨制的计划价格也能遵循、反映价值规律的要求。

（二）完善利率机制

我国金融体制存在的问题是：银行自我积累能力不强，普遍存在超负荷经营；金融调控体系不健全，难以有效地贯彻宏观货币政策；金融市场发育相对滞缓，赶不上商品市场的发展步伐，特别是其内含的各个分类市场，不仅发育程度差距悬殊，而且相互关系不够紧密，缺乏必要的整体性和相关性，无法形成金融市场体系应有的整体功能，大大削弱了信贷利率机制对经济运行的调节作用。

为了加强利率机制的作用，必须加快改革金融体制，抓紧建立银行风险机制。当前，应积极创造条件，在总结、推广分账管理试点单位经验的基础上，把现有专业银行承担的政策性业务与经营性业务分开，并制定相应的分类管理制度，按不同原则分别考核。将银行办成自主经营和自负盈亏的金融企业，使它们在自担风险、自我约束的运行过程中实现自我发展，做到资金自求平衡，使利率信号的形成、调整和变动，不仅能够反映信贷资金供求对比的变化状况，而且能够反映信贷资产营利性、安全性和流动性的优化组合。

同时，发展多种金融机构，逐步建立与多种所有制经济形式相适应的多种金融形式，逐步形成以银行信用为主体的多种信用形式。除了花大力气办好现有的商业性银行外，应根据需要创设更多的专业银行，最终建成以中央银行为领导、国有商业银行为主体、多种金融机构分工协作的金融组织体系。尽力拓宽银行经营业务，不仅要继续鼓励居民储蓄，而且要努力实行个人金融资产多样化，开办住房储蓄和住房信贷，扩大债券和股票的发行。加快发展资金拆借市场、证券市场和贴现市场，鼓励资金融通。还要健全金融市场参数体系，使各种不同类型的利率信号之间，以及利率信号与其他价值信号之间，能够形成灵敏的联动和反馈链条。

（三）完善工资机制

目前，最紧迫的任务是为运用工资机制奠定稳固的微观基础，其中的关键是积极推进国有大中型企业的劳动人事制度和工资分配制度的改革。

1. 从国有企业劳动人事制度改革方面看。

（1）在试点的基础上进一步推广劳动合同制，使企业与职工通过平等、自愿、协商一致的办法签订劳动合同，以法律形式确定劳动关系。把竞争机制引入劳动用工制度，通过公开考核和公平竞争确定职工岗位，打破干部与工人以及各种用工形式的界限，努力做到择优上岗，人尽其才，并依据优化组合、竞争上岗的情况拉开工资差距，劳动岗位和职责变了，职工个人收入就得随之相应增减。

（2）完善劳动立法，抓紧草拟基本的劳动就业法规和当前急需的劳动就业法规，使劳动立法能够适应社会主义市场经济发展需要，进一步明确政府、企业和劳动者个人在劳动就业方面的权利、义务和责任，使政府管理就业和企业用工均有统一的行为规范，也使劳动者选择职业和岗位有统一的行为准则，并为全员劳动合同制提供坚实的法律基础，确保劳动争议仲裁工作有法可依。

（3）建立和健全职业介绍机构，疏通劳动力供需渠道。积极开展待业人员转业训练和富余人员转岗培训，充分发挥失业保险的作用，使之既能促进失业人员再就业，又能与企业富余人员安置工作衔接，为富余人员转岗或转业提供服务。

2. 从国有企业工资分配制度改革方面看。

应在总量控制和工效挂钩的前提下，逐步建立起以岗位技能工资制为主要形式的企业内部分配制度。为此，国有企业不管经营方式如何，都得尽快具有以下权力：有权根据劳动力供求状况和生产经营条件，确定本企业的工资水平；有权根据工作岗位特点采用适当的工资形式和分配方法；有权根据各类具体劳动的实际差别和客观需要，调整本企业职工之间的工资关系；有权在国家政策和法规允许的条件下，通过增加生产、扩大经营等办法取得更多收入来增加职工的工资数量。

同时，提高劳动力市场的开放程度，排除影响劳动力市场平等竞争的人为障碍，克服各类生产要素流动或替代的困难，促进产品和劳务的比价关系合理化，使社会平均利润率得以顺利形成，从而确立劳动力再生产费用公认的社会标准，保证工资信号能够准确反映劳动力的价值和供求状况，能够准确反映劳动的性质和数量差别。

（四）完善汇率机制

为使汇率机制能够更好地发挥作用，国家必须制定和完善与外汇管理有关的经济政策，特别是必须根据国内外经济形势的发展变化，制定切实可行的汇率政策，使人民币汇率能够反映国内外货币购买力的变动趋势，能够反映国内外物价对比的变动趋势。

人民币汇率既不能固定不变，也不能大起大落。为此，应从各种货币中选择我国对外贸易中经常使用的若干主要国家货币，根据具体情况确定人民币对它们的汇率需要调整的限度。当这些货币汇率升降幅度尚不及我国规定的调整限度时，人民币对其汇率可以保持不变。当它们的汇率升降幅度已达到我国规定的调整限度时，就要及时调整人民币对它们的汇率。

同时，人民币的汇率调整，并不能与对方国家货币同幅度浮动，而必须根据我国对外贸易的需要与国际商品市场、金融市场的情况，适度地上调或下调，使之既便于在国际结算领域中使用，又有利于发展对外贸易和贯彻平等互利原则。

（五）健全价值信号的联动功能和反馈回路

目前，影响价格、利率、工资、汇率等价值信号彼此协调运行的重要原因，是市场发育不均匀，传输渠道无法有机衔接，导致各种价值信号彼此不能顺畅传递，难以在自变的基础上形成联动关系。要改变这种状况，政府和企业必须携手合作，密切配合，坚决打破条条块块的分割、封锁和垄断，共同利用环境宽松且发育相对超前的市场，支撑环境紧张、相对滞后市场的发育；共同利用市场规则体系相对健全、规范化程度较高的市场，引导运行秩序比较混乱的市场趋向规范化；共同利用对各种经济信号反应比较灵敏、竞争机制相对完善的中下游产品市场，推进上游原材料、能源市场的发育；共同利用相对宽松市场中的信号机制、风险机制和竞争机制，全面促使该领域企业的生产要素和制成品市场化。争取在不太长的时间内做到以下几点：

1. 生产要素市场的发育程度明显提高，资金市场能够比较充分地发挥集聚和融通资金的作用，技术市场能够有效地促进科学技术研究成果、经济信息及时进入生产领域转化为现实的生产力，劳动力市场能够把劳动者分送到合适的工作岗位上，并能为教育和劳动培训机构发出正确的反馈信号。

2. 依据各地各类市场实际确定它们的合适竞争程度，建立适度规模的专营专卖垄断性市场，完善工业品批发市场，健全农副产品专门市场，发展交易会、订货会、展销会等非常设市场，搞好城乡集市贸易市场，使完全竞争性市场、完全垄断性市场与不完全竞争性市场的比例恰到好处。

3. 买方市场会自行产生遏制力迫使供给减少，卖方市场会自行产生推进力促使供给增多，它们都可依靠内在机制的作用灵活转变为均衡市场。

4. 填平本埠市场与外埠市场、城镇市场与乡村市场的鸿沟，缩小内地市场以及民族地区市场同沿海地区市场的差距，实现国内市场与国际市场的平稳接轨。

第四节　商品与货币部分的教学研究

一　运用比较式表格讲解基本范畴

政治经济学的每个基本原理都由许多基本经济范畴组成，这些范畴既有一定联系，又有本质区别，如果平铺直叙地讲述，不仅多费口舌，繁缛呆板，而且内容松散，课堂笔记多，学生容易疲乏、厌烦。倘若把不同的经济范畴列表比较，即可避免这些欠缺。比较式表格设计上将两至三个不同的经济范畴，或经济范畴演变前后的不同形态容纳于一个表格中，加以对照比较。授课时，教师边讲边用板书把需要对比的各项一一列出，使学生以较短的时间把这些经济范畴梳理一番，找出它们的异同、特点，展开联想，这样就缩短了熟悉过程，延长了记忆时间。比较式表格又可分为以下几种：

（一）相对经济范畴的比较

政治经济学中有不少范畴彼此依赖、互为条件，共同存在于一个统一体中，但它们又彼此排斥，互相对立，成为统一体中的两个对极。这些范畴在内容、形式、作用、结果诸方面均有明显区别，如表 2－1、表 2－2 所示内容。

表 2－1　　　　**商品的使用价值和价值的区别**

名称 项目	使用价值	价值
定义	物品能满足人们某种需要的效用	凝结在商品中的一般人类劳动
量	由物品的自然属性和社会习惯确定	由社会必要劳动时间决定
特点	(1) 社会财富的物质内容 (2) 交换价值的物质承担者	交换价值的基础，物化的人类共同抽象劳动
属性	自然属性，反映人和自然的关系	社会属性，反映商品生产者之间的社会关系
形成	具体劳动的产物	抽象劳动的产物
实现	在使用和消费中实现	在商品交换中实现
目的	人们消费的需要	生产者的需要

表 2－2　　　　**体现在商品中的具体劳动和抽象劳动的区别**

名称 项目	具体劳动	抽象劳动
定义	在一定具体形式下进行的劳动 （特定种类的劳动耗费）	撇开具体形式的无差别的人类劳动，即一般人类劳动力的支出
性质	由劳动的目的、对象、操作方法、劳动资料和结果来决定，是不同质的人类劳动	同质的人类劳动，即每个没有专长的普通人平均具有的劳动力的耗费
属性	自然属性，表示人与自然之间的物质变换过程，是人类生存的永恒条件	社会属性，反映一定的社会经济关系
结果	创造使用价值	创造价值
表现	私人劳动，怎样劳动，干什么活	社会劳动，劳动多少，劳动时间多长
量与生产力的关系	随生产力的变化而变化	不受生产力的影响

（二）基础范畴与派生范畴的比较

有的经济范畴不能直接执行自己的职能，必须通过一个以它为基础而派生的范畴发挥作用，从而形成基础范畴和派生范畴相互依存、密不可分的关系。作为派生范畴，本身没有独立的职能，只是为基础范畴执行职能服务的，它一旦离开基础范畴就会失去存在的意义。派生范畴虽说是由基础范畴分化出来的，但它执行着的职能已完全不同于基础范畴，如果将它们列表比较，就能清楚地看到这一事实，如表 2－3 所示内容。

表 2－3　　**价值尺度与价格标准（价格尺度）的比较**

项目＼名称	价值尺度	价格标准
定义	货币衡量和表现商品价值的职能	含有一定金属重量的货币单位及其等分部分
内容	代表一定量的社会劳动	代表一定量的贵金属
作用	衡量商品的价值，把商品价值表现为价格，变为想象中的一定数量的货币	计量作为货币的黄金等贵金属本身的重量
对象	计量的对象是商品	计量的对象是黄金等贵金属本身
量的变动	货币金属本身的价值量会随劳动生产力的变动而变动	货币单位所含的金属重量与劳动生产力的变动无关
形成	在商品经济发展中自发产生	通常由国家法律规定
联系	货币执行价值尺度的职能必须通过价格标准这个派生的范畴来实现，价格标准是为货币执行价值尺度的职能而规定出来的	

二　运用推导式示意图阐述商品交换原因

推导式示意图主要用于揭示不同经济范畴之间的因果联系或相互制约关系。讲解时，可把因果关系中起因范畴置于图首，用方框、箭头、直线或大于、小于、等于等符号沿着思维逻辑，一步步推导下去，直到最终引出结论。也可倒过来把因果关系中的结果范畴放在分析起点，以类似办法推导出根源、起因。图表起点究竟是原因还是结果，一般来说，以因果两者较简单些的（如单原因多结果的以原因为起点，单结果多原因的以结果为起点）或接近教科书分析的逻辑顺序为佳。推导式示意图按照严密的逻辑，或追根溯源，或探索结局，步步进逼，渐趋深入，通过洗练的文字和简明的符号把经济现象之间复杂的因果联系清楚地描绘出来，使经济理论变得简单明了，通俗易懂。例如，图 2－1

用推导式示意图讲解了商品交换原因。

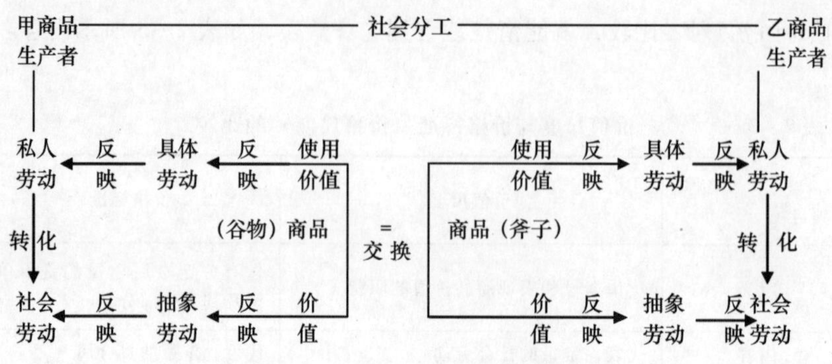

图 2－1　商品交换原因的推导图

三　运用概括式示意图分析货币起源

概括式示意图可以把经济理论简明扼要地显示出来，适用于不宜采取分解、组合和推导等图表分析的地方。它设计上比较灵活，根据分析的内容选用相应的符号，示意图形式也不尽相似，共同之处是都要求重点突出、详略分明。讲课中应用概括式示意图，不仅表达洗练简洁，而且可以加深学生的印象。通常学生只要理解记住这种概括图，就能回忆起整个经济原理。现用概括式示意图分析货币的起源，见图 2－2。

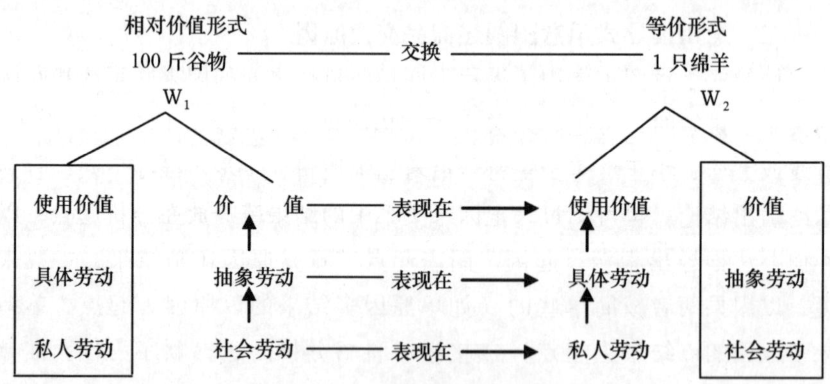

(a) 货币起源：出现等价形式

图 2－2　概括式示意图分析货币的起源

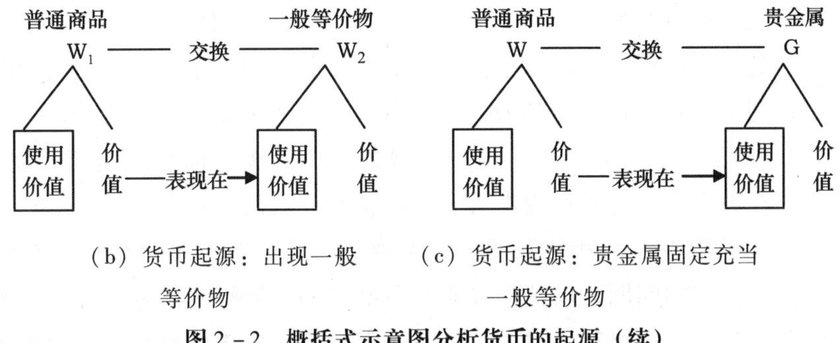

（b）货币起源：出现一般等价物　　（c）货币起源：贵金属固定充当一般等价物

图 2－2　概括式示意图分析货币的起源（续）

四　运用叙述性案例通俗讲解货币本质

（一）政治经济学案例教学概述

政治经济学的案例教学，就是从经济生活中选择典型实例，并围绕这些实例，组织各种教学手段，启迪思维，激发兴趣，引起联想，促使学生快速理解和接受经济学知识。运用典型案例讲解政治经济学原理，是理论联系实际的好方法。用案例讲课，可以由事入理：在对经济实例的分析研究中，使学生具体而深入地掌握经济学原理，认识经济发展规律。也可以循理析事：在理论知识的指导下，探索和剖析经济现象矛盾运动的各个方面，提高学生运用知识解决问题的能力。案例教学，在国外是普遍流行的经济学教学方法。例如，由斯蒂格利茨撰写的《经济学》，除了理论部分外，还专门附有一本案例教学参考书。借鉴国外案例教学经验，探索适合我国国情的案例教学法，是政治经济学教学改革的重要内容之一。

1. 案例选择。搜集、整理、筛选案例，是开始案例教学的第一步。为了搞好案例教学，应广泛进行文献资料的收集和实地调查采访，通过筛选大量实例，整理出适于政治经济学教学用的典型案例。选择案例一般应掌握以下原则：中外都有，以中国为主；远期近期都有，以近期为主；成功失败都有，以成功为主。

备课时，按照政治经济学的体系框架和逻辑顺序，编排各类案例。一些重要的教学内容，还应根据实际需要和可能，尽可能扩大搜集范围和选择视野，形成正反、古今、中外等不同角度的案例，便于比较和论证。同时，对编排出来的案例，用大小标题、例前例后按语等多种形式点明题意，提纲挈领地进行理论概括。如果所选案例不是用于课堂讨论，而是用来撰写教案，也可把案例的按语分析和标题撰写，与政治经济学的理论内容直接联系起来，形成科普性的演讲稿。

2. 案例分类。政治经济学的典型案例，可按不同角度进行分类。从它们在教学中所起的作用来看，通常将其分成两类：

（1）分析性或判断性案例。它是通过叙述情况和提供数据，把经济当事人面临的问题，以及作决策时所必需的环境因素及意见等，编成案例，供学生分析研究，共同讨论，制订对策，用来培养和提高学生运用知识解决问题的能力。

（2）印证性或叙述性案例。它是通过筛选大量实例，选择运用典型事例或事例的典型方面，来印证和说明政治经济学的某项原理；或通过实例对一些经济活动对策的运用做出示范，使学生通过案例教学对本学科内容有具体的、生动的和实际的认识。

3. 案例教学操作。开展案例教学，应该采用灵活多样的实践手段，以便从教育思想观念层面，拓宽政治经济学教学改革的视野。具体操作方法主要有：

（1）政治经济学中的典型案例，类似于医学上的典型病例。因此，可以模仿临床医学培养学生的做法，组织经济专业学生深入实际，到典型案例发生地考察，寻出存在问题的原因，提出解决的办法。

（2）建立模拟市场，根据典型案例的交易程式或有关情节，让学生分别担任不同的当事人进行演习，通过体验事件的发生经过深刻领会理论知识。

（3）运用分析性或判断性案例组织课堂讨论。案例内容上真相与假象共存，现象与本质并列，形成错综复杂的情况，供学生讨论分析，找到可行的答案。

（4）配合课堂理论教学，从不同角度选用叙述性案例来印证和示范。

（二）运用叙述性案例通俗讲解货币的起源和本质

本书选用的示范性案例教案，都是配合课堂理论教学的科普性演讲稿，它们是综合选用叙述性案例撰写而成的。以下用叙述性案例通俗演讲稿形式，阐述货币的起源和本质。

“天哪！无论如何要有钱！这个社会只有见了黄金才下跪。”巴尔扎克小说《幻灭》中的主人公吕西安幻想破灭后，发出了这样的悲叹。①

在东京，在巴黎，在摄政街两旁，在密西西比河流域，——在一切资本主义制度存在的地方，法律和道德对有钱人全无效力，金钱才是金科玉律。黄金成为现实的上帝：只要有金子，“就可以使黑的变成白的，丑的变成美的，错的变成对的，卑贱的变成尊贵的，老人变成少年，懦夫变成勇士”。

然而，黄金本身不能吃、不能穿，也不适于打造劳动工具，它的实际用途远没有钢铁来得广，怎么会有如此巨大的神奇作用呢？原来，许多东西，除了本身自然属性产生的效用外，还有社会赋予的效用。譬如扇子是用来扇风的，但是娇痴的晴雯却将扇子一把一把地撕了，扇子的自然效用丧失了，但却发挥了社会效用：晴雯由此换来宝玉的欢笑，并且得到了心灵上的满足。当然，黄金的社会效用与晴雯撕扇相去甚远，它们的相似之处在于黄金的社会效用也是在人们的社会交往、社会活动中形成的。黄金的社会效用是商品经济对黄金的特殊恩赐。

商品是用来交换的劳动产品，它的出现需要两个前提条件：一个是生产资料私人所有制的存在；另一个是社会分工。生产资料的私人占有，使劳动工具、原材料属于各个不同的生产者所有，劳动产品也属于不同的生产者。我的物品，你不能拿；你的物品，我也不能动。然而，由于社会分工，你生产的物品我没有；我生产的物品你也没有。因此，为了满足自己生产上和生活上的需要，人们必须专门生产一部分物品拿去交换。随着生产力不断提高，交换的物品种类增多，范围扩大，物物直接交换使人感到不便。当我希望换你的物品时，你并不需要我的，而想换他的物品，但是他既不需要你的，也不需要我的，这样，往往会导致交换一时难以进行。后来，实践经验告诉人们，要想比较顺利地达成交易，最好先把自己的物品换成一种大家都乐于接受的东西，再用这种

① 张明龙：《黄金的黄金时代——谈谈货币的起源和本质》，《浙江青年》1984 年第 1 期。

东西去换其他物品。这种大家都喜欢并乐于接受的东西，马克思把它叫作“一般等价物”。

历史上有好些物品充当过“一般等价物”。在我国，贝壳作为“一般等价物”，曾经通行于很广的范围，汉字中的货、贾、贩、贸、质、赁、费、贮、资、赐、赏、赎、贿、赂、赠、赈、财、购等许多与经济有关的字，均以贝字为偏旁，我们可从中窥其一斑。太平洋上的雅浦岛，充任“一般等价物”的曾是文石刻成的圆形大石头，中心有一个圆窟窿。照当地人的规定，这种圆文石体积越厚，直径越大，换得的物品也越多，因此有些直径大到五米。在美拉尼西亚群岛，起“一般等价物”作用的曾是狗牙，一颗狗牙大约可换回100个椰子，而娶一位新娘必须有好几百颗狗牙做聘礼。但是，贝壳、大文石、狗牙等物品作为“一般等价物”使用起来各有缺点。有的容易破碎，不易保管；有的不便携带，难以分割；有的质地不均匀，大小不一；等等。这时，黄金便崭露头角了，它具有体积小、价值大、不易损坏、易于携带和保管、质地均匀、便于分割等优点。时间一长，黄金就超出贝壳、大文石、狗牙、牲畜、布帛之类，稳坐在“一般等价物”的高位上。

这种固定地充当“一般等价物”的特殊商品就是货币。

黄金成为货币后，就有了二重用途：从它的自然效用看，可以用来制作首饰、笔尖、继电器触头，还可镶牙；从它的社会效用看，可以购买任何一种商品，是社会财富的一般代表。目前，世界每年大约产金一千四五百吨，除去牙科、珠宝和电子工业等用金外，其余几乎全被用来铸造金币或以条块形式作为财富贮藏起来。

黄金的社会效用在资本主义社会迎来了“黄金时代”，并发展到顶峰。资本主义生产是最发达的商品生产，是商品生产的最高形式。资本主义的社会财富，表现为“庞大的商品堆积”。这里，一切都成了商品，到处都被买卖的原则支配着，商品交换关系已经渗透到社会生活的各个领域。不仅劳动产品成了商品，地位、名誉、良心、舆论、诉讼，概莫能外，甚至连剧场里的掌声也是花钱买来的。巴尔扎克笔下的高老头临死时说：“钱能买到一切，买到女儿。”

随着人们生产经验的积累，生产技术的提高和科学技术的进步，黄金的自然效用的范围也会越来越广。不过，使黄金成为资本主义世界现实上帝的不是它的自然效用，而是它的社会效用。如果黄金从“一般等价物”宝座上摔下来，不再是社会财富的一般代表，那么即使它的自然效用比以前大，但在人们心目中的地位却会显著下降，它将永远失去对其顶礼膜拜的善男信女。

漂流到荒岛上、完全与人世隔绝的鲁滨孙，发现漂过来的破船上有一大堆金币、银币，不禁失笑起来，大声说：“你这废物！你现在还有什么用处呢？你现在对于我连粪土都不如；那些刀子，一把就值得你这大堆。”

列宁在《论黄金在目前和在社会主义完全胜利后的作用》一文中指出，将来在全世界取得共产主义胜利后，为了教育子孙后代永远记住，怎样为了金子的缘故，在帝国主义的掠夺战争中，使几千万人遭到了屠杀、变成了残废，“我们会在世界几个最大城市的街道上用金子修一些公共厕所”。

五　运用函数图像讲解价值规律

在纷繁庞杂的经济运行中，常有不同的经济现象成对地按照某一个法则联系着，并且当一个经济现象在它可取值的范围里每取一个确定的值时，另一个经济现象都有确定的值和它对应，呈现出函数关系。教学中遇到这种经济关系，如果光凭语言照本宣科地叙述，往往呆板烦冗，使人兴味索然。若是辅以函数图像，不仅讲解形式变得简洁明快，而且学生也有耳目一新之感，乐于接受，便于理解和记忆。可是，到目前为止，我国出版的《政治经济学》教科书，几乎都没有函数图像，这不能不说是一大缺陷。为了提高马克思主义理论教育的说服力和吸引力，在《政治经济学》教学中尝试运用函数图像直观法，是一个有益的探索。①

在市场经济条件下，商品的供给与需求经常脱节，供求关系的变化会引起价格波动，使商品的价格与价值不相符。这种商品市场价格以价值为基础，随供求关系变化而变化的函数关系，可按如下步骤边作图像边阐释，如图 2－3 所示。

---

①　张明龙：《运用函数图像讲解价值规律》，《经济学周报》，1986 年 6 月 8 日第 3 版。

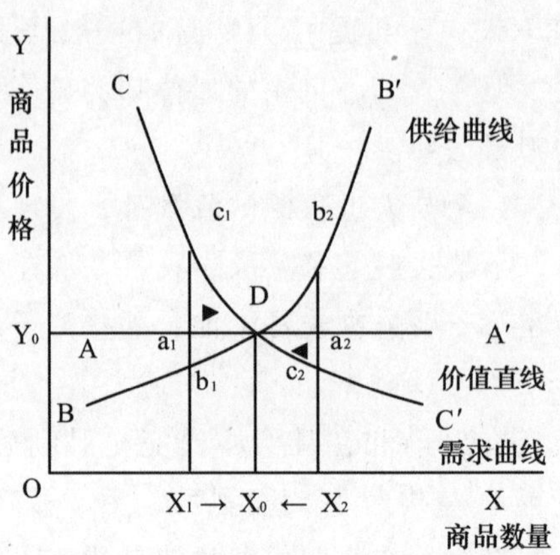

图2-3　价值规律表现形式

1. 假定某商品在供求平衡时的商品数量为 X_0，价格为 Y_0。分别作垂直于 X_0 和垂直于 Y_0 的两条直线交于 D，D 称为供求平衡点。在劳动生产力和货币价值等不变的条件下，Y_0 与商品价值完全一致，沿 Y_0D 作一条平行于 X 轴的直线 AA′，这条直线就是价值直线。

2. 作供给曲线和需求曲线。从生产者方面来看，某商品市场价格高，获利丰厚，就会增加生产，扩大销售，提供给市场的商品数量增多；反之，市场价格低，获利微薄，甚至亏损，就会缩减生产和销售，提供给市场的商品数量减少。所以，供给曲线 BB′与商品价格按正比例变化。从购买者来看，某商品市场价格高，开支大，愿意购买的商品数量较少；反之，市场价格低，开支小，则愿意购买较多数量的商品。所以，需求曲线 CC′与商品价格按反比例变化，它与供给曲线 BB′交于 D。

3. 分析商品市场价格随供求关系变化而变化的函数关系。当商品供给量为 OX_1 时，市场实际需求量为 OX_0（因为供求平衡点为 D），供不应求，购买者争相购买，而销售者则待价而沽，必然会使价格上涨到价值以上，逐渐到达购买者最终还能接受的需求价格 X_1c_1，此时，偏离价值的上涨部分为 a_1c_1。这大大高于生产者预先估计的市场供给价格 X_1b_1，生产者便会增加生产和销售，使供给量由 X_1 向右方移动，供求之间的差距趋向缩小，价格也随之慢慢下降。当供给量增至 OX_0 时，供求平衡，价格下降到与价值完全一致。如果生产者继续盲目增加生产，供给量达到 OX_2，而市场实际需求量仍为 OX_0，供过于求，生产者竞相求售，购买者则待机而购，价格便随之而跌落到其价值以下，渐至购买者最后愿意接受的需求价格 X_2c_2，此时偏离价值的下跌部分为 a_2c_2。这远远低于生产者预先估计的市场供给价格 X_2b_2，生产者就会缩减生产和销售，供给量由 X_2 向左方移动，供求之间的差距再次趋向缩小，价格也随之逐渐上涨。当供给量减至 OX_0 时，供求再次平衡，价格也再次与价值完全一致。

4. 得出结论：商品价格的涨落总是围绕价值这个轴心转的；并且涨落的幅度也不会与商品价值相差太远，因为价格的变化会反过来影响供求，从而使价格接近价值。从一个较长时期看，同一种商品的价格此时上涨到其价值以上，彼时又跌落到其价值以下，上涨部分如 a_1c_1D（标有▶的区域），与下跌部分如 a_2c_2D（标有◀的区域），可以相互抵消，所以它的平均价格仍然等于价值。

《政治经济学》教学中运用函数图像，把经济现象内在、本质、必然的联系及其运动过程的轨迹如实地描绘出来，让学生置身于生动鲜明的画面之前，可以牢牢牵住他们的思绪，引人入胜，可使他们随着教师授课的节拍展开丰富联想，深刻领会经济规律的内容、特点、表现形式和变化趋势。探索、绘制和运用函数图像，是进一步加强和改进《政治经济学》教材、教法的重要内容。

第三章 资本与剩余价值理论及教学研究

资本是带来剩余价值的价值。在现实经济生活中，剩余价值表现为利润、股息、债息、利息和地租等多种形式。剩余价值理论是马克思主义经济理论的基石，马克思主义经济学体系就是建立在剩余价值论基础上的。本章首先考察影响资本运行的土地资源、水资源、生物资源、矿产资源、能源和海洋资源等资源因素。接着分析可用来获取剩余价值的有形资产，能够带来剩余价值的无形资产，资产获利权能及其制度安排，以及如何准确量化企业资产价值等问题。同时，以公式推导形式，阐述剩余价值分配过程中利润率、利息和利息率的形成及演变。理论研究之后，对有关教学展开探索，运用比较式表格区别商品流通与资本流通、不变资本和可变资本、高利贷资本与借贷资本、剩余价值率与利润率、封建地租和资本主义地租、级差地租Ⅰ和级差地租Ⅱ、级差地租和绝对地租等基本概念，运用分解式示意图讲解资本形式、马克思的资本主义人口规律理论，运用概括式示意图讲解如何解决资本总公式矛盾，以及剩余价值的生产过程，还运用公式推导法讲述无产阶级相对贫困化，运用案例通俗讲解资本主义垄断。

第一节 影响资本运行的资源因素

一 影响资本运行的土地资源因素

（一）土地资源因素的内涵

1. 土地定义。土地是地球表层一定范围内由土壤、岩石、地貌、气候、水文、植被等多种多样的自然要素相互作用所形成的自然综合体。

2. 土地资源的特点。土地本质上是自然的产物，也受人类活动的影响。土地资源是兼有自然特性和社会特性的地域单元。利用土地资源既要遵从自然规律，又要选择合适的社会形式，才能产生积极效果。

3. 土地资源的重要性。土地决定了区域经济的空间范围。对于人类来说，它是最基本、最宝贵的资源。人类利用土地资源的深广程度和合理程度，集中反映了各国的生产力水平，集中反映了各地经济建设的特点和规模。①

（二）土地构成要素的性质

1. 土地的土壤性质。完整的土壤由固态、液态和气态三部分物质构成。其中固体物质，表现为岩石风化之后产生的矿物质、有机质和微生物通过光照抑菌灭菌后得到的养料等。液体物质主要指土壤水分。气体物质是存在于土壤孔隙中的空气。土壤中这三者构成了一个有机统一体。它们互相联系，互相制约，为作物提供必需的生存条件，是土壤肥力的物质基础。反映土壤性质的因素，主要包括土壤质地、土壤结构、有效土层厚度、pH 值、有机质含量、土壤养分等。

2. 土地的地学性质。其构成内容主要有：（1）地壳的岩层和岩体发生变形变位，形成褶皱、节理、断层，以及其他各种面状和线状结构的等地质构造情况。（2）岩石种类，属于火成岩、沉积岩，还是变质岩。（3）地貌类型，包括挠曲下降的低洼盆地和平原、高高抬升的高原和山地，以及起伏和缓的丘陵等。（4）高出海平面的垂直距离，即海拔高度。（5）地表单元陡缓的程度。（6）坡向，它用坡面法线在水平面上的投影方向来表示。坡向对于山地生态有着较大作用。山地方位对日照时数和太阳辐射强度有影响。接收太阳辐射最多的是南坡，其次为东南坡和西南坡，再次为东坡与西坡及东北坡和西北坡，最少为北坡。

3. 土地的气候性质。它表现为气温、降水和光照条件。在纬度位置、海陆分布、大气环流、地形、洋流等因素的影响下，土地的气候性质大致分为以下几种类型：热带雨林气候、热带沙漠气候、热带疏林草

---

① 张明龙：《区域发展与创新》，中国经济出版社 2010 年版，第 11 页。

原气候、热带季风气候、亚热带季风气候、亚热带季风性湿润气候、地中海气候、温带海洋性气候、温带大陆性气候、温带季风气候、山地气候、极地苔原气候、极地冰原气候等。

4. 土地的水文性质。水文是指自然界中水的变化、运动等的各种现象。与土地性质相关的水文情况主要有：（1）地表水的水位高低、水量大小、含沙量、汛期长短、结冰期，以及雨水和高山冰雪融水等补给方式。（2）埋藏和运动于地表以下不同深度的土层和岩石空隙中的地下水，以及它的稳定性、纯洁度，能否引起沼泽化、盐渍化、滑坡和地面沉降等不利自然现象。（3）防洪、排水、灌溉和供水等水利设施，主要包括土地上的堤坝、水闸、涵洞、渡槽、沟渠、水井、泵站、管道、河道整治、水土保持、污水处理，以及水产养殖、旅游和环境保护中与水利有关的工程与设施。（4）洪水灾害和内涝灾害状况。

5. 土地的生物性质。主要有覆盖地表的植物群落即植被状况，它分为高山植被、草原植被和海岛植被等类型，又有自然植被和人工栽培植被的区别。反映这一性质的内容还有：动植物生长生殖和发育情况、动植物遗传和变异特征、动植物地方性疾病及传染病、危险性动物、外来有害物种等。

6. 土地的社会经济性质。土地不仅是经济学中与劳动、资本并列的三大基本经济资源之一，而且是与劳动资源并列的两大原始资源之一。[①] 其社会经济性质涉及的范围比较宽，通常需要考虑以下因素：（1）人口状况，包括人口总量、家庭户规模、性别构成、年龄构成、民族构成、各种受教育程度人口、城乡构成、常住人口分布地域、人口流动等。（2）交通状况及区位。仅从道路环境来说，应考虑道路结构、路面质量和宽窄、车行道和人行道是否分离、道路中心是否有分离带、道路平曲线和纵曲线特征，以及路侧是否有建筑物和其他物品等。（3）基础设施和公共设施。（4）经济条件和技术水平等。

（三）针对土地性质的评估

1. 土地性质评估的定义。针对某项用途评估土地的适宜程度和限

① 蔡继明：《土地资源配置：市场同样要起决定性作用》，《光明日报》，2014 年 5 月 14 日第 15 版。

制程度，分析土地的生产潜力和经济效益，指出该用途对周围环境的有利和不利后果，说明为提高土地利用效率必须采取的措施。

2. 土地性质评估的方法。（1）质量即适宜性和潜力评估，主要反映土地的自然属性；（2）经济价值评估，主要反映依附于土地上的社会经济属性。为了合理利用土地，通常先作质量评估，在此基础上再作经济评估，然后确定最佳的土地利用方式。

3. 土地资源的人口承载力。任何一种资源都有一定的承载力。联合国教科文组织对资源承载力下的定义是：一个国家或地区的资源承载力是指在可以预见的时期内，利用本地能源、自然资源、智力和技术等条件，在保证符合其社会文化准则的物质生活水平条件下，该国或地区能持续供养的人口数量。土地承载力，就是指一国或一地区在一定生产条件下，土地所能持续供养的人口数量。

（四）土地资产的产权分析

1. 土地资产所有权。

（1）土地资产的单纯所有权。单纯所有权，是指脱离生产过程而直接为所有者带来经济利益的所有权。如土地所有者凭借单纯的土地所有权，不去经营土地就可直接获得地租。单纯所有权在其他领域也存在，马克思曾专门分析过借贷资本领域的单纯所有权。他在分析借贷资本家凭借单纯的资本所有权获得利息时说："从质的方面看，利息是资本的单纯所有权所提供的剩余价值，是资本自身所提供的剩余价值，虽然资本的所有者一直处在再生产过程之外；因此，是资本在和自己的过程相分离的情况下提供的剩余价值。"[①] 与此同理，土地所有者获得的地租，不是土地所有者通过自己经营土地获得的收益，而是依靠单纯的土地所有权参与剩余价值的分割。所以，地租是土地单纯所有权在经济上的体现。

（2）土地资产的完全所有权。土地的完全所有权，是指土地的单纯所有权，与土地的经济所有权相统一而形成的所有权。它的基本特征是，土地所有者把财产的占有、使用、收益和处分四项权能统统集中在自己手里，没有任何一项权利从所有者身上分离出去。例如，自耕农对

① 《马克思恩格斯全集》（第25卷），人民出版社1975年版，第423页。

于自己的那块土地，拥有占有权、使用权、收益权和处分权，是一种完全所有权。恩格斯在分析这种情况时说："完全的、自由的土地所有权，不仅意味着毫无阻碍和毫无限制地占有土地的可能性，而且意味着把它出让的可能性。"①

2. 土地使用权出让与转让。

（1）土地使用权的出让。我国《城镇国有土地使用权出让和转让暂行条例》规定："国家按照所有权与使用权分离的原则，实行城镇国有土地使用权出让、转让制度。"土地使用权出让，表现为国家以土地所有者的身份，将土地使用权在一定年限内出让给土地使用者，土地使用者则向国家支付土地使用权出让金。土地使用者在规定时间内，可对土地进行房地产开发，也可利用土地开展生产经营活动。

（2）土地使用权的转让。土地使用权转让，就是土地使用者将土地使用权再转移的行为。土地使用权转让时，其地上的建筑物和附着物必须一同转让。土地使用权转让后，原出让合同规定的受让人的权利、义务，也全部随之转移给新的受让人。企业作为土地使用者，经营土地所得的总收入，减去土地使用、拆迁、安置和实际开发费用等成本后的利润，超过社会平均利润的部分，可以认为是由土地使用权创造出来的超额利润。企业转让土地使用权时，土地在最佳用途下的房地产售价，扣除按现行价格计算的房屋建筑造价以及正常利息、利润、税金后的剩余额，也可以看作是由土地使用权因素所产生的超额利润。

二　影响资本运行的水资源因素

（一）水资源及其影响因素

1. 水资源的内涵。水资源包括自然界的河川径流、冰川径流、湖泊水、水库水、井水、泉水、沼泽水等地表水、地下水、土壤水、大气水、海洋水等。人们在生活和生产中，用得最多的是地表水。它除了作为饮用、冲洗等生活用水外，还被用于灌溉、发电、航运和养殖等方面。地表水由降水和下雪等自然现象，经年累月蓄积而成。同时，它又自然地流向海洋、经蒸发消逝，还有部分渗流到地表以下。

① 《马克思恩格斯选集》（第4卷），人民出版社1972年版，第163页。

2. 影响地表水总水量的因素。任何区域地表水系统的自然水来源都是相同的，均来自于该区域集水区雨雪等降水量的补给。但在同量雨雪补给的不同区域，地表水系统总水量的多少，仍然存在很大差别。影响地表水量的因素，主要有湖泊和水库的蓄水量、湿地的纳水量、土壤的渗流性，以及这一集水区内地表径流的特性。此外，人类活动也会对地表水总水量产生影响。在一定区域内，人们可以通过建造水库来增加存水量，也可以通过排干湿地水分而减少存水量。同时，垦荒和农耕活动修建的沟渠，会使境内河川径流形成众多支流，这样，地表水总水量与用水强度也会随之发生变化。例如，战国时期秦国蜀郡太守李冰及其子，率众修建举世闻名的都江堰水利工程，科学地解决了江水自动分流、自动排沙、控制进水流量等问题，实现区域性地表水总水量的有效调节和合理利用，使得水旱灾害十分严重的成都平原，成为富庶的“天府之国”。

（二）水资源的主要特征

1. 水资源的循环性。水是自然环境中最活跃而且影响最广泛的要素。它始终保持旺盛精力不停运动，并积极参与自然环境中一系列物理的、化学的和生物的过程。是地球表层生态系统内水、气、岩石、生物各圈层，进行物质循环和能量流动的重要中介因子，是人类和动物、植物的生命源泉，是农业、工业和运输业生产不可缺少和无法替代的重要资源。水资源具有流动性，这是它与其他固体资源的本质区别。它是在水循环中形成的一种动态资源，具有循环性。自然界中，各类水资源通过蒸发、降水、径流、渗透等环节，周而复始地进行着水循环过程，自行达到动态平衡。经过开采利用的水资源，也能够得到空中降水的补给，形成一个开采消耗与补给恢复不断循环的系统。正是这种水循环系统，可以保证人类利用水资源满足生活和生产的需要。在一定区域内，如果人们能够做到合理用水，确保其消耗与恢复的循环系统正常运转，人们就会拥有取之不尽的水资源。

2. 水资源的有限性。水资源虽然具有循环性，属于恢复能力很强的可更新资源，但限于实际条件，在利用上存在许多限制性因素。水资源调查表明，在地球总水量中，海洋水约占96.5%。海洋水含盐量高，不适于直接用作生活和一般生产。仅占总水量3.5%的陆地上的淡水，有约

77.2%分布在南北极地和高山的冰川、冰盖、冻土底冰，开发利用困难。因而，余下的可以方便利用、与人类关系最密切的只是河川径流（约43万亿立方米）、湖泊水、浅层地下水和土壤水，其数量不足总水量的1%。目前，世界上约有5000万平方公里的地区是严重缺水地区，涉及世界5%的人口。我国大约有1/3的国土，是年降水量不足250毫米的干旱区。所以，要考虑水资源的节约利用、重复利用和综合利用。

3. 水资源分布的不均匀性。自然界中水资源的分布，呈现严重的不均匀状态，致使不同区域的降水量和径流量差异很大。从空间分布不均匀角度看，水资源多的区域比少的区域可以高出数倍甚至十多倍。目前，全球约有1/3的陆地处于少雨干旱状态，而另有一些区域易发生洪涝灾害。我国水资源区域分布不均匀现象相当突出：长江流域及其以南地区，水资源占全国总量的82%以上，长江以北地区占有的水资源不足18%。从时间分布不均匀角度看，同一区域在不同年份，有雨量充沛的丰水年，也有少雨干旱的枯水年。在同一年度内，有降水多的雨季，也有降水少的旱季。我国水资源时间分布上，也存在明显的不均匀现象：通常一年内，我国大部分地区冬春季节少雨，夏秋期间雨量充沛，其中5—9月降水量集中，占全年雨量的70%以上，而且多以暴雨形式出现。

4. 水资源运行的周期性。水资源总量增减和补给恢复能力强弱变化，经过一个相当规律的时间间隔，呈现规律性变动的状况，就是它运行的周期性。在一定区域内，水资源各个时间段的运行状况，都有其形成的客观原因，都是在一定条件下出现的必然现象。例如，河流每年会周期性地出现洪水期和枯水期，若干年内会周期性地出现丰水年和枯水年。洪水期会出现百年一遇洪峰、五十年一遇洪峰、十年一遇洪峰等周期性变化现象。人们通过分析长期水文观测数据，或通过分析大量水资源统计资料，可以认识水资源周期性运行的特点和规律，并对这种变化的前因后果作出解释，同时，还能对水资源增减和补给趋势作出预测，提醒人们更加合理地利用水资源。

5. 水资源开发利用的多样性。人类在生活和生产过程中广泛利用水资源，使得水资源的开发利用呈现多样性。这也说明，水资源具有满足人们多个用途的性质。人们利用水资源维持日常生活，如淘米洗菜，烧水做饭，洗衣服，擦地板，样样都得借助水来完成。人们利用水资源从事农业生产，修建完善的水利灌溉系统，种植水稻、栽培蔬菜瓜果；修建水产养殖塘，用来养鱼、养蟹虾。人们利用水资源开展工业生产，其中原毛加工、印染布料、生皮制革、造纸制浆、染料、化学肥料、橡胶轮胎、制作黏土砖、冶炼稀土产品等工业，需要大量消耗水。人们还把水资源用于航运、旅游、城市建设和环境改造等。各种不同的用水方法，对水资源的索取有不同的要求。例如，酿酒业往往对水质要求很高，而黏土制砖业则没有这方面的要求。另外，有的是高消耗用水，有的是低消耗用水，还有的是非消耗用水。“水可载舟，亦可覆舟”，这句名言清楚地表明，水资源具有两面性，既可造福人类，也可危害人类。对于人类来说，为了自身的幸福，在开发利用水资源时，必须顺应其运行规律，做到有节制地合理用水，从而使需要消耗的水的质量和数量，尽量与水资源的时空分布相适宜。

（三）保护水资源的主要措施

水是人类世代繁衍的物质基础，是确保自然环境良性循环的首要条件。人类的生存发展，时时刻刻离不开水资源。没有水资源，人类难以存活下去；没有水资源，人类无法开展社会生产活动。所以，保护水资源，是人类神圣而伟大的天职。保护水资源的措施，主要有以下几方面。

1. 增强森林涵养水源的能力。

歌词“山青青，水碧碧，高山流水韵依依”，形象地反映了森林具有涵养水源的特性。今后，要通过完善退耕还林政策，提高绿化造林效率，增加森林面积，努力扩大林区和林区边缘界限。实践表明，林区和林区边缘地带，由于优化了水汽转化为水的区域小环境，往往可以增加降水量，这对水资源产生了开源效果。同时，森林可以减少地表水的无效蒸发，还可以发挥调节小气候的作用，这又对水资源产生了节流效果。据有关资料统计，每万亩森林，在恢复和维护自然生态平衡中，每年能贮存雨水 586.7 亿吨，防止土沙流失 15.2 万立方米，栖息鸟类 2160 只，供给氧气 1386.7 吨。

2. 提高水资源综合利用水平。

（1）日常生活中做到一种水多次使用。一些缺水地区，多次用水意识很强，总结了不少好办法。如干净水先用来淘米，接着洗菜，经适当沉淀变清再用于洗脸，这样用过后还要拿来洗衣服，其中没有肥皂泡沫的洗衣水，留下来用作冲马桶。如果水源丰富地区的人们也能加强节水意识，尽量做到节水，就能大大提高水的利用率。

（2）生产活动中增加水的使用次数。我们应该向以色列学习这方面的成功经验。以色列在内盖夫沙漠地下发现了含水层及地下水源，于是在沙漠中建立水产精养池，并已掌握了在沙漠干旱地区精养水产的技术，每亩鱼池年产量可达2万多公斤。他们的具体做法是：在有地下水的地方建造鱼池，用充气塑料薄膜加以覆盖，使鱼池具有温室般的环境。这种塑料薄膜可以吸收阳光中的热量，并将其传入水中。在夏季，以通风机或风扇作为空气流通的装置。再从1000米左右的深处抽上地下水，如果水质和水温经过测试符合养殖要求，只需稍作处理，就可直接养鱼。养鱼后的废水，先排放到养殖棚外的大池中，通过生物过滤器处理，再流回到鱼池成为养殖用水，以便减少地下水的开采。这样多次循环使用直到不能再用于养殖的废水，最终被排往农业灌溉系统，用于浇地种植农作物。通常1亩鱼塘的废水，可以浇灌7亩橄榄园。在远离尘嚣的沙漠中养成的鱼，没有污染，属于正宗的绿色健康产品，进入市场往往供不应求，价格要比同类鱼高出20%左右。

（3）提高同一空间水体的综合利用效果。例如，以蓄洪为目的修建的水库，可利用水位高差产生的势能发电；水力发电排放的尾水，可用于灌溉农田。水库内蓄积的水体，可用作优质日常饮用水，也可用作生产瓶装水的原料；不适于饮用的水库水，可用来养殖水生动植物。河道型水库，可利用水资源开辟水运航线。环境优美或风景秀丽的水库库区，可开发为旅游景点。

3. 贯彻实施节约用水措施。

联合国有关机构经过多年调查发现，自来水系统冲一次马桶流失的水，相当于缺水地区人均日用水量。夏天冲个凉水澡的用水量，相当于缺水地区几十个人的日用水量。水龙头没有拧紧，一个晚上流失的水，则相当于缺水地区一个村庄居民日饮用水总量。于是，在全世界呼吁节约用水。为此，应着重做好以下几点。

（1）按照高标准修建饮用和工业方面的供水管路。防止水管出现裂缝产生渗漏，同时拧紧水龙头，减少输送过程中水资源的损耗。

（2）提高农业灌溉设施标准。及时修复破损的渠道，疏通堵塞的水沟，提高农业灌溉方面水资源的利用率。有条件的地方，应该把敞开式的明渠灌溉系统，改造为埋藏于地下的密封式暗管灌溉体系，这样，既可以避免因阳光照射而白白蒸发掉部分水资源，又可以增加农田耕种面积。

（3）发展和推广节水器。节水器是一种在不影响使用效果的条件下，能减少用水量的节水装置，它一般安装在用水终端。目前，常见的节水器由两类组成：一是机械式节水器，包括恒流节水器、淋浴节水器、水龙头节水器、延时自闭水龙头等；二是感应式节水器，包括槽式节水器、IC 卡节水器和感应水龙头等。基于节约用水原则，各地各部门都应提倡使用节水器。用户可根据实际需要，选择合适的节水器。

（4）发明或引进先进的节水技术。我国不少地区，特别是缺水区域，多年来一直在探索节水方法。在此基础上，总结和发明了一些节水新技术，如旱作节水技术、抗旱保苗播种技术、蓄水保墒耕作技术、行走式节水灌溉技术、节水地面灌溉技术、水窖集雨补充灌溉技术等。近年来，我国还积极引进国际先进的节水技术，其中影响面比较广的是滴灌技术。1962 年，以色列的水技术工程师斯迈哈·布莱斯在自家花园中偶然发现，漏水管边的一棵树长得比其他树木更茂盛。经过细细探究终于明白：水在同一点上渗入土壤，可以减少蒸发，提高灌溉效率，还能有效地控制水、肥和农药的配合使用。以色列政府对这一发现予以大力支持，马上组织科研单位和开发公司共同开发和推广滴灌技术。1964 年，创建了世界闻名的耐特菲姆滴灌公司。到 20 世纪 80 年代，以色列的水果、蔬菜、花卉和棉花种植，已普遍采用滴灌技术。近年来，又运用电子信息技术，促使滴灌系统信息化，发展起自动控制的灌溉技术。这项新技术，通过系统搜集农田所需的温度、湿度、蒸发量、用水量、施肥量等信息，推算出作物的水、肥和农药等需要量，自行调节供应系统，进行遥控投放。据统计，以色列在滴灌技术推广应用后的 30 年中，农业用水总量一直稳定在 13 亿立方米，但农业产出却翻了 5 番；全国灌溉面积从原来的 16.5 亿平方米，增加到 25 亿平方米。今后，为了进一步贯彻和落实节水措施，我们将沿着自主创新与引进消化两条道路，继续深入探索节约用水的新技术。

4. 加强污水净化和回收利用技术创新。

开发利用污水资源，把工业生产和生活中产生的废水，经过处理净化后，作为可用水继续使用，相当于增加了水资源。我国有些地区，利用处理过的污水进行灌溉，不但增加了灌溉水源，而且能起到防止污染、保护水源的作用，并使一些因灌溉农田而干涸的河流恢复生机。世界许多国家，特别是工业发达国家，都非常重视污水净化和回收利用工作，产生了许多新成果和新技术。

三　影响资本运行的生物资源因素

（一）生物资源因素的内涵

生物资源，是指在目前的社会经济技术条件下，可供人类生活和生产利用的各类生物，包括植物资源、动物资源和微生物资源等。

1. 植物资源。它表现为可供人类生活和生产利用的各类植物，是生物圈中各种植被的总和，由陆生植物和水生植物两大类组成。陆生植物包括森林、草场和陆上野生植物等天然植物，也包括粮食作物、经济作物及园艺作物等栽培植物。水生植物有生长在淡水中的菱角、莲藕等作物，以及芦苇、香蒲等水草，也有生长在海水中的海带、海藻等。

有些植物可以存活很长时间。2008 年 4 月，有媒体报道发现了万年古树：瑞典于默奥大学的研究人员，在位于瑞典达拉那的浮露山上，发现一棵携带有 9550 年前遗传物质的云杉。由此推算，它是在约公元前 7542 年开始生根的。据考证，这棵云杉是目前世界上现存最古老的树。此前，人们一直认为世界上最古老的树是在北美有 4000 多年树龄的松树。这颗树的发现，把活着的古树树龄延长了 5000 年。

2. 动物资源。它表现为可供人类生活和生产利用的各类动物，是生物圈中一切动物的总和，它们有的生长在陆地上，有的生长在江河湖泊和海洋等水中。主要包括牛、马、猪、羊、狗、驴、骡、骆驼、兔、鸡、鸭、鹅、鸽等驯养动物，鱼、虾、蟹及贝类等水生动物，以及野生兽类和鸟类等野生动物。

近来研究表明，动物物种缺失，会显著影响生态系统。2006 年 8 月，美国和英国科学家组成的一个研究小组，在《科学》杂志上发表文章称，他们发现：淡水系统中，仅一个重要物种的缺失，就会显著影响环境功能的运行。他们对南美河流中的一种鱼进行研究，这种鱼以河流底部的碎石和细小的有机物为食。它在调节河流中碳降解和运输过程中起到了关键的作用。如果在河流中除去这种鱼，会增加有机碳转化为二氧化碳的速率，将大大改变河流生态系统的新陈代谢活动。其他的鱼类物种都不能补偿它的缺失。

3. 微生物资源。它表现为可供人类生活和生产利用的各类微小生物，是生物圈中一切微生物的总和。目前，研究开发主要集中在有一定科学意义或实用价值的细菌、真菌、病毒和细胞株等方面。微生物资源是开展微生物学术研究的物质依据，是支撑微生物科技进步与创新的基础条件，是确保微生物产业可持续发展的基本前提。它包括农业微生物、林业微生物、工业微生物、医学微生物和医药微生物等多种类型。

随着社会发展和科技进步，微生物资源开发利用日益向纵深推进。近年，它又在环境保护方面崭露头角。2011 年 8 月，有关媒体报道，美国波多黎各泛美大学的一个研究小组，培育出能够清除汞污染的细菌。汞是常温下唯一的液态金属，它如果散布到环境中，可以形成甲基汞等毒性物质，通过呼吸道等途径侵入人体，或是被动植物吸收再通过食物链传递给人，造成汞中毒。清除汞污染，一直是环境保护的一道研究课题。该研究小组，用转基因手段，对一些细菌进行改造，使它们含有能生成金属硫化物和多磷酸盐激酶的基因。实验显示，这些细菌能抵抗高浓度汞，即使汞浓度高达使普通细菌致死的 24 倍，它们仍能存活。此外，这些细菌还能吸收环境中的汞，将其转移到自己内部。实验显示，在高浓度汞溶液中，它们可以在 5 天内从溶液中清除 80% 的汞。研究人员指出，这些转基因细菌，不仅可用于清除环境中的汞污染，而且在细菌内部逐渐聚集大量汞之后，也有利于回收这些汞，供工业生产循环使用。

（二）生物资源的主要特性

1. 生物资源的再生性。这是指生物资源具有不断自然更新和人为繁殖的能力。它表现为动植物、微生物经过加工、使用、燃烧、消耗和废弃等程序后，仍能在可预见的一定周期内，通过自然的或人为的繁衍方式，持续再生更新，保持或扩大其储量，依靠种源而获得自我更新、自我复原。再生性是生物资源的基本属性，它为人类提供无穷无尽的各种产品。人类正是利用生物资源的再生性，通过科技开发，培育出质量更高、产量更大的生物产品，使生物资源储量更加充裕。2004 年 9 月，以色列耶路撒冷希伯莱大学的一个研究小组，破解大蒜有性繁殖难题，就是其中一个成功的例子。

2. 生物资源的可引种驯化性。它表现为，野生生物资源可以通过人为的引种驯化而培育成家养的生物。人类利用生物资源的这一特性，可以通过引种、传播和栽培来扩大植物的分布范围，解决采集野生植物的困难；可以通过驯养、繁殖和改良动物种属，使动物为人所用，以及拯救和保护濒危动物物种；还可以通过驯化和培育微生物，利用其功能为人类造福。

3. 生物资源分布的区域性。从生物的本性来说，它们总是希望后代尽可能多，占领的地盘尽可能大。但是，由于自然界客观条件的限制，它们难以实现这种来自本性的意愿。它们的生存，只能限制在一定范围内，表现出区域性的特点。迫使生物只能在一定区域分布的因素主要有两个：(1) 生态环境影响。(2) 不同生物之间的竞争。

(三) 生态系统与生态平衡

1. 生态系统的含义。生态系统是指在一定区域内，生物资源与其存在的环境条件共同构成的一个有机统一整体。它包括生物系统与非生物系统两部分。生物系统由生产者（植物）、消费者（动物）、分解者（微生物）三大类生物的个体和群体所组成，形成个体与个体、种群与种群之间的相互依存、物能流动的体系。非生物系统主要有土壤、地质、地貌、气温、雨雪、光照、空气、水文等内容组成。

2. 生态平衡。当生态系统处于相对稳定状态时，生物系统内生物之间以及生物与环境之间，出现高度的相互适应，使能量流动、物质循环和信息传递得以正常进行，达到一种协调平衡状态。为了保持生态平衡，提高生物资源的利用率，需要加强生物资源的科学经营管理，开展生物资源的普查、评价和预测，严格控制采伐、放牧量和捕捞量等，制定对生物资源的保护规划。

四　影响资本运行的矿产资源因素

(一) 矿产资源因素的内涵

1. 矿产资源含义。矿产资源也称矿物资源，是指由地质成矿作用而形成，并具有开发利用价值的矿物或有用元素的集合体。它通常表现为地壳中存在的自然化合物和少数自然元素，可能埋藏于地下，也可能露出于地表。它呈现固态、液态和气态等多种存在状态。其中固态矿产资源，在自然界中多以矿床形式出现。近年来，许多国家和地区随着经济的快速发展，增加了对矿产资源，尤其是战略性能源矿产的需求，其中生产性行业对石油、天然气等矿产资源的需求更是与日俱增。[①]

2. 矿床。矿床也叫矿体，指有开采利用价值的有用矿物的聚集地。矿床与岩石一样，是地质作用的产物。但它与一般岩石不同，区别之处在于它有经济价值。衡量矿床的标准，是随着社会需求和技术进步而改变的。19 世纪时，适于开采的铜矿床，其含铜量必须高于 5%。到现代，由于采矿加工成本大幅度降低，含铜量只有 0. 4% 的铜矿床，已属于可开采的范围。

矿床中储藏着矿石。矿石通常由有用矿物与脉石矿物共同构成。有用矿物指本身可直接被利用的矿物，或者能提供有用元素、有用组分；脉石矿物是指矿石中没有用处的废弃物。矿石中有用矿物的高低，通常用矿石品位来表示。矿床周围的岩石称作围岩，为矿床成矿建立物质基础的岩石叫作母岩。

3. 矿石品位。这是指单位体积或单位重量矿石中，有用元素、有用组分或有用矿物的含量。金属矿石的品位，是指其中有用金属元素或组分的含量；非金属矿石品，位常指其中有用矿物或有用组分的含量。矿石品位有不同的表示方法：

就金属矿产来说，铁、铜、铅、锌等大多数矿石，用其中金属元素含量的重量百分比表示；钨、钒等矿石，用其中的三氧化钨、五氧化二钒等氧化物重量百分比表示；金、银等贵金属矿石以克/吨表示；砂金矿等用克/立方米表示。

就非金属矿产来说，钾盐、明矾石等大多数非金属矿物原料，是以其中有用矿物或化合物的重量百分比表示；原生金刚石矿石以克拉[②]/

① 纪明、纪玉山、刘洋：《中国矿产资源开发利用的问题分析与对策研究》，《社会科学战线》2014 年第 9 期。

② 1 克拉 =0. 2 克。

吨或毫克/吨表示；碘、溴等化工原料矿产用克/升表示。

矿石品位是衡量矿床经济价值的主要指标。在矿产勘查中，用来划分矿与非矿界线的边界品位，是最低品位。按照当前技术和社会经济需求，能供开采利用矿段或矿体的最低平均品位，称作工业品位。只有达到这一品位，才能计算矿藏的工业储量。不同矿种，有不同要求的矿产工业品位。同一矿种，如果矿石类型不一样，工业品位要求也是有差别的。随着经济技术进步，对矿产的工业品位要求会发生改变。一般来说，影响和决定工业品位的因素主要包括矿床规模、开采技术、矿产工艺流程，以及矿产综合利用的可能性等。

（二）矿产资源的特性

矿产资源是非再生性资源，从而决定了它具有稀缺性和有限性。它是地球在漫长的地质发展过程中形成的，不同的矿产有各自的分布规律与集中地区。金属矿产大多分布在火成岩与变质岩地区，而能源与非金属矿产大多分布在沉积岩地区。

矿产资源这种相对集中的分布格局，直接影响到世界劳动力的地域分工，也决定着世界范围矿产品的产出、流量与流向。例如，1866 年，南非发现了金伯利岩管，吸引大批矿工前来开挖钻石。其中金伯利钻石矿坑，从发现至 1914 年关闭，5 万名矿工使用铁铲等工具进行挖掘，共挖掘出 2722 公斤钻石，留下据称是世界上最大的人力挖掘矿坑。南非也由此超越印度，成为世界上最主要的钻石生产国，产量居于世界前列，全面开启全球钻石业的新时代。

（三）矿产资源分类

1. 矿产资源分类方法。矿产资源可以按照不同标准进行分类。例如，按照矿产成因和形成条件划分，可分为内生矿产、外生矿产和变质矿产；按照矿产物质组成和结构特点划分，可分为无机矿产和有机矿产；按照矿产成品存在状态划分，可分为固体矿产、液体矿产和气体矿产；按照矿产特性及其主要用途划分，可分为能源矿产、金属矿产、非金属矿产和水气矿产。

2. 矿产资源的常见分类。

常见的矿产资源分类，是以其特性及用途为标准进行划分的，据此可分为以下几类。

（1）能源矿产。主要包括煤、煤成气、石煤、石油、油页岩、油砂、天然气、天然沥青、铀、钍、地热等。

（2）金属矿产。主要包括铁、锰、铬、钒、钛，铜、铅、锌、铝土矿、镍、钴、钨、锡、铋、钼、汞、锑、镁，铂、钯、钌、锇、铱、铑，金、银，铌、钽、铍、锂、锆、锶、铷、铯，镧、铈、镨、钕、钐、铕、钇、钆、铽、镝、钬、铒、铥、镱、镥，钪、锗、镓、铟、铊、铪、铼、镉、硒、碲等。

（3）非金属矿产。主要包括金刚石、石墨、磷、自然硫、钾盐、硼、水晶、刚玉、蓝晶石、硅线石、红柱石、硅灰石、钠硝石、滑石、石棉、蓝石棉、云母、长石、石榴子石、叶腊石、透辉石、透闪石、蛭石、沸石、明矾石、芒硝、石膏、重晶石、毒重石、天然碱、方解石、冰洲石、菱镁矿、萤石、宝石、黄玉、玉石、电气石、玛瑙、颜料矿物、石灰岩、泥灰岩、白垩、含钾岩石、白云岩、石英岩、砂岩、天然石英砂、脉石英、粉石英、天然油石、含钾砂页岩、硅藻土、页岩、高岭土、陶瓷土、耐火黏土、凹凸棒石黏土、海泡石黏土、伊利石黏土、累托石黏土、膨润土、铁矾土、砖瓦用黏土、橄榄岩、蛇纹岩、玄武岩、辉绿岩、安山岩、闪长岩、花岗岩、麦饭石、珍珠岩、黑曜岩、松脂岩、浮石、粗面岩、霞石正长岩、凝灰岩、火山灰、火山渣、大理岩、板岩、片麻岩、角闪岩、泥炭、矿盐、镁盐、碘、溴、砷等。

（4）水气矿产。主要包括地下水、矿泉水、二氧化碳气、硫化氢气、氦气、氡气等。

五　影响资本运行的能源因素

（一）能源因素的内涵

1. 能源的含义。能源也称作能量资源，是指自然界中能为人类提供某种形式能量的物质资源。我国《能源百科全书》，对能源含义作了进一步阐述，指出："能源是可以直接或经转换提供人类所需的光、热、动力等任一形式能量的载能体资源。"这表明，能源不仅具有多种存在状态，而且是一些可以相互转换能量的源泉，它能够通过直接或间接的方式，满足人们某一方面的能量需求。

2. 能源的重要性。人类社会发展离不开能源这个重要的物质基础，它对人类的文明有着巨大的影响。人们常说：石油是工业的血液，煤炭是黑色的金子。能源利用的每次飞跃，都引起生产技术的变革，从而推动社会生产力的发展。现代社会，自从电气时代取代蒸汽时代以来，依靠充足的能源供给，经济获得高速发展。然而，20 世纪 70 年代后期开始，先后出现的两次石油危机，对能源保障敲响了警钟，国际能源安全已上升到国家高度，各国都制定了以能源供应安全为核心的能源政策。

3. 能源消费弹性系数。能源是国民经济的重要物质基础，它的开发和有效利用程度，以及人均消费量，是生产技术和生活水平的重要标志。能源消费与经济发展的关系，可以通过能源消费弹性系数的变动，获得一个侧面的反映。能源消费弹性，是指一个国家或一个地区在一定时期内，能源消费量随国民经济总量增减而升降的情况。能源消费弹性系数，等于能源消费量与上年比较的增长率，除以国内生产总值与上年比较的增长率。

（二）能源分类方式

能源种类，是随着人们对世界认识的加深而不断增多的。今天，越来越多的新型能源，走出实验室，进入推广应用市场，开始与常规能源一起满足人们的需求。由于能源种类日渐增多，其分类方式也在不断完善。其中常见的有下述几种。

1. 按照能源来自何处划分，可分为：（1）来自地球外部天体的能源，如太阳能等；（2）地球本身含有的能量，如原子核能和地热能等；（3）地球和其他天体相互作用而产生的能量，如潮汐能等。

2. 按照能源如何产生划分，可分为：（1）一次能源，即自然存在、可直接利用的能源。它包括已广泛利用的常规能源和尚等推广的新能源。常规能源又可分为水力、生物能（木材、秸秆）等可再生能源，化石燃料即石油、煤炭、天然气、核裂变燃料等不可再生能源。新能源可分为太阳能、风能、潮汐能、地热能等可再生能源，核聚变燃料等不可再生能源。（2）二次能源，是指经过加工转换形态而获得的能源。主要包括：电力、汽油、煤油、柴油、焦炭、煤气、洁净煤、激光、沼气、热水、余热、余能等。

3. 按照能源能否燃烧划分，可分为：（1）燃料型能源，如煤炭、石油、天然气、泥炭、木材等；（2）非燃料型能源，如水能、风能、地热能、潮汐能等。

4. 按照能源消耗后是否造成环境污染划分，可分为：（1）污染型能源，包括煤炭、石油等内容；（2）清洁型能源，包括水力、电力、太阳能、风能以及核能等。

5. 按照能源形态特征划分，可分为：固体燃料、液体燃料、气体燃料、水能、电能、太阳能、生物质能、风能、核能、海洋能和地热能。这是世界能源委员会推荐的能源类型划分方式。

（三）新能源开发成果大量涌现

20 世纪 90 年代以来，世界许多国家大力倡导和推广清洁、干净的新能源，以求在促进经济发展的同时加强环境保护。各国政府对新能源的开发利用给予大力支持，重点推进新能源采集、存储、调节、分配和传输技术的开发，加强新型发电技术等方面的研究，从而促使能源领域的创新活动获得不少突破性的进展，创新成果不断涌现。

在电池领域，研制出高能量锂电池、高性能微型燃料电池、高效镍锌电池、高性能镁蓄电池和纤维基导电聚合物电池等。

在氢能开发领域，发明用太阳能和氧化锌制氢，推进用太阳能和催化剂分解水廉价制氢，开发利用阳光和纳米管从水中取氢，通过模仿树的能量转换发明高效太阳能制氢等新技术，同时，推进化学方法和生物方法制氢方法，以及制氢新装置和储氢新材料的研究。

在生物质能开发领域，利用酵母发酵把纤维物质转化成生物燃料，利用蛀木水虱分解木头的酶制造生物燃料，研究用消化酶生产生物燃料的方法，用转基因细菌合成高能生物燃料，利用经过遗传改造的酶直接把生物质能转化为乙醇。同时，在利用含油或含糖植物、草类或藻类原料、纤维素和木质素植物、生产或生活废弃物制造生物燃料方面取得了许多新成果。

在太阳能开发领域，发明新型塑料太阳能电池，研制出可把星光转换为电能的星光电池，开发出目前最高转换效率的太阳能电池，研究开发低成本染料敏化太阳能电池，研制高转化率的钙钛矿太阳能电池，研制出环保型钙钛矿太阳能电池。另外，太阳能电站建设和太阳能发电技术方面，也取得了大踏步的进展。

在风能开发领域，研制成可大幅降低风力发电成本的新式风机转子，研制出小型移动式风力发电机，开发风筝发电机，发明利用高空风力发电的气球发电机，发明可降低成本的垂直轴风力发电机，把风力发电机看作“石油更替机”。特别是，风力发电站出现了多种新形式，如飞在天上的风力发电站，用巨型风筝捕获高空风能的梯形电站，以及飘浮式风力发电站等。

在核能开发领域，合作建造第四代核裂变反应堆，开建热核聚变实验堆，顺利推进热核聚变发电实验装置的研制，组装完成世界最大仿星器受控核聚变装置。

在海洋能利用领域，世界首台洋流发电机组并网发电，最大潮汐发电站正式投产，研制出实验型波浪能发电系统，发明海水与淡水混合发电的方法。

在地热利用领域，开发出新型的地热采暖系统，开发干热岩发电新技术。

在人车动能利用领域，开发设计出利用人潮脚步发电的地下发电机，研制出新一代便携式步行发电机，研制出可利用膝盖活动发电的新装置，制成可把人体热量转换成电能的热电装置，还开发出泊车发电的“动力路板”。

新能源，特别是原材料可以再生的能源，如太阳能、风能、生物质能、海洋能等，它们与化石能源相比，不仅不会排放有毒的气体，而且不存在能源耗竭的可能，因此日益受到许多国家的重视，尤其是能源短缺的国家，已经投入大量研发资金，获得的创新成果也越来越多。与此同时，使得新能源产业，渐渐成为世界各国资本进入和产业发展的亮点。

六　影响资本运行的海洋资源因素

（一）海洋资源因素的概念

1. 海洋含义。海洋是地球上广阔连片咸水水体的总称。它被大陆地面分隔为若干区块，但彼此相通形成一个统一的水域，并与陆域相对应。

2. 海洋概念中洋的内涵。海洋的中心区域称作洋，主要有太平洋、大西洋、印度洋和北冰洋等，它们大部分以陆地和海底地形线为界。洋是海洋的主体，约占海洋总面积的89%。洋的水深一般在3000米以上，最深处可达1万多米。每个洋都有自己独特的洋流和潮汐系统。洋离陆地遥远，不受陆地影响，其水温和盐度变化不大。洋的水色蔚蓝，透明度很高，水中杂质很少。

3. 海洋概念中海的内涵。海洋的边缘区域称作海，主要有渤海、黄海、东海、南海、日本海、白令海、鄂霍次克海、波罗的海、地中海和加勒比海等近50个。海是洋的附属部分，约占海洋总面积的11%。海的水深比较浅，一般在两三千米，最浅处平均只有几米。海没有独立的海流和潮汐系统，它临近大陆，受大陆、河流、气候和季节的影响，海水的温度、盐度、颜色和透明度，都受陆地影响，有明显的变化。由于陆地河流常常夹带泥沙入海，近岸海水往往混浊不清，海水的透明度较低。海按其所处位置可分为三种类型：（1）边缘海，它紧贴着大陆，又是洋的边缘。它与大洋联系广泛，水流交换畅通，一般由岛屿和半岛把它与大洋隔开。例如，东海、南海和日本海，是太平洋的边缘海。（2）地中海，指介于几个大陆之间的海，如加勒比海、地中海等。（3）内陆海，指位于大陆内部，仅有狭窄水道与海洋相通的海，水深一般比地中海浅一些，如渤海、波罗的海等。

（二）保护海洋环境的重要性

海洋是人类生存环境的重要组成部分，它是大气含氧量的主要供给者，海洋中藻类每年生产的氧气占大气含氧量的3/4，又是二氧化碳的主要吸收者，海洋吸收大气中2/3的二氧化碳，维持了大气中气体成分的平衡。

地球的环境基本上是受海洋主宰的。海洋环境和陆地环境的总体才构成人类的整体自然环境。保护海洋环境，实际上就是保护人类的生存和发展环境。

（三）海洋资源的开发利用

1. 海水及其内含化学资源的开发利用。

（1）海水资源的开发利用。它主要包括海水直接利用和海水淡化两个方面。海水直接利用，指直接利用海水代替淡水作为工业和生活用水，如在化工、电力、石化、冶金等行业循环冷却中直接使用海水，在洗涤、消防、制冰和印染过程中直接使用海水，以及在采油回注、冲洗厕所等方面直接使用海水。海水淡化，主要采用多效蒸发法、多级闪蒸法、电渗析法、反渗透法和低温多效蒸发法等技术，把海水转化为可饮用的淡水。海水淡化后，也可用作优质锅炉补水或优质生产工艺用水。对于沿海缺水地区来说，这是一种稳定可靠的淡水来源。

（2）海水化学资源的开发利用。海洋是庞大的水体，海水是极大的液态矿藏，包含了大约 5 亿亿吨的溶解物质，包括 80 多种元素，内有 70 多种可以通过海水蒸发加以提取。其中氯、钠、镁、钾、硫、钙、溴、碳、锶、硼和氟 11 种元素，占海水中溶解物质总量的 99.8% 以上，可提取的化学物质达 50 多种。目前，提取量较大的有氯化钠、氯化镁、碳酸镁、硫酸钠、硫酸镁等化工原料。

2. 海洋生物资源的开发利用。海洋现有 20 多万种生物，是人类直接食用的动物性蛋白质的重要来源。它们大体可以划分为以下几类。

（1）鱼类资源。它在世界海洋渔业捕获量中所占比重，多年来都接近 90%，是最重要的海洋生物资源。海洋捕获的鱼类以鳀科、鲱科、鲭科、鲹科、竹刀鱼科、胡瓜鱼科和金枪鱼科等中上层种类为多。底层鱼中产量较大的有鳕科和鲆鲽类。经济鱼类中，年产量超过百万吨的有远东沙瑙鱼、沙瑙鱼、毛鳞鱼、鲐、智利竹刀鱼、秘鲁鳀、沙丁鱼、大西洋鲱等上层鱼类，以及明太鱼、大西洋鳕等底层或近底层鱼类。

（2）软体动物资源。它属于开发利用潜力较大的海洋生物资源。目前，枪乌贼、乌贼和章鱼等头足类海产品世界年产量约 150 万吨，牡蛎、扇贝、贻贝的年总产量约 200 万吨，各种蛤类约 120 万吨。经多年观察发现，头足类动物在大洋中甚至近海区，有时会出现很大的集群数量，如果对它们的种群结构及栖息移动规律加强研究，资源利用率可能会大幅度提高。

（3）甲壳动物资源。它属于经济价值较高的海洋生物资源。特别是虾、蟹，很受消费者欢迎，市场价格比鱼类高出很多。同时，它们生长周期短，再生能力强，所以已成为人工增养殖的重要对象。近年，其产量呈现持续增长趋势，对虾、新对虾、鹰爪虾、褐虾、长额虾等游泳虾类年产量已超过 180 万吨，以南极磷虾为主的浮游甲壳类每年约产 45 万吨，蟹类年产量已在 80 万吨以上。

（4）哺乳类动物资源。它主要包括鲸、海豚、儒艮、海牛、海豹、海象、海狮、海獭等海洋动物。它们除了肉可食用外，其皮用于制革，脂肪用来炼油，是较多作为工业原料的海洋生物资源。其中鲸类世界年捕获量，在1900—1911年期间，从2000头激增到2万头以上。到1962年，达到最高年捕获量的6.6万多头。20世纪60年代的主要捕鲸国家，有挪威、日本、英国、苏联和荷兰。由于现代捕鲸业捕杀鲸的数量巨大，造成捕捞过度，资源破坏严重。所以，在20世纪捕鲸业已受国际法规约束，旨在保证鲸类种族得以绵延。国际捕鲸委员会裁定，自1986年开始暂停商业捕鲸。1994年，国际捕鲸委员会禁止在非洲南部、澳大利亚和南美洲进行捕鲸活动。

（5）海洋植物资源。它主要有红藻、蓝藻、绿藻、褐藻、硅藻和甲藻等海藻类产品，其中近百种可食用，还可从中提取藻胶等多种化合物。21世纪以来，还把海藻用于制药、新能源开发和环境污染治理等方面。

3. 海洋矿产资源的开发利用。

（1）石油和天然气资源。据有关部门测算，世界石油极限储量1万亿吨，可采储量3000亿吨，其中海底石油1350亿吨。世界天然气储量255亿～280亿立方米，海洋储量占140亿立方米。我国海洋油气资源十分丰富，据勘查，各海域都发现了可开采的油气储存区域。其中，南海油气资源潜力巨大，属于世界海洋油气主要聚集中心之一。据海南省政协提案提供的数据显示，到目前为止，南海勘探的海域面积只有16万平方公里，就已发现石油储量达55.2亿吨，天然气储量有12万亿立方米。初步估计，整个南海的石油地质储量为230亿～300亿吨。

（2）近岸海底固体矿产。世界许多接近大陆的近岸海底，储藏着有开采价值的固体矿产。勘查资料表明，我国大陆架浅海区，广泛分布着铜、煤、硫、磷、石灰石等矿产。自20世纪下半期开始，日本、智利、英国、加拿大、土耳其等国家，相继进入近岸海底煤、铁矿藏的开采行列。特别是日本，海底煤矿开采量已占其总产量的30%；另外，日本九州附近海底发现的铁矿，属于世界最大的海底铁矿之一。目前，世界沿海各国，发现的海底固体矿产有20多种。亚洲地区，除了有丰富的煤、铁固体矿产外，还发现了储量丰富的海底锡矿。

（3）海滨砂矿资源，主要由海滨地区的沉积物砂矿和沿海海岸的漂砂矿物组成，含有许多贵重矿物。如海滨砂矿中的独居石，可以提炼制造火箭和飞机外壳用的铌，还可以提炼制造核反应堆和微电路用的钽。海滨砂矿中的金红石，可以提炼用于火箭发射的固体燃料钛。海滨砂矿中的锆铁矿和锆英石，可以用来制造耐高温和耐腐蚀产品，是建造核潜艇和核反应堆的重要材料。另外，有些海区，还发现了可以提炼黄金、白金和银等贵金属的砂矿。勘查表明，我国近海海域储存着丰富的砂矿资源，其中含有金、独居石、锆英石、钛铁矿、铬尖晶石等经济价值极高的砂矿。

（4）海底松散沉积物矿产资源。主要有两种：一是多金属结核矿物。它们含有锰、铁、镍、钴、铜等几十种元素，一般储藏在大洋3500～6000米深的洋底，储量达3万亿吨。我国在太平洋区域，调查了200多万平方公里的面积，发现具有开采价值的远景矿区达30多万平方公里，联合国已把其中15万平方公里区域批准分配给我国作为开辟区。二是富钴锰结壳矿物。它们通常储藏在300～4000米深的海底，比金属结核资源易于开采。美国和日本等国，已着手研究具体的开采方案。

（5）可燃冰资源。可燃冰是由碳氢化合物与水分子结合而成的冰态固体矿物，属于一种矿物型的新能源。由于它燃烧后几乎不会产生污染，所以它比其他矿物型能源更优越。按照勘查资料估算，全球可燃冰的储量，是现有石油天然气储量的2倍。目前，我国已在南海和东海发现储量巨大的可燃冰资源。据测算，仅南海的可燃冰资源量就达700亿吨油当量，相当于我国陆上油气资源总量的一半左右。此外，日本、俄罗斯、美国等国家，也都发现了大面积的可燃冰分布区。

4. 海洋能量资源的开发利用。

（1）海洋波浪能的开发利用。海洋中的波浪周而复始地翻来滚去，昼夜不停地拍击着堤岸，这里面蕴藏的波浪能，是一种取之不尽的可再生动源。为了简便有效地利用这一动源，俄罗斯圣彼得堡可再生能源中心研制出实验型波浪能发电系统。这一系统波浪动能的采集装置，安装在距海岸不远且固定在海底的支架上。这一装置上部有一根杠杆，较长的杠杆臂上有一个浮标，较短的杠杆臂则与一台水泵的活塞相连。当波浪推动浮标上下移动时，较短的杠杆臂会控制水泵的活塞，将海水通过管道一直压入位于岸上的一个蓄水塔里。此后，海水会在重力作用下从蓄水塔内涌出，推动水力发电机的涡轮叶片转动并产生电能。这一发电系统的动力组件，除需要源源不断的波浪动能外，不需要其他动力来源。

（2）海水热能资源的开发利用。最近，由美国韦博研究公司制造的一款新型水下机器人，动力不是源于电力或柴油，而是通过吸收海水中的热量形成的。它已成功地在维尔京群岛的圣托马斯和圣克鲁斯之间，来回穿行了20多次。伍兹霍尔海洋研究所的研究人员，计划利用它收集数据，从而对该海域中的洋流进行深入研究。它与以电池为能源的潜水器相比，在海洋中停留的时间至少多1倍。据有关资料报道，它是首个使用绿色能源进行长时间水下自主探索的机器人。

5. 海洋空间资源的开发利用。

海洋空间资源可用作海洋运输，世界上现有海轮8万艘，载重量达4.36亿吨，每年可运输30多亿吨货物。海洋空间资源开发，除海洋运输外，还可建人工岛、海上机场、工厂、海底输油管道、电力和通信电缆、海底仓库、海上储油装置以及开展海上旅游等。有关媒体报道，不久前，俄罗斯圣彼得堡波罗的海造船厂，还利用海洋空间资源，建造了世界上第一座海上漂浮式核电站。

第二节　获取剩余价值的有形资产与无形资产

一　可用来获取剩余价值的有形资产

投资者用作投资经营，获取剩余价值的资产大体可以分成两类，一类是有形资产，另一类是无形资产。有形资产就是以实物形式存在的资产。主要包括以下内容：

1. 自然资源。如土地、山岭、矿藏、森林、草原、荒地、滩涂、河流、水面，以及其他海陆自然资源等。

2. 工商企业或经营单位。如银行、工厂、商店、电站、水库、仓库、农场、林场、渔场、牧场、建筑等企业。

3. 基础设施。如铁路、公路、港口、机场、交通、运输、邮政、通信、农田水利设施、城市基础设施，以及军事、文化、教育、卫生、科学、体育等设施。

4. 货币和有价证券，主要包括国内外各种货币，以及支票、汇票、股票、国库券等。

5. 一国公民和法人在国外的各类有形资产。

6. 除上述内容以外的其他有形资产。

二　能够带来剩余价值的无形资产定义

无形资产，作为一个经济学范畴，是随着改革开放的深入发展而逐步引入我国社会主义经济研究中的。由于无形资产一词被资本主义企业簿记广泛使用，而我国经济工作者又是在“三资”企业做账时较早接触无形资产范畴的，所以改革开放初期，人们往往将它解释为资本主义国家的会计用语。党的十四大以后，为了给国有企业稳步地向现代企业制度转变创造条件，有步骤地开展清产核资、界定产权、评估资产、核实企业法人财产占用量等活动，我国经济理论界和实际工作部门对无形资产有了新的理解，普遍认为社会主义企业资产核算的内容也应包括无形资产。

（一）无形资产定义的代表性观点

目前，经济学界给无形资产下的定义，笔者见过的主要有四种，它们都从无形资产是有形资产对立物的角度作本质概括，其内涵基本相似。然而，它们阐述的侧重点，以及严密性和完整程度，仍有较大差别。

定义一：企业长期使用而没有实物形态的资产，叫作无形资产。这个定义强调无形资产具有固定资产的类似性质：可供企业长期使用，并在其使用过程中保持原有的存在形式。但它的阐释过于简单，反映不出无形资产在提高企业获取剩余价值能力方面的作用，更没有说明无形资产能为企业带来何种利润，以及这种利润与有无形资产利润之间存在什么区别。

定义二：无形资产是指能为企业取得未来经济效益，但不具有实际形体的资产。这种定义强调无形资产可以帮助企业获得收益，表明它能在企业今后的经济活动中，通过提高经济效益带来更多利益，是企业未来的一种收入来源。然而，这个定义尚未阐明无形资产获取剩余价值能力的特殊性，难以分清无形资产在创造利润中与其他资产的区别。实际上，任何一种资产都能产生未来经济效益，一个已丧失无形资产的亏本企业，如果对其投入足量的现金，现金就会带回若干利润，可能还会因此而形成新的无形资产，并产生出一些无形资产利润，但怎样区分此时的现金利润和无形资产利润，该定义则是无法回答的。

定义三：无形资产是不具备实物资产形式而有类似作用的东西，它代表企业使用有形资产创造利润的能力。不难看出，这个定义比上面两个表述得完整些、严密些。它强调无形资产是企业的一种获取剩余价值的能力，并表明这种获取剩余价值的能力不是有形资产本身固有的，而是企业在运用有形资产开展经营活动时逐步形成的。但是，这个定义也有缺陷，它只能对无形资产作定性分析，而不能作定量分析。它尽管已晓示无形资产利润来自企业运用有形资产所产生的获利能力，但没有指明这种获利能力到底可以创造多少利润。这样，由无形资产利润的资本化来量化无形资产的价值就有困难了。

定义四：无形资产即商誉，尽管它没有商品、货币和机器设备等实物形态，但能买能卖，有价值；它的价值等于出让企业所得货币超过有形资产账面价值的余额。这个定义跟其他定义的不同之处在于，它不是着眼于生产过程而是着眼于交换过程来揭示无形资产的本质特征。它强调无形资产是企业产权的有机组成部分，可以通过出卖而实现其价值。这意味着在经营中逐步积累而成的许多无形资产，虽然企业本身不作价入账，但企业转让时可以计价出售。它还阐明了无形资产的一种量化方法，弥补了其他定义缺乏定量分析基础的不足。

然而，这个定义存在的问题也较多：（1）把无形资产仅仅只等同于商誉，显然概括得不够完整，漏掉了许多其他内容。（2）尽管肯定无形资产有价值，但由于离开了生产领域，无法说明无形资产为什么有价值。（3）无形资产价值可从企业价值减去有形资产净值中求得。但用出卖企业所得货币即企业价格代替企业价值，用有形资产账面价值代替有形资产净值，其计算结果肯定是不准确的。（4）不是先估出无形资产价值再推算企业价值，而是先出卖企业取得收入再推算无形资产价值，颠倒了企业资产评估的顺序。

（二）对无形资产定义的修正

为了确切而简要地表述无形资产概念，笔者试图尽可能吸收以上定义的长处，并努力避免它们的不足，提出下述经过修改的无形资产定义：能为企业带来高于有形资产一般获益率的利润而没有实物形态的固定资产。这个修正定义至少有以下特点：（1）阐明无形资产与有形资产一样，具备获利功能，晓示无形资产为什么可按一定价值作为产权转让。（2）指明无形资产获利能力的特殊性，分清无形资产与有形资产在企业创造利润中的不同作用。（3）表明无形资产所得利润等于企业全部利润减去有形资产利润的差数，为准确量化无形资产价值奠定基础。（4）说明无形资产不是以流动资产形式而是以固定资产形式投入运行，其成本也要通过折旧的方式收回。①

三　无形资产的构成要素

1. 专利权。它表现为独占发明创造的一种无形财产权。在国外，大约 14 世纪就出现了保护专门技术的专利制度的萌芽。例如，1331 年英国国王爱德华三世对佛兰德斯人约翰·肯普的纺织、漂洗和染色技术授予垄断权，加以保护。我国专利法明文规定以专利保护发明、实用新型和外观设计三种工业产权。

（1）发明是指对产品、方法或者其改进所提出的新的技术方案；

（2）实用新型，表现为对产品的形状、构造或者它们的结合所提出的适于实用的新技术方案；

（3）外观设计是指对产品的形状、图案、色彩或者结合所作出的富有美感并适于工业上应用的新设计。

企业在发明、实用新型和外观设计方面提出的专利申请，一经批准，就取得了受国家法律保护的专利权。专利权是政府给予企业制造、使用、销售某种产品，或者使用某种方法的独占权利。假若某企业获得的一项专利，是一种有利可图的新化学方法，该企业可在 15 年中独家用它来进行生产，显然这种专利是相当值钱的。

2. 非专利技术诀窍。亦称非专利技术成果、技术秘密、专有技术等。它是指来自经验和技艺，能在生产过程中应用的技术知识、技术数

---

① 张明龙：《国有企业无形资产的内涵、量化与保护》，《中国社会科学》1996 年第 6 期。

据和技术信息。通常因不具备必要的专利条件而不能获得专利，或虽符合专利条件但企业不愿申请专利，如秘密公式、配方、设计手段、计算方法、经验数据、工艺流程、操作秘诀，等等。

非专利技术诀窍可以成为无形资产，早已是事实。亚当·斯密对此举例说道："一个染业者，如果发现了一种制造染料的方法，其所费仅及通常方法的一半，而他又能妥善处理，他就能终生独享这发明的利益，甚至能把它传给子孙。这种额外利得……是资本的额外利润。"①

非专利技术诀窍，是生产经营者或技术人员经过长期经验积累、不断调研提炼而形成的，花费了不少时间、精力和资金。它一旦运用到生产中去，就能转化为生产力，给企业带来较高的经济效益。其他人也愿意为取得技术诀窍而付出代价。非专利技术诀窍的一个显著特点是具有机密性，它一经公开，便会丧失价值。企业要保持非专利技术诀窍的无形资产功能，必须采取严格的保密措施。

3. 著名商标。商标是商品上使用的具有显著特征、能够区别商品来源的标志，它是企业形象和产品形象的象征。

商标包含着许多影响消费者对产品情绪和感觉的因素，它能说明商品的质量，能代表一个商品的历史，能反映商品的价格档次，还能透出商品的内在特性。商标是企业重要的无形资产，一个著名商标产生的"品牌效应"，将给企业源源不断地创造出可识别的收入。商标为企业带来的收入，除了专用权转移实现一定权利价值外，主要来自信誉价值。商标的信誉价值，反映商标所代表的商品质量、功能和特性、商品历史、商品市场占有率，以及商标使用范围等内容。商标信誉价值的基础，是企业的技术水平、管理水平和竞争能力。同一商品，贴上不同商标，它的市场销售价格可以相差几倍甚至几十倍，这是由商标信誉价值悬殊引起的。

驰名商标的信誉价值，是一笔蕴含着巨额财富的无形资产。一位国外企业家曾这样坦言：烧了我的厂房、毁了我的机器不要紧，只要有我的商标在，我照样还是百万富翁。

---

① ［英］亚当·斯密：《国民财富的性质和原因的研究》（上卷），郭大力、王亚南译，商务印书馆1972年版，第55页。

世界上绝大多数国家，对商标注册都规定了有效期限。各国规定的有效期限，较普遍的为10年，最长的是20年，最短的是5年。只有扎伊尔、布隆迪和卢旺达三个国家，规定注册商标可以无限期使用。我国《商标法》第23条规定："注册商标的有效期为10年，自核准注册之日起计算。"注册商标超过了有效期限，商标注册人就丧失了商标专用权。商标所有者，为了继续得到法律对商标权的保护，应当在注册商标有效期满前6个月申请续展注册。在此期间内未能提出申请的，可以给予6个月的宽展期，宽展期满仍未提出申请的，注册商标就会被注销。续展可以无限制地重复申请。

4. 著作权。也称版权，指著作权所有者依法对文学、艺术和科学作品享有的各项专有权利。它由人身权和财产权两方面内容构成。

著作权具体内容包括：发表权，即决定作品是否公之于众的权利；署名权，即决定在作品上是否署名，以及署真名、假名或笔名的权利；修改权，即修改或者授权他人修改作品的权利；保护作品完整权，即保护作品不受歪曲、篡改的权利；使用权和获得报酬权，即以复制、表演、播放、展览、发行、摄制电影、电视、录像或者改编、翻译、注释、编辑等方式使用作品的权利；以及许可他人以上述方式使用作品，并由此获得报酬的权利。

著作权所带来的收入可按以下两种方法计算。一是直接法：著作权收入等于作品总收入减去成本，再减去作品总收入与正常成本利润率的乘积。二是间接法：著作权收入等于作品总收入乘以版税率减去应纳所得税率之差。随着科学技术、社会文化对生产和生活的作用日益增强，人们对知识产权的重视也不断提高。作为知识产权重要组成部分的著作权，已成为一些企业的一项重要产权，在产权的界定、变动中备受关注。

5. 计算机软件。它是"计算机硬件"的对称，指计算机程序、方法、规则、相关文档和计算机运行时的必需数据等。它是一类受知识产权法保护的新型无形资产。

软件的生产和开发是科技人员智力活动的结果，需要投入大量资金和高质量的劳动力，是典型的高科技产品。软件的内在价值和生产效率，反映科学技术和设备工具的先进程度，反映科技人员的素质状况，以及生产过程的组织管理水平。

软件实物形体不明显但价值却可以很高。在现实生活中，软件产品的巨大价值以及其中包含的巨大成本，往往不像实物型产品那样容易被人们察觉。而且，软件产品种类繁多，面广量大，寿命周期短，更新换代快，维护代价高。所以，软件价值的确定没有固定的模式。

6. 企业名称。也叫作厂商名称或商号。它是对从事生产经营活动的经济实体的称呼，是一个企业用文字形式区别于其他企业的特定标识。

我国《民法通则》第99条规定，法人、个体工商户、个人合伙有权使用、依法转让自己的名称。第120条规定，法人的名称权、名誉权、荣誉权受到侵害的，有权要求停止侵害，恢复名誉，消除影响，赔礼道歉，并可以要求赔偿损失。我国对企业名称实行强制注册原则，要求企业必须拥有自己的名称，而且名称必须按规定登记注册，禁止擅自使用或变更企业名称，经核准注册后的法定名称享有专用权。

我国有关法律规定，企业名称可以随企业或企业的一部分一起转让，但只能转让给一个企业。转让双方应签订书面合同或协议，报原登记主管部门核准。企业名称转让之后，转让方不得继续使用原来的名称。

7. 货源标记与原产地名称。货源标记是指产品原产地名称的标记。产品的原产地名称，指一种产品的名称，是由最早生产该产品的国家或地区的地理名称所构成的，而这一产品的质量和特性，必须完全或主要由原产地的自然条件和社会人文因素所形成。

使用原产地名称者，必须是原产地的企业或个人，外地厂商不得随意使用。如驰名中外的“金华火腿”，就是因产于我国浙江省金华市而得名，这一火腿的品质和特点，与原产地金华培育的“两头乌”良种猪，以及当地师徒相沿的精湛腌制技艺密切相关。如果把金华的火腿企业迁到外地，或者在其他地区生产“金华火腿”，它的品质肯定和特点与原产地不一样。

我国在没有制定专门保护货源标记和原产地名称法律的情况下，原产地名称使用上存在不少问题。此时，能对原产地名称起保护作用的主要有《反不正当竞争法》，该法规第5条第4款规定，伪造产地，对商品质量作引人误解的虚假表示，属于不正当竞争行为，可追究法律责任。

8. 商誉。它因企业的信誉名望、生产效率、营销能力、管理水平和服务质量等方面胜人一筹，在同行业中处于较为优越的地位而形成。它是企业整体的象征，不能脱离企业整体而独立存在，属于一个综合性的无形资产项目，不像商标权、专利权那样可作为单项资产转让或出售。

商誉能为企业提供高于同行业平均资产利润率的超额利润。企业经营中逐步积累起来的商誉，平时不作价入账，但在企业转让产权、组建中外合资企业、进行股份制或公司化改造时，可按超额利润的资本化价值，或按年超额利润的若干倍，把它计入无形资产价值内。

企业要促使商誉较快增值，必须在设法提高职工素质、技术素质和管理素质的基础上，加强自身形象设计，形成独特鲜明的企业形象，并使其牢固地树立在消费者的心目中。

9. 商业秘密。它一般指不宜对外公开的企业内部情报，主要包括客户名单、公司文件、财务报表、企业档案、新产品开发研制的实验记录、有情报价值的商业信函，以及可能导致诉讼的业务关系等。商业秘密有两项显著作用：

一是增强企业的竞争能力。例如，面对激烈的市场竞争，企业通过尽力满足一些客户的需求，逐步与他们建立起相互信任、相互依赖的伙伴关系，使他们成为本企业产品长期稳定的购买者。倘若企业把这些客户名单作为受保护的内部情报，严守秘密，不让竞争对手得知，就能以这些客户为后盾保持稳定的收入。

二是减少企业的利益损失。例如，如果企业的各类文件及综合性内部手册、报表和业务往来信函等保管不慎，被竞争对手获取，可能会对企业造成许多不利的影响。

10. 优惠合同。它一般指能为企业减少费用支出，相应增加利润收入的合同。这类合同较常见的主要有：付息低于市场利息率的优惠贷款合同；付租低于市场租金率的优惠租赁合同；付费低于通常转让费的优惠技术转让合同；成本低于、收益高于同类商品的优惠购销合同；付款低于同种交易一般价格的优惠货物运输合同、优惠供用电合同、优惠供用水合同、优惠仓储保管合同等。

优惠合同可增强企业创造利润的能力，可为企业带来超过市场平均获益率的额外收益，因此它具有企业无形资产的性质。优惠合同节省费用增加收益的功能，在企业继续经营的条件下是不计价入账的，但发生产权交易时，应以其获取的额外收益为基础作价出让；购买者则以购入成本计价入账，并按优惠合同的有效期限分期摊销。

11. 土地使用权。我国《城镇国有土地使用权出让和转让暂行条例》规定："国家按照所有权与使用权分离的原则，实行城镇国有土地使用权出让、转让制度。"

土地使用权出让，表现为国家以土地所有者的身份，将土地使用权在一定年限内出让给土地使用者，土地使用者则向国家支付土地使用权出让金。土地使用者在规定时间内，可对土地进行房地产开发，也可利用土地开展生产经营活动。

土地使用权转让，就是土地使用者将土地使用权再转移的行为。土地使用权转让时，其地上的建筑物和附着物必须一同转让。土地使用权转让后，原出让合同规定的受让人的权利、义务，也全部随之转移给新的受让人。

企业作为土地使用者，经营土地所得的总收入，减去土地使用、拆迁、安置和实际开发费用等成本后的利润，超过社会平均利润的部分，我们可以认为是由土地使用权创造出来的超额利润。企业转让土地使用权时，土地在最佳用途下的房地产售价，扣除按现行价格计算的房屋建筑造价以及正常利息、利润、税金后的剩余额，我们也可以看作是由土地使用权因素所产生的超额利润。

12. 特许经营权。它表现为：政府有关部门根据企业或个人的申请，认为其经营条件符合法律规定的要求，发给特许证，授予其在国家垄断领域专营、专卖的权利。

特许经营自古就有，公元前 4 世纪出现的伪亚里士多德（Pseudo-Aristotle）的《经济论》记述，布札恩第温斯人为了给国家筹集货币，"他们出让了海上捕鱼权和食盐销售权，还提供了玩杂耍的人、占卜算卦的人、卖药以及诸如此类的私人开业的地点；但他们指令这些人必须交付其利润的三分之一。另外他们还把货币兑换权卖给一所独家银行，而其他银行既不能把货币换给任何人，也不能接受任何人的货币用来兑换，违者罚款，货币没收”①。

目前，我国国家垄断经营涉及的经济领域主要有：能够获得垄断高额利润，是国家财政收入的稳定来源，不允许自由竞争的领域；由于自然资源稀缺或特定生产技术所限，长期供不应求的短线领域；特定时期、特定地点受资源供给约束的少数基本生活必需品；为保卫国家安全，加强国家宏观调控的经济职能，只能或主要由国家直接经营的领域；安全性要求特别高，或需要大量稀缺资源作为原材料的产品；等等。

以政府特许形式存在的专营权、专卖权，可为它们的拥有者创造垄断市场，促成垄断利润的形成。如果企业获得国家垄断领域某类产品的经营特许证，有权对这类产品开展生产、收购、调运和销售活动，其所得利润超过市场通常收益率的部分，可以看作是特许经营权带来的。

13. 供销网络。它指企业专门建立起来的生产资料采购系统和产品销售系统。倘若企业有健全的采购系统，就能保证原材料特别是短缺原材料的有效供应，保证关键性技术设备及时投入运行，保证能源、水电、通信设备和运输工具的需求得以充分满足。倘若企业有完善的销售系统，不仅能稳固地保持原有市场份额，而且有希望在此基础上较快拓展新市场，还可以及时收到顾客对企业效率作出的客观评价和各种反馈信息，促使企业规模、产品结构与不断变化的市场需求趋向一致。

从继续经营的企业来看，若是失去了这个网络，其收益势必会大幅度下降；就产权交易后的新企业来说，倘若没有它，则需花大量资金从头建立。由此可见，这种供销网络是有价值的无形资产。

14. 素质较高的职工队伍。企业职工的思想、专业、文化和身体素质如何，往往决定着企业经营管理的好坏和劳动生产率的高低。当今世界各国企业的经济竞争，集中表现在人才竞争上，使“得人者昌，失人者亡”的古代名言有了更深刻的现代诠释。

一个企业，尤其是专业性很强行业中的企业，建设一支具有良好政

① 巫宝三主编：《古代希腊、罗马经济思想资料选辑》，商务印书馆1990年版，第186页。

治业务素质、结构合理、相对稳定的职工队伍，不仅需要花费大量经费，而且需要完成招聘、培养、训练、选拔和调配等大量周密而细致的人事工作，还需要经过相当长的组织时间。

如果企业未形成训练有素的职工队伍，显然会影响其正常经营。相反，如果企业已经拥有一支素质很高、实力雄厚的职工队伍，则可以节省大量的人员组织支出，并能为企业创造较多收益。所以说，素质较高的职工队伍同样是企业的财富，是企业无形资产的有机组成部分。

第三节　资产获利权能及其制度安排

一　资产所有权概述

资产所有权（ownership）是法律赋予所有者对资产享有独占的权利。拥有资产所有权者，对于用来经营的资产，可以独占其经营过程中获得的剩余价值。[①] 资产所有权有两个特点：一是只能在授权地域范围内，享受这一地域有关法规和条例的保护；二是资产所有权内含权利的存在有一定期限，超过规定的期限就会自行丧失。资产所有权，由权利主体和权利客体共同构成。

（一）资产所有权的权利主体和权利客体

资产所有权的权利主体是指资产所有者，即资产所有权中人的因素。权利主体有两类：第一类是作为自然人的公民；第二类是作为法人的社会组织。公民成为权利主体的条件是：必须达到法定年龄；具有正常理智；能以自身独立的活动设定、变更和终止民事法律关系；对自己的行为承担法律后果。法人成为权利主体的条件是：经国家认可的社会组织；有一定机构和活动范围；拥有能独立支配的资产；能够用自身的名义享受民事权利，承担民事义务。为了节省笔墨，资产所有权的权利主体，通常也简称产权主体。

资产所有权的权利客体就是资产，即资产所有权中物的因素，它由有形资产和无形资产两部分组成。资产所有权的权利客体，通常也可简称产权客体。

① 张明龙：《论所有权与产权的区别》，《经济评论》2002 年第 3 期。

（二）资产所有权的权利取得与保护

1. 资产所有权的权利取得方式。它包括原始取得和继受取得两类：原始取得，主要通过生产创造出物质财富。同时，还有通过生息物产生出孳息获得收益，如母羊生下小羊，出租房子获得租金等。继受取得，表现为产权主体，通过民事法律行为，从原资产所有者那儿获得资产。例如，通过签订交易合同，使原资产所有者的资产转归到新所有者名下；通过合同转让专利权、商标权；另外，通过继承和接受遗赠资产而取得产权等。

需要指出的是，在我国，有关法律规定，任何个人或单位，不得随意以原始取得方式，拥有国家的矿藏和珍禽异兽等自然资源。若要获得采矿权、在禁猎区的狩猎权等，必须按法律规定办理批准手续。同时，历史文物、古建筑、古墓葬、古遗址，以及江海漂流物、地下埋藏的无主物、无人认领的拾得物等，不管是谁，不管用何种方法发现，都不得擅自据为己有，应上缴给国家。

2. 资产所有权的权利消失过程。它是基于一定的法律事实而产生的法律后果。具体情况主要有：所有者的消费；物品腐烂变质、自然风化；通过交易、替换、赠予、消费、借贷等将所有物转让给他人；抛弃资产，或不愿取得资产；被国家依法征用，收归国有，或被法院判决没收；无形资产超过法定保护期限；公民死亡和法人解散，引起资产转移。

3. 资产所有权的权利保护方法。资产所有权可以通过下述方法得到保护：

（1）确认资产归属。所有者仍然占有的资产，他人提出享有权利的要求，威胁着所有者行使资产权利时，所有者可提起诉讼，由法院裁决来确认其拥有的权利。

（2）返还资产。所有者的资产，一旦被他人非法侵占，可通过法律程序责令侵占者返还资产。

（3）排除妨碍。资产所有者依法行使权利时，遇见他人妨碍，造成资产搁置或出现险情而利益受损，可请求司法保护，帮助摈除妨碍。

（4）恢复原状。所有者的资产，遭到他人非法损坏或改变，所有者有权要求损坏者进行修复。

（5）赔偿损失。所有者的资产被他人侵占不能返还，或遭他人非法损坏难以修复，致使利益受到重大损失，可依法要求侵权者给予赔偿。

二　资产所有权的内含权能

（一）资产占有权

1. 资产占有权的定义。所有者对资产进行实际控制或支配而形成的权利，叫作占有权。从法定主体的差别看，占有权可分为独占权和共占权两种形式。

2. 资产占有权的特点。一般来说，资产所有者就是资产的实际占有者，但也会发生所有者与占有者相分离，出现资产被非所有者占有的情况，这种分离不会发生资产所有权的转移。如企业法人占有、借用占有、承包占有、租赁占有和委托代理占有等。

非所有者占有资产有合法占有和非法占有两种形式。合法占有，表现为非所有者依据法律规定，或者按照所有者的意愿，占有别人的资产。非法占有，表现为没有法律依据，又没有征得所有者许可，便占有他人资产。而非法占有又存在两种不同情况：一是善意占有，即占有者占有资产时，不知道或无法知道他属于非法占有；二是恶意占有，表现为占有者明明知道自己属于非法行为，仍然占有资产。资产合法占有权，受到国家法律的保护。至于资产的非法占有权，则迟早会被取缔，并将根据侵权程度，给予相应的处罚。

（二）资产使用权

1. 资产使用权的定义。使用者按照资产的性质和功能，用来满足某种生产或生活需要的权利。使用权包括管理权、经营权、生产权、销售权、采购权和进出口权等具体形式。管理权又包含组织权、计划权、指挥权、协调权、控制权、监督权、审批权和决策权等内容。

2. 资产使用权的性质与特点。对于资产来说，使用是发挥其效用的手段。资产只有通过实际使用，才能给所有者带来利益或享受。资产的占有与使用是一致的，使用必须以占有为前提，占有的目的必须依靠使用来实现。资产使用权一般归所有者拥有，但也可以提供给非所有者行使：让借用者、承包者、租赁者，对其占有的资产享有使用权。在经济行动中，必须依法合理运用使用权。对于一项具体资产来说，必须按照其本身的自然属性和经济属性加以利用。同时，必须遵守法规条例和社会公德，不损害他人合法权益和公共利益。

（三）资产收益权

1. 资产收益权的定义。产权主体依靠资产获得某种经济利益的权利。从产权主体拥有资产的具体情况来说，资产收益权可分为独享利益权、共享利益权。共享利益权又包括剩余价值索取权、自行可留剩余价值权、分享剩余价值请求权，以及收益调度权等。

2. 资产收益权的性质与特点。资产收益权是资产所有权在经济上的实现形式。人们拥有资产的目的，就是给自己带来一定经济利益。资产收益权大多跟使用权联系在一起，通过使用资产取得收益。但有时所有者不使用资产也能直接获取收益，例如，资产所有者通过持有股票收取股息，通过放贷收取利息，通过出租收取租金等。

（四）资产处分权

1. 资产处分权的定义。它也叫作处置权。资产处分权表现为所有者改变资产经济用途或存在状态的权利。资产处分权从一般法律角度来说，包括事实处分和法律处分等形式。事实处分，是指资产被所有者直接用于生产和生活消费，如生产中把木材制成书架，生活中用书架陈列经典著作。法律处分，表现为所有者依法转让资产，如把书架卖给别人或无偿捐赠给希望小学。资产处分权从企业经营角度来说，它可分为让渡权、投资权、联营权和兼并权；让渡权又可分为出租权、抵押权和转让权等。①

2. 资产处分权的性质与特点。资产处分权是所有者对资产拥有的最基本的权利，在资产所有权中占据十分重要的位置。它表明所有者有权决定自己资产的命运或去向，有权让资产按照自己的意愿运作。资产所有者，对自己拥有的资产行使处分权，就意味着他将随之丧失该资产的资产所有权。所以，处分权通常都由所有者本人直接行使。但在某些情况下，非所有者也可按照法律规定和所有者的意愿行使这项权利。有时还会出现一种特殊现象：所有者暂时丧失处分权但仍保持着资产所有

① 张明龙：《论产权与所有权的关系》，《浙江学刊》2001 年第 2 期。

权，如所有者的资产被依法扣押。

三　资产权能制度的类型

（一）资产权能制度概述

任何经济现象的产生或消失，都离不开资产权能。一切人类社会的一切社会制度，均可以被放置在资产权能分析的框架中加以考察。资产权能制度作为一个有机整体，是由许多不同类型的具体产权制度构成的。

产权制度，指产权主体共同遵守，并按一定行为准则处理产权关系的规章制度。经济学家认为，制度是社会中的游戏规则，或者从更一般的意义上说，是人类设计的用以规范人们相互关系的强制性安排。制度构造了人们在政治的、社会的或经济的交易中的激励机制。长期以来，制度变迁形成了社会进化的道路，而且从此成为理解历史发展的关键。用经济学术语说，制度可以定义为限定个人选择的方式。也就是说，产权制度是人类设计的一种强制性的行为规范，它用来规范、调整和保护人们的资产权能关系。

资产权能制度类型，通常指产权主体和产权客体具有共同特征的产权制度种类。它可以按不同标志进行划分，从产权主体角度分类，主要有私有产权制度、公共产权制度、公司法人产权制度、社团或俱乐部产权制度和国有产权制度等形式。①

（二）私有产权制度

1. 私有产权制度的定义。它表现为资产主体是私人，资产在法律上属于个人所有。一切与资产相关的社会性权能都掌握在个人手中，也称私人产权制度。

2. 私有产权制度的基本特征。

（1）具有排他性的使用权。私有产权制度对任何产权主体来说，都是一种排他性的产权制度安排，资产只归产权主体使用、消费，当然借给或租给他人使用也是可以的，但这首先属于产权主体的使用范围。

（2）不影响他人资产归属。在产权关系明晰的制度条件下，产权

---

① 张明龙：《产权分类与产权制度选择》，《学术论坛》1999 年第 5 期。

主体不管怎样使用或消费资产，均不会影响他人的资产归属。

(3) 未经许可他人不得使用。没有经过产权主体许可，或没有支付费用，任何个人和任何集体均不得使用、消费其资产。

(4) 权能不重合时，可由多人拥有同一资产。对于同一资产权能，若有多人共同拥有，只要各人的权能相互不重合，这些权能仍属于私有产权制度。例如，汽车所有者把车子租给别人运货物，他有权选择租车者，有权收取租金，有权要求租车者按合同规定进行保养等。租车者则有权决定汽车运什么，跑长途还是跑短途。这里，车主与租车者的权能对象都是同一辆汽车，但因他们的权能不重合，所以仍为私有产权制度。

(三) 公共产权制度

1. 公共产权制度的定义。它表现为资产主体是社会公众，资产在法律上属于社会公众所有。

2. 公共产权制度的基本特征。

(1) 没有排他性的使用权。同私有产权制度相比，公共产权制度有一个显著特点：构成公众的每个成员，不能拥有任何一项只归自己的权能，大家都没有排他性的使用权。

(2) 个人不能单独成为产权主体。由于整个产权具有公众共享的性质，所以每个成员不能单独掌握完整的资产权能，也不能单独成为产权主体。

(3) 无法界定每个成员的权利范围。在公共产权制度中，无法准确度量和界定每个成员的权能范围，各人拥有的权能往往相互重合，大家都可以为同样目的使用或消费某一资产。

3. 公共产权制度带来的后果。

在公共产权制度中，任何一个成员消费公共资产都会影响和损害其他成员的利益，产生外部性效应。同时，在人人都想免费吃“唐僧肉”的心理动机支配下，必然导致两种降低资源配置效率的后果：一是“搭便车”(free-rider) 行为。也就是，人们总希望别人提供公共物品，而自己却趁机借光免费享用。二是产权拥挤 (congestion) 现象。在资源稀缺的条件下，物品供给总量有限，增加一个人消费会引起其他人的消费减少，如果该物品没有排他性，无法阻止消费者人数日益增多，终将导致资源的过度使用或消费，使全体消费者的利益均遭损失。公共牧场的过度放牧，免费海滨浴场游泳者过多等，便是典型的产权拥挤现象。

（四）公司法人产权制度

1. 公司法人产权制度的定义。它表现为资产主体是公司法人，资产在法律上属于公司法人所有。

2. 公司法人产权制度的基本特征。

（1）属于非完全的资产所有权制度。公司法人产权制度，从严格意义上说是一种经济资产所有权，它与公司原始资产所有权即股权相对应，基本内容为公司资产物权。公司法人产权，是从投资者资产所有权中分离出来的企业法人资产所有权。

（2）公司法人拥有资产物权和实际控制权。对于众多分散各地的股东来说，他们作为投资者购买了公司股票，便不能抽回资本，也不能直接参与公司的经营管理，仅以投入的资本额为限握有剩余价值索取权，并对公司承担有限责任。这样，公司法人可以直接支配公司资产的营运，对该资产拥有占有、使用、处置和获取收益的权能。公司法人拥有资产物权，掌握了公司资产的实际控制权，可以确保所有投入公司的资产，不管投资者是谁，其产权均归公司所有。

（3）公司法人对公司资产承担风险。公司法人对公司资产风险承担责任，并以法人资产对公司债务承担最终清偿责任。

（4）具有排他性和可转让性。公司法人产权制度具有排他性，没有付出代价者不拥有公司产权；同时，公司法人产权具有可转让性，股东不想持有股票可在股市上卖掉它。

3. 公司法人产权制度带来的影响。主要有两个方面：一是促进了产权要素的合理分割；二是有利于职业经理的成长，有利于经营管理专家化。

（五）社团或俱乐部产权制度

1. 社团或俱乐部产权制度的定义。它表现为资产主体是社团或俱乐部法人，资产在法律上属于社团或俱乐部全体成员所有。

2. 社团或俱乐部产权制度的基本特征。

（1）每个成员都可以使用内部资产，但没有个人产权。资产主体是一个成员人数确定的共同体，资产属于共同体全体成员所有。每个成员都有权用内部资产为自己服务，但没有一项资产是归到个人头上的，个人无权转让社团或俱乐部的任何资产。

（2）介于私有产权制度与公共产权制度之间的一种产权制度形式。这类产权制度有点类似于集体产权制度。不过，其产权的取得和丧失方式，跟集体产权制度有差别。社团或俱乐部，大多通过向成员收取会员费形成初始产权，并提供仅由内部成员共同消费的公共物品。

（3）内部成员之间没有排他性的使用权。由于每个内部成员都有权消费社团或俱乐部的物品，一个成员对某种资产行使权能，并不排斥其他成员对同一资产行使同一权能。所以，对内部成员来说，社团或俱乐部资产没有排他性的使用权。

（4）对于外部成员具有排他性。在正常运转的社团或俱乐部中，每个成员获得的边际利益，总是能够大于或至少等于它使内部别的成员负担的边际成本。因此，当内部公共物品数量既定时，社团或俱乐部的规模也是基本固定的。如果没有过多的会员加入进来，一个成员消费内部的某种公共物品，不会影响或减少其他成员的同一消费。要是社团或俱乐部的规模已定，其他人便无法再加入，也就无权消费社团或俱乐部提供的物品，所以对外部人员来说，社团或俱乐部的公共物品是有排他性的。

（六）国有产权制度

1. 国有产权制度的定义。它表现为资产主体是国家，资产在法律上属于国家所有。

2. 我国国有资产的来源。没收官僚资本和敌伪资产，赎买资本主义工商业资产，依法没收的其他资产，依法宣布属于国有的自然资源，依法认定和接收的无主资产和无人继承的资产，国家对企业投资形成的资产，国家对行政事业单位拨款形成的资产，接受国内外赠与的资产，等等。

3. 国有产权制度的基本特征。

（1）具有独占权和排他性。理论讨论中，不少人把国有产权制度看作公共产权制度，实际上两者不尽相似。国有产权制度不同于公共产权制度之处主要是：国家作为产权主体，不同于公众作为产权主体，它可以独占或垄断自己拥有的资产。

（2）没有国家授权任何单位或个人不得动用。国有产权的使用对公众具有排他性，没有国家授权，任何单位或个人不得占有、使用和处置国有资产。

（3）国家始终拥有收益权。国有资产的收益权特别是剩余价值索取权，始终掌握在国家手中，而不是分散在公众那儿。任何单位或个人，未经国家许可都不得私自攫取国有资产的利益。

（4）政府代理国家行使国有企业产权。国有资产的运营实行代理制，代理行使产权者，是政府而不是公众。政府代理国家行使国有企业产权时，可在契约基础上建立委托代理关系，由职业经理去经营。

四　资产权能制度的安排

（一）产权界定是资产权能制度安排的基础

经济活动的顺利开展，离不开合理的资产权能制度安排。资产权能制度安排，就是以一定生产资料所有制为基础，确定产权主体取得或丧失资产的行为规范，进而界定各类产权主体的地位、权利、义务、责任和相互关系。经济学家认为，判别资产权能制度效率如何，以交易费用高低为标准。交易费用低的便是合理的，交易费用高的便是不合理的。对于资产权能制度安排来说，一项基础性工作，是界定产权关系，这主要需明确以下三点：（1）制定产权主体取得或丧失资产的行为规范；（2）界定产权主体的权能边界；（3）选择交易费用低的产权制度。

大量经济现象表明，产权界定的清楚程度，直接影响交易费用的大小，直接影响资产权能制度的效率。为了降低交易费用，必须正确度量和界定资产权能边界，明确产权关系，使经济主体拥有明晰、独占的资产权能。

（二）界定产权关系可以提高排他性产权制度的效率

对于排他性产权制度，如私有产权制度、法人产权制度来说，产权界定越清楚，独占或垄断的性质越稳定，外部性效应的影响就越小，交易费用便越低。下面用某单位改变职工用电计量方法的案例加以说明。①

20 世纪 80 年代初，某单位有栋单身职工住宅楼，起初没有装电表，由大家自行用电，每月每户在工资中扣除 3 元电费。这种资产权能

① 张明龙：《产权分类与产权制度选择》，《学术论坛》1999 年第 5 期。

制度安排，使个人用电，具有全单位公有产权的性质，除了个人支付的电费以外，其余用电成本由单位承担。结果职工普遍不注意节约用电，几乎每户都在使用电炉、电水壶、电取暖器之类耗电量大的用具。此时，由于不合理用电引起的外部性效应，给单位带来了损失。

后来，后勤部门给该楼装了一个共用电表，按实用度数收费，分清了单位与该楼住户的产权关系，消除了外部性效应对单位的经济影响，各户每月电费骤增了五六倍。但这并没有促使该楼住户节约用电，有的怕自己吃亏还增大了用电量。因为使用共用电表，尚未分清各户之间的产权关系。用电成本由全楼住户共同承担，对于每个住户来说不仅存在外部性效应，而且很难消除它的影响。在此情况下，若要让各户合理用电并合理分担用电成本，就得对每户的用电量进行严密监视和准确测定。然而，在使用共用电表时，这种监视和测定的成本高得令人却步，以至于不得不放弃。

最后，在各户出于维护自身产权的强烈要求下，把全楼的共用电表改成每户自装一个独用电表。这样，各户不合理的用电成本就落到自己头上，大家纷纷以煤饼或煤气代替电来烧水做饭，其他用电也比以前节省多了。从全楼不装电表到装共用电表，再到每户装一个电表，整个演变过程的实质，不是改变了用电计量方法，而是改变了用电的资产权能性质：使资产权能界定由不明确到明确，使交易主体由不直接承担交易后果，到直接承担交易后果，使外部性效应内在化，从而降低了交易费用，提高了资产权能制度的效率。

对照上述案例，还有利于理解这样一种看法：对于配置私有物品来说，在公共产权制度中，不能使交易主体对交易物品拥有明晰而唯一的资产权能，很难对资产权能内含各项权能进行准确度量，产权主体无法对行使资产权能的后果承担完全责任，资产权能的界定、转让和保护成本相当高昂，外部性效应不可避免，往往难以有效降低交易费用。而在私有产权制度中，资产权能具有私有性、排他性和可自由转让性，产权主体必然会选择交易费用最低的资产组合方式和契约形式，有可能把交易费用降到最低点。

（三）公共物品不宜采用私有产权制度

1. 公共物品没有排他性消费和区别消费的可能性。对于配置公共物品来说，私有产权制度就不合适了。由于公共物品缺乏排他性消费和区别消费的可能性，产权主体一旦将其用于消费，便无法形成垄断或独占的局面，难以排斥非所有者又不愿支付费用的人，或者独占消费的成本昂贵得使其不得不放弃独占行为。

2. 私人不愿无偿提供公共物品。由于公共物品的资产权能主体是社会公众，必然导致“搭便车”现象。这样，提供公共物品者，就会发现除去自己为此花了成本外，谁都不愿意购买这一物品，也不愿意为使用或消费它付出代价。倘若把公共物品安排在私有产权制度下，让私人组织生产，由于卖不出去，供人使用又无法收费，长此以往可能难以为继。

3. 公共物品不能完全由市场机制调节。无数事实表明，完全放任自流地由市场机制调节，不可能实现公共物品的合理生产和优化配置，反而会导致市场失灵。

4. 公共物品只能采取公共产权制度，由政府统一经营和管理。公共物品不宜由私人经营的例子很多，经济学家喜欢用灯塔加以说明。如果有人在航道上建造了一座灯塔，他自己的船可以利用灯光安全航行，其他所有通过这一航道的船也都可以利用它。在灯塔有效使用范围内，一艘船借助灯光前进时，并不排斥别的船共用灯光。在私人成本和社会成本不一致的条件下，船主们潜在的机会主义倾向，就会纷纷变作“借光”搭便车的行动。这样，灯塔经营者将很难收回投资成本，也很难维持灯塔日后的运转。如果把灯塔改变为公共产权制度，由政府统一经营，并制定统一的征收税费标准，或采取财政补贴保证日常开支，灯塔就可以长期存在下去了。

（四）无法准确界定各方产权时的权宜之计

在无法准确界定各方产权之际，作为一种权宜之计，制度安排要有利于资产权能收入最大的一方。

不管私有资产还是公共资产，产权的事前界定，对其净收入都会产生重要影响。如果产权主体精确估计产权边际收益的代价相当昂贵，难以确定对资产未来收益或受损的合理预期，他们可能不愿选择完全行使自己权利的做法，而让部分收益流留在公共领域，由非所有者寻找时机去攫取。当交易双方无法完全准确界定产权时，若制度安排使收益有利于效率更高者，将会降低社会成本。

美国经济学家约拉姆·巴泽尔指出："在交易双方都能够影响结果的时候，权利不能被经济地完全界定，在这种情况下，只有一种所有制形式确实能够使来自资产的净收入（从而它对于初始所有者的价值）实现最大化。决定资产所有权最优配置的总原则是：对资产平均收入影响倾向更大的一方，得到剩余的份额也应该更大。"①

五　资产权能制度的配置

（一）资产权能的分解

资产权能作为一个权能的复合体，其内含的各项权能，可以根据具体情况逐项分解，并独立出来发挥作用。

资产权能的核心部分是资产所有权。资产所有权可分为占有权、使用权、收益权和处置权四项权能。这四项权能各自还可以分解出许多内含权能。经济实践表明，所有者为了更有效地行使资产权能，不必在任何时候都同时拥有一项资产的全部权能。

实际上，资产权能内含的各项权能，可以根据具体情况逐项分解，并独立出来发挥作用。就是说，资产所有权中包含的占有权、使用权、收益权和处置权，以及这四项权能中包含的各项权能，都可以独立出来单独行使，单独运用。有的权能还可以在一定条件下转化形式，如占有权、使用权与使用者收益权相结合，转化为支配权；资产的支配权，转化为经营管理权；资产的占有权，转化为法人资产所有权；资产的所有权，转化为股息、利息索取权；土地资产所有权，转化为地租索取权。

（二）资产权能的组合和重组

1. 资产权能组合，是指产权主体对一项资产拥有的各种权能的总和。

2. 资产权能重组，表现为不同产权主体对同一项资产的一组权能进行重新分配。资产权能重组有两种具体形式：一是资产所有权换位的资产权能重组。就是资产所有权在不同的产权主体之间发生了交换，相

---

① ［美］约拉姆·巴泽尔：《产权的经济分析》，费方域、段毅才译，上海三联书店1997年版，第8页。

应地其他几项权能可能全部或部分进行了交换，从而形成新的资产权能组合，例如，股票持有者抛售其股票。二是非资产所有权换位的资产权能重组。资产的最终所有权保持不变，只有其内含的占有权、使用权、收益权和处置权中的一项或几项权能，在产权主体之间发生重组。

（三）现代企业经常发生非资产所有权换位的资产权能重组

随着市场经济的发展，一方面，现代企业追求规模效益，要求资本来源社会化，导致了股份公司的出现。同时，现代企业采取大规模资本营运形式，要求经营管理专家化，造就了大量职业经理人员，并逐步形成了一个善于经营管理大规模资本运行的职业经理集团，他们要求获得一定资产权能，以便实现自身的价值。

1. 现代企业走向股份制。

现代企业 $\xrightarrow{\text{追求}}$ 规模效益 $\xrightarrow{\text{要求}}$ 资本来源社会化 $\xrightarrow{\text{导致}}$ 股份公司出现。

2. 现代企业产生了职业经理阶层。

现代企业 $\xrightarrow{\text{采取}}$ 大规模资本营运 $\xrightarrow{\text{要求}}$ 经营管理专家化 $\xrightarrow{\text{导致}}$ 职业经理出现。

3. 中小股东只需拥有剩余价值索取权，不要求参与经营管理。

千万个分散于各地的股东特别是众多的中小股东，没有成为经营者的愿望和素质，不可能都参与经营管理活动，他们投资的目的是为了赚钱获利。他们只需确保拥有资产权能中的剩余价值索取权，资产权能中的其他权能，可以根据公司规模、管理模式等差别，在所有者与经营者之间进行再配置，形成新组合。

4. 职业经理要求获得经营管理权，并逐步成长为专门从事企业经济管理的专业人才。

5. 现代企业发生非资产所有权换位的资产权能重组：

股东 $\xrightarrow{\text{拥有}}$ 资产所有权 $\xrightarrow{\text{成为}}$ 委托方。

职业经理 $\xrightarrow{\text{拥有}}$ 经营权 $\xrightarrow{\text{成为}}$ 代理方。

从而，实现资本家钱袋与企业家脑袋的优化结合。

6. 在资产所有权与经营权相分离的基础上，形成了委托—代理关系的资产权能新组合。

这样，现代企业便发生了非资产所有权换位的资产权能重组：股东拥有资产所有权成为委托方，职业经理拥有经营权成为代理方，在资产所有权与经营权相分离的基础上，形成了委托—代理关系（principal-agent）的资产权能新组合。

第四节 准确量化企业的资产价值

一 确定企业资产的真正净值

从企业的资产负债表中可以看出，净值等于资产减去负债。然而，我们必须明白，资产负债表不计量资产的价值，只标明这些资产由什么补偿。比如，固定资产的折旧费，往往不按其磨损程度提取，而是来自调整这些资产的账面价值。我们还应明白，企业的收入报表事实上不反映企业的真实收入。税前纯利润可能是在以税、费、利、券、派等形式上缴各级政府后计算的。因此，要准确量化企业资产，不能简单地根据资产负债表标明的企业净值来计算，也不能仅仅看到收入报表上显示的企业产生"账面"纯利润的能力，必须算出企业的实际价值，测定企业产生真正纯利润的能力。就估算企业资产的真正净值来说，应在全面检查资产负债表每个项目的基础上，消除其标明的价值的误差，形成每个项目的真实数字。①

（一）核实现金

它是最易核定的项目，一般不会有大的问题。但须清楚，会计账目中的现金不同于手持钞票，它不是随意可用的，它可能被人借走了。同时，会计在资产负债表上设立多少栏目，是没有任何硬性规定的，任由他们自主选择，有的会计可能已把现金账目分散到许多其他账目里，并表明部分现金成了需再过几个月才能到期的存款凭单。有的企业的会计还会对现金账目做些手脚，设法增加现金的数量，其中最常见的方法是加进一笔借款。这里需查明现金总数是多少，借出部分能否按时收回，

① 张明龙：《准确量化国有企业的资产价值》，《经济理论与经济管理》1996 年第 2 期。

以及现金账目中有无虚假成分。

（二）核查应收账

它因企业赊销产品所形成。资产负债表标明的应收款数目，表示截至编制资产负债表的日期尚未付款的赊销货物总额。以往的经验证实，企业很难指望从顾客、用户手中不折不扣地收回全部应收款，几乎每个企业都有一定比例的应收账变为倒账。如果把应收款的账面数字直接计入资产，往往会夸大企业的净值总额。

为了准确核定应收款，要求企业提供前五年赊销物品总额与实际倒账的数字，算出五年间应收账的平均倒账比例。同时，要求企业在提交资产负债表时附上一份应收账过期报表，按应收账过期未付的时间长度编列成细目单。

如果应收账过期未付的时间超过 6 个月，应考虑去掉它们的全部价值。如果应收账过期未付的时间在 3～6 个月内，给它减去一定百分比，比如说减掉 20%～40%。如果应收账过期未付的时间在 2～3 个月内，也要降低一定的百分比，比如说减掉 10%～20%。至于过期未付时间不到 1 个月的应收账，可以全额保留。进而确定本年度应收账预期无法收回部分的总额，再将其与前五年应收账平均倒账比例作一比较，若认为是合适的，把它从应收款账面数字中减掉，得出应收账有把握收回部分的价值。

（三）核查存货

1. 存货的表现形式。

资产负债表上存货栏目中的数字，仅仅标明企业资产用存货补偿部分的价值是多少，它不能说明企业真正的存货有多少，不能说明存货能否卖得出去，也不能说明存货是什么东西。会计做账时一般把存货分成三类：（1）原料（如服装厂购进的整匹布）；（2）半成品（正被加工成服装的布料）；（3）成品（已做成的服装）。

不同形式的存货，价值是不一样的。确定企业存货的真实价值，应从核对归入每个分类科目的存货实物入手，并结合当前市场状况，对各类存货重新估价。对于待转产、出售的企业来说，存货的估价不宜高于生产它的成本，应打去若干折扣，特别是销路不佳的成品存货，若在仓库或货架上搁置的时间超过 6 个月，就不应把其价值计算在内。

2. 计算存货价值的不同方法。

值得注意的是，会计可用两种不同的方法计算存货的价值。

（1）先进先出法：假定最先买进来的原材料加工成的产品最先卖出去。这种方法表现为，耗用原材料或售出商品的成本按存货中早期进货的价格计算，而期末结存原材料、商品等则按存货中近期进货的价格计算。

（2）后进先出法：假定最后买进来的原材料加工成的产品最先卖出去。此法表现为，耗用原材料或售出商品的成本按存货中近期进货的价格计算，而期末结存原材料、商品等则按存货中早期进货的价格计算。

同一存货按照不同的会计方法计算会得出不同的结果，这将直接影响存货的价值和企业的净值，还会灵敏地影响企业利润的计算。财务报表中，企业已销售货物的成本，等于开始期存货（年初手头上有的存货）加上一年间购进存货的成本，减去结束期存货（年底手头上有的存货）的成本。这意味着，结束期存货价值较大，已销售货物的成本较低；已销售货物的成本较低，利润就较多。

在通货膨胀期间，倘若采用先进先出法，由于假定年底手头上有的存货按较高价格计算，结束期存货的价值会增加，将导致企业资产净值变大，还会因相应降低已销售货物的成本而造成企业利润增多。倘若采用后进先出法，结果正好相反。由于假定年底手头上有的存货仍如年初那样廉价，企业资产净值变小了，还会因相应提高了已销售货物的成本而引起利润减少。经验表明，在价格上涨时期，先进先出法会夸大企业的净值和利润，后进先出法会少报企业的净值和利润。

为了精确核定存货，评估人员可采用与企业会计不同的另一方法算出存货价值，再将结果对照会计提供的数字，参照现行市价，确定经校准的存货价值。

（四）核查固定资产

这可能是企业有形资产评估中最复杂最困难的部分。资产负债表账面上分配给固定资产的价值与固定资产的实际价值，往往差距很大。会计分类账中机器、设备、家具什物和生产建筑物等固定资产的总价值，是它们逐年扣除折旧费后的余额。

在我国，折旧的计算方法由国家统一规定。一般是根据固定资产的原始价值及报废时估计清理费和残值，按预计使用期限平均计算的。长期以来，我国对企业的固定资产特别是机器设备，只计算物质磨损的折旧费，不计算精神磨损的折旧费，致使折旧率低，折旧费提取的时间长，结果许多原本已无实际价值的机器设备仍在运转，会计账目中仍列有它们的价值。

近年，为了加速企业的技术进步，国家决定提高企业固定资产的折旧率。这一来，有的企业出于减少纳税量等动机，在固定资产有效使用年限的前几年按尽可能高的折旧率扣除大量折旧费，后几年则只有小量甚至没有任何折旧费，企业出现了一些实际磨损程度不高但已无资产账面价值的机器设备。这意味着资产负债表上的账面价值显著地压低了固定资产的实际价值。

要准确量化企业现存固定资产的实际价值，不能简单地采用原始价值减去历年折旧费的办法，必须联系类似物品的市价和更新费用加以综合评估。机器设备要核查其运转能力，一个较可行的方法是，测出它们在正常运转时能生产出多少符合质量标准的产品，然后对照同类型新机器新设备的生产能力，确定其物质磨损和精神磨损的实际程度及现存价值。

（五）核查负债

这个栏目中长期债务、应付税款、应付票据等项的账面价值，跟实际数字一般不会有很大出入。由赊购生产资料形成的应付账款，也许会存在某些悬而未决或有争议的问题，需作进一步了解。为了查明负债的真实情况，应要求企业会计提供一份详细的负债书，编列出企业所有债权人的姓名和地址，并注明每笔债务的数额，评估人员可以此为基础作仔细复核。

资产和负债经全面核定后，从资产中减去负债。这个结果是企业已校准的净值，它是有形资产的真正价值。

二　确定企业运用资产获得的年利润

企业损益报告书或收入报表显示，销售收入减去已销售货物成本等于毛利。毛利扣除人工成本、业务开支、其他开支等项便是税前纯利润。这个利润是由多种生产要素共同取得的，其中包括资产不被企业运用，本身因投入及贡献而应有的报酬。因此，要确定企业运用资产所产生的获利能力，不能光凭笼统的账面利润，需在核准税前纯利润的基础上，算出属于企业运转（资产报酬除外）每年所得的利润。如果略去利润归根到底来自工人剩余劳动的有关阐述，仅从企业运用资产角度考察企业的获利能力，可分以下三步进行：

（一）校准企业实际年利润总额

在产权关系不明晰的条件下，企业账面上属于自己所得的利润，跟本来应属其所得的利润之间，存在着很大差距。企业的利润大体呈三个梯级逐步降低：（1）通过成本列支渠道，减少企业实现的利润；（2）对企业已实现的利润进行再分配，减少企业的留利；（3）以乱摊派、乱集资、乱收费、乱罚款即“四乱”等形式拿走企业留利的一部分，减少企业可支配的利润。

企业收益经多道大闸截流，高利变微利，低利成亏损，企业获利能力被大大地打了折扣。为了精确核定企业运用资产所产生的获利能力，需要重新计算企业实现的利润量：取出收入报表纯收入项目标明的数字，加上所得税，因“四乱”失去的留利，再分配截走的利润，以及增列成本转移的利润等。这样所得的结果就是已校准的税前纯利润，即企业实际年利润总额。

（二）确定企业有形资产的年利润（报酬）

这一步是计算企业净资产仅仅作为一种生产要素的应得收入。在市场经济条件下，资产作为一种生产要素，不管它由个人支配，还是由企业支配，都是一种收入来源。它与劳动、管理、技术、信息等生产要素一样，可按社会能接受的标准给持有者带来一定收入。

纯粹的资产收入，是对投入运行的资产的报酬，而不是对使用资产的个人或企业的报酬。按照现阶段社会分配公平原则的要求，每种生产要素的投入及其贡献应与取得的收入保持对称。倘若各种生产要素之间的收入比例不合理，比如资产与劳动、管理、技术、信息的投入及贡献大致相等时，它的收入远远高于其他生产要素的收入，或者对它分文不付，均是社会分配不公的表现。

怎样确定与资产贡献相对称的资产收入呢？可通过下述方法来进

行：计算五年间货币资金的平均利息率、债券的平均债息率、股票的平均股息率、实物资产的平均报酬率、房地产的平均租金率，推算出全部资产的平均报酬率。再用已校准的企业资产净值乘以这个全部资产平均报酬率，其结果便是已校准的资产净值每年应得的收入，或者说是企业有形资产的年利润（报酬）。

（三）算出企业运用资产所得的年利润

用第一步结果即已校准的企业实际年利润总额，减去第二步结果即企业有形资产的年利润（报酬），其余额便是此步的得数。这部分利润是企业开展业务活动、使用资产带来的，属于企业运行的报酬，通常也叫作无形资产年利润（报酬），它反映企业使用有形资产创造利润的能力。

企业无形资产是企业不断从事生产经营活动逐步积累而成的，它与企业声望、社会影响，以及消费者对产品所持看法密切相关。企业无形资产的内容相当广泛，前文已作详细阐述。无形资产每年带给企业的收入总额，便构成无形资产年利润（报酬）。

三 确定企业获利能力的补偿价值及企业总价值

能准确衡量企业获利能力的，不是企业每年实现的利润总额，而是除去有形资产报酬外的利润部分，即无形资产利润。显然，确定企业获利能力的补偿价值，实际上就是估算企业无形资产的价值。无形资产的估算方法很多，较常见的有两种：一是按无形资产包括的内容逐项估算价值，相加得出总值。二是综合考察企业的内部条件和外部环境，确定适当的无形资产补偿系数，再把它与无形资产年利润联系起来推算出无形资产的价值。第一种方法显而易见，无须赘述。下面分析第二种方法。

用第二种方法评估无形资产价值，关键在于确定适当的无形资产补偿系数。无形资产补偿系数越大，无形资产价值越高；无形资产补偿系数越小，无形资产价值越低：它们成正比例关系。

无形资产补偿系数，体现着被评估企业需要多大的投资边际利润率。企业投资边际利润率的高低，取决于企业生存和发展的客观条件。一般说来，市场需求不稳定，竞争日趋剧烈，风险较大时，企业投资需要较高的边际利润率。市场需求相对稳定，产品具有一定垄断性，风险较小时，企业投资所需的边际利润率则较低。无形资产年利润相同的两个企业，倘若投资需要的边际利润率高低不一，从而导致不同的无形资产补偿系数，它们的无形资产价值可能会相差很多。无形资产补偿系数与企业投资需要的边际利润率成反比。如果企业投资需要的边际利润率为20%，无形资产补偿系数便是：100%除以20%等于5。同理，25%的投资边际利润率，可推算出无形资产补偿系数为4。（100/3）%的投资边际利润率，相应的无形资产补偿系数为3。边际利润率是50%，无形资产补偿系数就是2。

确定无形资产补偿系数需注意的是，有些服务性企业，无形资产利润的获得，主要依赖个别企业家的独特风险、交际技巧和业务专长，而企业一旦转让或出售，这位企业家将会离开该企业。对于有此情况的企业评估时，不能使用大于1的无形资产补偿系数。因为这种企业有个重要获利要素即一项主要无形资产是不能转让的；购买者无法知道企业由于转让离开原企业家还能否获得成功，他需比企业出卖者承担更大风险，显然企业获利能力的补偿价值也得减少。

为了提高无形资产补偿系数的精确性，可以抓住影响企业投资边际利润率和无形资产价值的主要因素，列出具体评估项目。根据被评估企业的实际情况，在1~5之间选择每个评估项目所得的无形资产补偿系数，然后加以平均，所得的平均数便是最终确定的适用系数。这方面的具体评估项目主要有：

（一）分析风险大小

企业的生产、经营、创新等活动，既可能取得利润，也可能出现亏损，甚至破产。在市场机制健全的条件下，企业获取利润与承担风险之间存在着对称的相互制约关系，企业承担的风险越大，应得的利润率越高；承担的风险越小，应得的利润率越低。投资者宁愿接受较低利率购买国库券，而不愿购买不稳定公司发行的利率较高的债券，因为购买国库券比购买不稳定公司的债券所承担的风险小得多。由于企业承担的风险与企业投资需要的边际利润率成正比，所以它与无形资产补偿系数成反比。该评估项目可按极高风险（1）→低风险（5）的序列评出系数。

（二）确定竞争类型

竞争和垄断是相互排斥的对立者。根据市场价格形成机制的差别划分，竞争与垄断有四大类型：（1）完全竞争：价格完全随市场竞争而定，任何企业都无力操纵价格，只能接受已经形成的价格。（2）不完全竞争：价格主要通过市场竞争形成，但也存在少量非价格竞争。企业一般不能操纵市场价格。（3）寡头竞争：价格竞争弱化，非价格竞争强化。如果某个企业占了市场上某种产品的最大份额，将形成支配性领头价格。如果少数几个企业所占市场的份额差别不大，将形成替换性领头价格。（4）完全垄断：价格由独占市场的企业根据利润最大化原则定出，不允许价格竞争存在。

竞争越完全，价格越不稳定，风险越大，企业投资需要的边际利润率就越高；反之亦然，这个评估项目的无形资产补偿系数，建议按此标准评出：完全竞争（1）→不完全竞争（2 或 3）→寡头竞争（4）→完全垄断（5）。

（三）考察行业性质与特点

两个有形资产价值相似的企业，如果一个处于衰落萎缩的行业中，另一个具有蓬勃发展的行业特点。它们的获利前景可能存在天壤之别。两个完全相同的企业，由于坐落于不同的地点，一个属于当地主导产业的组成部分，生产所需资源和技术的密集程度较大幅度地高于全国平均水平，产品在当地生产的机会成本比其交换对方低，另一个不属于当地的主导产业，既无资源、技术和市场优势，又无较多的“前向”和“后向”关联产业，它们的获利能力显然是大不一样的。

企业因行业性质不同，提高盈利的主要因素也会有差别，有的更多地依赖增加资金和技术的投入，有的更多地依赖集中使用大量劳动力，有的则更多地依赖企业领导者的经营艺术。所有这些情况都会影响企业无形资产的积累和价值的计算。

行业因素对选择无形资产补偿系数的影响比较复杂，这里仅提供一种参考标准：衰落产业（1）→维持性产业（2）→成熟型非主导产业（3）→成熟型主导产业（4）→新兴产业（5）。

（四）核查收益增长状况

收益增长状况，是衡量企业获利能力的灵敏尺度。如果企业收益年年稳定上升，其增长比例又高于同期投资增长比例，表明企业的获利能力不断加强，意味着无形资产逐年积累增多。如果企业收益不很稳定，有些年份上升，有些年份下降，若是最近五年间收益上升幅度大于下降幅度，表明无形资产仍在增值；若是收益上升幅度小于下降幅度，则可能意味着无形资产不再增值或在贬值。此外，一个多年来一直盈利颇丰的企业，与最近才建成的同规模同类型企业相比，尽管有形资产基本相似，但由于无形资产大得多，很可能会继续生产出更多的利润。

从收益增长角度推断无形资产补偿系数，必须仔细检查被评估企业前五年的资产负债表和收入报表，列出经校准的纯收入及每年增长率，然后对照下述参考标准选出合适的数字：收益正在下降（1）→升降基本持平（2）→上升为主（3）→年年稳定上升（4或5）。

（五）查实商誉的吸引力

商誉是反映企业获利能力的一个综合性项目，可以说，它是顾客能直接感觉到的企业无形资产。商誉吸引力越强，通常企业无形资产包含的内容就越多，其价值也相应越大。

为了查实商誉的吸引力，要求企业提供以下材料：（1）专利权、商标、商品名称、发明项目、工艺程序、专门技术，制作法或贸易秘密等方面的合同、协议、商业约定或许可证、资格证书。（2）贷款协议、定期服务协议、抵押契据、有条件销售或保留所有权协议、担保协议、设备契约和保证书、租约或获得租借权协议。（3）买卖方面的合同、契约、商业约定及其他非正式协议或约定。（4）代理销售、按指定网点售货或联营的协议，以及为独立承包商提供服务的契约，等等。

以上述材料为基础，结合考虑其他影响商誉的因素，不难确定商誉吸引力的强弱程度。再按商誉无吸引力（1）→很有吸引力（5）的序列，便可从商誉方面推出无形资产的补偿系数。

在确定无形资产补偿系数时，上述五个评估项目并不都是同样重要的。为使系数更精确，可视具体企业的实际情况，将这些评估项目按重要性的差别排成一条数列，分别拟定合适的权数，以加权平均法算出最终确定无形资产补偿系数。至此，再经两步就可算出企业资产总价值：

第一步：无形资产年利润×无形资产补偿系数=无形资产价值；

第二步：已校准的有形资产净值+无形资产价值=企业资产总价值。

第五节　剩余价值分配过程的公式推导

一　利润率的公式推导

利润是剩余价值的转化形式。利润率则是剩余价值率的转化形式，它表现为剩余价值和全部预付总资本的比率，反映资本的价值增值程度，通常用 p' 来表示。

设 c 为不变资本；v 为可变资本，那么 $p' = \frac{m}{c+v}$　(3-1)

公式（3-1）表明：决定和影响利润率的因素有剩余价值（m）、不变资本（c）和可变资本（v）；利润率与剩余价值（m）成正比，与全部预付总资本（$c+v$）成反比。

在式（3-1）右边乘以 $\frac{v}{v}$，得 $p' = \frac{m}{c+v} \cdot \frac{v}{v} = \frac{m}{v} \cdot \frac{v}{c+v} = m' \cdot \frac{v}{c+v}$，即

$$p' = m' \cdot \frac{v}{c+v} \tag{3-2}$$

公式（3-2）表明：利润率等于剩余价值率（m'）乘以可变资本在预付总资本中的比重（$\frac{v}{c+v}$）。也就是，剩余价值率越高，可变资本在预付总资本中的比重越大，利润率就越高。

又设周转为一次，$\frac{v}{c+v}$ 中分子和分母的 v 相等，并以 v 除分子和分母，可从公式（3-2）导出：

$$p' = m' \cdot \frac{v}{c+v} = m' \cdot \frac{\frac{v}{v}}{\frac{c+v}{v}} = m' \cdot \frac{1}{\frac{c}{v}+1} = \frac{m'}{\frac{c}{v}+1}，即$$

$$p' = \frac{m'}{\frac{c}{v}+1} \tag{3-3}$$

公式（3－3）表明：在周转一次的条件下，利润率取决于剩余价值率（m'）和资本有机构成（$\frac{c}{v}$）。并表明：利润率与剩余价值（m'）成正比例变化；与资本有机构成（$\frac{c}{v}$）成反方向变化，但不是成反比例变化。因为（$\frac{c}{v}$）是与常数1一起构成式（3－3）分母的，（$\frac{c}{v}$）可以不断变化，常数1则始终不变，（$\frac{c}{v}+1$）之和的变动，就不可能与（$\frac{c}{v}$）的变动等比例，而利润率只与（$\frac{c}{v}+1$）之和成反比例变化，当然不可能同时又与（$\frac{c}{v}$）成反比例变化。公式（3－3）还表明：利润率与不变资本（c）的节约成正比；与不变资本（c）中的原料价格高低成反比。

如果一年内可变资本周转不是刚好一次，而是多于或少于一次，上述三个公式则需要作一些修改才能普遍采用。

现假定一年内有多次周转，并以年为时间单位计算利润率，利润率便转化为年利润率。设年利润率为 P'，年剩余价值为 M，年剩余价值率为 M'，那么 $p' = \frac{m}{c+v} \rightarrow P' = \frac{M}{c+v} = \frac{M'v}{c+v}$。再设一年内预付可变资本为 v_1，一年内实际使用的可变资本为 v_2，年周转次数为 n，由于一年内实际使用的可变资本总可以转化为 n 次预付可变资本，所以，$v_2 = nv_1$；又由于可变资本周转时间以年为单位，则 $m = M$，这样，可求出年剩余价值率（M'）与剩余价值率（m'）的比较关系式：

$\frac{M'}{m'} = \frac{\frac{M}{v_1}}{\frac{M}{v_2}} = \frac{Mv_2}{Mv_1} = \frac{v_2}{v_1} = \frac{nv_1}{v_1} = n$，即 $M' = nm'$。把 $M' = nm'$ 代入

$P' = \frac{M'v}{c+v}$，得：$P' = \frac{nm'v}{c+v}$，也就是：$P' = nm' \cdot \frac{v}{c+v} = \frac{nm'}{\frac{c}{v}+1}$

$$= \frac{nm}{c+v} \tag{3-4}$$

从公式（3－4）的推导过程可以清楚地看到年利润率（P'）是利润率（p'）、年剩余价值率（M'）和剩余价值率（m'）的转化形式。

公式（3－4）表明：影响利润率的除了剩余价值率、资本有机构成等因素外，资本特别是可变资本的周转速度也是一个重要因素。利润率与资本周转速度的快慢成正比例变化。

由于资本有机构成和周转速度不同，各部门的利润率是高低有别的。但是作为全部预付资本产物的利润，要求各部门按照相同的利润率，使等量资本取得等量利润。于是，通过资本家之间的竞争，利润转化为平均利润，利润率也转化为平均利润率。平均利润率又称一般利润率，就是社会总资本的总利润率。假定以 $\bar{p}'$ 代表平均利润率，社会总资本为 $\Sigma(c+v)$，社会总剩余价值为 Σm，则平均利润率为：

$$\bar{p}' = \frac{\Sigma m}{\Sigma(c+v)} \tag{3-5}$$

公式（3－5）表明：平均利润率就是资本主义社会每年生产的全部剩余价值同社会全部预付资本（产业资本）的比值。

将公式（3－5）的分子乘以 $\frac{c+v}{c+v}$，得：

$$\bar{p}' = \frac{\Sigma m(\frac{c+v}{c+v})}{\Sigma(c+v)} = \frac{\Sigma \frac{m}{c+v}(c+v)}{\Sigma(c+v)} = \frac{\Sigma p'(c+v)}{\Sigma(c+v)}\text{，即：}$$

$$\bar{p}' = \Sigma p' \cdot \frac{c+v}{\Sigma(c+v)} \tag{3-6}$$①

公式（3－6）表明：平均利润率等于各个不同部门单个利润率的加权平均数。它取决于两个因素：一个是各部门的利润率水平（p'），另一个是有机构成不同的各个部门资本在社会总资本中所占的比重 $\frac{c+v}{\Sigma(c+v)}$。各部门的利润率水平越高，平均利润率就越高，反之，则越低；资本有机构成高的部门占的比重大，平均利润率就低，反之

① 张薰华：《〈资本论〉提要》（第3册），上海人民出版社1982年版，第363—365页。

亦然。

在资本主义制度下，除了产业资本，还存在着商业资本和其他资本形式。商业资本虽然不参加剩余价值的生产，但参与剩余价值的分配，要求取得平均利润，也参加平均利润率的形成过程。设产业资本为 C_1，商业资本为 C_2，那么，平均利润率就是：

$$\bar{p}' = \frac{\Sigma m}{\Sigma(C_1 + C_2)} \tag{3-7}$$

公式（3－7）表明：平均利润率与产业资本所生产的社会总剩余价值（Σm）成正比，与预付总职能资本（$C_1 + C_2$）成反比。从此式还可看出，在社会所必要的限度内，商业资本（C_2）在预付总职能资本中所占比重越大，产业资本的利润率从而整个平均利润率就越低，反之亦然。

商人为了经营商业，不仅需投下一笔资本用于买卖商品，维持商品周转，还需要垫付其他各次流通费用。这些流通费用可以分为两类，一类是生产性流通费用，另一类是纯粹流通费用。用于维持商品周转的流通费用，补偿比较容易，只要将商品卖出，价值实现了，就可以收回来。生产性流通费用会加大商品的价值量，并可随着商品的售卖、价值的实现而得到补偿。而纯粹流通费用则只能从剩余价值的扣除中获得补偿。由于剩余价值先得直接扣除掉纯粹流通费用，再转入平均利润的平均化过程，所以，平均利润率公式又有了新的变化。现假定：$C_2 = C_{2a} + C_{2b}$。其中 C_{2a} 表示用于商品周转的流通费用和生产性流通费用等，C_{2b} 表示纯粹流通费用。那么，公式（3－7）就应变为：

$$\bar{p}' = \frac{\Sigma(m - c_{2b})}{\Sigma(c_1 + c_{2a} + c_{2b})} = \frac{\Sigma(m - c_{2b})}{\Sigma(c_1 + c_2)} \tag{3-8}$$

公式（3－8）表明：平均利润率是扣除纯粹流通费用后的社会总剩余价值与预付总职能资本的比值。它还表明：在预付总职能资本一定的条件下，社会必需的纯粹流通费用 C_{2b} 所占的比重越大，平均利润率就越低；反之，则越高。

二　利息和利息率的公式推导

利息是剩余价值的一种特殊转化形式，一般指借款人因借款而支付给贷款人的报酬。借贷资本的利息是职能资本家因取得贷款而付给借贷资本家的一部分平均利润，它的源泉是雇佣工人创造的剩余价值。在通常情况下，利息不能大于或等于平均利润，当然也不能小到零。现取字母I代表利息，并以$\bar{p}$代表平均利润，那么，利息大小的界限是：

$$0 < I < \bar{p} \tag{3-9}$$

公式（3－9）表明：在通常情况下，利息小于平均利润而大于零。

公式（3－9）虽然表明了利息大小的界限，但无法确定一笔借贷资本的利息量究竟多大。在资本主义社会，职能资本家和借贷资本家分割剩余价值的斗争，受到多种因素的影响，时而有利于职能资本家，时而有利于借贷资本家，职能资本家所得企业利润与借贷资本家所得利息之间的比例是经常变化的。但在经济发展相对稳定的一个时期内，利息在平均利润中所占的比重是可以确定的，利息量也是容易推算出来的。如果利息在平均利润中所占比重为R，即

$\frac{I}{\bar{p}} = R$，那么

$$I = \bar{p}R \tag{3-10}$$

公式（3－10）表明：利息等于平均利润乘以利息在平均利润中所占的比重。

由于平均利润等于预付资本乘以平均利润率，如果借贷资本转化成的预付职能资本为$c+v$，则$\bar{p} = (c+v)\bar{p}'$，将此代入公式（3－2），得：

$$I = (c+v)\bar{p}'R \tag{3-11}$$

公式（3－11）表明：利息等于借贷资本转化成的预付职能资本量、平均利润率和利息在平均利润中所占比重三者的乘积。

倘若已知利息率，那很快就能求出一定量借贷资本所得的利息。设借贷资本为C_3，利息率为I'，则

$$I = C_3 I' \tag{3-12}$$

公式（3－12）表明：利息等于借贷资本量乘以利息率。

假如已知借贷资本及其所得利息的数量，那么可从公式（3－12）中推出利息率的公式：

$$I' = \frac{I}{C_3} \tag{3-13}$$

公式（3－13）表明：利息率等于利息量与贷出货币资本的比率。

贷出货币资本 C_3，与它转化成的预付职能资本 $c+v$ 在数量上是相等的，即 $C_3 = c + v$，又因为 $I = \bar{p}R$，这样，可从公式（3－13）中推出：

$$I' = \frac{I}{C_3} = \frac{\bar{p}R}{c+v} = \frac{(c+v)\bar{p}'R}{c+v} = \bar{p}'R，即$$

$$I' = \bar{p}'R \tag{3-14}$$

公式（3－14）表明：利息率等于平均利润率乘以利息在利润中的比重。由于利息在利润中的比重大小取决于借贷资本的供求关系，所以，还可以从公式（3－14）中看出，利息率首先取决于平均利润率，在平均利润率一定的情况下，则取决于借贷资本的供求关系，供不应求就提高，供过于求则降低。随着资本主义生产的发展，平均利润趋向下降，同时由于食利者阶层的增长和信用制度的发展，借贷资本的供给比需求增长更快，因此，利息率有下降趋势。

由于利息一般小于平均利润而大于零，所以，在通常情况下，利息率不能大于或等于平均利润率，也不能小于或等于零，它的大小界限可用公式（3－15）表示：

$$0 < I' < \bar{p}' \tag{3-15}$$

公式（3－15）表明：在通常情况下，利息率小于平均利润率而大于零。

第六节　资本与剩余价值部分的教学研究

一　运用比较式表格讲解基本范畴

（一）用比较式表格分析商品流通与资本流通（见表 3－1）

表 3－1　**商品流通与资本流通的比较**

项目 \ 名称		商品流通	资本流通
区别	公式	W— G — W	G— W — G′
	形式	以卖开始，以买结束。起点和终点都是商品，媒介是货币。货币断然支出，去而不返，货币两次换位	以买开始，以卖结束。起点和终点都是货币，媒介是商品。货币只是预付出去，必须流回，商品两次换位
	内容	不同的使用价值相交换，体现了社会劳动的不同物质交换关系	用货币换回更多的货币，体现了资本剥削劳动的关系
	目的	为了使用价值	为了交换价值
	界限	是有限的	是无限的
	价值的运动	循环完成时，运动即告结束	价值变成一个自动的主体，不断自行增殖
共同点	形式	都有两个对立的阶段：卖和买；都有两个对立的物：商品和货币；都有两个人对立：卖者和买者；都有三个当事人登场：一个只卖，一个只买，一个既买又卖	
转化过程		①调换商品流通中商品和货币的位置。②终点以包含有剩余价值的货币置换商品流通中的货币，商品流通便转化成资本流通	

（二）运用比较式表格讲解资本范畴（见表 3－2、表 3－3）

表 3－2　**不变资本和可变资本的区别**

项目 \ 名称	不变资本	可变资本
定义	资本家用于购买生产资料的那一部分资本	资本家用于购买劳动力的那一部分资本
形式	表现为厂房、机器、设备、工具等劳动资料和原料、燃料、辅助材料等劳动对象	表现为支付给工人的工资

续表

项目＼名称	不变资本	可变资本
价值补偿方式	劳动对象的价值一次转移到新产品中；劳动资料的价值根据其发挥作用的时间长短，按比例转移到新产品中	再生产出一个与劳动力价值相等的价值
形成	具体劳动的作用结果	抽象劳动的作用结果
量	以本身价值为限，无增无减地转移到新产品中去，不改变原有价值量	工人的劳动创造出大于资本家购买劳动力的那部分资本价值，价值量发生了变化
作用	剩余价值生产的物质条件	直接产生剩余价值，工人的劳动是剩余价值的唯一源泉

表 3－3　　**高利贷资本与借贷资本的比较①**

项目＼名称	高利贷资本	借贷资本
资本来源	作为一般贮藏手段的货币	资本主义再生产过程中被游离出来的货币资本
贷款对象	主要是农民、手工业者等小生产者，以及奴隶主和封建主	主要是工商业职能资本家
借款目的	借入货币作为一般的购买手段或支付手段来使用	借入货币当作资本来使用
利息来源	小生产者以及奴隶或农奴的剩余劳动	雇佣工人创造的剩余价值的一部分
利息量	吞没小生产者的全部剩余劳动，甚至侵吞必要劳动	一般不超过职能资本家所获得的利润

① ＊生息资本在不同的历史阶段上采取不同的形态，与小生产占优势的资本主义以前的生产方式相适应的生息资本为高利贷资本，与产业资本占统治地位的资本主义生产方式相适应的生息资本为借贷资本。

续表

项目＼名称	高利贷资本	借贷资本
经济关系	体现高利贷者和奴隶主、封建主共同剥削奴隶和农奴，以及高利贷者剥削小生产者的关系	体现借贷资本家和职能资本家共同剥削雇佣工人的关系
基本特征	是作为商品的资本，但使用后会保存并增加其价值和使用价值。它们的让渡不是出卖，而是贷借，以流回为条件，只转让使用权，不放弃所有权，运动过程由贷放和偿还两个阶段组成，公式为：G — G′	

（三）用比较式表格分析剩余价值率与利润率（见表 3 - 4）

表 3 - 4　**剩余价值率与利润率的比较**

项目＼名称		剩余价值率	利润率
区别	定义	剩余价值与同期实际使用的可变资本的比率	剩余价值与全部预付资本的比率
	性质	表示资本家剥削工人的程度	表示全部预付资本的价值增值程度，即资本家的赚钱程度
	量的大小	总是大于利润率	总是小于剩余价值率
	作用	准确地揭示工人受资本家剥削的程度	既掩盖了资本家对工人的剥削关系，又歪曲了资本主义的剥削程度
	量的变动	与同期实际使用的可变资本成反比	与资本有机构成按相反方向变化，与资本周转速度、不变资本的节省成正比，与原料价格的涨跌成反比
共同点	量的变动	与剩余价值量的大小成正比	
转化过程		以全部预付资本（$C+V$）置换剩余价值率公式中的分母——可变资本（V），剩余价值率便转化为利润率	

（四）运用比较式表格讲解地租范畴（见表3－5～表3－7）

表3－5　　封建地租和资本主义地租的比较

项目＼名称	封建地租	资本主义地租
产生条件	以封建土地所有制为前提，并在不同程度上和农民对地主的人身依附相联系	以资本主义土地所有制为前提，体现纯粹契约的关系，没有超经济外的强制
地租量	通常要占有农民的全部剩余劳动或剩余产品，甚至侵吞一部分必要劳动	只能是农业工人创造的剩余价值的一部分
地位	是封建社会占统治地位的剥削形式	不是资本主义社会占统治地位的剥削形式
经济关系	体现封建主剥削农民的关系	体现土地所有者、农业资本家共同瓜分农业工人创造的剩余价值的关系
基本特征	依靠土地所有权不劳而获的收入，是实现土地所有权的一种经济形式；土地所有权与经营权相分离	

表3－6　　级差地租Ⅰ和级差地租Ⅱ的比较

项目＼名称		级差地租Ⅰ	级差地租Ⅱ
区别	定义	由于土地肥力和位置不同造成不同生产率所引起的超额利润而转化的地租	对同一土地连续追加投资造成的不同生产率引起的超额利润而转化的地租
	经营方式	资本并列地投在不同地块上，采取粗放经营	资本相继地投在同一地块上，采取集约经营
	产生条件	土地肥力和位置的差别	连续投资的不同生产率
	量的变动	随耕地面积的扩大而增加	随投资总量的增加和农业劳动生产力的提高而增加
	超额利润分割	归土地所有者占有	租约期内归农业资本家占有，重订新租约时转到土地所有者手里

续表

项目＼名称		级差地租Ⅰ	级差地租Ⅱ
共同点	形成原因	都是由于土地有限和土地的资本主义经营垄断	
	源泉	都是农业雇佣工人创造的剩余价值的一部分	
	地租量	都取决于社会生产价格与个别生产价格之间的差额	
联系		级差地租Ⅰ是级差地租Ⅱ的历史前提和现实基础	

表3－7　**级差地租和绝对地租的比较**

项目＼名称		级差地租		绝对地租
		Ⅰ	Ⅱ	
区别	产生条件	土地肥力和位置的差别	连续投资的不同生产率	农业资本比社会资本平均有机构成低
	范围	最坏土地不支付	最坏土地也要支付	任何等级的土地都要支付
	形成原因	土地的资本主义经营垄断		资本主义土地私有权的垄断
	土地私有权的作用	把超额利润从农业资本家手里转到土地所有者手里		直接产生地租
	地租量	等于农产品社会生产价格与个别生产价格之间的差额		等于农产品价值与社会生产价格之间的差额
共同点	源泉	农业工人创造的剩余价值		
	土地所有者取得的原因	土地的资本主义私有制		

二　运用分解式示意图讲解基本范畴和基本原理

分解式示意图，设计上主要采用花括号和直线等形式，组成直观性图示。可用来分解属种关系的经济范畴，也可用来分解某些经济理论。

讲述时，先将需要阐述的经济理论或某个外延较大的经济范畴，置于示意图的首端，然后层层展开，一步一步深掘下去，一直分解到最基本的要素。课堂教学中采用分解式示意图，可以牢牢牵住学生的思路，使其由浅入深，由简单到复杂，由抽象到具体，逐步认识不同范畴之间的有机联系，从而全面掌握基本原理。

（一）用分解式示意图讲解资本形式（如图 3－1 所示）

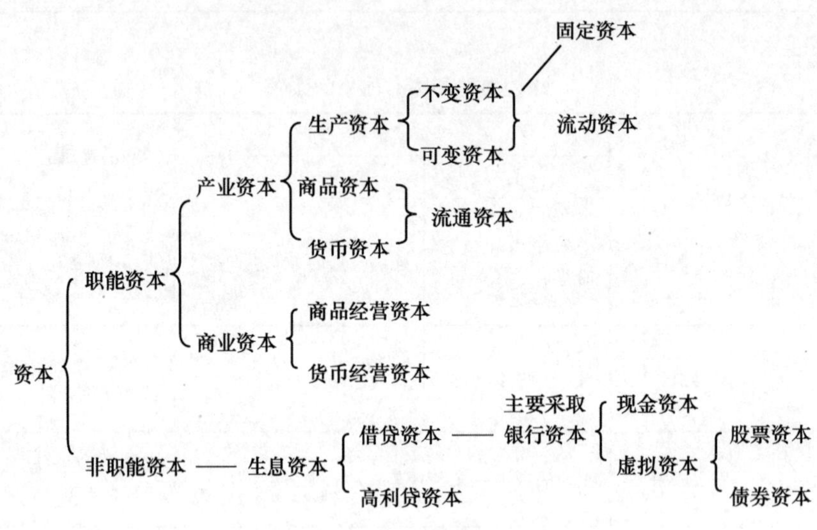

图 3－1　资本形式示意图①

（二）用分解式示意图讲解马克思资本主义人口规律理论（如图 3－2所示）

① 参阅张薰华《〈资本论〉提要》（第 3 册），上海人民出版社 1982 年版，第 358 页。

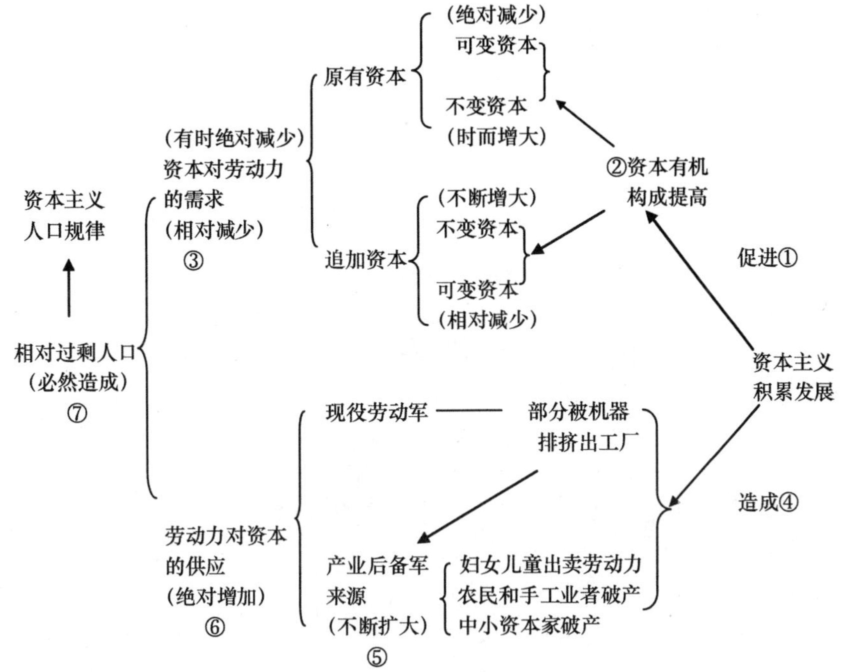

图 3－2　马克思资本主义人口规律理论示意图

三　运用概括式示意图讲解有关原理

前面分析可知，概括式示意图，可以把经济理论简明扼要地显示出来，主要是对经济学原理进行归纳或总结时使用。讲解时，可以采用箭头、直线、大括号、相加、相等之为符号，根据归纳和综合理论的需要，把相关概念或原理，有机地组合在一起，并以简明扼要的图示形式，展示所要分析的内容。通常学生只要听懂和理解这类示意图，就能把相关理论的整个内容牢牢地记在心中。

（一）解决资本总公式矛盾的概括图（如图 3－3 所示）

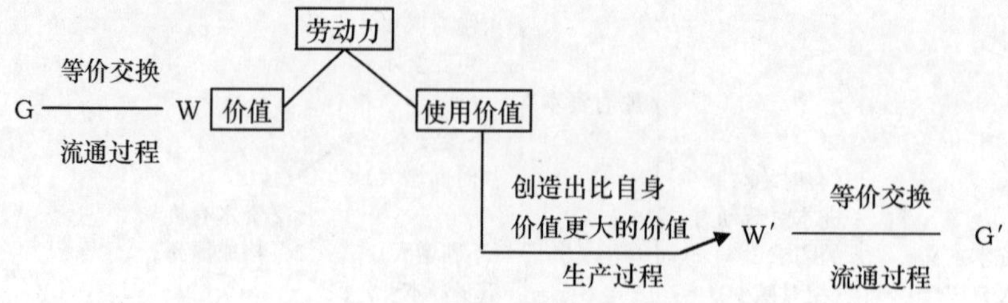

图 3－3　解决资本总公式矛盾示意图

（二）剩余价值生产过程的概括图（如图 3－4 所示）

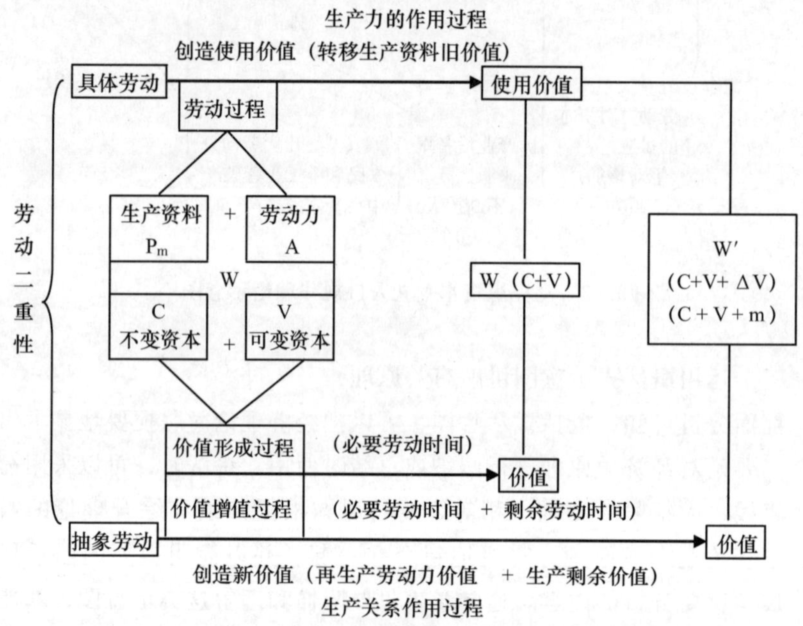

图 3－4　剩余价值生产过程示意图

四　用公式推导法讲述无产阶级相对贫困化

经济运行不仅表现出质的关系，而且也表现出量的关系。“用数学的方法（用方程式）来说明”① 经济关系，是马克思在《资本论》等

① 《马克思恩格斯全集》（第 24 卷），人民出版社 1975 年版，第 9 页。

政治经济学著作中常用的方法之一。政治经济学教学中运用数学演算和公式推导，课堂语言就会变得简洁凝练、缜密深刻，经济理论的阐释也将更加完整紧凑，明白易懂，尤其重要的是可以有效地培养和发展学生思维的准确性、敏捷性、灵活性和严密性。以下用公式推导法分析无产阶级相对贫困化问题。

设劳动力价值或工资为 v，剩余价值为 m，绝对剩余价值为 m_1，相对剩余价值为 m_2，剩余价值率为 m'，国民收入为 $v+m$，以 $\rightarrow$ 表示趋向，以 Δ 表示增量。

随着资本积累的增长和资本主义生产的发展，劳动生产率在不断提高，这会使工人的必要劳动时间减少，剩余劳动时间相对延长，相对剩余价值在剩余价值总额中所占的比重就会日益增长。也就是：

$$\frac{m_2}{m}:\frac{m_1}{m}\rightarrow +\Delta \qquad (3-16)$$

公式（3－16）表明：随着资本主义的发展，在剩余价值总额中，相对剩余价值所占比重与绝对剩余价值所占比重，比较起来会趋向增大。

相对剩余价值生产是必要劳动时间缩短，即劳动力价值减少，相对延长剩余劳动时间以增加剩余价值，剩余价值率的变动表现为：$m'_2=\frac{m+\Delta m_2}{v-\Delta v}$。而绝对剩余价值生产则是必要劳动时间不变，即劳动力价值不变，绝对延长劳动时间以增加剩余价值，剩余价值率的变动表现为：$m'_1=\frac{m+\Delta m_1}{v}$。当剩余价值增加额 Δm 相同时，相对剩余价值生产的剩余价值率提高幅度，总是大于绝对剩余价值生产的剩余价值率提高幅度，即 $m'_2=\frac{m+\Delta m_2}{v-\Delta v}>m'_1=\frac{m+\Delta m_1}{v}$。因此：

$$\left(\frac{m_2}{m}:\frac{m_1}{m}\rightarrow +\Delta\right)\rightarrow\left(m'\rightarrow +\Delta\right) \qquad (3-17)$$

公式（3－17）表明：相对剩余价值在剩余价值总额中所占的比重趋向增大，意味着剩余价值率以更快的速度提高。而剩余价值率日益提高（$m'\rightarrow +\Delta$），必然会造成资本主义制度下的社会财富在资本家和劳动者之间的分配更加不平衡。由于 $m'=\frac{m}{v}=m:v$，再将 $m:v$ 中的

m 和 v 同除以 $v+m$，可从公式（3－17）中推出：

$$\left(\frac{m_2}{m}:\frac{m_1}{m}\rightarrow+\Delta\right)\rightarrow\left(m'\rightarrow+\Delta\right)=\left(m:v\rightarrow+\Delta\right)$$

$$=\left(\frac{m}{v+m}:\frac{v}{v+m}\rightarrow+\Delta\right)\text{或}\left(\frac{v}{v+m}:\frac{m}{v+m}\rightarrow-\Delta\right)\quad(3-18)$$

公式（3－18）中的 $\frac{m}{v+m}$ 就是资产阶级的剩余价值收入即剥削收入在国民收入中所占份额，$\frac{v}{v+m}$ 就是无产阶级的工资收入在国民收入中所占份额。

公式（3－18）表明：随着相对剩余价值生产在剩余价值生产中的比重增大，剩余价值率日益提高，在国民收入的总额中，资产阶级的剥削收入所占的比重在增加，而无产阶级的工资收入所占的比重在减少。或者说，无产阶级的收入所占比重与资产阶级的收入所占比重比较起来日益下降，呈现出相对贫困化的趋势。

五　运用案例通俗讲解资本主义垄断

“世界上没有两粒相同的沙子，没有两只相同的苍蝇，没有两双相同的手掌，没有两个相同的鼻子。”这是法国作家福楼拜总结的关于描写的格言。要分开沙子和苍蝇，手掌和鼻子，自然很容易，而要区别两只苍蝇的不同特征，可就得仔细观察琢磨一番了。资本主义和帝国主义，本质上都是生产资料私有制这条臭水沟里滋生出来的苍蝇。如果说，资本主义是春末夏初的苍蝇，那么帝国主义则是秋末冬初的苍蝇。资本主义发展到帝国主义阶段的一个重要现象，就是垄断代替了自由竞争。①

什么是资本主义的垄断？它是怎样形成的呢？这里不妨先举个例子：100 多年前，美国波士顿财团把中美洲果品公司、哥斯达黎加香蕉贸易公司和铁路运输公司结成一体，成立联合果品公司。他们为了获取高额利润，诱使当地农民大量栽培香蕉等热带水果。开始时，以低息贷款和高价收购的办法，给果农尝点甜头，一看农民弃粮改种香蕉后，就

① 张明龙：《握手言欢中的争吵——谈谈垄断与竞争》，《浙江青年》1984 年第 6 期。

在香蕉成熟时，借口远洋船队不能来，货物运不出去，停止收购，致使本地没有市场的香蕉大批烂掉。接着乘机索还贷款，逼得果农纷纷破产，从而夺取了中美洲2400万亩肥壤沃土，独占中美洲地区的全部香蕉产地，掌握了世界香蕉产量的60%、美国进口香蕉的90%，造成西方香蕉生产和销售的垄断。所谓垄断，希腊语的意思是“一个卖主”，这里指少数资本主义企业独占生产和市场。换句话说，垄断就是控制了某种商品的大部分生产、销售以及原料来源的少数大资本家，为了获取高额利润，巩固自己的统治地位，通过一定协议而成立的联盟。

垄断是生产集中的结果。资本主义自由竞争时期，资本家为了获取更多的剩余价值，不可避免地展开激烈的竞争。要想打败竞争对手，资本家必须不断增加投资，改进技术，更新设备，降低产品成本，通过积聚和集中，使自己的企业规模日益扩大。一旦生产集中发展到相当高的程度，几十个甚至几个大企业集中了某一部门或某一商品的绝大部分生产，而为数众多的中小企业所占的比重已经微不足道，这时候，少数大企业彼此间容易达成协议，联合起来实行垄断；而中小企业很难与其自由竞争，不得不受其支配。同时，生产集中使得企业规模巨大，实力雄厚，要想在短期内开办与之竞争的新企业，绝非易事；尤其是各个大企业之间，势均力敌，竞争剧烈持久，破坏性极大。资本家为了避免在竞争中两败俱伤，往往被迫谋求暂时妥协，不得不与昔日你死我活的竞争对手握起手来，结成垄断同盟。

在一个垄断组织内部，各个资本家围绕着有利市场的划分、产销份额的大小，以及企业领导权和股份控制额等，经常进行着钩心斗角的竞争。例如，拥有私产十多亿美元的休斯，原是美国环球航空公司的总经理，由于购买喷气式客机的资金超过了他所能提供的限度，一个以洛克菲勒和摩根财团为首的贷款垄断组织，乘机逼其以让出总经理为条件，给予3.4亿美元的贷款。尽管休斯拥有公司股票的4/5，但根据协议，不能按照股份享有表决权，要到债款全部偿还，才能重新得到控制权。然而，环球航空公司的新经理们却于次年上诉法院，强迫休斯出售股票，并永远结束他在环球航空公司中的权益。

如果一个部门只有唯一的一家生产者，唯一的一家销售者，并且没有其他部门能生产类似的产品取代这种商品，或者只有唯一的一家服务性行业，没有其他部门能提供类似的服务，就会出现独家垄断的情况。像公用事业中的邮政服务部门就是这样，它通常由代表垄断资产阶级整体利益的国家控制着。然而，即使是这种高度垄断的行业，除了垄断组织内部的争夺外，也还必须考虑到某种产品的潜在性的竞争，例如用传真、电报取代信件，这犹如用化纤织品取代棉布。

如果一个部门内同时存在着两个垄断组织，它们就会在市场上平分秋色，而在自己的势力范围内实行独家垄断，在相互交叉的地方展开激烈竞争。美国的铁路运输部门曾出现过这种现象。21 世纪初，美国铁路合并为六大系统，分属库恩－洛布和摩根两个财团。它们在与对方相交替的铁路线上，拼命降低自己的运输费用，致使运费降到威胁铁路公司能否继续存在的程度，同时，在某些独家垄断的运输段上，实行高得出奇的不平等运费。后来不得不以国家出面成立所谓跨贸易委员会，费了九牛二虎之力，才逐步调整运费和工资，暂时减缓了由运费悬殊引起的商品价格不稳定。

如果一个部门内同时存在着两个以上垄断组织，它们就会在控制本部门的生产、销售和原料来源上进行激烈竞争，像在美国化学工业中，同时存在着杜邦公司、联合碳化物公司、道化学公司、孟山都公司、格雷斯公司、尤尼罗伊尔公司等几个大垄断组织。20 世纪 60 年代初，化学工业以碳化钙为原料生产乙炔。杜邦公司不能生产乙炔，一直都是从联合碳化物公司购买乙炔。这样，以乙炔为原料的氯丁合成橡胶、丙烯稀氰、三氯乙烯等产品的生产，常常要受到联合碳化物公司的钳制。后来，杜邦公司花费巨额研究费用，终于从廉价的天然气中提炼出乙炔，成本比联合碳化物公司低廉得多，不仅改善了大量化工产品的原料供应，而且迫使联合碳化物公司不得不关闭用来生产乙炔的碳化钙工厂。部门内垄断组织的竞争，促使劳动生产率普遍提高，可为资产阶级带来更多的利润，推动了资本主义社会生产力的发展；但是，资本家为了保持在竞争中的优势，各自保守技术秘密，又限制了生产力的更大发展。

不同部门的垄断组织之间，彼此存在着渗透与反渗透的斗争。如美国制品公司生产的香烟，每五百条塞进一只金戒指或一张银行支票，作为鼓励消费者的奖金，夺走了不少糖果糕点的市场。美国铝公司，千方百计使汽车发动机、油泵、空气调节器、运油车辆、饮料容器等，大量以铝代替钢铁和其他金属，还设计建筑了用铝片做前盖的大楼，并计划在联合国大厦旁兴建一座与联合国大厦完全相同的大厦，四周用铝片做楼面，竭力为自己在建筑业中排挤其他垄断组织的势力大做广告。

垄断组织与非垄断组织的中小企业之间，则存在着扼杀与反扼杀、控制与反控制的斗争。垄断组织总是力图扼杀、控制和吞并非垄断组织的中小企业，迫使其就范，屈从自己。新中国成立前，上海卷烟市场上，我们中国人开设的南洋兄弟烟草公司出产的香烟，销路尚好。英美烟草垄断组织为了扼杀“南洋”，便生出一计，把“南洋”在市场上销售的香烟花大本钱全部买进，等到发霉后又全部抛出，顾客们买到的是霉烟，这样一来，“南洋”的信誉大受损失，经济上也赔累不堪。

垄断统治下的竞争，不以平均利润为满足，而欲获得垄断高额利润。垄断组织不仅普遍采用各种经济手段，而且常常采用政治乃至暴力手段。垄断与竞争的矛盾加剧，促使工业垄断资本与银行垄断资本融合生长，形成了金融资本和金融寡头，从而控制着国家的经济和政治生活。他们为了追求高额利润，加剧国内外销售市场、原料来源和投资场所等方面的争夺，这就必然引起资本输出、各资本家同盟从经济上和领土上瓜分世界。

为了夺取殖民地，瓜分势力范围，争霸世界，金融寡头们坦率地歌颂和盼望着战争。华尔街百万富翁伯纳德·巴鲁区就公开宣称：“在战争肆虐时期，世界显得很美丽，一旦战争结束，世界就变得非常憎恶了。”

在那些脑满肠肥的资本家看来，只有垄断，才有资格争霸，而只有依靠战争，才能掠夺到经济上和政治上的最大利益，才能登上霸主的宝座。由此可见，帝国主义的本质就是垄断，就是掠夺，就是战争。

第四章　生产组织理论与教学研究

剩余价值不管是以利润形式出现，还是以利息、股息和债息形式出现，或是表现为地租形式，它都是在生产过程中产生出来的。为了确保剩余价值生产顺利进行，必须合理配置机器设备、原材料和劳动力，这就是生产组织。古代生产组织以手工业作坊为代表，现代生产组织大多以企业形式存在。众多既独立自主又相互关联的企业，依据专业化分工和协作建立起来的生产组织，称作企业集群。一群企业和其他法人机构，以产业链为基础形成既独立自主又相互关联的生产组织，其便羽化为产业集群。产业集群有利于提高资本、财富和劳动力的运行密度，产生积极的溢出作用，可以提高剩余价值的生产效率。本章密切联系我国富有特色的生产组织形式，从古到今，先考察我国先秦时期手工业生产组织，我国古代瓷器生产组织的发展。接着，阐述按公司制规范要求推进国有企业改革，产业集群产生的溢出效应，以及产业链式化转移与承接。理论研究之后，对生产组织部分的教学展开探索，运用比较式表格讲解不同的企业组织形式和不同性质的制造技术，运用分解式示意图讲解企业所有权与经营权的分离形式，运用函数图像讲解产业集群生命周期拐点，以及企业创新失信行为的成本收益原因。

第一节　我国先秦时期手工业生产组织

一　我国先秦时期手工业生产组织概况

（一）先秦时期手工业生产组织的形成及类型

1. 手工业生产组织快速发展。

从事商品生产的组织和机构，不管它在当代以何种形式出现，其源头都可上溯到人类社会的第二次社会大分工，手工业从农业中分离出来。手工业劳动者开办家庭作坊，或被雇用到别人的作坊中，从事金属加工、皮革加工、纺织、榨油、酿酒、制陶、造船等活动，打造铜器、青铜器和铁器，制作皮衣、皮鞋和皮箱，编织绫罗绸缎和毛毯褥子，把经济作物加工成油、酒、醋、酱等。这样，出现了古代专门从事商品制造的早期生产组织。

据历史记载，我国商朝是一个以商业发家立国的王朝。进入殷商时期，一些中心城市的官府所在地附近，居住着各行各业从事商品制作的生产者，逐渐出现了一些规模较大的商品生产组织。同时，市场附近居住着相当数量专门从事贸易活动的商人，进而出现了一些固定的专业市场。这种流通方式，进一步加快了手工业商品生产的发展。到周代，随着手工业与商业的进一步发展，以及手工业者和商人数量的增多，从事工商业的人员，与士人和农民一起，并列为士、农、工、商四大社会阶级集团。

2. 手工业生产组织的主要类型。

我国从西周时期开始，土地管理实行封建领主所有制，西周国王是全国最高封建领主。从名义上说，全国土地和人口都属于其所有。《诗·小雅·北山》有这样的诗句："溥天之下，莫非王土。率土之滨，莫非王臣。"[①] 实际上，西周国王自己直接管理的领地，仅限于王畿之内的土地，而王畿外面的土地都是分封给诸侯的。诸侯是自己国内的土地和人口的最高所有者。土地分封制，带来了封建社会。封建领主时期的手工业生产组织系统，可分为封建领主官府手工业和民间手工业两类。

（1）官府手工业组织。在官府手工业组织中从事生产活动的人员，统称为工匠，铜器铭文中又叫作"百工"。他们专门为周王室和各大诸侯制作青铜生活器具、工具、兵器，陶器以及砖块、板瓦、筒瓦等建筑材料，马车、牛车等交通工具，建造宫殿楼宇等。同时，他们向王室和各大封建领主领取生活资料，用以养家糊口。这类手工业的生产方式与民间作坊相似，但分工更细，而且工匠往往世代相传，技术更加精湛。

① 《诗·十三经注疏》，中华书局1980年版，第465页。

但是，这类手工业产品，通常是王室和诸侯为了满足自身需要，不作为商品出售。所以，由此形成的产品，不必进入交换过程，不以营利为目的。

(2) 民间手工业组织。民间出现的手工业组织，依存于农民的家庭副业。它的产品，在多数情况下，属于自给自足性质，但也有少数用于交换，成为商品。在此基础上，在周王室所在地和一些诸侯国都，由于市场交易频繁，民间手工业产品成为商品的比例逐步增大，有些手艺精湛的生产者脱离农业，开设企业性质的作坊，以交换为目的，专门从事手工业商品的生产和销售。

(二) 先秦时期手工业生产组织带来的商业繁荣

先秦时期，在手工业产品市场化的推动下，商业贸易日益繁荣，出现了许多具有企业性质的贸易机构和一些独立的富商。《国语·晋语》描述道，晋国都城绛的富商“金玉其车，文错其服，能行诸侯之贿”。

到了东周春秋末年和战国时期，民间富商越来越多。据《孔丛子》《史记》和《越绝书》等古籍记载：

越国大夫范蠡弃官后，开办手工业作坊和商铺，以营利为目的进行产品交易，操计然之术，也就是根据时节、气候、民情、风俗等，顺其自然、待机而动的方法从事生产经营。他特别注意通过预测市场商品供求关系变化，抓住竞争引起商品价格涨跌的合适时机，“贵出如粪土，贱取如珠玉”[1]，没出几年，致资巨万，成为天下富翁。

孔子的得意门生端木赐，即子贡，不仅在儒家学业、政绩方面有突出成就，而且在理财经商上也有卓越天赋。他依据市场供需变化，从事商品交易，通过贱买贵卖等方法从中获利，以成巨富。

猗顿从畜养牛羊起家。在贩卖牛羊时，途经河东盐池，顺便用牲畜驮运一些池盐，连同牲畜一起卖掉。等到商品交易过程积累起一定资本后，转向着力开发河东池盐，从事池盐的生产和贸易，成为一个手工业作坊主兼商人。经营池盐，获利丰厚，迅速聚集成巨额资产，史书称其

---

① 范蠡认为：贵上极则反贱，贱下极则反贵。贵出如粪土，贱取如珠玉。财币欲其行如流水。见《史记·货殖列传》，中华书局1959年版，第3256页。

“富比王公，名驰天下”。[①]

白圭主要从事农副产品及其原料等大宗贸易的经营。他提出乐观时变，人弃我取，人取我与，先予后取，薄利多销，自奉节俭等原则。他还特别提出，为了增加粮食货源，应实行“长石斗，取上种”的原则。也就是说，要精心挑选良种供应农家，以增加谷物收成。经营粮食买卖的商人，能够注重选择良种提高粮食产量，能够把发展商业的立足点建立在发展农业生产上，是富有远见卓识的。所以，“白圭被尊为商贾的祖师。”[②]

二　先秦时期手工业的发展及其专业分工

（一）手工业生产成为国家重要职业之一

自商朝到战国初，历史演进了一千多年，我国手工业和商业获得了较快发展，官府已经有能力集中经营较大规模的手工业生产机构，也能组织较大规模的产品交易活动。[③]

当时，齐国稷下学宫的学者编写了《考工记》[④] 一书，对官府组织和经营的手工业，作了详细记述。该书把从事手工业生产者称作“百工”，并认为百工与王公、士大夫、商旅、农夫、妇功一样，是国家六大职业之一。

“百工”的主要职能，是负责寻找和选择木材、金属、皮革、玉石和陶瓷等原材料，把它们加工制作成各种器具。

---

① 范文澜：《中国通史简编》（修订本第一编），人民出版社 1965 年版，第 245 页。

② 同上。

③ 张明龙：《企业产权的演进与交易》，企业管理出版社 2012 年版，第 113 页。

④ 流传至今的《考工记》是《周礼》的一部分，又称《周礼·考工记》（或《周礼·冬官考工记》），全书共 7100 多字。《周礼》是先秦时期一部系统记载政治和经济体制的典籍，由《天官》《地官》《春官》《夏官》《秋官》《冬官》六篇组成，也称为《周官》。秦始皇焚书坑儒，《周官》与《考工记》同遭厄运。西汉时官府大力搜集和整理藏书，广开献书之路，它们才得以重新面世。当时《周官》只剩下五篇，其中《冬官》已经散失，下落不明，于是河间献王刘德便取《考工记》补入，使《考工记》与《周官》两书合二为一。到西汉末年，刘歆置古文经学博士，校书编排时改《周官》为《周礼》。后来，《周礼》被列为十三经之一。长期以来，学术界对《考工记》的作者和成书年代存在不同看法。目前，多数学者认为，它是齐国官书，作者为齐稷下学宫的学者；该书主体内容编写于春秋末至战国初，部分内容由后人补记于战国中晚期。

（二）手工业组织出现周密的专业分工

1. 手工业生产组织专业分工的大类和工种。

从《考工记》中可以看出，我国战国初期手工业生产组织方面，已经出现了周密的专业分工。那时，各种工匠有自己的专门化技术，有自己可以行使的权利范围，也有自己必须负责的职能界限。

“百工”分为木材加工与制作、金属冶炼和锻造、皮革加工与制造、染色与作画、玉石琢磨、陶瓷产品制造 6 大类、30 个工种。各类专业的具体工种大体如下：

（1）木材加工与制作的工匠分为轮人、舆人、弓人、庐人、匠人、车人、梓人 7 个工种；

（2）金属冶炼和锻造的工匠分为筑氏、冶氏、凫氏、栗氏、段氏、桃氏 6 个工种；

（3）皮革加工与制造的工匠分为函人、鲍人、韗人、韦氏、裘氏 5 个工种；

（4）染色与作画的工匠分为画工、缋工、钟氏、筐人、荒氏 5 个工种；

（5）玉石琢磨的工匠分为玉人、楖人、雕人、矢人、磬氏 5 个工种；

（6）陶瓷产品制造的工匠分为陶人、旊人 2 个工种。

为了生产的需要，一个工种有时还可以划分出多个内含的细分工种。

2. 手工业生产组织的分工与协作。

通过专业分工，每个工匠专攻一方面的技术，可以很快掌握这项技术，并十分娴熟地运用它从事产品制造，从而促使生产效率大大提高。

手工业生产过程的分工，通常与协作联系在一起。一种复杂程度较高的产品制作，往往是由许多不同工种的工匠，在共同协作基础上完成的。例如，用木材制造马车，“轮人”将被分成两部分，一部分专门制作车轮，另一部分专门制作圆形车盖；“舆人”是专门制作车厢的；还有专人负责制作车辕，他们由工种细分角度得出一个新称呼：“辀人”。另外，古代马车多作为战车使用，为此，必须制造出适合战斗需要的兵器之柄，这项工作是由“庐人”完成的。至于制木工匠中的“车人”，则是专门制造牛车的。

三 《考工记》反映的先秦手工业生产要求

（一）形成严格的原料选配要求

从《考工记》中可以看出，我国战国初期的手工业产品，已经形成了严格的原料选配要求。

如《弓人为弓》篇，在描述制造良弓时，首先对制弓所需的杆、角、筋、胶、丝、漆6种原料作出具体规定，认为："杆也者，以为远也；角也者，以为疾也；筋也者，以为深也；胶也者，以为和也；丝也者，以为固也；漆也者，以为受霜露也"。

接着，阐明选用各种原料的标准和要求，认为制弓的杆材主要有7种，按照质量优劣差别排序，它们依次是柘木、檍木、檿桑、橘枝、木瓜、荆条、竹子；柘木为良弓首选之材，竹子只能制成最差的弓。

同时，阐明区分稚牛角、老牛角、瘠牛角的方法。阐明检验优质胶的标准，认为青白的鹿胶、赤白的马胶、火赤的牛胶、黑色的鼠胶、粉饼色的鱼胶、黄色的犀胶等动物胶是上等原料。阐明"小简而长，大结而泽"的筋，适合于制造良弓。最后，对制造良弓所需的丝、漆的要求，也作了说明。

（二）形成严格的生产技术要求

从《考工记》中可以看出，我国战国初期的手工业产品，已经形成了严格的生产技术要求。

例如，在冶炼和锻造金属方面，根据不同青铜制品的要求，确定6种不同青铜合金的成分配比，具体规定如下：用来制作钟鼎之类的青铜合金，铜锡之比为6:1；用来制作斧斤之类的青铜合金，铜锡之比为5:1;用来制作戈戟之类的青铜合金，铜锡之比为4:1；用来制作大刀之类的青铜合金，铜锡之比为3:1；用来制作削、杀矢之类的青铜合金，铜锡之比为5:2；用来制作鉴燧之类的青铜合金，铜锡之比为2:1。这是世界上最早系统记载青铜合金成分比例的著作。

在利用木材制造马车方面，规定必须把车轮制成正圆形，以便减少它与地面产生的摩擦力，提高行驶速度。同时，对平地行驶的"大车"，与爬山越岭的"柏车"，在两轮间横木长度的毂长、在连接轴心和轮圈的木条长度辐长等分别作出规定，使它们可以根据不同的地形条件达到较高的行驶效率。

（三）形成严格的制造工艺要求

从《考工记》中可以看出，我国战国初期手工业产品，已经形成了严格的制造工艺要求。

该书载有“湅丝”的工艺：“以涚水沤其丝七日，去地尺暴之。昼暴诸日，夜宿诸井。七日七夜，是谓水湅。”湅丝是指把桑蚕产的生丝分类挑选后投入水中煮熟，除去丝胶，制成柔软洁白的纺织原料熟丝。《考工记》描述的湅丝工艺大意是，把生蚕丝浸泡在用草木灰过滤后的温水中7天，再捞出来在离地面一尺高的晾具上摊开曝晒。每日白天把丝放在阳光下曝晒，夜里把丝悬挂在井水里。这样持续经过7天7夜，才算是完成丝的水湅工艺。

该书对冶炼青铜合金工艺也有记载：“改煎金、锡则不耗，不耗然后权之，权之然后准之，准之然后量之。”就是说，首先分别反复不断地冶炼铜与锡，直到它们各自没有任何杂质，成为纯铜和纯锡，然后按照规定比例用衡器称出铜与锡各自的数量，再经过核准铜与锡的配成比例、核准器件规定的合金重量两道工序，才能铸造出所需的青铜器具。

该书还对冶炼青铜合金的工艺变化过程作出描述：“凡铸金之状；金与锡，黑浊之气竭，黄白次之，黄白之气竭，青白次之。青白之气竭，青气次之，然后可铸也。”它表明，冶炼青铜合金可以看到的现象是，当铜与锡混合刚入炉熔化时，会冒出浓黑浑浊的烟气，待其散尽后会出现黄白色的烟气，此后接着出现的是青白色烟气。青白色烟气散尽后，出现的是青气，这时说明铜与锡已经完全熔合在一起，接着就可以浇灌到模子中铸成器物了。

（四）形成严格的质量检验要求

从《考工记》中可以看出，我国战国初期手工业产品，已经形成了严格的质量检验要求。

如《轮人为轮》篇，认为可以通过规、萬、水、县、量、权6种方法，检验马车各个主要部件的制造质量。提出：“规之以眡其圜也，萬之以眡其匡也。县之以眡其幅之直也，水之以眡其平沈之均也，量其薮以黍，以眡其同也，权之以眡其轻重之侔也。”

就是说，可以通过圆规，来检测车轮外圈是否呈正圆形；可以通过校正直角的工具萬蒌曲尺，来检测轮廓是否规整；可以通过垂直悬绳，来检测轮中上下幅是否对直；可以通过浮在水面上观察沉浮深浅，来检测车轮各部分是否均等；可以通过在车轮中心插轴的洞中填满黄米，来检测毂的中空容积是否相同；可以通过天平衡量，来检测两轮是否相等。

另外，《考工记》对如何进行质量检验和管理，作了记述：“凡试梓饮器，乡衡而实不尽，梓师罪之。”意思是说，如果质量检验员发现梓人所制的饮器，如平爵向口，爵中还留有余沥，那就看作是不合格产品，这样，梓人就要受到处罚。这说明，为使制成品符合质量要求，当地已经设置专人进行质量检验。

《考工记》还指出，在市场上用于交换的手工业制品，必须符合质量要求，残次品是不能进入市场的。

（五）形成严格的系统计量要求

从《考工记》可以看出，我国战国初期的手工业产品，已经形成了严格的系统计量要求。

就计量单位来说，该书出现最多、使用最频繁的是测量长度的单位。例如，《矢人为矢》《冶氏为杀矢》《桃氏为剑》《凫氏为钟》等篇章，反复出现“寸”、“半寸”、“分”等测量较短物品的长度单位。《轮人为轮》《轮人为盖》《车人为耒》《车人为车》《辀人为辀》《韗人为皋陶》《弓人为弓》等篇，频繁出现“尺”与“寸”等测量稍长物品的长度单位。同时，这些篇章，对不同器具及其部件的长度，都作出了明确的尺、寸、分等规定。该书的《匠人营国》篇，有这样一段话：“室中度以几，堂上度以筵，宫中度以寻，野度以步，涂度以轨。”这里出现的“几”、“筵”、“寻”、“步”、“轨”也是长度单位，只是它们一般用来测量比较长的物体，通常出现在建筑业的房屋设计中。

该书描述梓人制作饮器时写道：“勺一升，爵一升，觚三升”描述陶人制作陶器时提到：“盆实二鬴”、“甑实二鬴”、“鬲实五觳”、“庾，实二觳”这些句子中出现的“升”、“鬴”、“觳”是测量物体体积的计量单位。

该书在描述冶炼青铜合金时，提到“重一钧”，其中的“钧”是测量物体重量的计量单位，合三十斤。另外，该书提到“权之以眂其轻重之侔也”，“不秏然后权之，权之然后准之”，这些句子中出现的“权”字，实际上都涉及物体重量的测量，也表明当时已经掌握杠杆原理，能够使用天平和砝码来称量物品。

第二节 我国古代瓷器生产组织的发展

瓷器通常以高岭土为主要成分的瓷土做胎料，经过1200℃～1300℃的高温焙烧而成，胎体烧成后呈白色，具有透明或半透明性状。瓷器表面涂的釉，是用长石、石英、滑石、高岭土等矿物原料，与化工原料按一定比例配合，经过研磨制成浆状覆盖上去的。它能增强器物的机械强度、热稳定性和电介强度，还能美化器物，使器物便于拭洗、不被尘土腥秽侵蚀等。我国是瓷器的诞生地，瓷器是汉民族一个重要的发明创造成果，是汉民族对世界文明做出的一项伟大贡献，在英文中“瓷器（china）”与“中国（China）”同为一词。笔者认为，在政治经济学中介绍我国古代瓷器生产组织，对于建立有中国特色经济理论体系来说，应是一个有益的探索。

一 远古至汉代瓷器生产组织的发展

瓷器是由陶器发展演变而来的，在这一演变过程中，成功烧制出白陶是一个十分重要的环节。白陶出现于我国新石器时代中期，商代后期发展到顶峰，至西周逐渐被“原始瓷”取代。

原始瓷的质地比陶器细腻坚硬，胎色以灰白居多，烧结温度在1100℃～1200℃，胎质吸水性较弱，器物表面施有一层石灰釉。但它与瓷器还存在较大差别。

原始瓷从商代出现后，经过西周、春秋战国到东汉，历经1600多年的发展，由不成熟逐步走向成熟，终于演变为真正意义上的瓷器。

从出土文物来看，东汉制作的多为青瓷。这些青瓷加工精细，胎质坚硬，不吸水，表面施有一层青色玻璃质釉。这种高水平的瓷器制造技术，标志着我国瓷器生产已进入一个新时代。“瓷器对古代残留的铜器陶器进行了革命，给手工业开出一条宽广的新道路。[①]”从此以后，瓷器作坊组织，独立地成为手工业作坊组织的一大门类，同时，也增加了一种产业制造商的组织形式。

二　唐时期瓷器生产组织的发展

（一）唐时期制瓷业发展概述

唐朝的制瓷技术，已经完全从制陶技术中羽化出来，进入完成阶段，生产工艺日臻完善，真正跨入瓷器时代。瓷器与陶器的主要差别，在于它质白坚硬或半透明，而关键技术是火烧的温度。

汉代虽有瓷器，但温度一般难以达到烧瓷的高度，即使有的窑炉能够烧出高温，但往往又不够稳定，所以，出产的瓷器产品质地脆弱、品种单一，当时瓷器的使用，还远没有陶器那么普遍。

到唐朝，瓷器成为百姓家中的普通日用品，在盛器领域大量取代陶器。制瓷技术的进步和人们消费需要的发展，促使瓷器作坊组织快速发展，资产规模日益扩大。茶圣陆羽在《茶经》中分析茶具时，提到越州、鼎州、婺州、岳州、寿州、洪州等地，是当时出产高品质瓷器的地方，存在不少著名的制瓷作坊组织。

（二）唐时期著名的瓷器作坊组织

从有关史料记载来看，唐朝烧制瓷器最著名的瓷窑是越窑与邢窑。

越窑是我国古代南方的青瓷窑，瓷器作坊组织的中心在越州，即浙江绍兴。瓷窑所在地，主要分布在浙江上虞、余姚、慈溪等地。越窑烧制瓷器，自东汉时期就已开始，到唐朝发展到鼎盛阶段，工艺达到最精湛时期，居当时全国之冠。唐初时期，越窑作坊组织继承南朝风格，生产碗、盘、四耳罐、盘口四系壶、鸡头壶等产品。盛唐以后越窑瓷器更加精美，名扬四海。产品趋向高标准、高规整、艺术化。常把瓷器口沿做成花口、荷叶口、葵口，底部加宽，做成玉璧形、玉环形或多曲结构，美观而耐用。胎体呈灰色，细腻坚致；釉面呈青色，晶莹滋润，如玉似冰。

邢窑作坊组织的中心，位于邢台内丘县和临城县祁村一带，原是我

---

① 范文澜：《中国通史简编》（修订本第二编），人民出版社1965年版，第165页。

国白瓷生产的发源地，在陶瓷史中占有重要地位。邢窑白瓷在加工工艺上，每个步骤都很讲究，烧成后釉色洁白如雪。邢窑白瓷大多采用无装饰的素面形式，到了唐代中期以后特别是晚唐，邢窑瓷器中也出现了雕塑、堆贴、印花、刻花、压边、起棱、花口等装饰方法。

（三）唐时期著名的陶瓷产品

在唐朝陶瓷产品中，知名度最高的恐怕要数“唐三彩”了。

唐三彩是一种陪葬的彩陶工艺品，由于它色彩亮丽，呈现黄、绿、青三色铅釉，故名唐三彩。唐三彩作坊组织主要分布在长安和洛阳两地，在长安的称西窑，在洛阳的则称东窑。唐代盛行厚葬，不仅是达官贵人，百姓也如此，已形成一股风气，这是促使唐三彩作坊组织发展的动力。

唐三彩制作工艺十分复杂。先把开采来的白色黏土，经过挑选、舂捣、淘洗、沉淀、晾干等工序后，用模具制成胎体，入窑经过1000℃～1100℃的素烧形成素胎。再将素胎冷却，并施以配制好的各种釉料入窑釉烧，其烧成温度为850℃～950℃。由各种氧化金属组成的釉，经煅烧后呈现出各种色彩。

唐三彩种类很多，有人物、动物、碗盘、水器、酒器、文具、家具、房屋，甚至装骨灰的壶坛等。

三　宋代瓷器生产组织的发展

（一）北宋年间瓷器生产组织的演进

到宋代，瓷器在胎质、釉料和制作技术等方面，获得了新的提高，烧瓷技术达到完全成熟的程度。同时，在工艺流程上，各道工序有了明确的分工，把我国瓷器推进到一个重要的发展阶段。宋代闻名中外的瓷器作坊组织（即名窑）很多，其中影响最大的五个名窑是：

1. 汝窑。它专门为宫廷烧制青瓷，是古代第一个官窑。釉色以天青为主，用石灰加碱釉烧制技术，釉面多开片，胎呈灰黑色，胎骨较薄。

2. 官窑。其烧制的器物采用薄胎，呈黑、灰等色；釉层丰厚，有粉青、米黄、青灰等色；釉面开片，器物口沿和底足露胎，有“紫口铁足”之称。

3. 哥窑。它传世产品胎有黑、深灰、浅灰、土黄等色，釉以灰青色为主，也有米黄、乳白等色，由于釉中存在大量气泡、未熔石英颗粒与钙长石结晶，所以乳浊感较强。釉面有大小纹开片，细纹色黄，粗纹黑褐色，俗称“金丝铁线”。

4. 钧窑。其产品以烧制铜红釉为主，并大量生产天蓝、月白等乳浊釉瓷器，其中瓷器艺术品含有较大比例。

5. 定窑。它早期烧制的白瓷，釉层略显绿色，流釉如泪痕。到宋代，除烧白瓷外，还烧黑釉、酱釉和绿釉等品种。发明覆烧法，碗盘器物口沿无釉，称为“芒口”。

其他名窑还有耀州窑、景德镇窑、龙泉窑、越窑、邢窑、磁州窑、建窑、宜兴窑等。

这一时期，众多瓷器作坊组织，不仅研制出供贵族使用的高级瓷器，而且生产出大量的一般日用瓷器，供给广大百姓使用。在此基础上，瓷器作坊组织规模普遍增大，并取得突出的市场交易成就。

（二）南宋年间瓷器生产组织的演进

宋朝南迁后，随着疆域缩小，以及社会经济环境的变化，手工业生产在继续向前发展的过程中，出现了明显的结构调整，作坊组织呈现非均衡发展迹象。北宋时期的矿产地点大部分在北方，南迁后失去了这些矿山，致使矿冶作坊组织急剧衰减。池盐、土盐的生产基地不复存在，其经营作坊组织也随之消失。与此同时，为了适应频繁作战的需要，兵器制造业处于持续增长状态，特别是把火药应用到武器制造领域，产生了不少创新成果。为了弥补陆域疆土减少带来的经济损失，大力加强海外贸易，促使造船作坊组织订单不断。同时，海外贸易输出的主要产品是瓷器，刺激瓷器作坊组织持续增长。

南宋时，北方瓷器作坊主和工匠纷纷南迁，有的被录用到官办瓷器作坊组织中，有的受雇于私人瓷器作坊组织，还有的自己开办瓷器作坊。瓷器是重要的对外贸易商品，促使南方各种类型的瓷器作坊组织，不断增加投资做大资产规模，加足马力扩大再生产。在此基础上，形成了江西景德镇、浙江龙泉和杭州、四川广元、福建建阳，以及广东沿海地区，瓷器作坊组织云集，瓷窑成片密布。当时著名的瓷窑主要有：

1. 南宋官窑。宋室南迁后设立，是专门烧制宫廷用瓷的窑场。前期设在龙泉的大窑、金村、溪口一带，后期设在杭州南郊的乌龟山麓。

2. 景德镇窑。创建于唐武德年间，产品主产青瓷与白瓷两种，青瓷色中泛灰，白瓷色彩纯正，素有“白如玉、薄如纸、明如镜、声如磬”之美誉。它在宋代主要烧制青白瓷，远销日本等海外。

3. 建窑。窑址在福建建阳，瓷器作坊组织创设于唐代，烧制过青瓷，到宋代以生产兔毫纹黑釉茶盏而闻名。兔毫纹指釉面呈现条状结晶，有黄、白两色，称金兔毫和银兔毫；有的釉面结晶呈油滴状，称鹤鸽斑；也有少数窑变花釉，在油滴结晶周围出现蓝色光泽。

四　元时期瓷器生产组织的发展

元朝统治者把蒙古族中存在的奴隶制，移植到汉族地区的封建制社会经济中，对汉人居住区的农业和手工业带来了负面影响。元代汉地的手工业生产水平，总体上来说，没有超过南宋达到的高度，私人作坊资产总量也没有南宋那么大。不过，有些部门，如棉织业、印刷业、制瓷业和火器制造业等，出现较多技术创新，推动手工业作坊组织有所进步。

元代制瓷业，在南宋的基础上又向前推进了一步。各地制瓷作坊组织，在市场竞争的作用下，优胜劣汰，有的持续增长，有的衰亡消失。江西景德镇制瓷作坊组织脱颖而出，成为元朝制瓷业的佼佼者。

元代人蒋祈在《陶记》中谈到，景德镇瓷窑300多座，可见这里是制瓷作坊组织的聚集大都会，制瓷作坊资产的总体规模已经达到相当大的水平。

景德镇制瓷作坊组织，自唐代创建，经过两宋时期，发展到元代，工艺上出现了划时代的变革。继宋代烧制成功青白瓷之后，又研制出白瓷、青花瓷、釉里红、青花釉里红等新品种，使我国瓷器突破单色釉为主的格局，把瓷器装饰技术推进到釉下彩阶段，开辟了由素瓷向彩瓷过渡的新时代，形成我国瓷器的鲜明特色，这也是使景德镇瓷业一路领先的原因。

元代景德镇制瓷作坊组织，最令人瞩目的成就是烧制出高品质的青花瓷、釉里红等品种。其中青花瓷画面富丽雄浑，层次繁多，色彩明快，釉质光润，表明烧制技术已是炉火纯青，相当成熟。

元代青花瓷产品主要有：青花缠枝牡丹纹罐、青花加紫镂空大盖罐、青花缠枝牡丹云龙纹罐、青花八卦纹筒形香炉、青花花卉纹鼎、青花云龙纹梅瓶、青花海水白龙纹八方梅瓶、青花飞凤麒麟纹盘、青花瑞兽纹盘、青花八棱执壶、青花托盏等。这些瓷器产品不仅行销国内，而且还大批远销到海外。

元代私人制瓷作坊组织，除聚集在景德镇外，浙江、湖南、四川、广东等地，也有很多私有的烧瓷民窑。

五　明代瓷器生产组织的发展

明代制瓷作坊资产规模日益扩大，产品的数量和质量与元时期相比，都有明显的提高。

明代制瓷作坊组织，在生产工艺和装饰手法上推出了许多创新成果，例如，用陶车镟刀代替以前的竹刀镟坯，吹釉代替了以前的蘸釉。以前的瓷器大多为单色釉，而明代烧制出大量的青花、釉里红及三彩、五彩等多彩瓷器。

明代制瓷作坊组织的聚集中心，仍是江西的景德镇。这一时期，景德镇的瓷器品种，凡前代已有的，这里应有尽有，同时推出大量名重一时的创新产品。例如，永乐、宣德青花瓷，清新优雅，神韵生动，足与水墨画并驾齐驱；成化斗彩瓷，在釉下青花轮廓线内添加釉上彩烧制而成，由于釉下彩青花与釉上彩绘互相掩映，柔和精巧，且争奇斗艳，故名“斗彩”；宣德霁红瓷，鲜红莹亮，色若朝霞，灿如霁日；永乐薄胎甜白瓷，薄如纸、莹如玉、吹之欲飞；嘉靖、万历五彩瓷，金碧辉煌，雍容华贵。

明代景德镇创制的著名瓷器还有黄、绿、紫相间成趣的素三彩瓷，色如翡翠的孔雀绿、深沉幽净的霁青，娇艳柔美的浅黄，呈色稳定的矾红瓷等。

景德镇的制瓷作坊组织或窑场，分官办窑场和民间窑场两类。官办窑场专门烧造皇家瓷器，明洪武二年，朝廷在景德镇始设“御窑厂”。到宣德年间，官办窑场增加到58座，工匠300多人，分为23作。官办窑场的产品，做工精细，工艺高超。正是在官办窑场的推动下，景德镇自明代开始进入鼎盛阶段。另外，还有民窑数百座。有人描述当时景德镇“昼间白烟掩盖天空，夜则红焰烧天”，足见制瓷作坊组织规模之宏大。

六 清时期瓷器生产组织的发展

（一）清朝前期瓷器生产组织的演进

清朝前期的康熙、雍正、乾隆三代，因政治安定，经济繁荣，官府重视，又有皇家的爱好与提倡，制瓷作坊组织发展迅速，资产规模总量达到前所未有的高度。

1. 清朝前期官窑的发展状况。以景德镇官窑为代表的制瓷作坊组织，在总结历代经验的基础上，吸收西方原料及技术进行创新，促使制瓷工艺精妙绝伦、独具匠心，装饰精细华美，产品多彩多姿。

（1）生产操作方面，出现了技术革新的脚踏镟铲车、手摇碎釉机、石膏模型铸坯、雾吹器施釉等。

（2）装饰品种方面，出现了别开生面的珐琅彩、粉彩、五彩、三彩、豇豆红、郎窑红、胭脂红、祭红、洒蓝、孔雀蓝、瓜皮绿等。其中珐琅彩、粉彩是这一时期的重大发明。

（3）特种工艺瓷方面，出现了巧夺天工的青花玲珑瓷、生瓷雕、仿古铜、仿竹木、仿漆器等。乾隆时督陶官唐英在《陶冶图说》：“景德镇袤延仅十余里，山环水绕，僻处一隅，以陶来四方商贩，民窑二、三百区，工匠人夫不下数十万，籍此食者甚众。”

2. 清朝前期民窑的发展状况。

清朝前期，各地民间私人经营的制瓷作坊组织也呈一派昌盛兴隆景象，工艺和产品创新取得很大成就。当时，景德镇民窑瓷器的种类十分广泛，可谓应有尽有，其中产量较多的产品是：碗、盘、碟、杯、净水碗、筒瓶、筒式香炉、笔筒、橄榄瓶、蒜头瓶、洗口兽耳瓶、筒花觚、花觚、观音尊、将军罐、莲子罐、香炉等。

（二）清朝后期瓷器生产组织的衰落

清朝后期，制瓷业从巅峰走向下坡路，作坊组织规模和资产总量，以及瓷器质量、产量、品种、造型等都呈现明显萎缩现象。特别是鸦片战争之后，由于政局动荡、外资入侵、市场缩小，各地制瓷作坊组织纷纷倒闭。在景德镇，随着清祚倾圮，自明代创建以来延续500多年的官办御器厂寿终正寝了，民间制瓷作坊组织只留下十分之一。

第三节　按公司制规范要求推进国有企业改革

一　明确国有企业改革的方向

（一）“工厂制”转变为公司制

在传统体制下，国家是国有企业唯一的产权主体，全国仿佛是一个大企业集团，分布各地的具体企业仿佛都是它的分支机构，成了只有生产加工功能的单纯工厂。在此基础上，形成了组织形式和行为准则高度单纯、高度一致的企业制度，可谓之“工厂制”。

国有企业改革一直是经济体制改革的中心环节，这是一个大胆探索、渐进前行、不断扬弃的过程。[①] 试建现代企业制度以前，尽管改革使企业的自主权逐步增大，但因无法摆脱政府管理企业的体制模式，难以超越“工厂制”的功能框架，企业自主权的大小只能在生产经营权的范围内伸缩，不能延伸到资本经营权的领域。在“工厂制”条件下，不管怎样改革，生产经营仍会与资本经营脱节。因为它们分属于不同的主体。企业仅是生产主体，无权投资、融资。企业基建、扩建、改建和重大技术改造所涉及的资本经营，其决策权掌握在政府手中。政府有权投资，而对投资有何结果即形成多大的生产经营能力，不承担经济责任。于是，滥上项目、重复建设和投资效益低下等现象，便在所难免。

建立现代企业制度，必须抛弃单一生产功能的“工厂制”，代之以公司制形式。在公司制条件下，企业既有生产经营权，又有资本经营权。同时，企业在生产和资本经营方面的决策权限，与相应的所负责任和所得利益直接联系。[②]

国有企业建成公司制企业，不仅以往改革一直难以全面到位的生产经营自主权可以一步到位，而且关键在于，企业有了资本经营自主权。

① 魏杰、李东红：《30 年国有企业改革历程评析》，《经济与管理研究》2009 年第 1 期。

② 张明龙：《国有企业建成现代企业制度的标志》，《贵州社会科学》1997 年第 6 期。

这样，企业可以根据市场商情变动趋势和本身的专长、特点，自行选择筹资、借资、引资、合资、融资和积累方式，自行确定扩建、改建和技术改造项目，自行作出资产收购、转让、典卖、抵押、联合、合并、兼并等决策，灵活自如地优化资本组合，迅速扩大企业，提高规模效益。

（二）模糊的产权关系转变为明晰的产权关系

在传统经济体制下，国家所有制等同于全民所有制，其产权的基本原则是，在一国范围内的所有公民，对财产都享有平等的所有权，但任何个人都不能在法律上确认哪些国有资产属于自己所有。于是，造成国有企业产权主体虚置，缺乏人格化的所有权代表，没有具体的、跟切身利益相关的出资主体来有效维护、承担和行使所有权。

结果国有企业产权关系模糊，出资人常与债权人相混淆。难以确定资产和负债的边界，资本额和负债量带有很大随意性，并可随时相互转化。企业又不能以自己独立的资产对其债务和经营行为承担责任，代之承担无限责任风险的是各级对口管理的政府部门，这致使许多机构和行政单位，都以所有者的身份，插手企业权益的处置。然而，一旦企业亏损或破产时，却搞不清楚到底该由谁来承担何种具体责任，也搞不清楚到底破了哪位出资人的产。所以，在国有企业资产所有者缺位，出资人身份不确定的情况下，不管采取何种改革措施，不管给企业多大的独立性和自主权，企业仍然无法成为真正的市场主体。

产权关系明晰，财产责任清楚，是现代企业制度的基本特征之一。国有企业改造成以公司制为典型形式的现代企业制度，以确定出资人为前提。国家作为出资人，跟其他出资人一样，是企业资产确定的所有者之一，它所出的资本额也是确定的。国有企业以往积累的资产，要成为公司资产，必须先通过清产核资，界定产权，清理债权债务，评估无形资产，核实资产总量，再通过建立国有资产出资人制度确定具体的出资主体，负责承担、行使和维护这部分国有资产的所有权。这样，公司制国有企业就有明确的注册资本和相应的权益，有明确的资产和负债归属，有明确的债权债务关系。

在公司制企业里，出资人有多少，他们各自拥有多大权益，需承担多大责任，谁从企业的营运中获益或受损，都是清清楚楚的。产权关系明晰，有利于消除企业权益与责任脱节、机会与风险不对称等现象，有利于提高资产经营效率。

（三）不完整的法人转变为完整的法人

市场经济的发展，要求企业组织跟自然人一样，具有财产权利能力，实现法律上的“人格化”，成为法人。

《中华人民共和国民法通则》（以下简称《民法通则》）第 3 章第 36 条表明：“法人是具有民事权利能力和民事行为能力，依法独立享有民事权利和承担民事义务的组织。”由此可知，法人必须是民事权利主体，具有民事权利能力，并依法享有民事权利。从《民法通则》第 5 章法人民事权利有关条款的规定看，法人的民事权利主要包括以下三项：（1）有形资产的财产所有权；（2）债权，即应收款项的财产所有权；（3）知识产权，以及名称权、名誉权、荣誉权等无形资产的财产所有权。不难明白，法人的民事权利，主要就是指法人的各种财产所有权。

所以，一个企业，必须是产权主体，具有财产所有权能力，并享有财产所有权，才有资格成为法人。否则，它就不是一个真正的法人，至少不是一个完整的法人。

我国国有企业，依照所有权和经营权分离的原则推进改革，已取得明显成效。但由于经营权是我国法律新认可的一个特定的法律范畴，其内涵和外延的界定尚欠缜密，可以有不同的理解，这致使一些国有企业尽管经过多年改革已获得经营权，但却难以成为完整的法人。

为此，要使国有企业改革后形成的公司制企业，具有财产所有权的民事权利能力，并能依法独立享有财产所有权的民事权利，从而有资格成为真正的完整的法人。

为了加快国有企业建立现代企业制度的步伐，现有的相关经济法规、条例、细则，应随着环境和条件的变化，不断给予充实完善，尽早消除内中缺陷，尤其是必须精确界定经营权的法律含义，从而使所有权和经营权的两权分离理论，具体化为出资人财产所有权与企业法人财产所有权的两权分离原则，使国有企业能在健全的法人制度基础上建成现代企业制度。

（四）无限责任转变为有限责任

国有企业改制前，国家类似于独资企业的企业主，对企业承担的是无限责任。因为这里国家与企业主一样是民事主体，而企业则不是民事主体。还因为国有企业尚未形成独立的法人财产，国家作为唯一的出资人，也跟独资企业的企业主相似，在企业之中和企业之外的财产，均是统一于其名下的财产。

这样，企业自负盈亏的口号尽管喊得震耳欲聋，但仍然无力实现。道理很简单，负盈要以有权获取资产收益为起点，负亏要以有权用资产抵补经营损失为前提，它们都必须以拥有财产所有权为基础，这只有财产所有者才能做到。既然财产所有者不是企业，那么企业难以做到自负盈亏，也是情理之中的事。由此推论，既然国家拥有企业的全部财产，它理所当然负有无限连带的风险责任：企业资金占压由国家增拨流动资金或发放启动贷款，企业亏损由国家免税减亏或给予专项补贴，企业资不抵债由国家清偿债务并拨款扶持，等等。国家实际上成了全国最大的承担无限责任的企业主。

国有企业一旦建成现代企业制度，拥有企业法人财产所有权，它便成为民事主体，具有民事权利能力和民事行为能力，能以自己的法人财产对债务承担责任。企业法人所有权的具体形式可以因公司性质而异：有限责任公司、股份有限公司和股份合作有限公司，它表现为出资人所有权的集合形式；企业法人持股公司，它可以表现为出资人所有权的直接延伸形式；全资子公司和“一人公司”即独资有限责任公司，它表现为出资人所有权的有限责任形式。不管企业法人所有权的具体形式如何，它们都仅是出资人所有权的一定表现形式。

企业法人所有权是在出资人所有权基础上产生的，但两者又有明显区别：企业主要通过控制权来实现自己的所有权，而出资人即股东主要通过剩余索取权来实现自己的所有权。由于股东的剩余索取权以其所出资本额为限并与之成正比，因此股东对公司承担的风险责任，也相应地只能以其所出资本额为限并与之成正比。国家作为法人企业的股东，与任何股东一样，只能以自己所出的资本额为限，对公司承担有限责任。倘若公司破产而全部资产又不足以抵偿全部债务，作为股东的国家，损失的最大限度，是丧失它对公司的全部所出资本，除此之外国家即使在别处还有亿万资产，也与这家公司的债务无关。这将大大降低国家的投资风险，还可避免大量国有资产在资不抵债企业的黑洞中流失。

（五）委派授权转变为委托代理

委派授权模式，是国有企业传统体制的典型特征。在这种模式中，政府通过任命厂长、经理，授权给特定经营者负责国有资产的营运。政府与经营者的关系，属于垂直的上下级关系。双方通过上级机关、组织部门的任命和管理文件，把领导与被领导的关系及双方的行为确定下来。政府为了实现产权目标，往往凌驾于企业之上并对企业发号施令进行干预。厂长、经理是由上级主管部门选拔、任用的具有行政级别的国家干部，他们自身的经验和能力没有很强的“资产专用性”，改变职业的成本不高，可以随时根据政府需要更换职业，甚至到行政机关供职。政府对经营者，建立以行政提升晋级为主要内容的激励机制，建立以上级主管部门考核检查为主要方式的约束机制。经营者通常很少承担由决策失误带来的种种风险。他们的职位升迁、岗位变动以及奖励或惩罚，全由上级领导决定。所以，厂长、经理只能对上级行政主管部门负责，无须对企业的经营好坏负责。

国有企业建成现代企业制度，其资产营运模式，将随之由委派授权转变为委托代理。在委托代理模式中，产权在所有权没有发生换位的条件下实行再配置，形成出资人所有权和接受投资的企业法人所有权的外部分离。出资者享有剩余索取权为核心的一组产权，成为委托方；企业经营者拥有以控制权为核心的另一组产权，成为代理方。[①]

在委托代理制度下，委托人（政府）对代理人（经营者），建立以高额年薪和社会荣誉为主要内容的激励机制，建立以法人治理责任和竞争风险责任为主要内容的约束机制。

作为代理人的企业经营者，不是行政主管部门任命的干部，而是从经理市场中选聘的企业家。他们不必看“上级领导眼色”行事，可以自主地以市场供求变动为依据，安排生产经营计划。他们在企业利润最大化目标牵引下行使管理权和代理权，按照市场经济运行规律管理企业。他们自身的经验和能力，具有很强的“资产专用性”，改变职业可能会导致某些经验或能力闲置而丧失价值，所以，他们通常不愿轻易大跨度地更换职业。

---

① 张明龙：《按公司制规范要求推进国有企业改革》，《青海社会科学》1998年第1期。

代理人时时需承担由经营决策引起的各种风险，他们的前途和命运，跟经营好坏息息相关。他们能否加薪、晋升、提高名望和谋取更好职位，主要取决于企业经营绩效和所有者对这一绩效的评价。在激烈的经理市场竞争中，代理人一旦因经营决策失误而声誉受损，或所有者对其评价下降到一定限度时，他就不得不考虑改变职业，这将付出高昂的“企业家资产专用性”成本代价。因此，代理人为了减少改变职业的风险，必会努力提高自己的经营管理技能，充分发挥自己的拼搏力量、内在潜能和勇气，从而推动企业不断发展壮大。

（六）“数量扩张”转变为利润最大化

在传统体制下，国有企业厂长、经理的行政级别往往视企业规模而定。企业生产规模扩大，厂长、经理的行政级别会提高，权力、地位和声望会增长，物质报酬也会随之增加。这使得企业经营者具有一种扩张冲动的内力，并由此导致不可满足的投资饥渴。同时，企业不怕产品质量低劣卖不出去，因为国民经济中的普遍短缺现象使产品无销路的情况几乎不会出现。企业也不怕产品成本过高造成入不敷出，因为亏损总是可以通过国家免税、补贴、价格调整或其他方法得到补偿。如此一来，企业的扩张冲动和投资饥渴，在没有亏损或破产威胁的制约下，造成“数量扩张”：不讲效益的高速度，不计盈亏的产品数量和产值增长。改革开放以来，这种状态逐步改观。然而，只要国有企业尚未建成现代企业制度，它就难以全面摆脱“数量扩张”的行为倾向。

国有企业建成现代企业制度，成为独立的法人实体，它需以自身的财产对企业的债务承担责任。市场竞争机制和风险机制将会通过利益机制，对企业行为发生直接影响。企业的生产、经营、投资、创新等活动，既可能取得赢利，也可能出现亏损甚至破产。经营者的个人收益特别是风险收入，跟企业收益捆在一起，经营者经验丰富、能力强，企业经济效益好，其风险收入就高；反之亦然。职工个人收益和失业压力，也跟企业收益密切相关。随着经理市场的形成，在公司制企业中，倘若一个经理因行为不当而导致公司效益下降，董事会就会到经理市场物色新人选。经理市场由公司内和公司外两部分组成，要是公司内有人能提出可使公司利润获得更大增加的计划和方案，或公司外有更高素质和更强能力的候选人，就会发生“经理替代”行为。同时，公司经营绩效不佳，会造成众多股东不满意而抛售所持股份，致使股票价格下跌，有可能被别的公司趁机收购多数股权，达到对该公司决策过程的控制，实施兼并。公司被兼并后，原高级职员一般都会被裁减。另外，公司内部的广大职工，为防止企业破产而导致自身失业，也会迫使他们督促经理人员为增加公司利益而勤奋工作。这样，经理们在激励机制和约束机制的双重制导下，必然会选择能使公司长期稳定发展的策略，自觉抛弃“数量扩张”的行为倾向，设法保证设备的连续有效运用，积极拓宽原料来源和市场销路，努力开发新产品和新型服务项目，降低成本，提高效益，促使公司收益较快增长，最终实现投资者期待的利润最大化目标。

二 健全提高经营者绩效的激励机制

（一）设计专门针对经营者的年薪制

企业雇员是唯一处于企业内部而且最为重要的利益相关者，其积极性、主动性的发挥程度直接决定了企业的竞争力和发展后劲。[①] 因此，公司制企业必须集中精力处理好与各类雇员之间的关系。公司制企业在完善内部岗位设置和收入分配制度时，必须针对不同雇员的特点，制订相应的激励和约束方案。对于普通员工主要可以通过调节奖金的数量，促使他们勤奋工作。而对于从事经营管理工作的雇员来说，仅靠奖金是不够的，应该综合考虑他们以往取得的经营管理业绩、目前承担的经营管理任务，以及他们给企业发展带来的新收益等因素。既使他们拥有充分施展才华、发挥潜能的机会，又让其能获得与自己贡献相对称的收入。这要求设计一种与一般员工不同的年薪制，它专门针对经营管理人员，主要对象是少数高层经理。其核心内容是，设法把高层经理的个人收益，跟本单位的业绩牢牢捆绑在一起，使他们享有部分剩余索取权，让其一揽子年薪取决于本单位的整体绩效。同时，按照不同岗位分工与职务高低层次，形成相应经营者的年薪类型和结构。从而通过年薪制的激励和约束功能，充分激发高层经理的努力动机，并波及、推进其他各

① 吴宣恭：《正确认识利益相关论者的企业产权和社会责任观》，《经济学家》2007 年第 6 期。

层级经理的行为，促成全体经理人员尽其努力为股东谋取利益。[①]

（二）形成激发创新创业意识的显著收入等级差别

国有企业在建立公司制企业过程中，需要通过制度创新，逐步建立内部职位的有序竞争机制，每个经营管理职位的人员均由竞争择优选用，以既定经营管理岗位职务确定年薪。升级者按照现任职务增薪，降级者按照现任职务减薪，使薪金能够体现各等级经营者承担的不同经营管理责任及风险，并能够鼓励经营者为争取更好业绩展开竞争，进而把单位建设成适合经营者成长和生存的组织，促使各层级经营者除了根据单位分配的任务扮演规定角色外，还有强烈的创新创业意识，通过创造性地开展工作，赢得合适的经营管理岗位和丰厚的年薪。在此基础上，拉大不同等级经营管理岗位的年薪档次。例如，总经理与副总经理之间、副总经理与部门经理之间、部门经理与部门副经理之间，每一等级的年薪总额，可以相差一倍甚至数倍。另外，经营管理创新带来收益形成的奖金分配，也应按照经营管理岗位职务差别和实际贡献大小，适当拉大档次。

（三）制定适宜的经营者年薪结构标准和比例标准

目前，企业经营者的年薪内容，通常可以包括基本工资、职务津贴和福利、一般激励性报酬、长期激励性报酬，以及其他各种奖金等。如何组合各种收入，怎样确定它们在年薪中所占的比重，不同的企业有不同的做法，需要考虑的因素也存在很大差别。一般来说，应着重注意以下几点：

1. 年薪结构与目标激励相一致。为此，公司制企业需把经营管理总目标分解为各个经营者的具体目标，按照目标完成情况，以适当的年薪形式奖励或处罚经营者。各个经营管理岗位的目标确定，要尽可能接近经营者的知识水平、实际能力和个性特点，做到高低适度。既要避免目标过高无法实现导致经营者产生畏难情绪，又要避免目标太低难以激发经营者的内在潜能。对于具有团队性质的某一层级经营者，要设法分清他们相互之间的权责利关系，努力提高经营管理团队绩效中个人贡献的可观测性和分离性，以便有针对性地设置个人年薪结构差别，从而促

---

① 张明龙、章庆平：《年薪制激励和约束经营者行为》，《中国劳动》2002 年第 4 期。

使这一层级所有经营者，既能通力合作完成公司下达的生产经营任务，又能获得与各自努力程度相一致的应有报酬。

2. 年薪层级档次与经营管理职务变动状况相联系。经营者升上一级经营管理职务，除了增加个人收入，还会带来事业成功获得的种种喜悦和荣誉。不少有发展前途的经营者，首先注重的恐怕不是现有岗位的奖金多少，而是将来经营管理职务能否及时提升。经营管理职务提升的机会多少，以及经营管理职务提升所增加的报酬数量，直接影响着经营者的行为。公司制企业在设置年薪制时，必须考虑现有经营管理职务及其将来的变动趋势，各个经营者职务提升的可能性和提升时间。对处于快速发展时期的企业来说，由于新的岗位不断涌现，经营者的提升机会多，每次提升的时间间隔短，经营管理职务提升产生的激励和约束效果明显，可以适当减少上下级职务之间的年薪差额。相反，对处于调整或收缩时期的企业来说，由于职能归并、岗位整合，管理类型和层次减少等，经营管理职务提升难度大，则应适当拉大上下等级之间的年薪差距。

3. 年薪各个组成部分的比例体现经营者的个性特点。尽管不同企业的年薪组合内容存在一定差别，但大体上都可以分成两块，一是基本薪酬，二是激励性薪酬。激励性部分又可分为短期报酬和长期报酬两种形式。年薪不同构成部分的比例，不能千篇一律，固定不变，必须根据经营者的实际情况来确定。对不同层级的经营者来说，激励性薪酬特别是长期报酬在年薪总额中所占的比重应与级别高低成正比。经营者职位越高，其年薪中长期报酬的比重就越大，反之亦然。就同一层级的经营者来说，工作稳定性强，年龄较大，长期被公司制企业聘用的经营者，应适当提高基本薪酬在年薪构成中的比例。工作流动性强，有较大逆向选择行为可能性，跳槽次数较多的经营者，宜在年薪中较大幅度地提高长期报酬的比例。就公司制企业经营者整体来说，跟他们的努力程度和实际表现直接相关的报酬，应占年薪总额的50%～80%，而能起长期激励作用的报酬，又应占这部分报酬的50%～80%，经营者的年薪总额不应封顶，以便充分发挥其个人的创造力和潜能。

（四）建立以年薪制为基础的长期激励与约束机制

长期激励与约束机制的功能，主要是激发经营者产生长期努力的动机，形成长期积极行为，自觉主动地为公司的长远发展出主意、想办法、负责任，同时能长期自觉地约束自己的行为，防止出现“偷懒”动机和“搭便车”行为。运用年薪制形成长期激励与约束机制的方法，大体是：根据企业过去 3～5 年或更长时间的平均效益，给予经营者一定的项目收益分成、延期奖金、赠股和股票期权等激励性报酬。在公司各类经理人员中，职位越高，这部分报酬的比例也越大，总经理的长期激励性报酬可占其总收入的 30%～60%。① 在公司制企业中，把经营者所得的奖金改作股票支付，是建立、完善长期激励机制的有益探索，具体做法主要有：

1. 把经营者的部分薪酬，如一年中所得的部分或全部奖金，按市场价格折合成公司股票发给。使经营者持股后与其他股东一样成为企业的所有者，促使其以所有者心态高度重视公司的长期生存和稳定增长。

2. 把经营者的奖金转化为优惠购股权。其操作办法是：确定本公司股票的市价与优惠价的差额，再确定经营者可购的优惠价股票数量，使优惠差价与可购股数的乘积，跟应得的奖金额大体相等。这跟直接把奖金转化为股票比较，同样数量的奖金，可使经营者持有更多数量的股票，可以增强长期激励机制的作用力。

3. 把经营者的奖金预留作资本金。按预留年限算出奖金延期支付的利息，合计奖金及其延期利息折合成现价股票，待预留年限到期时，再给经营者发还股票。经营者为了保证这些数年后才到手的股票能够增值，或至少不会贬值，定会重视加强公司持久发展的后劲和实力。

4. 把经营者的奖金转化为股票期权。也就是，根据经营者取得的业绩和应得的奖金，授予他们在今后若干年（通常为 10 年）内，按照给予股票期权时的市场价格，购买一定数量本公司股票的权利，一般还规定须在获得股票期权 3～5 年后才能行使这项权利。倘若公司日后经营得法，股票价格不断上涨，经营者就能通过行使股票期权从既定股价与将来股价的差额，跟既定可购股数的乘积中获取可观的收益。这样，经营者为使股票期权的利益得以实现，必然会努力提高企业的长期业绩。

---

① 张明龙：《增强经营者年薪制的激励和约束功能》，《经济学家》2003 年第 3 期。

5. 根据经营者贡献大小分别配送一定数额的原始股。同时，规定这类股份的持有者，5 年内不享受该股的分红，其红利只能用作积累扩股。5 年后经公司考核，董事会讨论同意，可以享有分红权利，但还不拥有所有权。满 10 年后，才拥有所有权和分红权。这样，经营者为使期权的利益得以实现，自然而然会产生长期努力的动机。

（五）加强对经营者的精神激励

对经营者采取高额年薪激励的同时，给予一定的社会荣誉称号。通过提高高层经理的社区影响力、名誉声望和社会地位，进一步加强他们的事业心和责任感，使他们的人生观、幸福观和荣辱感，与企业的经营成败紧紧地联结在一起，以便从精神上激发他们的拼搏力量、内在潜能和勇气。

三　完善降低代理成本的约束机制

（一）健全企业内部约束机制的主要措施

健全企业内部的约束机制，应着重做好下述四项工作：

1. 完善政府与经营者之间委托代理契约的规定。契约内容除有完备的考核指标外，要详细载明处罚条款，对未完成指标或有违纪行为的经营人员，严格按条款规定给予处罚。

2. 对于有较大“逆向选择”可能性的代理人，应要求其交纳风险抵押金，防止代理人通过隐瞒或者谎报来攫取自己的更大收益，降低委托风险。

3. 国家独资或国家股权比例大的企业，要防止“内部人”控制企业。所谓“内部人”控制企业，指一个企业的内部人员主要是高层经理人员，拥有对企业利润、投资等方面的实际控制权。当“内部人”并不拥有企业全部产权时，他们的利益与出资委托人的利益就会发生冲突。如果委托人不能对“内部人”的行为实施有效控制，他们就会利用手中掌握的控制权，来为自己和企业群体谋取利益，降低企业应有的经营效率，造成大量国家利益和国有资产的流失。为了防止产生“内部人”控制现象，应改变公司董事会和监事会成员，全由企业内部人员出任的状况。国有资产管理部门代表国有股东，要按一定比例从企业外部选派公司的董事和监事人员。外部选派的董事和监事人员，可以是经济、管理、金融、财务、会计、审计和法律等方面的专家，也可以是社会知名人士等。外部选派的董事人员应从政府领取报酬，而不在企业领取薪金，使其以利益独立为基础敢于对国家负责。①

4. 严格按照公司法的要求规范公司内股东大会、董事会和监事会的权责利关系。据有关资料获悉，一些国有企业改制为股份公司后，虽然建立了股东大会、董事会和监事会，但形同虚设：董事长、总经理以及董事会和监事会成员，几乎都由原厂领导成员换个职务名称而来，或由上级主管部门将要退休的老领导挂职担任。监事会的成员往往由原厂工会系统的人员组成，握不住应有的监管权利，且在行政和经济方面受制于董事会，非但发挥不了起码的监管作用，反而主体错位，受到董事长、总经理的监管。股东大会更是无法行使产权所有者的职能，它的权责利成了徒有其名的摆设。为了健全企业的约束机制，必须尽快改变上述情况，努力做到：公司的重大经营决策、人事任免，按规定程序由股东大会审批，股东大会要按法定程序召开，按“一股一票”的原则和公司法的规定进行表决。董事、监事（包括公司外选派者）须经股东大会选举产生，以确保董事会真正为股东大会负责，做到正确决策并精心选聘经理人员。确保监事会精心挑选审计、会计人员，认真负责地对公司业务执行机构检查和监督，促使经营管理人员自觉避免违纪行为。

（二）健全企业外部约束机制的主要对策

健全企业外部的约束机制，应着重做好以下五项工作：

1. 规范国内证券市场交易行为，确保股票价格跟公司盈利挂钩，减弱“投机题材”对股市的影响，使各公司的股票价格能随其回报率高低而升降，使股东“用脚投票”与“用手投票”密切相关且趋向一致，从而增强股市对经理人员业绩的监督、约束功能。鼓励具备条件的国有企业进入国际股市，增强国际股市竞争机制对国有企业经理人员的制约作用，促使其行为符合国际上通行的公司制规范要求。

2. 鼓励和推进企业兼并。改革实践告诉我们，必须建立优胜劣汰的企业竞争机制，让扭亏无望的国有企业破产，让优势企业实施兼并盘活死的资产。为了提高兼并对健全企业约束机制的作用，今后应明确规

① 张明龙：《按公司制规范要求推进国有企业改革》，《青海社会科学》1998年第1期。

定企业被兼并后，其领导人由兼并企业直接处理，政府不再易地安排，促成兼并行为对现任经理构成强大压力。

3. 鼓励银行、信用社、投资公司和保险公司等金融机构持有企业股份，从事股权经营，以制约企业行为，特别是要注意发挥金融部门会计、审计专家多并了解企业资金状况的优势，加强它们对企业经营的监督。

4. 发挥会计师、审计师和律师事务所、公证和仲裁机构、计量和质量检验认证机构、信息咨询机构、资产和资信评估机构等各类中介组织对企业的监督作用。健全行业协会、商会和消费者协会等组织的制导功能，建立有权威的市场执法和监督机构，提高社会舆论的监督效果，使各种社会监督力量组合成约束企业的有效机制。

5. 加快职业经理人市场化进程。随着国有企业改革不断深入，必须建立职业经理人制度，由市场来选择经理人，评估经理人的经营业绩。[①] 为此，应努力做好以下几点：一是建立职业经理人岗位资格证书制度，职业经理人必须取得相应的资格证书才能上岗。二是建立职业经理人的人才测评制度，运用国际通用的科学方法，对多层次职业经理人的智商、智力、世界观、爱好、心理素质、承受力、知识面、事业心、荣誉感、道德责任等评价指标进行综合量化分析，并对职业经理人过去的业绩、曾任职的成败、所握权力大小评定等级。三是建立职业经理人选拔聘任制度：按市场规则、企业的目标需求和职业经理人的实际才干，建立一套完整的聘任程序和解聘程序。四是建立职业经理人市场准入禁入制度：凡希望成为职业经理人者，需经考试并取得合格证书才能进入该市场；凡有造成企业破产或重大损失等经营劣迹者，将依其所负责任，确定为若干年或永远不得成为职业经理人的“市场禁止进入者”。五是建立招聘职业经理人的信息公布制度，高价聘用职业经理人后公开登报，并议定如果经营不善下台时仍要公开登报，以对被聘者形成压力。同时，还要建立职业经理人法律保护制度、职业经理人自律制度以及职业经理人年薪制度等。通过完善的职业经理人市场和随时可能出现的“职业经理人替代”现象，强化企业外部的约束机制。

---

① 杨瑞龙：《以混合经济为突破口推进国有企业改革》，《改革》2014 年第 5 期。

第四节　产业集群产生的溢出效应

一　企业集群与产业集群

20 世纪 90 年代以来，我国企业生产特点发生了明显变化。它们从大批量生产转向多品种小批量生产，从机器化产品生产转向知识化产品生产，从单纯的产品生产转向产品和服务的生产。① 与此同时，用料相关或工艺相近的大量中小企业，开始集中分布在同一区域。这样，产生了企业集群。企业集群，就是众多既独立自主又相互关联的企业，依据专业化分工和协作建立起来的群体组织。

企业集群是产业集群的基础，产业集群是以企业集群的存在为前提建立起来的。企业集群发展到一定阶段，导致该企业集群所在的产业在一定区域集聚时，便产生了产业集群。产业集群是指在一定生产领域和一定区域内，一群企业和其他法人机构，以产业链为基础形成既独立自主又相互关联的空间经济组织形式。它有利于提升企业的竞争力，是企业集群进一步发展而产生的空间经济组织。

产业集群具有鲜明的空间经济组织特征。它通过系统进化的结构演变，促使资本、财富和劳动力的运行密度不断提高，形成企业集中分布的区域格局，达到集约经营的目的。通过推进生产要素或资源的有机结合，增强产业之间的内聚力和关联性，产生同向合力的乘数功能，降低整体生产费用。还通过经济要素处于相对密集的状态，以及经济活动数量上的空间扩张，促使区域内企业数目增多和企业规模扩大，减少单位产品需要分摊的固定成本。这些都包含着产业集群产生的积极溢出作用。②

二　产业集群中企业之间产生的溢出效应

一定区域的产业集群，总是以企业集群为基础的，所以，产业集群产生的溢出效应主要是企业之间的溢出效应。

---

① 马洪：《企业管理的新发展》，《中国工业经济》1999 年第 1 期。

② 张明龙：《产业聚集的溢出效应分析》，《经济学家》2004 年第 3 期。

产业集群产生的经济向心运动，会把众多企业吸引到一定地点，形成区域企业群团。与单独存在的企业相比，产业集群内各企业产生的溢出效应会更明显，更有效。如何认识企业集群的溢出效应呢？假定企业为 E；E_A 企业生产的产品或提供的服务为 a，E_B 企业生产的产品或提供的服务为 b，各种投入要素为 x_1，x_2，…，x_n。如果 a 的产出，完全取决于本企业的投入要素 E_{AX}，那么，E_B 企业对 E_A 企业不存在溢出效应。如果 a 的产出，除了依靠自身的投入要素外，还受到 b 产出的影响，这说明，E_B 企业对 E_A 企业产生了溢出效应。此时，a 的生产函数是：

$$a = E_A\ (x_1,\ x_2,\ \cdots,\ x_n,\ E_B) \tag{4-1}$$

现用 $\partial E_A/\partial E_B$，表示 E_B 企业对 E_A 企业溢出效应的边际生产率。$\partial E_A/\partial E_B>0$，意味着 E_B 企业的生产经营活动为 E_A 企业带来了好处，b 量的增加会引起 a 效益的提高，是一种外部经济现象。倘若 $\partial E_A/\partial E_B<0$，则表明 E_B 企业给 E_A 企业带来一定效率损失，b 量的增加会导致 a 成本上升，造成了外部不经济。

在双向溢出效应的条件下，b 的产出，不仅取决于自身企业的投入要素 E_{Bx}，也受到 a 产出的影响，其生产函数为：

$$b = E_B\ (x_1,\ x_2,\ \cdots,\ x_n,\ E_A) \tag{4-2}$$

这里，$\partial E_B/\partial E_A>0$，表明 E_A 企业会对 E_B 企业产生积极溢出，将带来外部经济的好现象；$\partial E_B/\partial E_A<0$，表明 E_A 企业会对 E_B 企业产生消极溢出，将造成外部不经济的不良后果。

企业集群可以产生多方面的积极溢出，其中最明显的，恐怕要数信息、知识和技术的溢出和共享。假定某企业 E 的私有信息、知识和技术为 x，其他投入要素为 x_{b1}，x_{b2}，…，x_{bn}，如果这家企业所在区域没有出现集聚现象，周围找不到相关企业，不可能产生积极溢出，也不受别的企业溢出效应的影响，它的生产函数是：$e = E\ (x_a;\ x_{b1},\ x_{b2},\ \cdots,\ x_{bn})$。倘若该企业与别的企业集聚在一起，形成了信息、知识和技术的积极溢出，相关企业就可免费获得这种溢出带来的利益，从而进一步提高各自的信息、知识和技术水平。假定在一定区域内，含有溢出效益的社会信息、知识和技术总水平为 X_A，企业数目为 n，那么，$X_A = x_a n$。需要指出的是，X_A 不等于企业分散时 x_a 的数量合计。因为，在分散条件下，企业拥有的 x_a 即使存在积极溢出效应，也会由于无人利用而白白浪费，很难产生外部经济。因此，X_A 总是大于 x_a 没有积极溢出效益时的简单叠加。

用 $\overline{x}_b$ 代替 x_{b1}，x_{b2}，…，x_{bn}，表示信息、知识和技术以外的其他投入要素，规模都保持不变，且没有任何溢出效应。这时，由于集聚，企业单纯受 X_A 影响而形成的生产函数，将按以下路径演变：

$$e = E(x_a; x_{b1}, x_{b2}, \cdots, x_{bn}) \rightarrow = E(x_a, \overline{x}_b) \rightarrow = E(x_a, X_A, \overline{x}_b) \quad (4-3)$$

在 $e=E(x_a, X_A, \overline{x}_b)$ 式中，E 既是 x_a 和 $\overline{x}_b$ 的规模收益不变函数，又是 x_a 和 X_A 的收益递增函数。这里，X_A 对产出的贡献，可以衡量信息、知识和技术，因产业集群造成溢出而带来的外部经济效果。如果假定 $X_A(t)$ 为社会信息、知识和技术总水平的运行轨迹，根据罗默增长模型原理，任何竞争性厂商都把 $X_A(t)$ 和价格看作是既定的。这样，对个别企业来说，信息、知识和技术的私人边际产品是 $\frac{\partial E(x_a, X_A)}{\partial x_a}$；而对社会所有企业来说，在产业集群产生积极溢出的条件下，信息、知识和技术的社会边际产品即影子价格是 $\frac{\partial E(x_a, X_A)}{\partial x_a} + n\frac{\partial E(x_a, X_A)}{\partial X_A}$。显然，$\frac{\partial E(x_a, X_A)}{\partial x_a} + n\frac{\partial E(x_a, X_A)}{\partial X_A} > \frac{\partial E(x_a, X_A)}{\partial x_a}$，也就是，信息、知识和技术等生产要素，在产业集群状态下形成的社会边际产品，大于它们分散时形成的私人边际产品。

由上述分析可知，产业集群的发展，可以加强集群内企业的相互接触和了解，产生积极溢出，并使各企业免费获得积极溢出带来的利益，从而降低成本，获得节约费用的集群经济。产业集群可以产生多方面的积极溢出，其中最重要的是信息、知识和技术的相互吸收与共享。① 产业集群的这种积极溢出作用是非常重要的，一些专家认为，提高技术、知识、信息这些生产要素在整个经济增长中的地位，是实现经济发展方

① 张明龙：《产业集群的溢出效应研究》，《科技管理研究》2006 年第 10 期。

式转变的关键。①

三　产业集群引起的家庭之间溢出效应

产业集群在提高区域经济运行密度的过程中，不仅促使企业走向集中，产生企业之间的溢出效应，而且促使家庭和公用事业形成集中分布的区域格局，引起它们由于集聚而产生溢出效应。产业集群引起的相关溢出效应，主要来自家庭之间的溢出效应和公共经济的溢出效应。这里，先分析产业集群引起的家庭之间溢出效应。

家庭成员消费社会产品，并为社会提供劳动力。家庭个人消费虽然与企业生产消费不同，但它也会产生溢出现象，存在一定外部性经济问题。家庭消费的溢出效应，与物品的品种及数量直接相关。一般来说，普通日用品的消费行为溢出效应较弱，而选购品和耐用品的消费过程会出现较强的溢出现象。②

假定家庭为 F；F_P 家庭的消费为 p，F_Q 家庭的消费为 q，个人消费品的种类和数量为 y_1，y_2，…，y_n。如果 F_P 家庭消费受到 F_Q 家庭消费的影响，提高或降低了消费效用，F_P 家庭的消费效用函数是：

$$p = F_P\ (y_1,\ y_2,\ \cdots,\ y_n,\ F_Q) \tag{4-4}$$

当 $\partial F_P/\partial F_Q > 0$ 时，F_P 家庭将会随着 F_Q 家庭的消费，增加原有消费品的功能，提高价值载体的质量，延长使用价值的使用期限，或者节能省耗，更方便，更安全。当 $\partial F_P/\partial F_Q < 0$ 时，F_P 家庭的消费，将会由于 F_Q 家庭的消费行为而减少效用，或付出更大代价。

倘若 F_P 家庭的消费效用，也能直接进入 F_Q 家庭的消费效用，并对其产生一定的溢出效应，F_Q 家庭的消费效用函数为：

$$q = F_Q\ (y_1,\ y_2,\ \cdots,\ y_n,\ F_P) \tag{4-5}$$

F_Q 家庭在 F_P 家庭消费溢出效应的作用下，要是 $\partial F_Q/\partial F_P > 0$，其消费效用会提高；相反，$\partial F_Q/\partial F_P < 0$，则会降低原有的效用。

四　产业集群引起的公共经济溢出效应

公共经济以公用事业为核心，一般指基础设施和服务设施。反映基

---

① 吴敬琏：《转变发展方式要从改革入手》，《当代经济》2011 年第 1 期（上）。

② 张明龙：《产业聚集的溢出效应分析》，《经济学家》2004 年第 3 期。

础设施状况的，主要是铁路、公路、水运、航空和管道运输等交通运输网及交通工具，人均居住面积，供电系统与人均可用电量，给水排水系统与人均可用水量，供气系统与人均可用燃气量等。反映服务设施状况的，主要是邮电、通信、计算机互联网络等信息产业网及电话机、计算机拥有量，商业和金融网点，劳动就业服务机构，科技人员拥有量与科技推广服务网，医院床位数，人均图书馆藏书，以及各类中介组织，如会计师、审计师和律师事务所、公证和仲裁机构、计量和质量检验认证机构、信息咨询机构、资产和资信评估机构等。

中心城镇或开发新区，公共经济发展到一定水平，形成比较完善的公共物品和公共服务供给，就会产生积极的溢出效应，即通过良好的外在化因素，节省交易费用，降低企业的总成本和劳动者的居住、就业成本，从而吸引企业和家庭向中心区集聚。

假定公共经济为 P_U，各种基础设施和服务设施的投入为 z_1，z_2，…，z_n，公共经济的产出效用为 u。当公共经济完全依靠自身投入，不受企业和家庭等溢出资源的外部性影响时，其效用函数表现为：

$$u = P_U\ (z_1,\ z_2,\ \cdots,\ z_n) \tag{4-6}$$

公共经济一旦形成积极的溢出效应，就会通过正效果的外在化影响，为企业带来外部经济。此时，企业的产出函数吸纳了公共经济的溢出内容：$e = E\ (x_1,\ x_2,\ \cdots,\ x_n,\ P_U)$，且 $\partial E/\partial P_U > 0$。公共经济的积极溢出资源，也会进入个人消费过程，从而提高家庭的消费效用，这种函数关系可以如此表述：$f = F\ (y_1,\ y_2,\ \cdots,\ y_n,\ P_U)$，且 $\partial F/\partial P_U > 0$。

与此同时，企业和家庭在中心区的合理集聚，不仅可以充分利用当地公共经济的积极溢出资源，减少公共物品的浪费，而且还能通过自身的积极溢出，提高公共经济的产出效率。当企业 E 对公共经济产生积极溢出作用时，公共经济随之降低交易成本，增大使用价值，这一函数是：$u = P_U\ (z_1,\ z_2,\ \cdots,\ z_n,\ E)$，且 $\partial P_U/\partial E > 0$。当家庭 F 的积极溢出融入公共经济时，公共经济的效用函数表现为：$u = P_U\ (z_1,\ z_2,\ \cdots,\ z_n,\ F)$，且 $\partial P_U/\partial F > 0$。

当然，公共经济与企业和家庭之间也会出现消极溢出现象。在一定区域内，企业过度集中，超出基础设施和服务设施的承受能力，公共经济就会溢出消极的外部性因素，造成生产经营成本提高。人口的过度稠密，也会导致公共经济供给不足，溢出消极成分，出现居住拥挤，过度就业竞争等问题。在此情况下，$\partial E/\partial P_U$，$\partial F/\partial P_U$，$\partial P_U/\partial E$ 和 $\partial P_U/\partial F$ 的值，至少有一个甚至全部会小于0。

第五节　产业链式化转移与承接

近年世界产业转移出现了一些新特征，逐步以链式化转移与承接，取代掏空式转移成为主导趋势。链式化转移与承接，主要有三种形式：一是按价值链转移与承接，即产业依据产品自身的纵向价值链、不同产品的横向价值链，以及不同地点的价值链差异，寻找合适的转移与承接地点。二是按供应链转移与承接，表现为先进公司控制供应链的高端部位，而把其他供应环节转移出去，让相对落后的企业承接。三是按生产链转移与承接。这种产业转移，主要考虑如何通过联结链条各环节获得竞争优势，而不是通过拆分链条各环节来进行，它可以在承接地点很快形成产业集群。①

一　产业转移与承接概述

（一）产业转移与承接的内涵及趋势

1. 产业转移与承接的含义。

（1）产业转移，是指一定区域内的企业把产品生产的全部或部分转移到其他区域。产业转移可以表现为单个企业的转移或迁移，也可以表现为企业集群甚至产业集群的转移或迁移。企业迁移在中国具有悠久的历史，但其加速则是最近一二十年的事情。②

（2）产业承接，通常指一定区域通过某种优势吸引并接收外部企业前来落户，使其成为当地企业，或者融入当地产业集群。承接国际和国内产业转移，是促进当地产业成长和产业集群培育的重要措施，嘉善的木业集群、东莞的电子信息产品集群等，都是在承接外地产业转移的

① 张明龙、张琼妮：《区域合作的一种可行模式：产业链式化转移与承接》，《贵州社会科学》2012年第7期。

② 魏后凯、白玫：《中国企业迁移的特征、决定因素及发展趋势》，《发展研究》2009年第10期。

过程中形成的。因此，为了加快制造业发展，加强企业集群和产业集群培育，提高区域集聚经济效益，研究产业转移和承接的规律性及发展趋势，是十分必要的。

2. 产业转移与承接的发展趋势。

多年来，产业转移与承接总的趋势并没有发生太大变化，仍然表现为发达国家或发达地区是转移方，发展中国家或欠发达地区是承接方；技术领先国家或地区是转移方，有成本、市场优势的国家或地区是承接方。

但是，如果我们仔细分析，就会发现，现阶段产业的转移与承接，出现了一个与以往有明显区别的新特征：从转移方来说，公司转移不再采取掏空式的搬迁方式，而只是选择价值链、供应链或生产链中的某个环节，转移到合适的地点。从承接方来说，承接的只是某个公司转移过来的一个分厂，一个车间，甚至一个工段，并不是整个公司。

目前，这种链式化转移与承接现象，呈现迅速发展趋势，正在逐步取代整个企业搬迁的掏空式转移或承接，并成为产业区际流动的主流。产业链式化转移与承接，与传统的掏空式转移相比，更有利于实现发达地区与欠发达地区之间的合作。所以，应该把产业链式化的转移与承接，当作现阶段区域合作的一种可行模式来研究。

（二）产业链式化的转移与承接

随着产品创新和技术含量的提高，生产过程出现了更多的增值环节和供应环节，工艺工序在技术上也出现了更多的可分性。这样，产业在区域之间的转移或承接，就有更多的选择方式。从链式化角度看，产业可以在分解价值链的基础上实施转移，也可以通过分解价值链来承接；可以在拆分供应链的基础上实施转移，也可以通过拆分供应链达到承接目的。同时，可以基于生产链来寻找适宜的转移区域，或在某一地点上吸引可以承接的合适产业。

这种新出现的区际间产业流动方式，实质上是以价值链、供应链和生产链为基础，进行产业结构的再次优化和调整。如果发达地区与欠发达地区之间，能够按照价值链、供应链和生产链实现产业的合理转移与承接，它在本质上也就实现了不同区域之间的合作与互补。

二　以价值链为基础的产业转移与承接

（一）产业以价值链为基础的转移与承接

1. 产业存在可以拆分的价值链。

产业是推动社会进步的动力源泉，一个国家或一个地区的经济实力和发展后劲，与产业的发展水平息息相关。产业的核心部分是制造业，各种制造业都有自己特有的价值链，每种不同的产品也都有一条属于自己的完整价值链。一个能与消费者见面的制造业产品，需要经过构思设计的研究开发阶段，需要经过零部件和半成品的生产加工阶段，需要经过整个产品的总体装配和集成阶段，需要经过仓储运输并进入商场的阶段，还需要货物上架陈列等一系列销售服务阶段。产品在这条必经之路中，每个阶段都有一条不断增值的价值链。尽管这些价值链，只是产品完整价值链的一部分，但是它们可以相互分离，拆解成一段段各自独立的价值链。而且，这些拆解开来的价值链，通常都包含多个增值环节，每个增值环节又包含着一定量的附加值，以及相应的盈利量。

2. 产业按照价值链转移与承接的一般表现。

一个产品在不同的阶段有不同的增值环节，致使各阶段有不同的获利能力。不同产品在同一阶段，由于增值环节存在差别，其附加值和获利水平，也是不一样的。发达国家或发达地区的先进公司，按照价值链实施产业转移时，作为直接转移方，它们通常把高附加值的增值环节和高利润率的价值链留下来，同时将其他部分拆解开来转移出去。对于作为承接方的欠发达地区来说，这是与发达地区合作的一次好机会，因为有些产品的生产环节，在发达地区由于成本过高属于无利可图，但到了一些欠发达地区，可能由于当地自然和人力资源丰富，成本随之降低，还是有较大盈利空间的。

（二）产业按照价值链转移与承接的主要类型

1. 按照纵向价值链拆分产品各个价值段。

不同的产品有不同的增值环节，也有不同的价值段，它们可以拆分的价值段是多种多样的。但就通常情况看，一个产品不管具体价值增值环节如何，从其纵向价值链考察，都含有研发、制造和销售三个价值段。

有关统计资料显示，这三个价值段，在产品全部利润中所占的比重存在明显差别。对于知识和技术含量较高的产品来说，由于研究开发和设计创新，需要采用大量前沿技术，这一过程决定着产品的性质、功能和效用，所以，研发价值段所得的利润，一般要占产品全部利润的40%。同时，由于产品技术复杂，品牌创新、应用推广和客户服务等方面有着很高的要求，这使得销售价值段的利润也可高达40%。这样，产品全部利润，留给制造价值段的，就只有20%了。

在此情况下，一些实力雄厚的跨国公司或国内跨区域大公司，为了维持高利润率，会根据价值链各个增值段的利润含量，重新调整发展战略，把经营重点集中在研发、销售等利润含量高的价值段，而把利润含量相对较低的制造价值段转移出去，成为产业区际流动的转移方。根据这一规律，一些地价低、劳力资源丰富、具有成本优势的区域，抓住时机就可以成为产业区际流动的承接方，尽管这里利润量不是很大，但有机会通过接纳产品的制造价值段，顺势进入一些先进产品的生产行列。

2. 按照横向价值链取舍不同的产品。

对一个产品来说，其价值链的不同价值段，利润厚薄存在差别。对不同产品来说，各个产品之间整条价值链的利润大小，更是相差悬殊。虽然一条价值链含有多少利润很难用确切数字来表示，但不同价值链具有不同的获利能力，却是一种客观存在。一般来说，产品价值链中增值环节多，附加值和盈利量大，其获利能力就强，反之亦然。

如果对不同产品的整条价值链进行比较，可以发现，处于获利能力顶端的是知识密集型产品，它甚至比高新技术密集型产品还要强。而高新技术密集型产品比一般技术密集型产品强，一般技术密集型产品又比资金密集型产品强，资金密集型产品则强于资源密集型产品。处于获利能力末端的是劳动密集型产品，它甚至低于资源密集型产品。

一些能够成为产业转移方的大公司，通过不同产品价值链的横向比较，很快就明白，必须优化产品组合，把原先归属于自己门下的劳动或资源密集型产品，抓紧转移到有廉价劳动力和廉价资源的地方。接着把获利能力中等的资金或一般技术密集型产品，也设法转移到合适的区域里，从而使自己能够集中资金和精力，加强研发知识密集型产品和高新技术密集型产品，以便牢牢控制住利润量最大的高端价值链。

有关统计资料表明，在信息产业中，计算机核心软件、中央处理器等知识密集型和高新技术密集型产品，其利润率，比常用电子元器件等资金密集型产品和一般技术密集型产品高1～2倍，而比简单冲压或挤压成型的计算机壳体配件等劳动密集型产品高4～5倍，甚至更高。所以，微软、英特尔、IBM等著名信息企业，牢牢掌握高利润率的计算机核心软件研制和中央处理器开发，而把其他产品，特别是属于劳动密集型的产品，转移到劳动力价格低廉的国家去。

对于发展中国家或欠发达地区来说，作为产业转移的承接方，能够承接某个产业的一部分，哪怕是承接劳动密集型产品的生产，也是拥有一个新产业的可喜开端，随着这个初始产品的培育，将来有可能进一步跨入资金密集型、技术密集型产品的生产。国内著名企业苏泊尔集团，创建于偏僻的海岛玉环县，最初的产品，是承接一家大公司转移过来的压力锅胶木手柄，没有多少技术含量。随着企业的发展，技术和资金实力逐步增强，进而承接转移过来的整条压力锅生产线。此后，通过不断提高压力锅质量，终于创造出自己的品牌。目前，它已成为我国最大的炊具研发、制造商，国家重点高新技术企业，炊具行业首家上市公司（股票代码002032）。在苏泊尔集团等企业的带动下，玉环也从一个闭塞偏远的海岛小县，一跃成为全国百强县。

3. 按照不同的地点合理配置产品价值链。

产品价值链的获利能力，不仅取决于产品内含的增值环节和附加值，而且还会受到生产该产品所在地的影响。同种产品的价值链，配置到不同地点，由于生产环境的差异，可以形成大不相同的利润率。

（1）有的产品价值链内含的增值环节，涉及敏感的环保政策，在民众环保意识强、政府环保政策要求高的区域，很难生存下去，更不要奢望获取利润了。但在环保政策相对宽松的区域，由于环保考核指标不会过于苛刻，或许它不仅可以存在，而且还有相当大的获利空间。

（2）有的产品价值链，需要耗费大量稀缺资源才能完成，在稀缺资源敞开供应的区域，它可以获得丰厚利润。但在政府严格管制的区域，无法得到稀缺资源配给份额的企业，只得关门大吉。

（3）有的产品价值链某些增值环节，涉及国家安全或社会安全，在其必须由国家直接生产和经营的地方，私营企业是无法进入的。而在采取特许经营等有一定灵活性的地方，私营企业只要能够获得特许经营权，就可以生产和经营这类产品，并能获得不菲的利润。

（4）有的产品价值链，包含的某些增值环节，自动化或机械化水平低，需要耗费大量人工劳作，在人力资本昂贵的发达国家，已属于无利可图。然而，如果把它转移到人力资本低廉的区域，其获利能力可能还是相当强的。

作为产业转移方的大公司，会根据不同地点对自身产品价值链的影响情况，把某些产品的整条价值链，或一条价值链的某些增值环节，通过转移配置到合适的区域，以便绕开各种限制，甩掉低利润部分，确保整个产品组合具有高利润率。作为承接方的一些区域，特别是欠发达地区，只要吸纳产业转移带来的综合收益大于为此付出的代价，就是一项成功的区际合作项目，因为它有利于促进当地经济的发展。

三 以供应链为基础的产业转移与承接

（一）供应链的性质与特点

1. 供应链及其内含链条。

供应链表现为，从提供原材料开始到最终制成品交给消费者为止的全过程。它是由多根链条有机拧成一股绳的组合链，其中紧密相关的有人员链、货物链、信息链和资金链四根链条。

（1）人员链，由采购商、供应商、制造商、直销商、特许经销商、授权经销商、批发商、分销商、零售商，以及最终用户等组成。

（2）货物链，包括原材料、元器件、零部件、半成品、最终产品等。

（3）信息链，包括货物名称、品牌、商标、厂商、品种、规格、色彩、价格、交货时间和地点，以及运输方式等。

（4）资金链，含有原材料采购基金、生产加工费用、运输仓储开支、市场营销成本、购买消费品货款等。

2. 现代供应链呈现立体型网络结构。

在现代社会中，随着信息化的推进，以及产业转移与承接活动的增多，供应链已经由原来单向线性形式，发展为网络交织状态。通常供应链以一家核心企业为基础，类似于蜘蛛织网一般向外围推进，形成不同层级网格紧密联结的立体型网络体系。

如果把核心企业作为某种产品的制造中心，从它出发向产品加工的前端分析，供应链含有：它与一级供应商的关系、二级供应商的关系、三级供应商的关系，以及一级供应商相互之间的关系、一级与二级供应商之间的关系、一级与三级供应商之间的关系，还有二级供应商相互之间的关系、二级与三级供应商之间的关系，三级供应商相互之间的关系等。

从它出发向产品消费的后端分析，供应链含有：它与一级用户的关系、二级用户的关系、三级用户的关系，以及一级用户相互之间的关系、一级与二级用户之间的关系、一级与三级用户之间的关系，还有二级用户相互之间的关系、二级与三级用户之间的关系，三级用户相互之间的关系等。

3. 非主从型供应链与主从型供应链。

每个企业，都可以编织出一张供应链网络。不同的供应链网络，是以不同的企业为核心编织的。一个较小区间的供应链网络，可能只有一家核心企业；而一个较大区间的供应链网络，可能同时包含几家、几十家甚至成百上千家核心企业。

一个含有众多企业的供应链网络，如果各企业相互之间是平起平坐的，没有主从或隶属关系，那么它是非主从型的供应链。

如果其中有一家企业在整个供应链网络中占据主导地位，发挥主导作用，其他企业都从属于或隶属它，受其制约或支配，那么这时的供应链是主从型的。主从型供应链网络，一般是以实力雄厚的大企业为核心编织起来的。它的范围大小，与核心企业对外扩散的能量直接相关。如果主导供应链的大企业，辐射能量和吸引能量可以波及整个国家，它编织的供应链网络就是全国性的。倘若其辐射和吸引的能量，能够波及整个世界，那么以它为核心的供应链网络，必定具有全球性的特点。

4. 产业供应链的常见组合模式。

一个产业的完整供应链，往往既有主从型供应链，又有非主从型供应链。对于大多数制造业来说，它们的整个供应链网络，是以单体主从型供应链为基础，形成整体非主从型供应链。例如，世界汽车产业，分别由丰田、大众、通用、戴姆勒、福特、本田、日产、现代、宝马、标致雪铁龙、中国一汽、东风、雷诺、菲亚特、克莱斯勒、沃尔沃、铃木、马自达、三菱、印度塔塔等大公司，以自己为核心，编织成各自的主从型供应链。同时，这些具有不同核心企业的众多主从型供应链，它们相互之间的关系通常是平等的，不存在谁服从谁，也没有哪一家企业凌驾于所有供应链之上占据主导地位，所以，从其整体上看，它们又属于非主从型供应链。

（二）产业按照供应链进行的转移与承接

1. 以供应链为基础的产业转移。

以供应链为基础实施的产业转移与承接，大多发生在主从型供应链网络系统中。这是主导供应链的大企业，根据自己利润最大化原则采取的一项举措。从理论上说，大企业需要全面控制人员链、货物链、信息链和资金链，才能实现对整个供应链网络的控制。实际上，大企业要在一个供应链网络上发挥主导作用，不必全面控制供应链内含的各根链条，甚至不必把整条货物链掌控在自己手中。

在通常情况下，大企业只要掌控某些技术要求高、获利能力强的关键供应环节，就能在整个供应链网络中行使主导权。例如，一些世界著名汽车制造商，没有必要控制前向供应链的钢铁、生铁、焦炭、铁矿石等产品的生产，也没有必要控制后向供应链的运输与仓储、分销与零售、维护与修理，以及车辆报废回收等环节，甚至没有必要控制通用零部件，如齿轮、轴承、减震器、离合器、传动轴等供应环节，它只要掌控汽车研发和设计制造的核心技术，同时掌控发动机和变速器等关键部件的研制与开发，就能牢牢占据供应链网络的主导地位，并能获得丰厚利润。这样，对它来说，没有必要直接掌控的供应环节，都可以通过寻找合适的地点或企业转移出去。

2. 以供应链为基础的产业承接。

对于欠发达地区或者相对落后的企业来说，这是承接产业转移的一次机会。能够与发达地区的先进企业对接，除了有机会承接产品的生产任务外，还可以顺势了解这一产业的发展趋向，顺势引入先进的管理理念和质量标准，顺势提高生产装备水平和改造工艺流程，甚至顺势实施传统产业的信息化改造。浙江台州就是依靠承接摩托车及汽车产业的转移，逐步建成全国最大的摩托车及汽车配件生产基地之一。

台州在承接产业转移前，当地没有专业的摩托车与汽车制造企业，只有几家汽车修理厂。20 世纪 70 年代初，台州玉环县坎门镇的一些渔机修配厂，开始承接汽车配件的加工业务。1982 年，台州开始承接汽车半挂改装和挂车生产业务。1984 年，台州开始承接摩托车整车组装业务。至今，台州拥有全国第一家生产轿车的民营企业吉利集团，拥有销售和利润在全国同行名列前茅的钱江摩托集团，拥有国内规模最大的散装齿轮制造商浙江双环齿轮集团，拥有著名的车用冷却器制造商浙江银轮机械公司等。

目前，台州年产汽车 17 万辆，摩托车 230 万辆。汽车冷却器、齿轮、轴承、减震器、刮雨器、刹车管、方向盘、汽车电器等产品，在国内外市场均有较好的知名度和影响力。汽车用皮带轮、摩擦片、橡胶密封件、紧固件、高强度螺栓、离合器、传动轴、气门推杆、刹车泵、汽车水泵、微型车凸架总成、车内装饰件、空调压缩机等已形成较大规模，在国内汽车市场占有一定地位。另外，随着汽车整车生产企业的逐步发展，发动机、变速器、制动器、方向助力器等汽车关键部件的研发，正在向纵深发展，开始形成一批具有自主知识产权的创新成果，配套范围也在不断扩大。

（三）产业按照供应链转移产生的新现象

1. 出现产业研究开发中心与加工制造中心的分离。

在主从型供应链网络体系中，　家实力雄厚的大企业，只需控制拥有核心技术的某些关键供应环节，就能对整个供应链实施控制。现代产业，特别是高新技术产业，其核心技术往往具有引领产业未来发展的作用。这类技术，不仅拥有前瞻性的特点，而且拥有先导性和探索性的性质，通常需要经过大量科学研究和应用开发，才能在生产过程中普遍使用。处于世界前列的大公司，为了有效地控制自己主导的供应链，一般很早就建立了专门从事科技创新的研发中心。

工业化早期阶段，一些大公司的业务，往往遍布整条供应链的各个环节，投资范围涉及矿山、原材料加工、燃料来源、零部件和半成品制造、整个产品组装，直至产品的销售等。这时，尽管已经建立负责产品创新的研发中心，但其业务量在整个公司中所占比重很少，重要性也难以显现。

随着工业化进程的加快，这些大公司根据供应链各环节的获利能力，不断把低利润率的供应环节分割出来，并转移到外面去，同时，又不断增加对研发中心的投入。这样，研发中心在公司业务量中的比重持续上升，其地位也越来越重要。

到了当今的信息化时代，有的大公司通过进一步实施业务转移，几乎把投资的注意力全集中在科技创新方面，而把涉及加工制造的供应环节都转移到其他企业中去，如此一来，这家公司就成了某个产业的研究开发机构，而不再是该产业的加工制造商。这些演化为全球产业供应链中研究开发机构的大企业，大多集中在发达国家。

这样，以供应链为基础的产业转移，产生了一种特有的新现象：产业的研究开发中心，与产业的加工制造中心，两者发生了分离。它们可以不在一个地方，甚至可以不在一个国家。一些发达国家，由于集中了许多名列前茅的先进公司，可能会逐步演变为世界研究开发中心，但不再是世界加工制造中心。同时，一些大量承接产业转移的欠发达国家或地区，可能会发展为世界加工制造中心，但由于它们缺乏产业核心技术又很难成为研究开发中心。目前，全球电子信息产业和生物制药产业等，正在朝着研究开发中心与加工制造中心分离的方向发展。

2. 成为研究开发中心的大公司利用多种方法控制加工制造中心。

对于大公司来说，产业按照供应链转移，发生上述两个中心的分离，不仅没有削弱自己对供应链的控制力，而且可以运用多种形式更有效地支配整条供应链的运行。例如，它可以利用研究开发中心的特有地位，通过牢牢掌握核心前沿技术，对制造过程的生产性技术进行控制。它可以通过垄断高端产品的创新技术，加强对低端产品的技术扩散和辐射。它可以通过在加工制造中心所在地，物色和扶持合适的委托加工制造商，使其根据自己研发的创新技术从事制造活动。它可以通过跨国公司的组织功能调整内部业务分工，在加工制造中心所在地建立子公司。对于发达国家来说，只要国内众多先进公司能够拥有产业的核心技术，就能有效控制远在国外的加工制造中心，并使其与自己形成日益加深的依附关系。

四　以生产链为基础的产业转移与承接

产业以生产链为基础实施转移，与按照价值链转移存在明显差别，也不同于按照供应链进行的转移。以价值链和供应链为基础的产业转移，大企业都是通过拆分链条各环节来获得更高利润，巩固竞争优势；而按照生产链进行的产业转移，则是通过集合链条各环节，使它们通过高效连接来提高利润率，增强整体竞争实力。所以，以生产链为基础的产业转移，要求承接地点具有一定区位优势。比较合适的承接区域，前期应有一定工业化基础，存在同类产业的生产企业，并能提供相关产业的产品和配套产业的产品，能够通过转移和承接行为，促使整条生产链更加完善。由于这种产业转移方式，不是通过拆分链条各环节，而是通过集合链条各环节来进行，所以，它可以在承接区域迅速形成企业聚集，带来产业集群的集聚经济优势。

（一）按照生产链纵向环节实施的产业转移与承接

1. 以纵向生产链为基础的产业转移。

一个产业包括许多生产环节，各个生产环节有特定的劳动对象，也有特定的制成品。从纵向角度看，环环紧扣的前后向各道生产环节，共同构成产业的生产链；在这个生产链中，前一环节的产出品，往往是后一环节的投入品，同时其自身的产出品，又为更后面的环节提供投入品，如此延续下去，直至终端消费品。一个产业的整条生产链，可能分布着成千上万家企业。这些企业制造的产品，有的集中在一个生产环节，有的跨越多个生产环节。其中有的企业，由于产品技术含量高、投资规模大、研发实力和获利能力强，渐渐地在生产链中脱颖而出，成为整个产业的优势企业。

企业的发展除了自身因素外，还受外部环境的影响。随着产业不断发展，一定区域内的工资、地租和公共服务费用，以及过度拥挤导致的开支等成本会迅速上升，迫使优势企业重新选择合适地点，成为产业的转移方。

2. 以纵向生产链为基础的产业承接。

作为承接方，如果能够形成低成本高效益的区位优势，吸引优势企业转移过来落户，并促使其获得成功，树立为榜样，那么继续通过优势企业的示范作为，可以吸引生产链前向各环节产品的制造商进入同一区域，也可以吸引生产链后向各环节的生产企业转移过来。这样承接区域，接纳的不是一家企业，而是一群企业。

这一群企业，并不是杂乱无章的，它们以生产链纵向环节为基础，围绕优势企业或龙头企业，使生产链前向企业的产出品，成为生产链后向企业的投入品，从而形成上游产品与下游产品相互靠拢，具有投入产出纵向联系的企业集群，进而以此为基础形成产业集群。浙江嘉善的木业集群就是这样形成的。

嘉善从承接台资企业中兴木业公司开始，先后接纳 33 家台资木业企业前来落户。后来，又吸引著名的印度尼西亚“蝴蝶牌”胶合板制造商，前来创办“金泉木业”。吸引亚洲家具产业巨头“台升木业”，加盟到其生产链之中，它建成的厂房绵延 1300 米，单体车间达 2.6 万平方米，用来制造高档家具。接着，“台升木业”又以自己为榜样，把前后相关的技术先进的 10 多家企业，吸引到同一区域落户，使嘉善的木业生产链终端产品，从胶合板向后延伸到成套家具。

2009 年，嘉善全县木材加工企业达 500 余家，固定资产 30 多亿元，职工 5 万余人，木业产值 120 亿元，其中外贸出口 4 亿美元。到 2010 年，嘉善仅是胶合板，就生产了 350 万立方米，年产值 30 多亿元，占了全国 1/3，可装饰、装修 300 万套 80 平方米的住宅。2011 年，在木业创新的带动下，嘉善经济开发区正式升级为国家级经济技术开发区，成为继长兴之后浙江省第二个拥有国家级经济技术开发区的县。这样，嘉善通过承接产业转移，在没有森林的地方崛起一个木业大县，创造了“零资源经济”的奇迹。

（二）按照生产链横向联系进行的产业转移与承接

1. 以横向生产链为基础的产业转移与承接具有一定规律性。

生产链横向联系，表现为不同产业的生产链，各自在并列发展过程中产生的相互关系。发生横向联系的众多企业，由于不是在同一条生产链上，它们的产品，相互之间没有整齐的前后序列，也没有环环紧扣的投入产出关系。尽管如此，以生产链横向联系为基础进行的产业转移与承接，并不是杂乱无章，而是遵循一定规律来实现的。

2. 以横向生产链为基础的产业转移与承接的表现形式。

在通常情况下，先由优势企业在承接其转移的区域，利用当地低成本高效益条件，迅速培育成具有推进型功能的龙头企业，在它的带动下，依据生产链纵向环节，吸引上下游产品制造商以相向靠拢的趋势转移过来，或者把当地原有的企业聚集在一起，形成具有产品投入产出纵向联系的企业集群。进而在加强整条生产链的过程中形成强大的产业集群，并最终取代本区域内原有的主导产业。

接着，围绕着这个新主导产业的生产链，以横向联系的方式，吸引为其服务的配套产业转移过来，吸引附属于自己的补充产业前来落户，吸引具有资源共享愿望的旁侧产业也进入本区域内。

同时，还可以带动区域内自给性产业共同发展。这样，主导产业以生产链横向联系为基础，通过承接外地企业转移，以及就地培育原有企业等方法，促使配套产业、补充产业、旁侧产业和自给性产业，与自己一起形成强大的综合性产业集群。

（三）按照生产链指向性要求实现的产业转移与承接

1. 生产链指向性要求的含义。

生产链指向性要求，表现为企业由于生产过程对某种要素具有特殊的依赖性，从而被吸引到富含这种生产要素的区域内。也可以说，有的区域由于存在某种重要生产要素，更容易培育成需要这种要素的产品及企业。例如，贵州赤水河两岸，由于拥有特别适宜于酿酒微生物栖息和繁殖等条件，从而培育出以茅台酒为代表的一大批著名白酒和相应的企业。

2. 以生产链指向性要求为基础的产业转移与承接。

不同产业有不同的生产链，企业总是存在于特定产业的特定生产链中，它们对技术装备、工艺流程、资本资源、人力资源、原材料、燃料来源、配套产业、生态环境、基础设施，以及销售市场等，有着自己的特殊喜好，而且这种喜好相互之间的差别是十分明显的。这使得它们在选择承接自己转移的适宜区域时，具有目标明确的指向性要求：有的看中的是承接区的装备和工艺，有的主要着眼于丰富的资本资源，有的更加关注是否存在廉价劳动力，有的首选可以获得紧缺原材料之处，有的选择具备配套产业的地方落户，还有的可能对生态环境特别敏感等。生产链指向性要求相同的企业，被特定区域利用自己的特有要素，吸引过来集中在一起继续开办，就是以生产链指向性要求为基础而实现的产业转移与承接。

生产链指向性要求是多种多样的，由此产生的产业转移与承接形式，也往往多彩纷呈。一个区域可能存在多种能够吸引企业转移的要素，同时，一个企业的转移也不仅仅取决于一种要素，可能受到多种指向性要求的制约。但是，在通常情况下，一定区域对某类企业具有最强吸引力的要素，总是一目了然的。例如，北京中关村能够产生最大区域吸引力的因素是知识资源，当地培育得最成功的企业是知识资源指向性制造商；同时，进驻中关村的外地企业，特别是一些国外研发机构，如微软亚洲研究院、贝尔实验室等，实际上都是知识资源指向性产业转移与承接的结果。

第六节　生产组织部分的教学研究

一　运用比较式表格讲解基本范畴

（一）运用比较式表格讲解不同的企业组织形式

企业组织形式尽管五花八门，但基本形式只有业主制、合伙制和公司制三大类型。运用比较式表格对它们进行分析，可以更清楚地看到，公司制是企业组织形式创新的方向。

业主制，指全部产权都掌握在单个企业主手中的企业组织模式。合伙制，即全部产权掌握在所有合伙人手中的企业组织模式。公司制，则是建立在契约化委托代理关系基础上的企业组织模式。业主制、合伙制的基本特征表现为：所有权与经营权合一，剩余价值索取权与控制权合一。企业主或合伙人既是经营者，又是所有者；既是利润索取者，又是企业生产过程的监督者、控制者。公司制的基本特征表现为：所有权与经营权分离，剩余价值索取权与控制权分离。剩余价值索取权掌握在成千上万的分散股东手里，而经营过程的监督权、控制权、决策权则集中在经营者手里。拥有剩余价值索取权的成千上万的股东不再直接监督控制企业运行，这个监督控制权由一批职业的支薪经理拥有，并由股东代表组成董事会来领导（见表4－1，表4－2）。

表 4－1 **业主制、合伙制与公司制的基本特征比较**

项目＼名称	业主制	合伙制	公司制
产权结构	全部产权集中在企业主个人手中	全部产权集中在合伙人手中	建立在委托代理基础上的法人组织模式
基本特征	所有权与经营权合一		所有权与经营权分离
	剩余价值索取权与控制权合一		剩余价值索取权与控制权分离
	既是经营者，又是所有者		经营者不是所有者，所有者不是经营者
	既是利润索取者，又是企业生产的监督者、控制者		股东拥有剩余价值索取权，职业经理拥有监督、控制权

表 4－2 **业主制、合伙制与公司制的主要优缺点比较**

项目＼名称	业主制、合伙制	公司制
主要优点	尽可能做到精打细算	实现规模经济，并分散风险
	经营才干效用最大化服务于利润最大化	有利于职业经理充分发挥个人才干
主要缺点	筹资面窄，难以形成规模经济	难以做到精打细算
	个人投资风险大	职业经理经营才干的效用最大化，会偏离股东的利润最大化

（二）运用比较式表格讲解不同性质的制造技术

传统制造技术，通常使用机械加工方法，把原料加工为成品，整个制造过程就已经完成。它的发展趋势，是做到产品的标准化、系列化和通用化。现代制造技术，保留和继承了传统制造技术某些要求以外，在制造范畴的内涵与外延、制造工艺、制造系统和制造模式等方面，与传统制造技术均有重大差别。以下运用比较式表格，讲解现代制造技术与传统制造技术的主要区别（见表 4－3）。

表4-3　现代制造技术与传统制造技术的区别

项目＼类型	现代制造技术	传统制造技术
制造过程	产品从构思设计到最终退出市场的整个生命周期	把原料加工为成品
制造方法	形成光、机、电一体化的工艺流程和加工系统	主要使用机械加工
发展趋势	自动化、智能化、柔性化、集成化、精密化、微型化、清洁化、艺术化、个性化、高效化	标准化、系列化、通用化

二　运用分解式示意图讲解两权分离理论

运用图4-1分解式示意图讲解所有权与经营权的“两权分离”理论，可以一边画图，一边讲述以下内容：

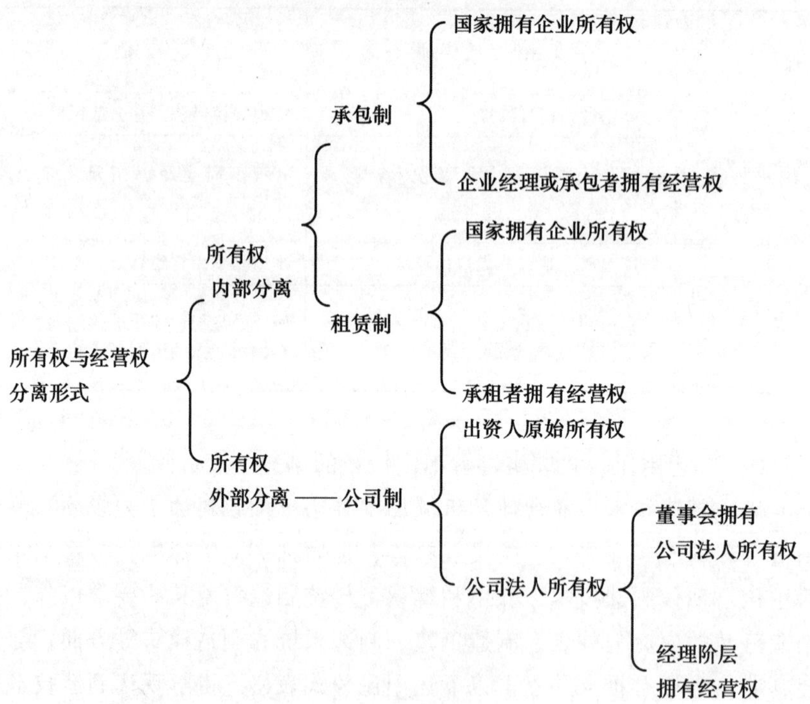

图4-1　所有权与经营权两权分离理论示意图

所有权与经营权的两权分离，包括两种形式：财产所有权的内部分离和财产所有权的外部分离。由于两权分离，有内部分离和外部分离两种形式，相应地，这一理论提供了两种不同的改革方案：一是从内部分离思路出发，改革将引起国有企业的国家所有权与企业经营管理、使用权的分离。在此基础上，可建立起以国家为民事主体的承包、租赁等经营责任制。二是从外部分离思路出发，国有企业改革将引起国家所有权与企业所有权的分离。在此基础上，可建立起以企业法人为民事主体的各种股份责任制或公司制，形成契约化委托代理关系的现代企业制度。如果按照这种思路，把国有企业改造成公司制企业，实际上所有权与经营权将出现两次分离：第一次分离是出资人原始所有权与公司法人所有权的分离，第二次分离是公司法人所有权与经理阶层经营权的分离。可见，国有企业按两权外部分离思路改造成公司制企业，需以公司法人为媒质，实行两次两权分离，先从出资人原始所有权中分离出公司法人所有权，再从公司法人所有权中分离出经理阶层经营权，最终形成原始所有权、法人所有权和经营权，既相互联系又彼此制约的三权鼎立格局。这种所有权与经营权的两权分离理论，可以通过图 4 – 1 的分解式示意图来进行讲解。

三　运用函数图像讲解经济学原理

（一）运用函数图像讲解产业集群生命周期拐点

产业集群拐点，是指产业集群生命周期中特殊的、关键的，甚至会发生生命性质变化的时期。运用函数图像讲解产业集群生命周期拐点，有利于准确直观地判断生命周期拐点出现的位置。而准确判断生命周期拐点，可为产业集群及时巩固综合竞争力，保持旺盛生命力，合理配置区域资源，提出合理的解决方案。

运用函数图像讲解产业集群生命周期拐点，可按以下步骤边作图像边解释：在产业集群的整个生命周期曲线中，通常会出现三个拐点，一是孕育阶段与成长阶段之间的加速点，二是成长阶段与成熟阶段间的巩固点，三是成熟阶段与衰退阶段间的控制点。其中巩固点和控制点两个为重要拐点，如图 4 – 2 所示。

由图 4 – 2 可以看出，在产业集群的生命周期曲线中，分别有 A、B、C 三个拐点，相对应有 t_1、t_2、t_3 三个时点。在 $t_0 \sim t_1$ 期间，产业集

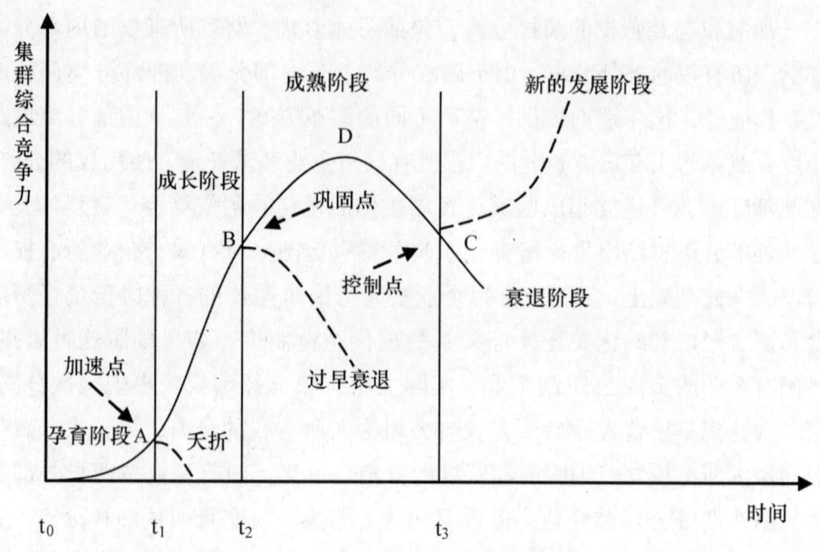

图 4-2　产业集群生命周期曲线拐点

群处于孕育阶段，生命周期曲线是凸起的；在 $t_1 \sim t_2$期间，产业集群处于成长阶段，生命周期曲线可能是凸起的，也可能是凹陷的；在 $t_2 \sim t_3$期间，产业集群处于成熟阶段，生命周期曲线是凹陷的；在 t_3之后，产业集群的发展逐渐衰落，处于衰退阶段，直至走向死亡。在产业集群整个生命周期曲线中，我们把成长阶段与成熟阶段间的拐点 B 称为巩固点，成熟阶段与衰退阶段间的拐点 C 称为控制点。成熟期就处于巩固点和控制点之间。

分析产业集群生命周期曲线，可以看到，从巩固点进入成熟期后，有一个惯性上冲的过程，直到最高点。到达最高点后，由于种种原因，产业集群有一个下滑的过程，直到控制点。因此，成熟期又可以分为两个阶段，即上冲阶段（从 B 点到 D 点）和下滑阶段（从 D 点到 C 点）。在下滑阶段的任何一个时点上，产业集群都有可能进入第二个上冲阶段，直至经过下一个拐点进入第二个下滑阶段，以此反复。因此，一般而言，处于成熟期的产业集群都有一个反复上冲和下滑的过程，直至进入衰退期。但是，在这一阶段，稳定发展是常态。

通过产业集群生命周期曲线拐点函数图像的分析，可以看出：巩固点是产业集群走向盛衰的分水岭，控制点是产业集群发展生死攸关的转折点。

（二）运用函数图像讲解企业创新失信行为的成本收益原因

企业创新活动守规者和违规者所得的收益，往往没有明显的差异。它们都表现为获得科研经费、奖金、提升职称、工资福利、住房津贴等，而且由于评审机制的不完善，违规者有可能比守规者更容易获得这些收益。运用函数图像讲解企业创新失信行为，可以更加清楚地看出，这种行为的背后存在着比较成本之后的丰厚收益驱动。

下面，我们运用函数图像形式，对企业创新项目的申请者、评审者、鉴定者和领导者，博弈过程的决策行为，进行简单的“成本—收益”分析。

从专家方面看。他们在评审和鉴定科技计划、火炬计划、星火计划和科学基金等创新项目过程中，评审和鉴定的成本都是一定的，都是为评审鉴定活动付出的时间和精力。公正评审鉴定的收益，仅在于评审鉴定所获得的劳务报酬。但是，如果抛弃公正，在评审鉴定中接受申请者的贿赂，关系户的好处费却是一笔额外的收益。由于科技计划和科学基金等创新项目的评审标准，有一定的不确定性，评审鉴定的结果很难准确观测评审过程的公正性，这使得评审鉴定违规行为的风险较小。而且在一些企业自请专家鉴定的项目中，专家若给项目予以否决，就很可能失去了重复博弈的收益。因而，专家在评审鉴定中选择违规的收益，往往大于守规的收益。

从研发人员主管单位的领导方面看。他们监督和查处研发人员的造假行为，需付出一定的监管成本；一旦查到造假行为属实，企业声誉和领导政绩都要受到损失，这可是一笔相当大的成本。与此相反，纵容研发人员的造假行为，却在节约这些成本的同时能够增加更多收益，例如，使得企业的研发成果数量增多，领导政绩增加，并能获得更多政府拨款等。因此，选择庇护纵容研发人员的违规行为，也成了企业及其主管领导的理性选择。

如果企业创新过程中出现的违规失信行为是个例，我们可以认为是个别人的道德败坏，是某些人的“理性误差”。但是，如果违规成为一种普遍的现象，那一定是社会为创新成果的造假行为提供了温床，说明企业创新活动缺乏良好的社会环境。为了更好地直观表现这个问题，以下运用函数图像形式进行“成本—收益”分析，考察违规和守规行为的博弈关系。①

在其他条件不变的情况下，企业创新活动违规行为和守规行为的成本收益，存在近似线性的关系。我们可以用如下的成本收益曲线，来表示守规成本与守规收益之间的关系，如图 4－3 所示。

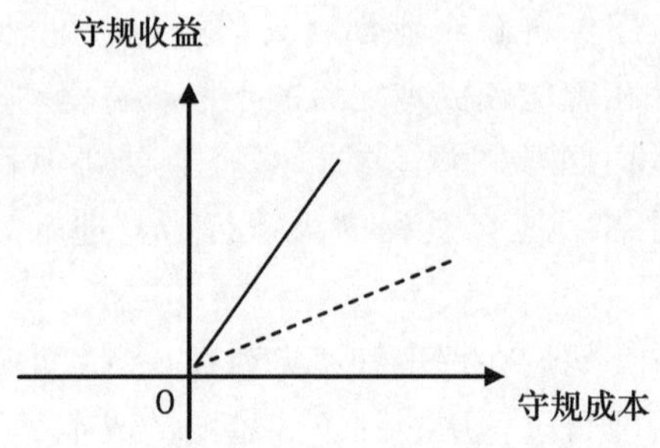

图 4－3　守规成本与守规收益之间的关系

图 4－3 中实线表示在良好的社会环境中守规成本与守规收益之间的关系。虚线表示在较差的社会环境中守规成本与守规收益之间的关系。在良好的社会环境中，守规的收益与成本直线弹性，要大于较差环境中的收益成本直线的弹性。在良好的社会环境中，守规收益的增加要大于守规成本的付出。相反，在较差的社会环境中，守规成本的付出带来的是较小的守规收益。

同理，违规成本与违规收益的关系如图 4－4 所示。

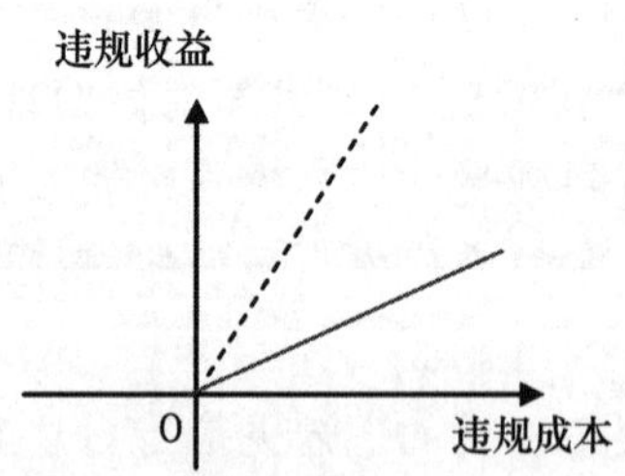

图 4－4　违规成本与违规收益的关系

① 张明龙、张琼妮：《中小企业创新与区域政策》，知识产权出版社 2011 年版，第 189—191 页。

图4－4中实线表示在良好的社会环境中违规收益与违规成本间的关系。虚线表示在较差的社会环境中违规收益与违规成本的关系。从图4－4可知，在良好的社会环境中，违规成本收益直线的弹性较小，在良好的社会环境中，违规成本的增加获得的是相对较小的违规收益。相反，在较差的社会环境中，违规收益大于违规成本。

为了更直观地对比不同环境中的信誉与收益的关系，我们不妨引入净收益的概念，也就是违规收益或守规收益减去违规成本或守规成本后的收益。

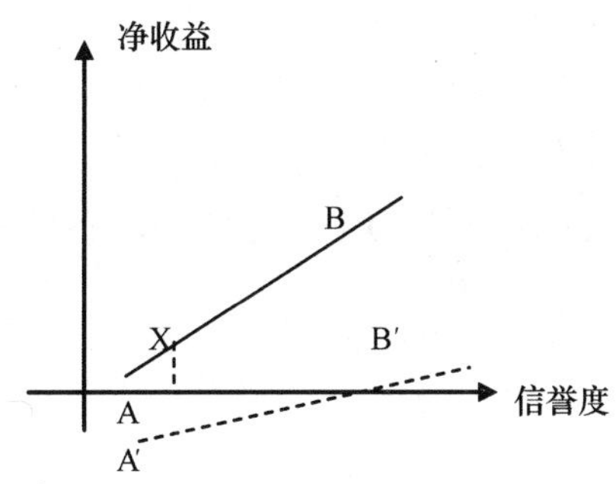

图4－5　守规净收益曲线

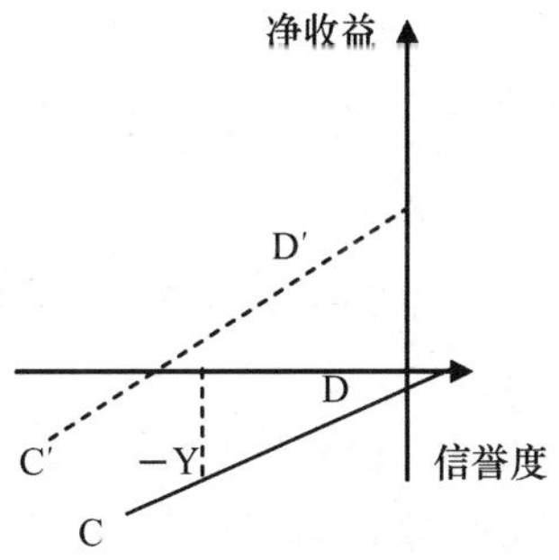

图4－6　违规净收益曲线

如图4－5所示，在不同的社会环境中，创新主体守规净收益的曲线。其中直线AB表示在良好的社会环境中的守规程度与企业净收益的关系，而A′B′表示在较差的环境中的企业净收益。AB的弹性大于A′B′。从图4-5可知在良好的社会环境中，信誉度提高所带来的净收益，大于在较差的社会环境中，增加信誉度带来的净收益。

如图4-6所示，在不同的社会环境中，创新主体违规净收益的曲线。我们用负信誉度表示违规程度，其中直线CD，表示在良好的社会环境中的信誉度与创新主体净收益的关系，虚线C′D′，表示在较差的社会环境中创新主体信誉度与净收益的关系。从图4-6可知，在较差的社会环境中，违规所带来的净收益，大于在良好的环境中违规所带来的净收益，且收益可能是正数，而在较好的社会环境中违规者的净收益一般为负数。

将图4-5、图4-6中AB、CD和A′B′、C′D′分别作代数相加，以直线为例，图4-5中信誉度为X对应的直线上收益点，其对应的净收益与图4-6中信誉度为-Y时对应的净收益求代数和。从而分别得到EF和E′F′，见图4-7。

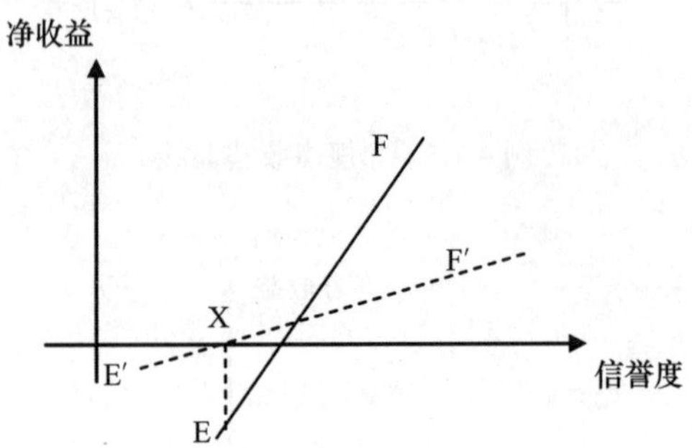

图4-7　创新主体净收益与信誉度关系

图4-7中EF线表示在良好的环境中，由于制度完善，创新主体净收益与信誉度呈正相关且收益的信誉度弹性较大。这意味着，信誉度对创新主体收益变化有较大的影响，即维护信誉所带来的收益很大，破坏信誉则要付出很大的代价。E′F′线表示在信用较差的环境中，创新主体信誉净收益与信誉度也是呈正相关，但收益信誉度的弹性较小，即收益的变化对信誉度变化反应不敏感。

第五章　市场贸易理论与教学研究

剩余价值虽然产生于生产过程，但必须在市场贸易中实现。没有市场贸易带来的货物流通，厂商无法购买生产资料和劳动力，货币不能变成资本，生产过程无从开始。已经生产出来的剩余价值也不能实现，投资者的资本得不到补偿和替换，再生产过程难以进行，更无法加以扩大。因此，政治经济学必须研究市场贸易活动。本章在理论研究方面，主要探索如何正确认识市场及其类型与结构，如何健全与完善市场规则体系；支配市场运行的计划与市场两大调控机制，怎样有机地融合为一个整体，并以浑然一体的融合机制形式产生综合调节作用，以及两大调控机制在性质和特点上存在哪些差别。在教学研究方面，运用比较式表格区别不同社会形态的商业资本、区别商品流通费用与交易费用；运用演进式示意图讲解市场区的形成，以及市场区的上下限；列举我国两汉和隋唐时期等古代商业资本的参考资料，还运用案例通俗讲解社会主义市场的调节机制。

第一节　市场及其类型与结构分析

市场是复杂的经济现象，有着丰富的内涵和庞大的外延，它影响着社会生产力的布局和经济增长的速度，影响着物质资源和劳动力的配置，影响着部门结构、企业结构与产品结构的变化，影响着社会财富与个人收入的分配。市场是特定历史条件下的社会现象，它不仅反映一个国家经济发展的规模、结构和水平，而且反映一个国家的社会政治制度，甚至反映一个国家当时当地的民风习俗。[①] 要发展社会主义市场经济，首先必须研究、了解市场。本节对市场内涵、市场类型和市场结构作重点考察。

一 市场内涵的分析

市场一词已被中外思想家使用了数千年。不同时期不同国家的思想家对市场概念所下的定义是不完全一样的。

英国著名经济学家阿尔弗雷德·马歇尔认为，一个市场是一个区域，在这里买者和卖者彼此交往非常紧密，市场的价格在本区域内趋于一致。[②]

苏联的卡扎克维奇在《社会主义经济理论概论》中，把市场称为实现交换过程的商品流通领域中的商品货币关系的总和。

捷克斯洛伐克的奥塔·锡克也认为市场是商品交换关系的总和，他在《社会主义的计划和市场》中，进而把市场关系区分为形式和实质两个方面。他认为市场的外部形式表现为使用价值的交换，在交换中供货者和受货者可以比较独立地作出决策，具有平等的地位；而市场的实质则是按一定的交换比例（借助于货币，也就是通过价格）进行的使用价值的交换，借助于这种比例，作为最一般的交换比例的基础的价值得以实现，而所耗费的劳动同社会需要之间的矛盾得以解决。

还有的学者把市场仅仅看成是商品买卖的地点或场所，如百货商场、店铺、城乡集市贸易之处、超级市场、批发站等。民主德国的米塔格就是这样认为的，他说："商品流通的具体场所是市场。"[③] 理查德·利普西也有相同的看法："买者和卖者洽谈交换意义明确的商品的地方。"[④]

把市场仅仅看成只有买卖关系和价格机制，或者把市场仅仅理解为

---

① 张明龙：《走向市场经济的思索》，企业管理出版社 2014 年版，第 44 页。

② 转引自闻潜《社会主义市场模式》，中国财政经济出版社 1990 年版，第 9 页。

③ ［德］京特·米塔格：《社会主义政治经济学及其在德意志民主共和国的应用》（上册），沙吉才译，中国社会科学出版社 1982 年版，第 280 页。

④ ［英］霍奇逊：《现代制度主义经济学宣言》，向以斌等译，北京大学出版社 1993 年版，第 207 页。

商品交换的场所，都是不全面的，因为它们不能概括市场的全部内容。把市场称为商品交换关系的总和是不确切的，因为商品关系是在市场上并通过市场而发生的买卖关系，市场是联结商品生产者和消费者使其发生交换关系的纽带；显然，作为纽带的市场与依靠纽带发生的交换关系是两个不同的概念。

究竟如何给市场概念下定义呢？我们认为，市场泛指商品交换领域或商品流通领域。马克思在《资本论》等著作中常常把市场与交换领域或流通领域作为等同概念使用。他在分析货币转化为资本的条件时说："货币所有者就必须幸运地在流通领域内即在市场上发现这样一种商品，它的使用价值本身具有成为价值源泉的特殊属性。"① 他在分析劳动力的消费时说："劳动力的消费，像任何其他商品的消费一样，是在市场以外，或者说在流通领域以外进行的。"② 马克思这里提到的在流通领域内即在市场上，在市场以外或者说在流通领域以外，显然，是把市场与流通领域看成是内涵完全相同、外延完全重合的关系。

把市场这一概念的含义确定为商品交换领域，与市场作为联结商品生产与消费纽带的性质是相符合的，它可以避免把市场理解为商品交换关系的总和而可能产生的种种误解。更重要的是，这样定义可以概括市场的全部内容。

市场作为商品交换领域，它所包括的商品交换活动不只局限于米塔格等人提到的具体场所，还包括买卖双方无须集中到一定具体地点或具体场所，而是借助电话、电传等手段完成的商品交换活动。

市场作为商品交换领域，它包括了这一领域存在的全部关系，如买方卖方关系、商品货币关系、价值价格关系、供求关系、竞争关系和机会风险关系等，这些关系的总和远远超过了马歇尔所下定义中提到的买者和卖者的关系。

市场作为商品交换领域，它包括了这一领域存在的全部因素，以及这些因素相互之间有机联系而形成的全部机制，如供求机制、竞争机制、价格机制、利率机制、租金机制、工资机制和汇率机制等，这些机

① 《马克思恩格斯全集》(第23卷)，人民出版社1975年版，第190页。

② 同上书，第199页。

制的总和，远远超过了马歇尔在其市场定义中论及的价格机制。

市场作为商品交换领域，是商品生产和社会分工的伴随物：由于社会分工和生产资料所有制及其体现的经济利益不同，人们为了满足不同的需要，必须进行产品相互转让的商品交换活动，于是产生了市场。马克思指出："生产劳动的分工，使它们各自的产品互相变成商品，互相成为等价物，使它们互相成为市场。"① 市场与商品生产和社会分工紧密联系、不可分割，它随着商品生产和社会分工的发展而日益扩大。列宁说："商品经济出现时，国内市场就出现了；国内市场是由这种商品经济的发展造成的，社会分工的精细程度决定了它的发展水平。"② "哪里有社会分工和商品生产，哪里就有'市场'。市场量和社会劳动专业化的程度有不可分割的联系。"③

在我国，随着现代商品生产和交换的发展，社会化大生产的要求和企业结构、生产组织的不断改进，生产劳动的分工将越来越精细，专业化程度会越来越高，作为商品生产和社会分工伴随物的市场，不仅必然存在，而且还将不断地向广度和深度发展。

二　市场类型分析

市场作为一个有机整体，是由许多不同类型的具体市场构成的。市场类型一般指交易主体和交易客体具有共同特征的市场种类。市场可以按不同标志进行分类，主要有以下几种：

按流通区域划分，可分为国际市场和国内市场。国内市场可按省、直辖市、自治区的行政区域分成各省级范围市场，还可进一步按地市级、县级细分出各行政区域性市场。国内市场也可按其他标志划分为：沿海地区市场与内地市场以及民族边疆地区市场，本埠市场与外埠市场，城镇市场与乡村市场等。

按流通环节划分，可分为批发市场、零售市场和厂方直销市场。

---

① 《马克思恩格斯全集》（第25卷），人民出版社1975年版，第718页。

② 列宁：《俄国资本主义的发展》，《列宁选集》（第1卷），人民出版社1972年版，第189页。

③ 列宁：《论所谓市场问题》，《列宁全集》（第1卷），人民出版社1958年版，第83页。

按经营方式划分，可分为综合市场、专业市场、超级市场、传统市场、邮购市场等。

按竞争程度划分，可分为完全竞争市场、不完全竞争市场、寡头竞争市场和完全垄断市场。

按供求关系划分，供给大于需求的称作买方市场，供给小于需求的称作卖方市场，供给等于需求的称作均衡市场。

按交易对象划分，可分为消费品市场、饮食市场、服务市场、旅游市场、房地产市场、生产资料市场、金融市场、劳动力市场、技术市场和信息市场等。

在市场问题研究中，按交易对象划分的市场类型出现的频率较高，对这类市场的具体形式和基本特征作进一步分析，有利于加深理解市场概念。

（一）消费品市场

它是指生活消费品的交换领域。生活消费品指人们为满足生活需要而消费的各种物质资料和精神产品。从市场营销角度看，生活消费品可分为日用品、选购品和特殊品三类。日用品指消费者平时经常需要购买的物品。选购品也叫高档消费品，一般指讲求时式、新颖或豪华、昂贵的生活资料。特殊品又称作耐用消费品，通常指具有经久耐用特点的高档消费品。消费品市场的主要特点是：购买者人多面广，差异性大。购买者每次购买的数量不大，通常为小规模购买和多次性购买。购买者大多数缺乏专门的商品知识，不十分了解商品的性能和使用、保管、维修的方法。购买力的流动性比较大。

（二）生产资料市场

它是指买卖机器设备、工具等劳动资料和原材料、燃料等劳动对象的领域。其主要特点表现为，连接的两端都是生产部门，不是为消费而是为生产服务的。主要购买者是生产部门的企业集体，很少由个人单独决定购买，采购人员的购买活动一般是为执行企业或团体的决定而展开的。每次购买批量较大。购买者大多具有专门的商品知识，了解不同生产资料的性能和使用方法，对商品规格和厂牌有严格要求。产品经营具有配套性，一般同时供应主部件和零配件。购买力流动性较小。产品需求价格弹性小，但受经济前景和技术发展影响较人。

（三）房地产市场

它属于不动产市场，一般没有固定的交易场所，除了买卖和租赁两种基本方式外，还存在典卖、抵押、转租等派生交易方式。房地产指土地、土地上的定着物如建筑物、桥梁、基础设施等，以及与土地、定着物有关的各种权益。其中房产和地产是它的主要内容。房地产市场的主要特征是：

1. 交易客体是不能移动的，它不能像一般商品那样通过运输集中在某个场所进行交易。

2. 房产与地产通常合一交易，不是地随房走，就是房随地走。

3. 交易客体千姿百态，具有非标准化特点，价格确定相当复杂。对同一房地产，不同的房地产市场、不同的交易形式、不同的房地产所有者和不同的房地产经纪人，价格选择具有明显的层次差别。

（四）金融市场

它是指货币和资本的流通领域。它由中央银行、商业银行、投资银行、专业银行、储蓄银行、保险公司、信托公司以及证券交易所等组成。除证券交易所是设在固定营业地点，有固定营业时间的有形市场外，由各种银行和其他金融机构组成的金融市场是没有固定营业地点的无形市场。它们之间的借贷、投资活动通过各种电讯工具来完成。金融市场，按不同的标准可以细分出许多具体市场。如果按金融工具的特征细分，主要有以下三类：

1. 按金融工具形式划分。

金融市场可分货币借贷市场、债券市场、股票市场、黄金市场和外汇市场等。

货币借贷市场主要开展各项短期货币借贷业务活动，如票据承兑贴现、发放短期贷款等。

债券市场负责承载各种债券的运行。它包括：政府发行中长期债券和进行债券交易的国债市场、从事金融债券发行和交易的金融债券市场、从事企业债券发行和交易的企业债券市场等。

股票市场是从事股票发行和交易的市场。股票是由股份公司发给投资者作为入股的凭证，持有者有权分享公司的利益，同时也要承担公司的责任和风险。股票市场分为两级：第一级称为股票发行市场，它为股份公司发行原始股票服务；第二级称为股票交易市场，它是已发行的股票再行转让、买卖的市场。股票二级市场由证券交易所和场外交易市场共同构成。证券交易所是有组织地进行股票及其他证券集中交易的有形场所，是股票二级市场的主体。场外交易市场是指在证券交易所以外进行股票等有价证券买卖的市场。场外股票交易是一种自然产生的无形市场，它没有固定的交易场所，是在交易所以外通过电话、电报、电传等现代通信手段或当面洽谈进行股票买卖所形成的供求关系。

黄金市场指从事黄金买卖的领域。目前黄金市场的交易形式，有黄金现货、纸黄金、实物黄金、黄金首饰、黄金期货、黄金期权、铂金—银—钯金、金银币等种类。

外汇市场是专门从事外汇现货和期货交易的领域。它由各种经营外汇的机构，如外汇指定银行、贴现银行、代营外汇机构、外汇经纪人等构成。它使国际间外汇收支调拨得以进行，国际间债权债务的清算、资本的移动、资金的融通得以实现。

2. 按金融工具的功能和期限划分。

金融市场可分为货币市场和资本市场。货币市场主要从事非投资性的货币借贷活动，金融工具使用期限多在一年以内。它包括短期信贷市场、商业票据市场、定期存单市场、短期国库券发行和买卖市场，以及开展金融机构之间资金借贷活动的同业拆借市场等。资本市场多指从事投资性的信贷活动，金融工具主要是有价证券，其使用期限一般在一年以上。它分为债券市场和股票市场两大类。

3. 按金融工具的新旧划分。

金融市场可分为有价证券发行市场和交易市场。有价证券发行市场指新出现的有价证券首次发行的市场。有价证券交易市场指已发行的有价证券再次转让、买卖的市场，即有价证券流通市场。

随着现代市场经济的发展，金融市场的规模将更大，分类市场将更加多样化，更加复杂化。可能如美国著名金融分析家亨利·考夫曼所预言的："将创造出更多的信用工具，金融机构将进行更频繁、更大幅度的证券资产调整以对价值进行重新排列。国内和国际市场的联系将随着计算机和通信的改进而扩大。许多办公室服务，包括大部分的交易过程将出包给专家。许多交易将通过账面记录完成，大多数主要市场的实物证券交割也许就不存在了。”①

（五）劳动力市场

这是指劳动力的交换领域。它包括某一特定的劳动力交换场所和各种劳动力交换形式。在社会主义条件下，劳动者是国家的主人，对发展生产和开辟就业门路有自己的责任。国家作为管理者，应该对劳动就业进行适当的帮助、调节和指导，但不宜包揽过多。实践证明，通过市场形式，更能调动和发挥广大劳动者在解决就业问题上的主动性和创造性，更有利于缓解就业压力。

劳动力的市场交换活动，从供给者方面说，它包括求职、培训、就业、转岗、转业、失业、再就业，直到最终退休等环节；从需求者方面说，它包括招聘、考核、录用、签订劳动合同、岗位安排、确定报酬、津贴和福利待遇、提供劳动保护、建立奖惩制度、辞退或解聘，以及干部和员工队伍更新等内容。

劳动力市场的运行实质，是由市场机制对劳动力资源形成和发展的全过程进行有效配置。我国目前的劳动力市场主要表现为：许多城镇建立了职业介绍中心、职业介绍所、职业培训基地、职业技能培训网络等机构；大中专院校举办的毕业生联合招聘会；一些地方群众自发兴办起劳动力市场；不少经济实体之间进行人才有偿流动、有偿转让和有偿培训；以高薪或其他优厚待遇吸引外来人才等。

（六）技术市场

它是指技术商品的全部流通领域和整个流通过程。技术商品是一种以知识形态为主的劳动产品，它的交易方式十分灵活，有技术成果有偿转让、技术咨询、技术服务、技术承包、技术入股与合资联营等。其中，高新技术成果交易会，是技术市场的重要组成部分。技术市场集中反映科研—生产—消费三者的供需关系，是联结科研、生产和消费的纽带，它既向买方提供技术成果，又向买方提供实施这些技术成果的技术服务和技术咨询，协助买方形成实际的生产能力。

技术商品是技术创新的结晶，技术创新的作用，不仅决定厂商和机

---

① ［美］亨利·考夫曼：《利率·市场与新的金融世界》，李青原译，中国金融出版社1990年版，第153—154页。

构的内部效率，而且还决定这些经济单位的组合，从而形成更高的加总水平。① 在知识经济时代，技术市场展示了巨大的发展潜力。知识经济的发展，以计算机技术的发展和应用为核心。计算机技术给人类生活带来了全新的面貌，它已成为经济增长的内生动力和内生变量。

（七）信息市场

它是指相互转让信息的流通领域。信息指具有新内容、新知识的消息，包括报道、情报、指令、代码以及包含有一定内容的信号等。信息市场的交换客体还包括输送、传递各种信息的物质资料，如电话、电报、光缆、卫星通信、计算机网络，以及电子信箱系统、传真存储转发系统、电子数据交换系统之类数据通信网等。

信息交易主要表现为有偿转让信息、有偿收集和加工信息、有偿传递信息等。信息市场不受具体场所的限制，它借助现代通信设备作为流通渠道，往往形成两端直接通向众多生产者和消费者的网络状态。信息市场是一个发展前景十分广阔的市场。以信息技术为基础，以信息的生产、扩散和应用为主体的信息经济正在蓬勃发展。

（八）饮食市场

专门从事加工烹制饮食品，提供消费设备和场所，就地供应顾客，直接满足消费需求的经济活动领域。它具有明显的地方性色彩，表现出各地风尚习俗、生活习惯和社会环境的差异。产品加工技术讲究，风味不一，卫生要求特别严格。

（九）服务市场

通过劳动者提供一定形式的服务性劳动，在一定场所直接为社会生产和人民生活服务的经济活动领域。服务一般不能凭看、听、嗅、尝、摸等直感来鉴别，具有不可触知性；服务的生产、销售过程与消费过程紧密连接，具有直接性；同一服务由数人操作，品质具有差异性；服务无法储藏待用，具有容易消逝性。

服务市场的发展显示了一个令人兴奋的前景，它在商业周期中将会日益稳定，许多观察家已经注意到，对于商业周期，服务行业的就业和

① ［英］库姆斯、萨维奥蒂和沃尔什：《经济学与技术进步》，中国社会科学院数量经济技术经济研究所技术经济理论方法研究室译，商务印书馆1989年版，第14页。

工资的变动趋势，不像生产货物的行业那样敏感。①

（十）旅游市场

实现旅游商品相互转让的交换领域。旅游商品一般具有下列特点：

1. “生产”、交换和消费具有同一性。旅游商品的“生产”或提供与交换是同一过程的两个方面，其交换与消费也是结合在一起的。

2. 不可贮存性。旅游商品不存在独立的“生产”过程，不表现为具体的物品，而是通过服务或劳务直接满足旅游者需要的，不像物质商品那样可以贮藏。

3. 不可转移性。旅游商品不是物质产品，无法运输，它的物流跟商流相分离，旅游者经交易得到的是一种感受或经历，而不是具体的物品。

4. 综合性。旅游商品既由多种资源、设施与服务构成，又涉及众多生产、提供此类商品的行业和部门，其中包括不少旅游部门以外的行业。

5. 脆弱性。旅游商品的价值实现，受多种因素的作用和影响，这些因素的变化会改变旅游业的生存环境，加上旅游商品无法贮存，难以转移，使其不具有物质商品那种坚韧性。

目前旅游市场的发展趋势与特点大体是：越来越多的发展中国家或地区出现在旅游市场上，并在此基础上形成了世界性旅游组织；国际交通运输业的迅速发展，大大加快了世界旅游市场的形成和发展；有组织的旅游活动大量增加；近距离旅游所占的比重很大，跨洲或跨越大洋的远程旅游所占的比重较小，但增长速度很快；国内旅游市场与国际旅游市场逐渐趋于一体。

三　市场结构分析

不同性质的生产部门制成千差万别的商品，不同性质的商品和劳务具有迥异的交易特点，从而形成具有不同特征的具体分类市场。各具体分类市场及其表现形式，在一定时空条件下的总体构成和组织方式称为市场结构。根据市场运行的时空差别，市场结构可以划分为时间结构和空间结构；根据市场机体内含要素的区别又可以划分为主体结构与客体

① ［美］维克托·富克斯：《服务经济学》，许微云等译，商务印书馆1987年版，第177页。

结构。[①]

（一）市场时间结构

这是按商品与货币交换的时间差异来判别的市场结构，它由现货市场、期货市场和信用市场三种不同市场组成。

1. 现货市场。它是人们最常见、最熟悉的市场，大量消费品都是通过这一市场进入千家万户的。它的货物交易表现为，买卖在同一时间进行，一手交钱，一手交货，当面成交，钱货两清。

2. 期货市场。它的货物交易表现为，交易成立时，约定一定日期实行交割，它适用于大宗商品、外汇、证券等交易。期货买卖在未到交割期以前，买卖双方可以转卖或买回，以获取一买一卖或一卖一买之间的价格差益。期货交易只能通过交易所会员在交易所内进行，不允许场外交易。期货市场具有转移价格风险、发现价格变动趋势、减少价格波动和长期交易的功能，可以有效地弥补现货市场功能的不足。

3. 信用市场。它是建立在借贷关系基础上的商品或劳务流通领域，它的货物交易主要有两种形式：一是延期付款交易，即先取货后付款；二是预先付款交易，即先付款后取货。这类交易都表现为商品与货币在时间上存在一定程度的分离。信用交易可以加快商品流通，促使供求关系协调，但也容易造成信用链条断裂，引发连锁性信用危机。

（二）市场空间结构

这是按市场交易活动的空间布局来判别的市场结构。从行政区域角度看，市场结构由大到小可分为国际市场、全国市场、国内大区市场如华东市场、省内市场、地市区域市场、县域市场和乡镇集贸市场等。从经济区域角度看，我国市场结构又呈现出明显差别的三大类型：沿海地区市场、内地市场，以及民族和边疆地区市场。

（三）市场主体结构

这是按商品所有者来判别的市场结构。商品不可能自行进入市场运行，必须由其所有者带到市场才能交换，没有商品所有者，也就没有交换活动，市场主体就是由商品所有者组成的。市场主体是市场赖以存在的基础，也是完善和优化市场结构的关键所在。

① 张明龙：《经济学新问题求解》，中国经济出版社2007年版，第225页。

1. 从商品交换活动的当事人来看，市场主体可以分成三大类：

（1）生产者，作为供方参与市场活动，给消费者带去所需的物品。

（2）消费者，作为需方进入市场，给生产者带去所需的货币。

（3）批发商、零售商、制造商代理人、特许代理商、经纪人、进出口商，以及运输和仓库的经营者等中间商，他们作为交换中介人，为买卖商品服务。

2. 从社会生产经营组织来看，市场主体可划分为：

（1）政府，作为国有财产的所有者和社会经济运行的调控者，参与商品交换或干预、调节市场贸易活动。

（2）企业和事业单位。企业作为商品生产者和经营者，购买生产所需的机器设备、原材料和燃料等，出售制作成的产品；事业单位主要作为购买者，选购自己所需的各类物资，也为社会提供某些服务。

（3）家庭，作为消费者购买消费品，同时向社会提供劳动力。

从我国现阶段所有制性质看，市场主体又包括国有企业、集体企业、合作企业、股份制企业、股份合作制企业、联合企业、私营企业、个体户、中外合资企业、中外合作企业和外资独资企业等。

（四）市场客体结构

这是按商品和劳务来判别的市场结构。商品分为消费资料和生产资料。消费资料从效用角度分为食品、服装、住房、日用百货和交通工具等，从市场营销角度分为日用品、选购品和特殊品等。生产资料分为主要设备、次要设备、部件、零配件、半成品、原材料、燃料和辅助材料等工业生产资料，还分为农业机械设备、改良农具、中小型农具、耕畜、种子、农药、化肥、塑料薄膜等农业生产资料。不同的商品形成不同的市场，不同的商品结构相应形成不同的市场结构。劳务分为服务于生产领域的生产性劳务、服务于城乡居民生活的消费性劳务。劳务的性质决定了劳务市场的性质，劳务结构的差别相应地决定了劳务市场的差别。

市场结构是市场参与者所面临的外部环境，它对各经济实体的生存和发展具有重大意义。一般来说，决定和影响市场结构的因素主要有：产品性质、种类和特点，生产技术的发展水平及其变动趋势，市场主体，经济规模，供需特点，价格弹性，竞争状况，国家的方针、政策、法规，工商行政管理等。这些因素大体上可以分为两类，一类是受经济发展过程和科学技术制约的因素，另一类是主要由政府掌握的政策因素。在政府政策具有某种长期不变稳定性的时期，市场结构的变动主要取决于经济技术因素；在经济技术因素相对稳定而政府政策剧烈变化的时期，市场结构的变动主要取决于政策因素。

市场结构是否合理，直接影响到市场体系的整体功能。完善的市场体系，应该具有时空布局合理、主体健全、客体适宜的市场结构。改革开放前，我国市场结构单一：只有现货市场，没有期货市场和信用交易市场；只有行政区域市场，没有经济区域市场；只有国有、集体两类公有制市场主体，没有其他经济成分的市场主体；只有消费品零售市场，没有生产要素市场。经过 30 多年的改革开放，我国市场总体构成和组织方式发生了显著变化，市场结构逐步优化，渐趋合理：

（1）在现货市场持续繁荣的基础上，期货市场从无到有，且已达到相当规模，信用市场也日益兴旺，保持迅猛发展势头。

（2）市场辐射范围突破行政区域界限，形成了许多以经济区域为基础，而不是以省县区域为基础的网络式市场。

（3）市场主体由原来清一色的公有制经济实体，改变为多种所有制经济实体。交换中介组织由国有、集体两种商业机构，向多种成分并存转变，且经过新的分化、组合，股份制商贸集团、横向联合的商业企业集团、纵向隶属的商贸母子公司、工商联合集团、股份合作制贸易公司、农工商联合体等正在迅速成长。特别是，我国城乡以集市贸易、流动商贩、长途贩运、摊群店铺等为主的个体商业发展很快，弥补了低层次市场主体的空缺。

（4）市场客体迅速膨胀，消费品琳琅满目，应有尽有，服务、旅游项目不断增多，住房成为个人私产可以进入市场。随着生产要素市场的发育成长，生产资料由国家统一分配变为主要由市场调节，特别是资金、劳动力、土地、技术和信息也进入市场，成为交易对象。

但是，也应看到，我国各类市场的发育很不平衡，差距悬殊，且相互关系不够紧密，还存在不少有待进一步完善之处。例如，期货市场一时发展过快，出现了一些不规范的行为；信用交易市场由于不少地方存在三角债等现象，时有债务链条断裂的险象。市场结构变化存在着明显的地区性差别，沿海地区市场发育程度较高，结构调整比较灵活，内陆地区市场发育程度较低，结构调整相对呆滞。市场主体的发育尚不成熟，尤其是在万家经商、市场主体大量涌现的情况下，出现了不少缺乏应有能力和资格的经营者，他们不仅经营方式落后，设备简陋，而且组织形式单调，低水平重复过多。如何促使市场主体各部分同步协调、有机衔接的发育，已是健全市场结构的重要内容之一。就市场客体结构变化的总体特点来看，消费性市场发育较快，组织程度较高，已初具规模，而生产性市场发育则较为迟缓。其次为金融市场，但它的规模仍跟不上市场经济发展的需要，尚未充分发挥聚集和融通资金的作用。技术和信息市场起步较晚，尽管发展迅速，但覆盖面还比较小。

第二节　市场规则与市场规则体系

近年来，市场经济秩序混乱问题已引起政府的高度重视。整顿和规范市场经济秩序，工作内容复杂，任务重，涉及面广。为了做好这项工作，必须坚持深化改革与加强法制建设并举，标本兼治，边整边改，着力治本。当前，要在已有基础上进一步规范市场经济秩序，确保市场竞争有序开展，一项重要措施是完善市场规则，健全市场规则体系。市场规则规范化，可以确定政府、生产者、中间商和消费者各方面的权利、义务和责任，可使各级政府管理、指导市场活动有统一的行为规范，也可使参与市场活动的单位或个人有统一的行为准则。①

一　市场规则

市场规则，通常指市场活动当事人共同遵守的行为准则和道德规范。它主要由三部分内容组成：一是政府根据市场运行特点和管理市场的需要，制定各项政策，并通过一定行政管理手段规范市场运行和交易者的行为。二是政府依靠法律手段，根据法定程序制定和颁布各种法律、法令、条例和规定，并相应形成各种制度和章程，用来调控市场运行和约束交易者的行为。三是市场参与者在长期市场活动中形成的价值观念、评价标准，以及约定俗成的传统习惯和道德规范。

① 张明龙：《论整顿市场经济秩序与完善市场规则体系》，《社会科学辑刊》2001 年第 5 期。

很久以前，人们就已认识到，要使市场交易有序进行，必须制定规则，建立相应的制度，以便规范市场交易者的行为。不少先秦文献载有当时管理市场的方法和原则，如《礼记》规定圭璧金璋、命服命车、宗庙之器等十四类货物，不得在市场上出售。

古希腊学者柏拉图在《法律篇》中说："我们的商业，一个人和另一个人的交易，需要有适当的规定。下面是一个总则：在可能的范围内，如果未得到我的完全同意，任何人不能抚摸我的货物，也不能稍许移动它们；我也必须以慎重的态度同样对待别人的货物。"① 柏拉图还专门强调，对于违犯交易规则者，必须形成一种有效监督和及时检举的制度。他说，对于未经货物所有者同意便拿走货物的行为，如果发生在城里，第一个看到的人应向城市管理员报告；如果发生在市场，就向市场管理员报告；如果发生在乡下，目击者应向农村管理员及其官员申明。同时建立检举违规交易的奖惩制度，使揭露违规行为的人赢得美名，知情不告者则被视为不道德。

当今的市场活动，远比古代的商品买卖复杂，涉及范围也广得多。例如，素有"市场大省"之称的浙江省，2001 年，共有商品交易市场 4278 个，实现成交额 4652 亿元。年成交额超亿元市场达 465 个，超十亿元市场 78 个，超百亿元市场 6 个。2001 年，义乌小商品市场成交额达 212 亿元，其中出口额 80 亿元，市场成交额和出口额，又一次雄居全国各市场的榜首。为了确保我国各地的市场长盛不衰，充分发挥政府在规范市场经济秩序中的作用，建立和健全市场规则体系，提高市场的组织化程度，是非常必要的。

二　市场主体规则体系

一定市场规则，总是针对一定市场行为制定的。由于市场行为复杂多样，相应的市场规则也有许多具体形式。各种具体市场规则的总和，便构成市场规则体系。市场规则体系，可按市场主体和市场客体的差别分为两大类。

---

① 巫宝三主编：《古代希腊、罗马经济思想资料选辑》，商务印书馆 1990 年版，第 115—116 页。

市场主体规则体系，包括涉及政府、企业和消费者行为的一系列市场规则，主要有：

1. 政府管理和调控市场的行为规则体系。其内容包括经济合同管理规则，产品质量计量、监督规则，工商行政管理规则，破产企业产权转移、债务清理和职工安置规则，商标、专利、版权、货源标记或原产地名称标记等知识产权管理原则，包装和广告管理规则，防止不正当竞争规则，反倾销规则，反垄断规则，物价管理和调控规则，税收调控规则，信贷调控规则，审计监督规则，以及打击经济犯罪活动规则等。

2. 企业从事市场营销活动的行为规则体系。主要包括企业进入或退出市场的规则，生产、经营、营销、投资和创新等方面的规则，产权占有、使用、获益和处置的规则，企业劳动用工、人事管理和机构设置的规则，以及承担社会责任的规则等。

3. 消费者的行为规则体系。主要包括遵守平等互利和自愿让渡原则、防止不正当购买行为规则，以及保障消费者合法权益不受侵害规则等。这一规则体系的结构和重心，会跟随消费结构的变化而相应变化。

三　市场客体规则体系

市场规则不仅要规范市场主体的行为，而且还要规范市场客体，因为市场主体的行为准则，必须以规范的市场客体为基础。这如同乒乓球比赛，既要制定调整乒乓球运动员的比赛规则，又要制定乒乓球、球拍、球网、球桌等比赛客体的标准。[①] 市场客体规则主要有：

1. 产品责任规则。它主要针对因产品缺陷造成消费者人身伤害或财产损失，规定厂商必须承担相应的责任。产品责任规则是市场客体规则体系中最基本的组成部分，其目的在于保护消费者的合法权益。它的具体内容包括：产品质量、品种、规格、计量、卫生、安全、环保、性能、功用和包装等方面的标准，安装、调试、维修和退换等方面的保证，以及对消费者造成损害所承担的各种责任。

2. 餐饮市场规则。餐饮市场规则具有明显的地方性色彩，反映各地风尚习俗、生活习惯和社会环境的差异。它除了以餐饮食品为对象的

---

① 张明龙：《略论市场规则体系》，《商业研究》2004 年第 4 期。

一般交易规则外，还突出表现在卫生标准、菜谱配方和饮料配方标准、加工技术标准、特色风味标准等方面。

3. 旅游市场规则。旅游市场的交易规则与消费规则是融为一体的。同时，旅游商品不是物质产品，它的物流跟商流相分离，旅游者经交易得到的是一种感受或经历，而不是具体的物品。所以，旅游市场规则的制定，还必须反映旅游商品的不可贮存性、不可转移性、综合性和脆弱性等特点。

4. 房地产交易规则。房地产交易规则的内容主要涉及房地产的类别与等级标准，房地产交易的行为规范，禁止房地产非法交易的规定，违反房地产交易规则的处罚规定，管理房地产交易的规章制度，房地产产权转让制度，以及与房地产买卖、租赁、典卖、抵押、转租等具体交易方式相关的规定。

5. 劳动力交易规则。其内容主要涉及规定劳动力进入市场和退出市场的准则，界定劳动力竞争的正当行为与非正当行为，确定违反劳动力交易规则需承担的责任，制定最低就业年龄和最低工资标准，制定劳动力市场的规章制度、管理办法，建立安全检查与劳动保护制度，建立劳动、养老、失业、工伤等社会保险制度。

6. 金融市场规则。金融市场规则由两部分组成：一是货币市场规则，主要用于规范从事非投资性的货币借贷活动，包括短期信贷市场规则、商业票据市场规则、定期存单市场规则、短期国库券发行和买卖规则，以及用来规范金融机构相互之间资金借贷的同业拆借规则等。二是资本市场规则，主要是用来规范从事投资性的信贷活动，资本市场的金融工具主要是有价证券。有价证券的市场规则，分为发行规则和交易规则两类。有价证券主要包括债券和股票，所以，它又分为债券发行与交易规则、股票发行与交易规则。

7. 技术成果转让规则。技术成果转让不仅要为购买者提供技术成果，而且还要提供相应的后续服务，协助购买者把技术成果转化为生产能力。技术成果转让规则，贯穿于技术成果整个转让过程的每道环节。其中主要有技术成果有偿转让规则、技术服务规则、技术咨询规则、技术合作规则、技术承包规则、技术入股与合资联营规则等。

8. 信息交易规则。信息除了具有一定内容的信号本身外，其交换客体还包括输送、传递各种信息的物质资料，如电话、电报、光缆、卫星通信、计算机网络，以及电子信箱系统、传真存储转发系统、电子数据交换系统之类数据通信网等。信息交易规则，主要表现为有偿转让信息规则、有偿收集和加工信息规则、有偿传递信息规则等。

9. 期货交易规则。这一规则的主要内容是期货交易的规范程序与正当交易的行为规则，履行期货交易合同的行为准则，进入或退出期货市场的规定，期货交易所的规章制度等。

完善市场规则，健全市场规则体系，形成良好的市场经济秩序，是建立社会主义市场经济体制的必要条件。就我国宏观经济运行现状来说，要健全市场规则体系，应抓住整顿和规范市场经济秩序的有利时机，坚持深化改革与加强法制并举的思想，着重做好以下工作：（1）积极开展有利于健全市场规则体系的制度创新；（2）制定有利于完善市场规则的经济政策和经济法规；（3）综合运用宏观调控参数和市场参数；（4）加强道德规范建设，特别是加强市场参与者的职业道德建设；（5）健全行政监督、经济监督、法制监督、舆论监督和群众监督组成的市场监督体系。

第三节　计划与市场两大调控机制的水乳交融式结合

在社会主义经济中，计划能否与市场结合，如何与市场结合，这是自二三十年代以来一直为人们所关注的命题，特别是近年来已成为我国经济体制改革讨论中的一个焦点。这个问题，涉及对社会主义经济运行方式及基本特征的理解，关系到我国经济体制改革的方向和经济体制目标模式的选择，必须从理论上探讨清楚。笔者认为，要使计划与市场从根本上消除对立关系，真正有机地结合在一起，必须采取“水乳交融”的结合方式，使计划与市场两大调控机制全面融合起来，形成浑然一体的融合制约机制，并由这种融合制约机制产生综合调节作用。①

① 张明龙：《计划机制与市场机制：水乳交融式结合》，《中国经济问题》1990 年第 5 期。

一　计划与市场结合模式若干观点的共同缺陷

怎样创立计划与市场两大调控机制有机结合起来的社会主义经济运行机制，是经济体制改革的核心内容之一，也是推进改革的社会主义各国所面临的共同课题。最早研究这一课题的是苏联、东欧经济学家。波兰兰格的《社会主义经济理论》、布鲁斯的《社会主义经济的运行问题》、南斯拉夫卡德尔的《南斯拉夫计划制度》、霍尔瓦特的《计划与市场》、匈牙利涅尔什·雷热的《我们的主要任务是提高经济效能》、科尔内的《理想与现实——匈牙利的改革过程》《匈牙利的改革——通往市场经济的途中》、捷克斯洛伐克奥塔·锡克的《社会主义的计划和市场》《论社会主义经济模式》、考斯塔的《社会主义的计划经济理论与实践》、民主德国米塔格的《社会主义政治经济学及其在德意志民主共和国的应用》、苏联利别尔曼的《提高社会生产效果的经济方法》、阿甘别甘扬的《根本改革的纲领》、阿巴尔金的《经济理论和改革实践》等，都是在深入研究计划与市场关系基础上形成的重要成果，它们包含着大量真知灼见，为我们解决计划与市场结合问题提供了丰富的思想材料。然而，苏联、东欧经济学家的理论，不仅体现着他们本国实践的特点，还存在着一些始终未能找到令人信服的解决办法的问题。苏联、东欧经济改革中，因不成熟理论导致不成功实践的教训，我们应引以为鉴，尽力避免。

在我国，十一届三中全会以来，研究计划与市场结合方式的文章，在经济理论研究中占有很大比重，其主要观点综述起来，大体可归纳为以下几种：

（1）“主从结合说”：计划处于统领、驾驭市场的主导地位，市场机制在计划手段的牵引、调整下发挥辅助作用。

（2）“板块结合说”：把国民经济划分为两块，其中为全社会所必需的、关系到国计民生的生产和建设这一块实行计划调节，除此之外由市场调节。

（3）“渗透结合说”或“胶体结合说”：计划调节与市场调节通过相互渗透，使两者在交叉面上胶合为一体，属于交叉面上的产品既受计划调节，又受市场调节。

（4）“消长结合说”：计划调节与市场调节的关系是此长彼消的关系。社会主义经济发展的总趋势，是由市场经济过渡到产品经济，在这个发展过程中，计划调节将由少到多、由弱到强，而市场调节则由多到少、由强到弱。

（5）“梯度式结合说”：在社会各种产品的总量—大类—品种这一梯级序列中，计划调节的作用呈递减趋势，市场调节的作用则呈递增趋势。

（6）“钟摆式结合说”：从社会主义经济的实际运行过程看，计划调节过强之后必然变弱，市场调节过弱之后必然变强，两者强弱先后交替好似钟摆来回晃荡。

（7）“宝塔型结合说”：在国民经济调控体系中，国家、市场、企业分列上、中、下三个部位，呈宝塔状，处于顶部的国家运用计划，以向处于中部的市场输入经济参数等方式直接调节、控制市场，再通过市场间接调节、控制处于底部的企业，等等。

上述这些观点有不同的分析角度和侧重点，如果仅就某一方面来说，它们或许都是可以成立的，是正确的，但总的来看，它们有一个共同缺陷：形式上解决了计划调节与市场调节的结合问题，而实际上仍把计划与市场看成是对立关系，仍然把计划机制与市场机制看成不是一个实体，而是两个实体。这一缺陷的直接结果就是造成我国改革开放以来经济理论上一直存在着两种基本思路的分歧：一部分同志强调发展计划经济，他们的注意力集中在计划上，主张尽可能多地利用计划机制，以保证合理配置短缺资源；另一部分同志强调发展市场经济，他们的注意力则集中在市场上，主张尽可能多地利用市场机制，以保证我国经济发展有足够活力。理论上的分歧必然会影响到决策方案的选择，而决策是否正确，对经济体制改革和发展国民经济起着举足轻重的作用。当决策者偏爱前一种理论主张时，往往忽视市场机制的作用，这在传统体制的调控机制尚未根本改变的情况下，容易回到老路上去，造成一统就死的后果；而偏爱后一种理论主张时，则又往往忽视计划机制的作用，这在新旧体制转换期间和市场机制不健全的条件下，易造成宏观失控和经济秩序混乱。理论上的不一致最终导致了实践上左右摇摆：改革十年中先后出现了 1980 年、1984 年和 1988 年三次宏观经济明显失控的现象，并由此引起三次大的经济调整，且一次比一次严重。

张振斌同志在《计划与市场：结合方式的现实选择》（见《中国经济问题》1989年第6期，以下简称《选择》）一文中，提出的计划与市场“二元式渗透结合”模式，比起“板块结合”和一般“渗透结合”等模式来，理论上向前推进了一步，内在结构相对较合理；比起“宝塔型结合”模式来，似更贴近目前我国经济现实，可行性相对较大。但是，“二元式渗透结合”模式也没有从根本上消除上述各种结合模式的共同缺陷，而且它本身还包含着不少新的难以克服的理论矛盾。

《选择》在阐释“二元式渗透结合”模式时说，整个经济生活中始终存在着两个相互依存和制约的部分：宏观部分以计划调节为主，同时受到市场机制的制约；微观部分以市场调节为主，同时受到计划调节的制约。这里，计划与市场两大调控机制，不是密不可分地融合为一个统一的机制实行调节，而是两者都有自己的调节范围。计划调节与市场调节，在宏观经济中不是作为一个整体出现，而是表现为一主一从的关系；在微观经济中也不是作为一个整体出现，也有一主一从的区别，两者的对立是显而易见的。《选择》把社会主义宏观经济看成是以计划调节为主的经济，把微观经济看成是以市场调节为主的经济，从而把宏观经济与微观经济的关系看成是“二元”关系，这是不科学的。经济分析中，宏观是就整个经济现象而言的，微观是就个别经济现象而言的，微观经济活动的总和构成宏观经济活动，宏观经济与微观经济逻辑上是属种关系，两者只能是性质相同的一元经济形式，不可能是性质不同的二元经济形式。

《选择》把计划与市场融合机制的综合调节作用，简单、机械地区分为宏观经济以计划调节为主，微观经济以市场调节为主，倘若泛泛而论，不涉及具体经济活动，这或许还是讲得通的。但如果涉及具体经济现象，那就不是这么回事了。计划与市场融合机制发挥出来的调节强制力，是由计划与市场两大调控机制的矢量合力组成的，它必须随着时间、地点、部门和产品的差异经常变动，才能对社会主义经济实行有效调节，因此它要求内在的计划与市场两大调控机制的力量对比经常改变。这使得计划与市场两大调控机制在融合机制的矢量合力中，尽管有强弱、主次的差别，但两者没有固定的强弱、主次位置。就宏观经济角度说，在计划与市场融合机制中，计划机制可以处于主要地位，发挥较强的调节作用；市场机制也可以处于主要地位，发挥较强的调节作用，如国家为了实现总供给与总需求平衡而采取赤字财政政策，又希望避免由此引起通货膨胀，需要向银行透支时，就必须主要依靠资金市场机制的作用力，主要通过它的调节作用筹集闲散资金，再以透支形式弥补财政赤字。就微观经济角度说，在计划与市场融合机制中，计划机制作用力与市场机制作用力的主次位置也是经常变动的，并不都是以市场调节的力量为主，如浙江普陀山每逢三伏盛夏水源严重短缺，又值避暑高峰时，为了保证全岛各个旅馆的生活用水，就只能主要依靠计划机制的作用力来调节：自来水厂按计划实行定时定量供水。

《选择》根据“二元式渗透结合”的设想，进一步推论计划与市场的结合部在于各项经济政策，这个看法也是值得商榷的。在社会主义经济中，计划调节主要反映社会主义基本经济规律的要求，市场调节主要反映价值规律的要求。显然，计划与市场的结合部，必须能够同时反映这两个规律的要求。它不是别的，只能是人们对这两个规律同时自觉地加以运用。计划与市场的结合部是通过必要的形式来体现的。可以说，凡是人们能够同时自觉运用社会主义基本经济规律和价值规律的手段，都能成为体现这一结合部的形式，它主要包括国家指令性计划、指导性计划、经济杠杆、经济政策和经济法规等。因此，经济政策只是体现计划与市场结合部的众多形式之一，而不是唯一形式，更不是这一结合部本身。

此外，用“渗透”一词表述计划调节与市场调节的结合方式亦欠妥。“渗透”结合，只是说明计划与市场两种调节方式可以相互交叉，两者在交叉范围内有兼容关系，而这种兼容关系也只是你可渗透到我之中，我也可渗透到你之中，但你我之间的界限仍然泾渭分明，并没有将你我有机地融合为一体。在“渗透”结合的状态下，计划与市场两大调控机制能以兼容关系调节的，也仅限于两者交叉范围内的经济关系。至于两者交叉范围以外的经济关系，计划调节与市场调节是无法相互渗透的。显然它们只能保持纯粹状态下的功能和作用方式，彼此分开各自独立地进行调节。可见，计划调节与市场调节用“渗透”的方式结合，是无法解决两者实质上的对立的。

二　计划与市场两大调控机制水乳交融结合模式的基本框架

要消除上述计划与市场结合模式若干观点的共同缺陷，要使计划调节与市场调节不仅形式上，而且实际上都能有机地统一、结合在一起，要使计划与市场两大调控机制真正作为一个实体而不是作为两个实体发挥调节作用，必须采取“水乳交融”的结合方式，并使它们一旦融合起来，便是水在乳中，乳在水中，再分不出也不必区分哪是水，哪是乳。当然，“水”与“乳”的“比例”，可以根据不同时间、不同地区、不同部门和不同产品而有所区别。

计划与市场水乳交融结合模式，不是凭空构筑的，它基于我国现实的经济发展状况，是由社会主义市场经济的性质决定的。

（1）社会主义市场经济的运行过程，产生了计划调节与市场调节要求水乳交融结合的内在引力：从社会主义经济角度看，在我国资源普遍短缺的总背景下，它面临必须解决的首要问题是，把有限的供给按一定程序合理分配给不同的需求者，并根据国家、民族和社会的整体利益，优先安排急需发展的领域和项目。而这一问题，又是存在于千变万化、参数无穷的现代市场经济活动中的。因此，为了做到尽可能及时、准确、有效地调整资源配置，就必须把计划调节建立在市场机制的基础上，通过市场调节表明的供求状况，以及与此相关的社会实际生产能力和当前消费水平，制订、实施和调整经济计划。再从市场经济角度看，它是在“不平衡—平衡—不平衡—平衡”的形式中运动的，市场机制也正是在这种运动过程中调节生产和消费、供给和需求的，它只有与计划机制有机地融为一体，才能在一定时间内减少供求不平衡出现的频率，相应增加供求平衡出现的频率，才能缩短供求不平衡经历的时间，相应延长供求平衡经历的时间；才能降低供求不平衡的强度，相应提高供求平衡的强度，才能更有效地发挥自身的调节作用，促进市场经济稳定、协调地发展。

（2）社会主义市场经济内在众多规律同时发生作用，必然会形成计划与市场两大调控机制水乳交融的矢量合力。一个客观现象的产生，一个客观结果的形成，不是由单个规律的作用所决定的，而是由众多规律融合起来的作用所决定的。例如，一根木头顺流漂浮而下，它要受到万有引力规律的作用，要受到水对物体浮力规律的作用，要受到水的运动规律的作用，还要受到风浪阻力规律的作用等。这些规律所产生的强制力，不是像同一平面上的几条平行直线，各自分开单独作用在木头上，而是以一个互相依存、互相制约、互相融合、紧密交织的运动整体共同作用于木头上。对于社会经济现象来说，也不例外。在社会主义市场经济中，社会主义基本经济规律、价值规律及其他经济规律也是作为一个运动整体发生作用的。以反映社会主义基本经济规律为主的计划机制，与以反映价值规律为主的市场机制，尽管两者作用力的方向有时并不完全一致，但它们在对社会主义经济起调节作用时，从来不是独自进行的，而是以水乳交融、矢量相加的合力形式出现的。

计划与市场水乳交融式结合的具体形式，表现为计划机制与市场机制的整体融合。计划机制指企业、市场与计划之间建立起来的有机联系和制约关系，以及相应的组织结构和功能。它是国家为了实现计划目标，通过经济计划、经济政策、经济杠杆、经济法规和物资吞吐等手段，对国民经济运动进行调节和控制而形成的。它包括财政平衡机制、物资平衡机制、信贷平衡机制、劳动力平衡机制和外汇平衡机制等内在机制。市场机制指供给方面与需求方面同市场信号的有机联系和运动，也就是市场机体内的供求、竞争、价格、信贷利率、汇率、工资等各种市场要素所形成的有机制约体系。它由价格机制、信贷利率机制、工资机制、竞争机制等内在机制组成。实行计划与市场水乳交融式结合，就是使计划机体的诸构成要素、诸内在机制，与市场机体的诸构成要素、诸内在机制全面融合起来，形成一个不分你我、不可分割，浑然一体的融合制约体系，并由这种融合制约体系在社会主义市场经济中产生综合调节作用。

在水乳交融结合模式中，计划机体各种内在机制不是独立存在的，而是相互依存、相互制约的。市场机体各种内在机制的状况也与此完全相同。而且，计划机体的各种构成要素同时存在于市场机体中，市场机体的各种构成要素也同时存在于计划机体中。因此，计划机体的各个内在机制不再单纯是某一计划机制，市场机体的各个内在机制也不再单纯是某一市场机制，它们彼此都与对方的构成要素一起形成新的制约关系。例如，物资平衡机制，不再单独是物资供给与需求同计划之间的有机联系，一方面，它要受到其他计划机制的制约；另一方面，它已融入竞争、价格、信贷利率、工资等市场要素，能反映商品供求同价格之间的有机运动，能反映信贷资金供求同利息率之间的相互制约关系，还能反映工资变动与劳动力供求变动之间的有机联系。又如价格机制，也不再单纯表现为商品供给与需求同价格之间的有机联系和运动，一方面，它要受到其他市场机制的影响和制约；另一方面，它已融入经济计划、体现计划意图的经济政策、经济杠杆和经济法规等计划要素，将受到财政平衡机制、物资平衡机制、信贷平衡机制和劳动力平衡机制的制约。

计划与市场两大调控机制水乳交融形成的融合机制，包含着来自计划方面的和来自市场方面的无数互相交错的力量。它对生产和需求发生调节作用时，各个内在机制的力量仅仅表现为整体合力的一部分。某个内在机制作用方向和强弱程度的改变，如果在基本上不变动别的机制对其制约关系的条件下，可以通过它本身构成要素的自然变动或计划与市场互融要素的调整来进行，如果在基本上不改变它本身作用力的条件下，则可以通过调整其他机制的制约力量来达到。例如，价格机制要从促进某种产品生产转向抑制这种产品生产时，在计划机制和别的市场机制对它的制约关系大体维持原状的情况下，可以通过其构成要素的自然变动，即供求对比随价格信号的改变而变化来进行，也可以通过个别或全面调整融入价格机制的供给方面、需求方面、价格信号三者中的计划要素来进行。假若此时不宜轻易改变价格信号，必须维持原有的价格水平，而当这一价格对生产者仍有较大吸引力，同时光靠调整融入此种产品供给和需求中的计划要素尚显不足改变价格机制的调节方向，那么可以通过调整其他机制的制约力量，扭转价格机制的作用力。如通过调整财政平衡机制，对这种产品取消财政补贴（如果原来有的话），征收消费税，变低税率为高税率；通过调整信贷平衡机制，对其收紧贷款额度，取消贴息优惠，提高贷款利率；通过调整物资平衡机制，严格控制生产这种产品的能源和统配物资供应等，使这一产品在原有价格水平上同时对生产者和消费者产生不利的经济结果，从而使价格机制改变调节方向，起到抑制其生产的作用。

与其他模式相比，水乳交融结合模式产生的综合调节功能，更适合于我国目前经济生活的实际情况，更有利于稳步推进经济体制改革，它易于解决国家运用市场机制实现计划目标时所遇到的某些关键性难题。市场机制不管具体形式如何，都表现为以特定市场信号把供给和需求联结在一起。供方与需方对同一市场信号往往采取截然相反的经济行动，因为对供方有利的信号往往对需方不利，反之亦然。但对于某一产品来说，只有当它对供需双方均有利时才能有效地增加生产，只有当它对供需双方均不利时才能有效地减少生产。如何使供需双方依据同一市场信号采取相同经济行动呢？这是其他结合模式难以解决的问题。例如，《选择》在阐释“二元式渗透结合”模式时认为，社会主义经济存在着限制性市场和非限制性市场，政府可以通过调整两者的比例，使市场运行体现宏观经济要求，并通过调整限制性市场的商品价格，进而影响非限制性市场价格的运动，从而使得市场价格的总水平处于计划调节之下。《选择》把社会主义市场区分为限制性市场和非限制性市场，实际上是计划与市场“板块式”结合理论的投影。这还不是主要的，关键在于国家仅仅通过控制、调整价格信号，是无法调节限制性市场的商品供求的，当然也无法影响非限制性市场的价格及其供求变动。譬如，国家想在限制性市场通过调整价格信号促进某种产品生产，那么从供给方面看应该是提高价格，但从需求方面看则应该是降低价格，这对国家来说是一个解决不了的矛盾。国家倘若要同时既在供给方面提价，又在需求方面压价，那么国家就必须包揽商品的收购和销售，这等于在限制性市场部分保留或者恢复过时、僵化的高度集中体制。这一难题对于计划与市场水乳交融结合模式来说是容易解决的。在水乳交融结合模式中，如果国家为了实现计划目标，想通过调整价格信号促进某种产品生产的话，只要对供需双方提供相同的价格信号就行了。因为，假若调整后的价格对供方有利而对需方不利，将会产生商品供给增多而需求减少时，国家可以通过调整计划与市场融合机制的内在力量，运用除价格机制以外的其他机制的作用力，定向产生比较有利于需求者的经济结果，使得这种商品在既定价格条件下对供需双方都有利，从而保证它在供给量增多的同时需求量也随之增多。因此，水乳交融结合模式可以用同一价格信号促使某种产品向着预定计划目标稳定而迅速地发展。

三　计划与市场水乳交融结合而成的机制类型及其运用

我国经济中，区域之间的发展水平很不平衡，产业之间的技术状况相差甚远，资源之间的短缺程度高低不一，计划与市场两大调控机制实行水乳交融式结合时，它们的“比例”即两者的强弱程度和主次位置，必须因时因地因物而异，不能简单划一、固定不变。只有根据具体经济现象，确定计划机制作用力与市场机制作用力水乳交融结合的适当比例，并根据各种经济条件的变化及时作适当调整，才能使它们恰如其分地在社会主义市场经济中，在社会再生产的各个方面有机地融为一体。计划与市场两大调控机制，无论是调节产品，还是调节资金或劳动力，都可以有多种多样的融合“比例”，从而呈现各种类型的具体融合机制。它们主要有：

（一）强计划—弱市场机制（简称强计划机制）

其基本特征是，市场机制的三个基本要素，即供给方面、需求方面和市场信号（商品市场之价格、资金市场之利率、外汇市场之汇率，劳动力市场之工资等），均与指令性计划融为一体。它是实现计划目标，体现计划意图最强的融合机制。它所涉及的经济领域大体包括：

（1）由于自然资源稀缺或特定生产技术所限，长期供不应求的短线领域，如作为战略物资的有色金属。

（2）由于投资条件和固定成本比例很高、当前收益低，若采用别的融合机制调节，非但难以形成市场均衡，甚至可能成为发育严重不足，以致引起宏观经济运行失调加剧和发展总水平低下的领域，如骨干基础设施、关键性高技术产品、大型骨干重点工程。

（3）能够获得垄断高额利润，是国家财政收入的稳定来源，不允许自由竞争的领域，如烟草、机场、海港。

（4）对增强国民经济发展的整体力量和后劲有重要作用，但本身盈利很少，甚至需要长期财政补贴的领域，如基础科学的研究开发、公用事业、环境保护。

（5）为加强国家宏观调控的经济职能，为保卫国家安全，必须由国家直接经营的领域，如银行、铁路、邮政、电讯、国防、航天等部门。

在水乳交融结合模式中，作为计划机体构成要素的指令性计划，已经吸纳了市场机体的构成要素，它是在精确计算和预测市场变动趋势的基础上制订出来的，它在实施过程中，除了可以随时参照现行市场商情作适当调整外，还可以通过改变其他计划要素和市场要素对它的制约关系，使它贴近市场运行参数，它的适用范围只限于必要而又可以用现代科技手段精确计算的经济活动。在强计划机制中，由于指令性计划同时融入市场机制的三个基本要素里，因此，这一融合机制的实际调节范围，不是上述它所涉及领域的全部经济活动，而是其中的一部分，它一般限于上述领域中供给量、需求量和市场信号三者能同时精确计算的经济活动。在国家能够精确计算与合理安排生产、供应和需求的经济活动中，强计划机制是最简明、最少损失的调节方法。

受强计划机制调节的产品，大都是社会总产品中严重短缺的部分，其中不少是短线基础产品，它们的供给弹性和需求弹性往往相当小，供求状况不能随价格信号改变作出灵敏反应。在短缺没有适当缓和与产业结构失衡尚未根本扭转的情况下，它们的价格不宜轻易改变。否则，将引起后续加工产品成本激增，其价格也水涨船高，最终必然导致“比价回归”。强计划机制在调节短线基础产品的过程中，必须依照准确预测的可供量，必须根据整体利益和公平、效率原则，确定需求轻重缓急的先后次序，参照市场物流的运行路线，实行定向定点定量供货，使实际需求量限制在有效供给量之内，并在此基础上，让价格稳定在这样一个水平上，它能产生供方所得利益略大于需方所得利益的经济结果，以便促进生产，逐步缩小供需缺口。当然，稳定价格，只是否定随意涨价，并不等于冻结价格。倘若发现价格已不能产生供方比需方更有利的经济结果，或者已造成供方所得利益远远大于需方所得利益时，就应及时校正指令性价格。

（二）中强计划—中弱市场机制（简称中强计划机制）

它的基本特征表现为，在供给方面、需求方面和市场信号三个市场机制基本要素中，有一个或两个基本要素与指令性计划融合在一起。它在体现计划意图上，仅次于强计划机制。它的适用范围比强计划机制宽，在强计划机制所涉及的领域中，凡不宜采用强计划机制调节，而供给量、需求量和市场信号三者有一项或两项必须融入指令性计划，且能精确计算的经济活动，都可用它来调节。中强计划机制有多种具体形式，它们因融入指令性计划的市场机制基本要素不同而不同，用它们调节产品时，可视资源的短缺程度、发展的紧迫性、优先安排某些发展的必要性及产品本身的性质、特点，作适当选择。一般来说，以下几种情况较常见：

（1）产品的生产规模大且固定成本比例高，生产者相对集中，进入它的生产领域障碍较多，投资主要由政府决定，生产所需的原材料、能源和运输条件等，大多由政府主管经济的部门负责安排并切实加以保证，但消费者人数众多，比较分散，影响消费的社会因素复杂，需求弹性较大而且经常变动，例如某些满足社会特殊需要的药品、某些高档耐用消费品等，它们可以仅在供给方面，或让供给方面和价格信号同时融入指令性计划，需求方面则可融入指导性计划，或只需与经济杠杆、经济政策结合在一起。

（2）产品的需求质上比较稳定，影响需求变动的客观自然因素及组合概率不难估计，购买者相对集中，需求批量大或批量虽小但易于控制，需求满足的合理程度对国家整体利益的影响敏感，但生产者经营规模小，分散性强，固定成本低，各个生产单位所处的具体条件和生产能力千差万别，难以对一切单位的生产能力都了如指掌，例如某些作为重要轻工业原料的农产品。它们可以仅在需求方面，或让需求方面和价格信号同时融入指令性计划；供给方面则可采取合同订货形式，要求生产者按合同规定的数量、品种和质量提供产品，或融入其他体现较强计划指导性的计划要素。

（3）产品短缺严重，倘若听凭市场局部均衡产生价格不断波动，将无法确定和实施优先发展的领域和项目，会妨碍资源的合理配置，但产品供给缺乏弹性而需求富有弹性，供给变动趋势易于了解而需求变动趋势难以精确预测，它们的价格信号，通常包括供给方面应融入指令性计划，需求方面应在保证满足优先发展的领域和项目的前提下融入指导性计划。

（4）产品的交易规模大且交易固定成本比例高，进入市场障碍多，但不宜用强计划机制调节的，可在价格信号，同时依据实际情况在供求双方之一方融入指令性计划。

(5) 产品交易规模小而交易场所分布有限，货物流转量、平均成本和平均利润测算方便，供给和需求都缺乏弹性，但买卖双方关系稳定，供需缺口不大，假若它们有必要采用中强计划机制调节，那么只需仅将其价格信号融入指令性计划。

(三) 半计划—半市场机制（简称半计划机制）

它的基本特征在于供给方面、需求方面和市场信号三个市场机制基本要素均融入指导性计划，商品的供给量、需求量和价格都有一定计划指标，但这些指标可以浮动，富有弹性，企业可根据实际情况进行修正、补充，灵活变通，同时国家将通过调整信贷利率和信贷额度，改变税种、税率，控制工资总额，给予或取消优惠政策和各种补贴，及时发布经济信息等办法，制约商品供求和价格变动，使它们朝着预定计划目标实现动态平衡，并取得较高微观和宏观经济效益。适于采取半计划机制调节的产品，通常生产规模较大，进入生产领域和市场有一定障碍，主要由国有企业生产，市场参与者也以国有企业为主，并有少数集体企业、其他所有制企业和个人消费者。它们多数为供需缺口不大，或者虽属短缺，但不是由于自然资源稀缺和特定生产技术限制所造成的，能用经济杠杆诱导促成市场平衡。它们主要是加工工业产品，特别是一些次要设备、半成品、零部件和某些生活必需品。

(四) 中弱计划—中强市场机制（简称中弱计划机制）

它的基本特征是，在供给方面、需求方面和价格信号三个市场机制基本要素中，有一个或两个基本要素融入指导性计划，另外两个或一个基本要素与方针、政策、法规、舆论等计划机体弱要素融合在一起。如果撇开市场机制基本要素与政策、法规等不同弱计划要素融合的差别，仅就怎样融入指导性计划来看，中弱计划机制包括：仅价格信号、供给和价格信号同时、需求和价格信号同时、供给和需求同时、仅供给方面、仅需求方面融入指导性计划六种具体形式，其中前三种较常见。中弱计划机制比半计划机制的适用范围宽，灵活性大。用它调节产品时，应先全面分析供方或需方经营活动的可控程度，生产的相对规模大小，固定成本的比例高低，进入市场的障碍多少，购买者和出卖者的分散状况以及产品本身的性质等因素，然后选定合适的具体形式。宜采用中弱计划机制调节的产品主要是消费品，尤以选购品和特殊品居多。

（五）弱计划—强市场机制（简称弱计划机制）

它的基本特征表现为，供给方面、需求方面和价格信号三个市场机制基本要素，全都只与方针、政策、法规、工商行政管理、舆论监督等弱计划要素融合在一起。它是计划机制作用力最弱，市场机制作用力最强的融合机制。宜于用弱计划机制调节的产品，常具备下述特点：生产规模小，固定成本低，不争短缺资源，投资自由进出，生产者和消费者人数众多，分散性很强，生产条件和市场需求经常发生变化。它们主要是消费品中的非必需品和非耐用品。

由上述分析可知，在计划与市场水乳交融结合模式中，计划机体的诸构成要素与市场机体的诸构成要素实现了全面融合，无论是计划机制，还是市场机制，都同时包含着计划与市场两方面的要素，因此，这一模式有可能使计划与市场两大调控机制在实际运动中取长补短，变摩擦和冲突为联合和互补，有可能实现两者的最优结合，做到既能保持计划机制对资源配置的合理性，又可避免其呆板性；既能保持市场机制的灵活性，又可避免其盲目性。计划与市场水乳交融结合而成的不同类型融合机制，有不同的适用范围和调节要求，只要我们经过不断探索和反复实践，是不难发现和了解它们的。如果我们能够依据不同时间、不同区域、不同部门产品的不同性质和特点，并紧密结合产业结构调整、投资体制与计划体制改革、完善价格体系与市场体系、规范企业行为等改革步骤，选择适宜的计划—市场融合机制，实行有效调节，不去硬性划分计划调节与市场调节的绝对范围，不搞价格改革孤军深入、快速到位之类做法，就将使国民经济在“微调”中，而不是在大起大落大调整中保持良好的发展势头。

第四节　社会主义市场经济两大调控机制比较

我国社会主义市场经济，是在有计划商品经济的基础上发展起来的，支配其运行的不是单纯的市场机制，还有计划机制。当然，这里的计划机制与高度集中条件下的计划机制是完全不同的，它是在市场经济总体框架内并通过市场经济发挥作用的。但它的调节功能和作用方式，与市场机制比较仍有明显的差别。为了准确把握和运用计划机制和市场机制，有必要对两大调控机制的性质和特点加以比较。①

一 联系方式比较

（一）计划机制的联系方式

计划机制是国家为实现计划目标，通过一定计划手段，对国民经济的运行过程进行调节和控制而形成的。计划机制的联系方式，表现为以计划信号为纽带将各个组成部分有机地联结成一体。计划信号主要有：

1. 计划指标。计划指标就其弹性状况来看，主要有必成指标、限额指标、浮动指标。在高度集中的管理体制下，计划指标除了少量限额指标外全是必成指标，没有浮动指标，致使计划信号呆板、不灵活。市场经济中的计划，其指标以浮动指标为主，还有一些限额指标，至于必成指标只在特殊情况下和很窄的范围内出现，这就保证了市场经济的计划信号有着高度的灵活性。

2. 为实现计划目标服务的经济参数。它主要包括税率、税种和财政支出等财政性参数，货币发行量、再贴现率、存款准备率等金融性参数，政府用于平抑物价的物资等物资性参数，政府用于调节生产结构的直接投资资金等资金性参数等。

3. 示向性信息。如国家定期发布的有关生产和社会需要的各种统计数字，国家提供给生产者的有关重要产业、重要产品生产、库存和需求情报等。

4. 导向性政策信号。如改革开放的政策，加快转换国有企业经营机制的条件，个体户和私营企业主的纳税规定等。计划机制的联系方式，表现为计划主体通过向计划受体输出计划信号，把不同部门、不同企业的生产者有机地联结在一起，同时使生产者与消费者彼此联系起来。

（二）市场机制的联系方式

市场机制的联系方式，表现为市场机制的各个部分通过市场信号有机地联系在一起。市场信号主要有商品市场的价格、资金市场的利

① 张明龙：《走向市场经济的思索》，企业管理出版社 2014 年版，第 121—125 页。

率、劳动力市场的工资、外汇市场的汇率和有价证券市场的预期报酬等。市场信号是联结各个独立商品生产者的纽带。生产要素只有依据市场信号顺利交换，才能由产出物转化为投入物。市场信号不仅在交换过程中把生产要素的供给者与需求者彼此联系起来，而且还表明供求比例关系，制约和调整产出物转向投入物的运行，从而使社会生产形成一个产出、投入相互衔接的链式有机整体。随着生产社会化和专业化的发展，各个商品生产者之间这种由市场信号联结起来的链式关系将会越来越紧密。市场信号也是联结商品生产与商品消费的纽带。商品从生产领域进入消费领域，由生产者之手转到消费者之手，必须经过流通领域。商品流通只有依靠市场信号提供的经济信息才能使自身的锁链环环紧扣。市场信号既可使卖者（生产者）将其销售意愿通知给可能的买者（消费者），也可使买者将其购买意愿通知给可能的卖者，并使商品在这种信息联系的基础上，发生从生产者手中转到消费者手中的实际交易联系。

二　信息传导方式比较

（一）计划机制的信息传导方式

计划机制一般通过纵向渠道传导信息。在纯粹计划机制调节的条件下，企业生产的产品必须通过计划来调拨或出售，消费必须依赖计划的供应来解决，因而社会的生产和消费的矛盾就表现为计划供求的矛盾。计划信号是在经济信息基础上产生的。在制定、调整计划信号的过程中，经济信息的接收者不是直接生产者企业，而是国家计划机关。所以，经济信息在计划机制的运行过程中，不是通过直接生产者企业之间的横向渠道传输，而是在计划主体与受体之间的纵向渠道中传输。

（二）市场机制的信息传导方式

市场机制通过横向渠道即直接生产者企业之间传导经济信息。市场机制的基本要素市场信号是社会经济活动的晴雨表。社会生产和社会需要的变动，生产与消费的矛盾表现为市场供求的矛盾。市场信号能够显示出社会经济运行中各种比例关系的协调或失调状态，它提供的经济信息可以被企业直接接收。不需要经过国家计划机关和政府管理部门的纵向渠道传送。市场机制横向传导信息，将使企业直接根据供求信息安排生产经营活动，并根据市场信号的反馈信息不断调整生产经营决策，以保证信息传输的时效性和准确性。

三　资源配置方式比较

（一）计划机制的资源配置方式

计划机制配置资源的方式本质上是一种数量调节：通过数量配额把有限的供给按一定程序分配给不同的需求者，或者把有限的市场按一定程序分配给不同的供给者。这种数量调节可以是货币化形式的，也可以是实物形式的，或者是两种形式的结合。数量调节的分配方法可以因不同国家而有所差别。根据我国国情较适宜的有以下两种：（1）在宏观经济范围内，大体依照短线即那些对整体发展至关重要的短缺领域安排资源，确定整个国民经济发展的结构和速度。（2）在微观经济范围内，对定向供应的产品特别是短缺资源产品，采取模拟市场运行形式，吸纳市场机制定价要素制定分配物品价格，以保证配额供应的经济合理性与效率。

（二）市场机制的资源配置方式

市场机制配置资源的过程大体表现为，市场机制在价值规律、供求规律和竞争规律等商品经济共有规律的合力作用下，通过供求与价格的相互制约与变化，自行调整市场态势，促进或限制商品生产与社会消费。在资源有限供给，存在经济发展紧迫性和安排某些优先发展必要性的情况下，就整个国民经济来说，不宜完全由市场机制配置资源。因为投资条件高、当前收益低、供给弹性和需求弹性都相当小的领域，如基本原材料、重化工业、高技术产业和基础设施等，完全由市场机制调节，非但难以形成供求均衡，甚至可能成为发育严重不足的部门，导致宏观结构不协调、总量失衡和发展总水平低下，这就无法实现宏观资源的合理配置。

四　平衡方式比较

（一）计划机制的平衡方式

平衡功能是计划机制的主要功能之一。计划机制实现国民经济平衡的过程大体是：在总结前期计划工作实绩和预测未来经济走向的基础上，确定社会经济发展总任务和总目标。根据这个总任务和总目标，形成社会总供给计划信号以及与之平衡的社会总需求计划信号，再形成相应的供求平衡计划信号。在这些计划信号的牵引下，国民经济各地区之间的比例结构等宏观结构事先调整，趋向或达到宏观结构平衡。同时，将宏观计划信号转化为微观调控信号或计划配额，达到微观结构平衡。最终，在商品供求个量平衡或微观平衡的基础上，实现总量平衡或宏观平衡。

（二）市场机制的平衡方式

市场机制的平衡功能表现为：消费品、生产资料、资金、技术、信息、劳动力、外汇等供求对比变动，引起价格、利率、转让补偿费、工资和汇率等市场信号变动；市场信号变动又会引起供求关系调整，在这种相互制约的联动过程中，社会生产与社会需求趋向平衡。市场机制主要通过调整生产者的生产经营方向、规模和结构，以及调整消费者的需求方向、规模和结构，对经济运行发挥平衡作用。

五　利益协调方式比较

（一）计划机制的利益协调方式

计划机制协调利益的基本原则是，把代表劳动人民整体利益和长远利益的国家利益放在优先地位的同时，还必须统筹兼顾，合理安排，充分重视企业利益和个人利益。计划机制协调国家与企业之间利益的方式大体表现为：根据计划目标的要求，按照国有企业的经营性质和特点，确定和调整国有企业利润上缴国家财政的数量和比例；按照各经济实体的经济收入额、产品流转额、财产拥有总额和某些特定的经济行为，分别规定不同形式的税种和税目以及累进的、累退的、比例的、定额的等多种税率，利用开征、减免或停止某种税收，提高或降低有关税目的税率与起征点等形式，确定和调整各经济实体对国家的纳税量。计划机制协调企业与个体之间利益的办法，除了用计划规定工资总额及其浮动比例之外，主要通过经济政策和经济法规完善企业利润留成的分配制度，使之尽量兼顾企业利益和个人利益。

（二）市场机制的利益协调方式

市场机制在协调企业利益与国家利益、集体利益和全社会利益的过程中，承认各个企业存在不同的特殊利益，承认各个企业对自身利益的追求纯属正常现象。市场机制可在一定条件下，使企业对自身利益的追求符合社会利益和国家利益。在生产不受自然资源稀缺和特定技术限制，无法造成自然垄断和人为垄断时，企业要想实现较多的自身利益，必须加强管理，改进技术，节约物化劳动和活劳动，降低成本，挖掘潜力，提高产品质量，增添花色品种。这样做的结果是，为社会提供了数量多、质量好、符合社会需要的产品。于是，企业在获得自身利益的同时也实现了国家的整体利益。但是，市场机制引导企业追求自身利益的方向并不总是与社会利益相一致，特别是在自然资源严重短缺、长期存在卖方市场、供求平衡和价格均衡无法通过竞争实现时，容易造成某种自然垄断和人为垄断，这样市场机制就很难促使企业在追求自身利益的同时也能实现社会利益。这就需要在市场机制中融入计划机制的要素，使它的作用方向能够符合社会利益的要求。

总之，社会主义市场经济的两大调控机制即计划机制与市场机制，在自身各部分的联系纽带、信息传导渠道、资源配置方式、平衡功能和利益协调手段等方面均有较大差别，正是这些差别使得两种机制各有长处和短处。在社会主义市场经济中，它们只有取长补短，才能更有效地发挥自己的作用，才能促使国民经济稳定、协调、持续、快速地发展。

第五节　市场贸易部分的教学研究

一　运用比较式表格讲解基本范畴

（一）用比较式表格分析不同社会形态的商业资本（见表5-1）

表5-1　**资本主义前的商业资本与资本主义商业资本的比较**

项目＼名称	资本主义前的商业资本	资本主义商业资本
职能	为买卖双方的直接消费服务	为产业资本出售商品，实现商品价值和剩余价值服务

续表

项目＼名称	资本主义前的商业资本	资本主义商业资本
地位和作用	支配产业，制约着商品生产的规模和产品结构	受产业资本支配，从属于产业资本运动的需要
活动范围	在简单商品流通领域	在社会资本流通领域
剥削对象	小生产者、农奴等	雇佣工人
利润来源	来自剥削小商品生产者的剩余产品和占有奴隶主、封建主等剥削阶级所榨取的一部分剩余产品	同产业资本一起共同瓜分雇佣工人所创造的剩余价值
经济关系	体现商业资本家直接剥削小生产者和间接剥削奴隶和农奴的关系	体现商业资本家与产业资本家一起共同剥削雇佣工人的关系
基本特征	专门从事商品买卖，以攫取利润为目的，循环公式是：G — W — G′	

（二）用比较式表格区别商品流通费用与交易费用（见表5－2）

表5－2　　**商品流通费用与交易费用的区别**

项目＼名称	商品流通费用	交易费用
定义	商品流通过程花费的成本	产权转让、获取和保护的成本
交易对象	物品或服务	交易当事人各自拥有的权利
价值决定	物品价值决定权利大小	权利价值决定所交换的物品价值
费用来源	商品价值形态变化引起的支出	产权交易引起的支出
考察重点	（1）维持商品周转的纯粹流通费用 （2）生产性流通费用	（1）合同形成前为签订合同而花费的谈判成本 （2）合同形成后为监督、实施合同而花费的履行成本
理论基础	劳动价值论	边际效用论

政治经济学告诉我们，商业资本家为了经营商业，不仅需投下一笔资本用于买卖商品，维持商品周转，还需要垫付其他各次流通费用。这些流通费用可以分为两类：一类是生产性流通费用；另一类是纯粹流通费用。用于维持商品周转的流通费用，补偿比较容易，只要将商品卖出，价值实现了，就可以收回来。生产性流通费用会加大商品的价值量，并可随着商品的售卖、价值的实现而得到补偿。而纯粹流通费用则只能从剩余价值的扣除中获得补偿。

需要指出的是，产权经济学的交易费用，与政治经济学里的商品流通费用，存在很大差别。交易费用跟产权直接相关，倘若不存在产权，没有界定、变更和安排产权的要求，也就不存在交易费用。它着重考察以变更产权为内容的两项合同成本：（1）谈判成本，即合同形成前为签订合同而花费的开支；（2）履行成本，即合同形成后为监督、贯彻这一合同而花费的开支。

二　运用演进式示意图讲解市场区

演进式示意图，通常采用比较相似的图示形式，依据分析政治经济学原理的需要，以图形的变化来直观地表明理论的演进。讲解时，可以一边画图，一边分析相关理论。这种用图形演变反映理论的思维进展，有利于学生通过直观的图像接受抽象的理论。下面，拟用演进式示意图，讲解市场区的形成及其边界等问题。

（一）用演进式示意图分析市场区的形成

在市场经济条件下，资本家依据利润最大化原则出卖商品和服务，消费者则按照效用最大化原则购买商品和服务，假定整个过程都是在市场均衡状态下完成的，那么，这一过程将会产生一个近似于圆形的市场区域，即市场范围。A 商品买卖活动的市场范围，就是 A 市场区的边际界限。买卖 B 商品的市场范围，也就是 B 市场区所能到达的最大界限。一旦超越这一界限，A 市场区的人们可能会进入 B 市场区，同时，B 市场区的人们也可能会进入 A 市场区，如图 5 - 1 所示。

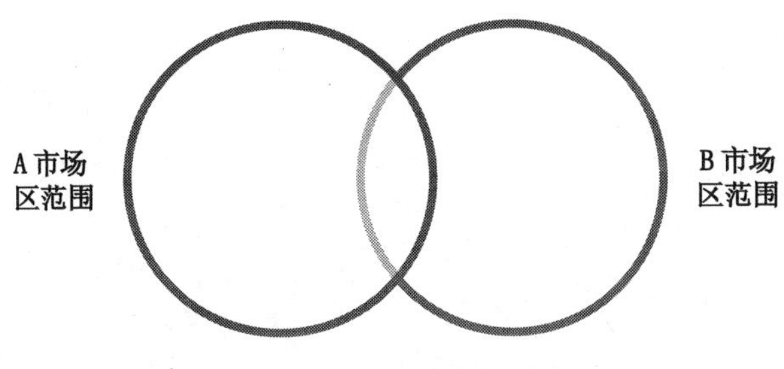

图 5－1　市场区的形成

（二）用演进式示意图分析市场区上限

随着市场范围扩大，成本费用增大，商品价格会随之提高。当市场范围扩大到一定半径距离时，将导致商品价格过高而没人购买，所以，一个资本家的市场区总是限制在一定的空间范围内。政治经济学的贸易理论，把资本家的商品销售能够达到的最大范围，称作市场区上限。这里，假定市场区上限为 D 区，如图 5－2 所示。

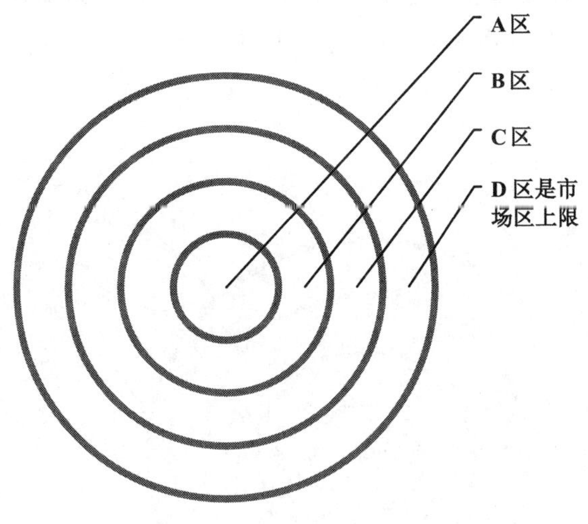

图 5－2　市场区上限

（三）用演进式示意图分析市场区下限

资本家从事市场活动的目的，是为了取得贸易利润。一般来说，资本家要想获得正常利润，需要一个最低限度的销售量。与这个销售量相对应的市场范围，叫作市场区下限。这里，假定市场区下限为B区，如图5－3所示。

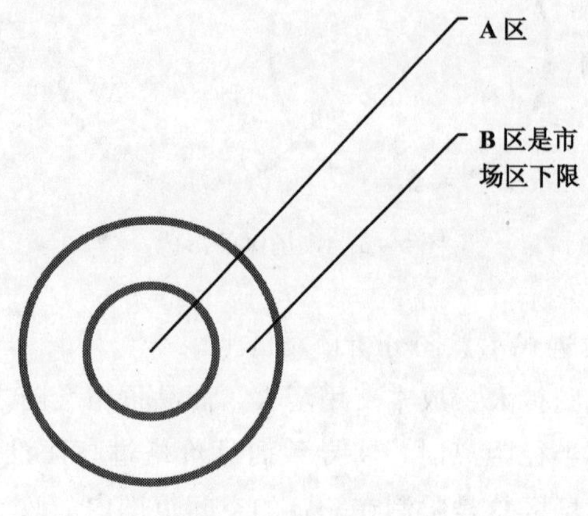

图5－3　市场区下限

（四）用演进式示意图分析市场区界限对资本家的影响

1. 对于一个资本家来说，其拓展的市场区，上限大于下限时，可以获得超额利润，如图5－4所示。

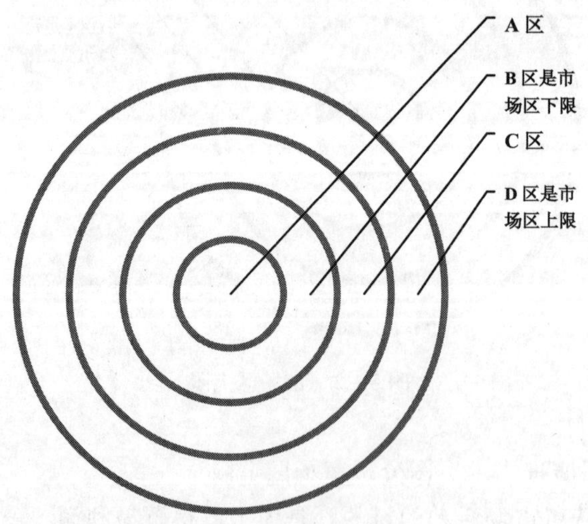

图5－4　市场区上限大于下限

2. 资本家拓展的市场区，上限等于下限时，可以获得正常利润，如图 5 –5 所示。

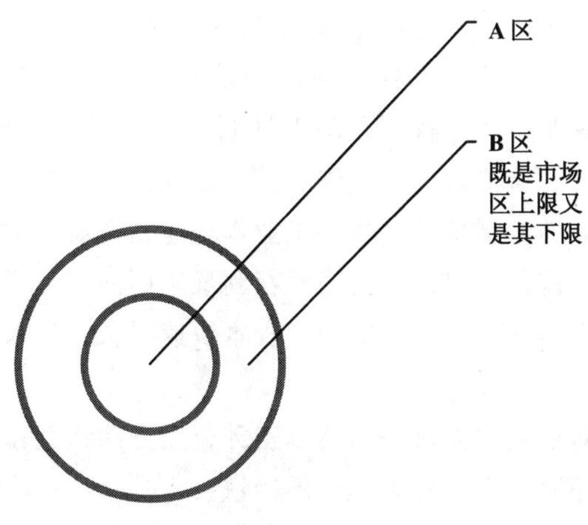

图 5 –5　市场区上限等于下限

3. 资本家拓展的市场区，上限小于下限时，不能获利，还要亏损，最终不得不停止销售，如图 5 –6 所示。

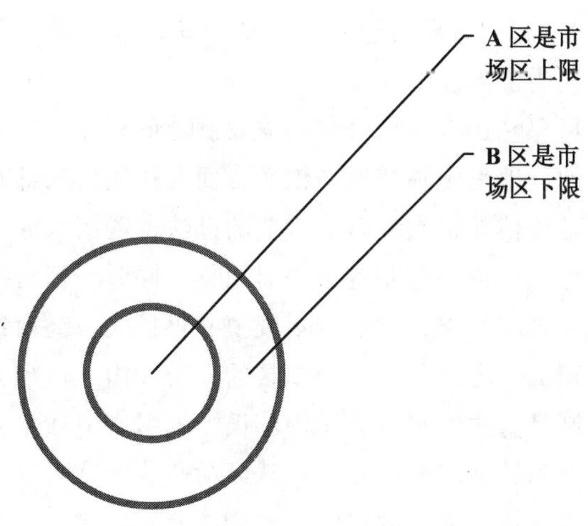

图 5 –6　市场区上限小于下限

三　我国古代商业资本的参考资料

(一) 西汉时期商业资本的发展

西汉初期，统治者在总结秦失天下原因的过程中，主张“黄老无为”的政治思想，采用轻徭薄赋缓刑的政策，实施“与民休息”的各项措施，重视农业生产。特别是随着铁制农具和犁耕技术的普遍应用，打造锄头、钉耙、砍柴刀、犁、铧、铲、镰等铁制农具，以及生产铁制工具、铁制兵器和铁制日用品的手工业作坊蓬勃发展。进而，使得冶铁行业，与煮盐、铸钱一起，成为当时获利最丰厚的三大行业。手工业作坊的发展和规模不断扩大，推动商业资本快速增长，带来市场贸易的空前繁荣。

据有关史料记载，祖籍关东的卓王孙，出身冶铁世家。家族在祖父辈时迁至四川邛崃，同时带去先进的冶铁技术。卓王孙本人很早就掌握了冶炼技术，于是开办专门从事冶铁业的大型作坊，以廉价食物招募失地农民，到附近矿山开采铁矿，冶炼生铁，铸造铁制农具，打造各业工匠用的工具以及铁制日用品，供应当地民众和附近地区少数民族生产生活之用，还远销到云南等地，促使市场范围不断扩大。由于他善于经营，终致其成为当地最大的富商。“卓家有僮（奴隶）1000 人（《汉书》作 800 人）。卓王孙曾分僮 100 人钱 100 万给女婿司马相如，司马相如买田宅也成为富人。”①

当时，四川邛崃还有一位著名的铁业制造商程郑，也是以开办冶铁作坊发家致富的。他发现临邛盛产铁矿，而且这里历来都有以冶铁为业的致富者，于是也仿效别人经营冶铁业的办法，购买家僮、聘用工匠数百人，开炉冶炼，铸造和打制各类铁器用具，同时，把这些铁器卖给附近的少数民族。日积月累，商业资本规模一再扩大，终而致富，财产累积过程与卓家相似。另外，河南南阳县的孔氏、山东菏泽县的邴氏，也都是以经营铁制品为主的富商，其中邴氏家的财产值钱一万万。

煮盐、冶铁和铸钱三大行业，自从汉武帝收归官营以后，从事挖池煮盐、开矿炼铁和铸造钱币的民间资本全面萎缩。剩下的其余民间商业

① 范文澜：《中国通史简编》（修订本第二编），人民出版社 1965 年版，第 61 页。

贸易对象，主要是农产品，以及以农产品为原料的加工品。其中大宗商品，主要有绫罗绸缎等丝织品，棉絮棉布等棉织品，皮料、皮革及相关皮制品，酒、醋、酱等日常饮食用品，牛车、马车等交通工具，漆器、铜器、锡器等日用品。尽管如此，但在一些交通便利的大城市，仍然出现了一些资本规模较大的商铺，其年货物交易量，就是按照现代人的眼光来看，也可以划归为大商人行列。《汉书·货殖传》说：通邑大都，一家商人每年卖酒1000瓮，卖醋、酱1000缸，或有船1000丈（船用丈计数），有轺车（马车）100乘，有牛车1000辆，有漆器1000件，有铜器1000钧（1钧等于30斤），有帛、絮、细布1000钧，有染色帛1000匹，有白厚布、皮革1000石（1石为120斤），有狐貂皮1000张，有羔羊皮1000石，都算是大富商。[①]

（二）东汉时期商业资本的发展

东汉时期，重要的商贸活动，主要集中在煮盐、冶铁、铸铜、纺织、漆器、陶瓷、造纸等领域，大多属于私营资本形式。东汉手工业生产，与西汉相比，无论是发展水平，还是生产技术，都有了较大进步。大作坊主和富商的资本规模，也有很大发展。

特别是，东汉和帝时，废除盐铁官营制以后，促使煮盐和冶铁领域的私营商业资本迅猛膨胀起来，出现了许多富甲一方的大商人，他们同时又从事土地交易，购置大量田产，成为工商业主兼地主的大豪强。据史书记载，西汉富商的资本规模最大不过1亿钱。到了东汉，有位叫士孙奋的富商，有钱1.7亿；另一位叫折国的富商，有钱2亿，其数量比西汉最大富商增加了1倍，他还有奴隶800人。

（三）隋代商业资本的发展

我国自东汉以后，长期四分五裂。隋文帝统一全国，建立了隋朝。隋朝以统一的国家为基础，在农业生产获得迅速发展的同时，商业也得到较快发展。

特别是，隋炀帝修建东都洛阳时，迁移全国富商大贾数万家到洛阳，促使洛阳商业盛极一时。在这些大富商中，商铺资本值钱千万乃至上亿者，大有人在。不过，到了隋末大乱，商铺纷纷歇业或倒闭，繁荣

① 范文澜：《中国通史简编》（修订本第二编），人民出版社1965年版，第62页。

的商业也不再存在。

（四）唐代商业资本的发展

唐朝最大的政治和商业中心是长安。这座城规模很大，面积达83平方千米，由宫城、皇城和外郭城三部分组成。宫城是皇家宫殿区域，皇城属中央衙门官署范围，外郭城为市民居住区域。城内百业兴旺，最多时人口达到100万。

据《长安志》卷七唐京城条记载，在外郭城中，排列着108个坊，由11条南北大街和14条东西大街分割而成。各个坊的土地面积存在大小差别，南北长在500～838米之间，东西宽在550～1125米之间。每个坊的四周都筑有围墙，大坊一般开4座坊门，内设十字街，小坊则开东西2座坊门，设一条横街，街宽都在15米左右。根据考古发掘发现，十字街把一坊分为4区，在每一区内都还有一条小十字巷，把整个坊分成16个小块，分布着民宅、日用品商店、官邸、寺院和道观等。各坊都采用封闭式管理，坊门有卫兵把守，晚间会实行宵禁。

外郭城内建有东市和西市两座市场，各占两坊的土地面积。两市大小几乎完全相同，南北长约1025米，东西宽约927米。市场有围墙，开8座坊门，内有井字形街道和沿墙街道，将市内分为9区。每个区都四面临街，店铺沿街而设，有粮食店、果蔬店、饮食店、药店、珠宝店，还有生产商品的手工业作坊。长安城的商业店铺大都集中在这两座市场，其他各坊内也有一些零散的商业设施。

唐代商业，大体以商品种类为标准，分成200多行，每行都有一些较大的店铺。从有关材料可以看出，当时最大的商业店铺资本所有者，是放高利贷的柜坊。柜坊也叫作僦柜、寄附铺、质库、质舍等，其货物交易性质，有些类似于后世的当铺。柜坊的经营对象或所藏物品，主要是钱币、丝织品，以及粟麦等粮食。柜坊用于借贷的钱币，一部分属于自备的资金，另一部分是别人的存款。

其他资本规模较大的富商，主要集中在盐行、茶行、绸缎行、珠宝行。开办销售食盐、茶叶、绸缎布匹商店的，多是国内商人，而开办珠宝店尤其是经营资本规模较大珠宝店的，主要是波斯商人。

唐朝城市化程度高，商业非常发达。在此条件下，富商不仅数量多，而且富有的程度也特别高。例如，唐初有位叫郑凤炽的富商，店铺资产难以计数，开办的贸易商店、旅馆酒楼等遍布全国各地。有一次，他对人夸富说，在终南山的每株树上挂一匹绢，即使满山树木全挂上，也用不完我家的绢。可见其拥有规模巨大的商业资本，富有得十分惊人。

四　运用案例通俗讲解社会主义市场的调节机制

"一顿饭没有奶酪就好像美女少了只眼睛。"这是法国一句很流行的话。法国的奶酪名目繁多，几乎无法统计，连戴高乐总统也风趣地说："一个连奶酪都要搞成千百种的国家，让人怎么领导呢?"在奔流不息的历史长河中，人类从猎捕野兽走向饲养家畜；从直接喝牛羊奶走向炼制奶酪；又从单一的新鲜奶酪发展到压缩的、精炼的、风干的、液状的多种多样的奶酪。人们所需消费资料的品种、规格、花色、款式和数量也不断增加，自给自足的生产逐渐发展为相互满足的生产。由此，整个社会的经济跟着分门别类，形成不同的生产部门。

在整个社会中，各个生产部门都是互相依赖、密切联系的。要生产精炼奶酪和全脂奶粉，不但要建立乳品加工厂，还要有畜牧部门提供大量的牛、羊奶作原料，并且需要运输工具运送这些牛、羊奶；牛、羊奶进厂后少不了电力部门供电，以便开动机器。乳品加工机械、交通工具、电器设备依靠机械部门制造；机械部门又需冶金部门提供钢铁及铜、铝之类的原料；而工人们的吃饭和穿衣则有赖于农业和轻工业。因此，把生产资料和劳动力按一定比例分配到各个不同的生产部门，是社会化大生产的客观要求。

资本主义社会，由于生产资料私有制的性质，整个社会的经济无法协调发展，各个部门之间的比例和某种商品产量的增减，都由赚钱多少来决定。例如，有次西欧马铃薯歉收，价格猛涨。第二年，法国马铃薯种植面积便急剧扩大，加上丰收，供过于求，引起价格惨跌，不少人赔本破产，于是，不得不缩减生产。农民们为了抗议政府不能及时调整生产和稳定价格，发起了一个给农业部长邮寄马铃薯的运动。邮局每天用卡车把每包五公斤的马铃薯送到部长家里，使部长家门口的马铃薯堆积如山，腐烂变质，让他闻闻社会生产比例失调的臭味。

社会主义经济制度，是建立在生产资料公有制基础上的。公有制与私有制的根本区别表现为：私有制为所有者的私人利益服务，可以给所有者带来不劳而获的收益；公有制为联合劳动者的共同利益服务，抛弃了仅凭生产资料所有权不参与劳动而获取收益的权利。社会主义公有制的这一特点，使劳动者基于共同利益的要求，预先决定生产部门之间的比例，通过计划调节实现供求平衡。计划调节，就是通过预先制订的计划，把社会资源按比例分配于社会生产的各个部门。计划有指令性计划和指导性计划两种基本形式，它们的主要差异在于，国家是否直接管理企业的人财物和供产销。计划调节大多通过一定计划指标来实现。计划指标必须积极可靠，又要留有余地。这就像雕刻家雕像时，往往鼻子先雕得大些，眼睛先雕得小些。因为鼻子雕大了可以改小，雕小了就无法加大；眼睛雕小了可以修大，雕大了就无法改小。

社会主义生产，表现为高度的社会化和商品化的生产。为了反映社会化生产的按比例规律要求，实行计划调节是必要的。同时，为了反映商品化生产的价值规律要求，国家计划要以市场为基础，总体上应当是指导性计划，把计划调节跟市场调节结合起来，使计划机制与市场有机地融为一体，并由这种融合机制发挥调节作用。市场调节的例子是很多的，如神话故事《白娘子》中说，阳春三月，上八洞神仙吕洞宾，变成白发老人，到西湖边卖汤团凑热闹，拉开嗓门喊："吃汤团喽，吃汤团喽！大汤团一个铜钿买三只，小汤团三个铜钿买一只！"人们听了吕洞宾的叫卖声都笑了。有的人说："老头儿呀！你喊错啦！快把大汤团和小汤团的价钿换一换吧！"吕洞宾没听劝阻，照着原话喊，人们围拢过来，一会儿就把大汤团抢购光了。买汤团的人都知道，如果原料相同，质量相当，大汤团的价格应该比小汤团高，而不是倒过来小汤团的价格比大汤团高。不过，吕洞宾自己心里也明白：大汤团只是普通饭食，小汤团可是"仙丸"哪，当然要比大汤团卖得贵。

在市场交换过程中，有的商品卖得贵，有的商品卖得便宜，这种商品价格的贵贱由什么决定呢？商品的价格由价值决定。商品价格在供求关系作用下围绕着价值上下波动，便是价值规律发生作用的表现形式。所谓市场调节，其实就是通过价值规律来调节生产及销售：市场上商品供不应求，价格上涨，生产者获利丰厚，便会增加生产和扩大销售；市场上商品供过于求，价格下跌，生产者获利微薄，甚至亏损，则会减少自己商品的产量。市场调节可以灵敏地引起某种产品的增长或缩减，能在较短时间内使生产和需求得到平衡。

改革开放前，在高度集中的传统体制下，把计划调节仅仅等同于指令性计划调节，完全排斥市场调节的要求，计划价格严重背离价值规律的要求，根本无法实现资源的合理配置。那时，甘蔗的收购价格低于稻草，芦苇作为造纸原料每百斤收购价格 1.6 元，若当柴火卖每百斤可得 3 元。一台 35 马力的轮式拖拉机，得用 7.35 万斤小麦去交换。同时，国家计划管得过多、过细、过死，特别是生产资料，大到机床，小至螺钉，全部由物资部门统一调拨。当时，农村生产队修理拖拉机往往很难买到零配件。由于零配件难买，拖拉机无法正常维修，利用率很低。据统计，有个省在 12 年中，大中型拖拉机增加 25 倍，手扶拖拉机增加 40 倍，但同期机耕面积只增加千分之六。有位农民曾幽默地抱怨说："拖拉机这玩意儿养起来太费心了，一丁点儿小病就不能动弹。而且，你试试看，从拖拉机上能否挤出一点儿奶来？嗨！还不如养牲畜划算。"

尤其在"大跃进"年代，集中计划调节的弊端达到了登峰造极的地步。当时，农业方面，有人提出用三五年时间完成农村建设 12 年计划，并认为应该大力发展双轮双铧犁。结果，生产远远超过需求，许多双轮双铧犁下不了地却爬上了墙——成为派不上用场的"挂犁"。因为一张双轮双铧犁要三头役畜来拉，几百万张双轮双铧犁就得增加上千万头役畜，一下子哪来那么多的牛马呢？工业方面，为了达到难以实现的钢铁高指标，举国上下大炼钢铁，建起几百万个小高炉，甚至连托儿所、幼儿园的阿姨们都有炼钢任务。有个行政机关为了炼钢，把崭新的铁丝网拆下来熔成两块小钢锭，再用红纸包着敲锣打鼓去报喜。如此生产农具，生产钢铁，谈得上什么经济效益，更不用说劳民伤财了。

目前，我们正在建立社会主义市场经济体制。新体制下的市场贸易活动，要求形成计划与市场相结合的调节机制，要求计划与市场在实际运行中取长补短，变摩擦和冲突为联合和互补，努力做到既保持计划对资源配置的合理性，又避免其呆板性；既保持市场对资源配置的灵活性，又避免其盲目性。

这种新调节机制的总体特征，可以形象地概括为"牵住鼻子任奋蹄"：

如果国家计划，上纳轮船飞机，下揽鸡毛蒜皮，包罗万象，囊括一切，没有丝毫市场调节的余地，这就好似牵住了牛鼻子又缚住了牛腿，社会主义方向是不会偏离了，但是牛却无法较快行走，倘若骤然加鞭，牛非但难以疾驰，甚至还会就地打滚。

反过来，如果整个经济全部都由市场调节，毫无国家计划，就似放开了牛腿又扔掉了牵牛绳，让牛瞎奔瞎撞，那又会造成混乱，以至于不可收拾。

因此，只有实行计划与市场相结合的调节机制，紧紧牵住牛鼻子又彻底为牛“松绑”，完全放开牛腿，任其自由奔跑，才能使我国市场贸易这头“牛”，始终朝着社会主义方向，灵活自如，健康稳定地疾驰向前。

第六章　区域发展理论与教学研究

区域发展是一个世界性的经济实践课题，理所当然应该成为政治经济学理论体系的基本内容。多年来，发展中国家为了摆脱贫困落后状态，在选择合适的发展道路方面，做出了不懈的努力。我国是一个发展中的大国，改革开放以来，在邓小平"发展是硬道理"理论的指引下，大力培育区域核心竞争力，加快工业化和信息化，推进农业现代化，提高城市化，在促使区域发展和繁荣的实践上取得了很大成功，为发展经济学理论研究提供了丰富的源头活水。本章采用由古及今的顺序安排理论研究内容，前三节分别考察我国古代农村土地开发思想、杜能的区域农业发展同心圆模式、韦伯的区域工业布局理论。后三节探索区域发展规律、区域发展模式，以及欠发达地区跨越式发展等问题。本章教学研究内容主要有，运用概括式示意图讲解区域集聚影响因素和城市名牌产品发展战略，运用分解式示意图讲解区域品牌构成要素，用表格和示意图讲解等费线原理，还列举了立体利用区域空间资源的环保住宅案例。

第一节　我国古代农村土地开发思想管窥

一　对农村土地资源进行分类

我国古代十分重视农村土地资源的利用，曾以多种标志对土地资源进行分类，并仔细观察各类土地的特有性质，深入探索不同土地的具体功能。其中影响较大的，是按土壤性质细分土地的种类。农村土地的区域差别是很大的，只有因地制宜才能充分发挥土地资源的作用。《周礼》多处谈到如何提高土地利用率问题，其后的《吕氏春秋》中出现了《任地》和《辨土》两篇文章，专门论述怎样利用和改造土壤，如何辨析土壤，并进行分类。到清代，鄂尔泰等人编写的《授时通考》，根据土壤性质和农业生产的需要，把土壤分为强土、弱土、轻土、重土、缓土、肥土、瘠土、燥土、湿土、生土、熟土、寒土、暖土等多种类别，并提出按照不同土壤的特点，采用不同的耕作方法。[①] 这些思想，对当前做好农村土地开发整理，仍有一定启发意义。[②]

二　依据农村土地区位差别核定税收数量

管子认为，土地是一项极为重要的经济资源，是农业生产的基本要素。他说："地者，万物之本源，诸生之根菀也。"[③] 同时，土地的占有和使用直接影响国家的治理。"地者，政之本也。是故地可以正政也。地不均平和调，则政不可正也。政不正，则事不可理也。"[④] 他的看法，对目前充分利用农村土地资源，防止出现抛荒现象，[⑤] 不失为一声响亮的警钟！

管子指出，土地存在区位差别，必须根据不同区位的实际情况，经过细致运算进行定量化管理，并根据农村土地产出的级差制定不同的税收等级。

管子提出的具体办法是：用可耕地面积作为基准数，对其他不同区位的农村土地进行折算。例如，可下网捕鱼的江河水域、湖泊沼泽，可采伐到高大树木的森林地区，按五亩折算成一亩可耕地。生长着可做棺木和大车木材的高山地区，可采割到芦苇的沼泽地带，以及藤萝蔓生、树木可成材的山区人们能够进去采伐的地方，按十亩折算成一亩可耕地。不生五谷的土地，不长树木的荒山，干枯的沼泽和不生草木的土地，以及荆棘丛生的地方，但有人用于生产的，按一百亩折算成一亩可耕地。

三　根据农村土地的区位特点建造农田

元代王祯的《农书》系统总结了历代改土造田的思想，指出造田

---

① 吴枫主编：《中华思想宝库》，吉林人民出版社 1990 年版，第 2345—2346 页。

② 赵健：《农村土地开发整理权属管理初探》，《中国土地》2006 年第 3 期。

③ 吴枫主编：《中华思想宝库》，吉林人民出版社 1990 年版，第 1755 页。

④ 同上。

⑤ 徐萌：《农村土地抛荒原因探析》，《现代农业科技》2007 年第 2 期。

必须以区位条件为基础，不同区域应采取不同的造田方法，并形成相应的农田。反映区位差别的农田，主要有围田、圩田、涂田、淤田、沙田、梯田、葑田和区田等类型。

1. 围田。淤泥成片而平坦的湖滩或江滩区域，筑堤围占淤塞的湖面或江面可建成“围田”。王祯《农书·田制门》说：“围田，筑土作围以绕田也。盖江淮之间，地多薮泽，或濒水，不时淹没，妨于耕种。其有力之家，度视地形，筑土作堤，环而不断，内容顷亩千百，皆为稼也。”① 围田尽管可以带来丰盛的农产品，但它以缩小湖面或江面为代价，如果围占的江湖水面过多，会影响渔业生产，还会由于蓄洪容积减少而造成水患。

2. 圩田。沿江、滨湖以及滨海的低洼区域，四周筑堤可建成防止外水自由流入的“圩田”。这里，外水高于农田，通过筑堤防护才能成为一个与外水隔绝的封闭空间。堤上有涵闸，平时闭闸御水，旱时开闸放水入田；也可用提水工具把水灌入或排出。因而水旱无虑。王祯《农书·田制门》认为，圩田与围田不仅造田方法类似，而且都是旱涝保收的高产田：“虽有水旱，皆可救御。凡一熟之余，不惟本境足食，又可赡及邻郡，实近古之上法，将来之永利。富国富民，无越于此。”② 尽管圩田与围田有许多相似之处，但严格分析起来，两者对自然环境的影响是大不相同的：围田通常是指围占淤积的湖面或江面为田，与水争地，可能发生严重水害；圩田是由低洼地筑堤挡水而成的，这些低洼地只是靠近江河、湖泊或海湾，但不是江河、湖泊和港湾的组成部分，对其筑堤圈围不会缩小江河或湖泊的水面，因此有利无弊。

3. 涂田。海滨地带、海湾沿岸、河口两侧和半岛、岛屿沿岸等区域，海潮挟带的泥沙经沉淀淤积会形成滩涂，当滩涂达到一定高程后，筑堤围垦可形成“涂田”。刚围成的涂田，因土体内含有大量可溶性盐，无法马上直接种植作物，通常先抛荒，利用雨水自然淋洗降低盐分，待涂田长出白茅等杂草后再逐步垦植。也可尽快建好出海闸门，完

① 吴枫主编：《中华思想宝库》，吉林人民出版社1990年版，第2350页。

② 同上。

善排灌系统，掘沟排盐，并种植耐盐养淡的盐蒿、田菁等作物，直到涂田盐分大幅度下降，有机质含量提高，再逐步垦植棉麻、水稻。王祯在《农书·田制门》中谈到涂田时说：“潮水所泛沙泥积于岛屿，或势溺盘曲，其顷亩多少不等。上有咸草丛生，候有潮来，渐惹涂泥。初种水稗，斥卤既尽，可为稼田，所谓‘泻斥卤兮生稻粮’。沿边海岸筑壁，或树立椿橛以抵潮，田边开沟以注雨潦，旱则灌溉，谓之甜水沟。其稼收比常田利可十倍，民多以为永业。”①

4. 淤田。港湾、河沿、湖沼中水流缓慢的区域，在有微生物参与作用的条件下会形成一种沉积物，即淤泥。它是一种天然含水量大于液限，孔隙比大于1.5的软土。淤泥富含有机物，常呈灰黑色。力学强度低，压缩性强。用淤泥为基础建造的农田称“淤田”。王祯《农书·田制门》对淤田作了如下解释：“中土大河之侧，及淮湾水汇之地，与所在陂泽之曲，凡潢污洄互壅积泥滓，退皆成淤滩，亦可种艺，秋后泥干地裂，布扫麦种于上，所谓淤田之效也。夫涂田、淤田，各因潮涨而成，以地法观之，虽若不同，其收获之利则无异也。”②

5. 沙田。江淮大河沿岸和含沙较多的溪流两旁等区域，受水流运行及冲刷的影响，会出现一些由细沙淤积而成的新滩地，经开垦可以形成“沙田”。王祯《农书·田制门》描述道：“沙田，南方江淮间沙淤之田也。或滨大江，或峙中洲。四围荒芜骈密以护堤岸。其地常润泽，可保丰熟。普为塍埂，可种稻秫。间为聚落，可艺桑麻。或中贯潮沟，旱则频溉；或傍绕大港，涝则泄水；所以无水旱之忧，故胜他田也。旧所谓坍江之田，废复不常，故亩无常数，税无定额。”③ 沙田尽管产量高税收轻，但涨坍不定，在水利失修时，又常遭受水灾，过去是属于风险较大的农田。

6. 梯田。连绵成片的小山组成的丘陵区域，除了岩石裸露和悬崖峭壁外，只要有泥土的地方，自山麓至山顶都可建成“梯田”。梯田是沿等高线在坡地上修成的台阶形田地，边缘用岩石或泥土垒成梯级状田

① 吴枫主编：《中华思想宝库》，吉林人民出版社1990年版，第2350页。

② 同上。

③ 同上。

埂。梯田可以改变地形坡度，拦蓄雨水，有利于防止水土流失，达到保水、保土和保肥的目的，对丘陵地区种植业的高产、稳产有重要作用。王祯在《农书·田制门》中对不同种类的梯田作了详细描述："梯田谓梯山为田也。夫山多地少之处，除磊石及峭壁例同不毛，其余所在土山下自横麓上至危巅，一体之间，裁作重磴，即可种艺。如土石相半，则必垒石相次，包土成田。又有山势峻极，不足展足，播殖之际，人则伛偻蚁沿而上，耨土而种，蹑坎而耘。此山田不等，自下登陟，俱若梯磴，故总曰梯田。上有水源则可种粳秫，如止陆种，亦宜粟麦。"①

7. 葑田。烂泥淤积而水草茂密的沼泽区域，没有硬土支撑难以按常规造田时，可利用当地特有的水草等资源建成"架田"，即"葑田"：在沼泽中用木桩作架，四周及底部以泥土和水生植物封实而成的农田，它漂浮在水面上，"从人牵引或去留，任水浅深随上下。"② 这类农田多见于宋元时代的东南地区，近代已很少出现。王祯在《农书·田制门》中写道："窃谓架田附葑泥而种，既无旱暵之灾，复有速收之效，得置田之活法，水乡无地者宜仿之。"③《集韵》云，葑，菰根也……江东有葑田。又淮东二广皆有之。东坡《请开杭之西湖状》，谓水涸草生，渐成葑田。考之农书云，若深水薮泽，则有葑田，以木缚为田丘，浮系水面，以葑泥附木架上而种艺之。

8. 区田。地势高、降雨量少的易旱区域，可以建成"区田"：把作物种在带状低畦或方形浅穴的小区内。以低畦和浅穴组成的区田，有利于干旱地区蓄水保墒。农民可在区内深耕细作，集中施肥、灌水，适当密植，保证全苗，注意中耕除草。战国时代已出现以低畦耕种的区田雏形，到汉代经过总结和推广，逐步形成比较规范的区田。现在北方旱作地区农民播种谷子、小麦采用的方法，有些和区田耕作的原理颇为一致。王祯《农书·田制门》认为，我国很早就已出现区田，目的是为了抗旱保丰收，干旱地区建造区田可以大大提高种植业生产效率。在区田上，"男子兼作，妇人童稚，量力分工，定为课业，各务精勤。若粪

① 吴枫主编：《中华思想宝库》，吉林人民出版社1990年版，第2350页。

② 同上书，第2349页。

③ 同上。

治得法，沃灌以时，人力既到，则地力自饶。虽遇天灾不能损耗。用省而功倍，田少而收多，全家岁计，指期可必。实救贫之捷法，备荒之要务也。"①

了解、学习古代《农书》中有关造田的知识，对于我们提出农田基本建设新思路，② 实现农田基本建设现代化，③ 肯定是有不少帮助的。

四 以农村耕地为基础建立国家行政区

我国古代的国家行政区，就是在开发农村土地的基础上，逐步采取井田制的形式而建立起来的。井田制是我国古代影响深远的农村土地制度。朱熹在《四书集注》中作过解释，井田制表现为方圆一里为一井，内有田900亩，按井字形划分成9个区块，每个区块有田100亩。中间100亩属于国家的公田，外围800亩属于农民的私田。8家农民在外围耕种各自的100亩私田，并共同耕种中间的公田。这实际上"是九分而税其一也"。④

农村井田制不只是一种生产资料的产权形式，更重要的是国家管理体制的基本构成元素。《周礼》说："乃以土地，而井牧其田野。九夫为井，四井为邑，四邑为丘，四丘为甸，四甸为县，四县为都，以任地事，而令贡赋。"⑤ 也就是，国家以井田这个基层区域为起点，向四周扩展形成高一层级的行政区，再以此为基础向四周扩展形成更高等级的行政区。这样，最终形成整个国家的行政管理和赋税征集系统。

我国古代研究农村土地开发的思想，很早就已散见于各种典籍文献中，但由于大多只是对特定现象的描述性看法，主要来自经验的总结，缺乏对农村土地开发规律性的系统、深入研究。所以，这些思想在国际上的影响比较有限。

---

① 吴枫主编：《中华思想宝库》，吉林人民出版社1990年版，第2350页。

② 廖建辉：《群众性农田基本建设新思路》，《江西社会科学》2001年第2期。

③ 杨旭明：《论农田基本建设与现代农业》，《农业与技术》2007年第4期。

④ 朱熹：《四书集注·孟子》（卷之一），岳麓书社1985年版，第266页。

⑤ 《周礼·十三经注疏》，中华书局1980年版，第711页。

第二节　杜能的区域农业发展同心圆模式

一　区域农业发展理论假设条件及基本命题

早期的区域发展理论，是从分析农业生产力布局开始的。19世纪，德国农业生产方式，逐步由庄园经营向自由经营转变，如何合理安排耕作业和畜牧业，如何提高土地资源的利用率，成了当时人们的一个热门话题，这为区域农业发展理论的形成创造了基本条件。①

1826年，德国学者杜能出版了《孤立国同农业和国民经济的关系》一书，这是一部区域农业发展理论的经典名著。马克思指出，杜能借助观察、微分学、实用会计②等方法研究经济问题，特别是对区域农业发展理论进行了许多开创性的探索。杜能区域农业发展理论的中心思想，是阐明农业土地利用类型和农业土地经营集约化程度，不仅取决于土地的天然特性，而且更重要的是依赖于其经济状况，其中特别取决于它到农产品市场的距离。

（一）杜能区域农业发展理论的假设条件

杜能为了阐明，农产品产地到农产品市场距离，对土地利用类型产生的影响，把自己的研究对象，确定为一个与外界没有贸易往来的“孤立国”。同时，为了方便研究，他对“孤立国”的模式提出一些限定条件，并做出以下假定：

1. 有一个与世隔绝的孤立国，全境的土地都是沃野平原，土壤肥力完全相等，均适于耕种。全国只有一个城市，位于平原中央。除了这个大城市外，没有别的城镇，其他地方全是农村。③

这里假定，地质地貌和土地肥沃程度相同，实际上是排除了土地质量对农产品生产的影响，使区位分析变得更加简明。影响土地质量的要素很多，其中主要包括土层厚度、土壤质地、土壤养分构成及含量、地质地貌条件等地表要素，直接影响土地质量的光照、温度、降雨量等自

① 张明龙：《区域发展理论演进的纵向考察》，《云南社会科学》2002年第2期。

② 《马克思恩格斯全集》（第32卷），人民出版社1975年版，第525页。

③ ［德］约翰·冯·杜能：《孤立国同农业和国民经济的关系》，吴衡康译，商务印书馆1986年版，第19页。

然气候要素，保持适宜光照、温度和用水量等农业保障要素，供水和排水渠道、机耕通道状况等农业基础设施，以及符合无污染、高品质要求的生态要素等。倘若把这些要素全部加以考虑，并逐项进行判定，可能会使问题变得十分复杂，从而偏离区位分析的主题，应该说，为了便于理论分析，舍弃土地质量因素是合理的。

同时假定，全国只有一个位于中央地带的城市，周边是以城市为圆心的农村地带，目的是为确定单一的市场建立基础。因为全国只有一个市场，农产品必须运送到城里市场出售，同时必须从城里市场买回农具、食盐等生产和生活用品。

2. 离城市最远的平原四周，是尚未开垦的荒野，从而切断了它与外部世界的所有联系。

这个假定条件，主要是为了排除国际贸易对国内商品交易产生的影响。国际贸易包括把其他国家商品或服务引进到本国市场销售的进口贸易，把本国商品或服务输出到其他国家市场销售的出口贸易，还包括允许一国商品经过本国境内运送到第三国市场销售的过境贸易。进口贸易可能会减少城市对本国农产品的需求，出口贸易可能会减少本国农产品对城市的供给，过境贸易可能会打乱城市与农村之间原有的贸易秩序，这些都会增加农业区位分析的困难。如果对国际贸易不加考虑，则有利于研究结果直奔主题，所以有必要通过假定条件把它排除在外。

3. 供应整个国家所需的金属和食盐的矿山和盐场，都位于城市附近。城市必须供应全国民众需要的工业制成品，而城市的食品则完全依靠四周农村提供。农村除了向城市运送农产品以外，不向其他任何市场运送任何产品。

这个假定条件表明，城里人主要依靠附近的矿山和盐场，制造满足全国需要的各种工业品，同时提供行政管理和市场贸易等服务，不从事农业生产。他们的产品，除部分供给城市居民自身使用外，主要生产适合农业生产者需要的物品，以便用来交换各种农产品。

同时，这个假定条件还进一步强调市场具有单一性，它只存在于城市，农产品作为商品只能运送到城市市场出售。因为农村地区没有市场，农产品当然不会也不可能销售到其他任何市场。同时，强调农村生产的商品只有作为食品的农产品，没有工业品。因此，农村与城市生产的商品，只有不同产品的相互交换关系，没有同类产品的相互竞争关系。

4. 孤立国地处中纬度的温带地区，农村具有适合动植物生长的优良天然环境。农村居住着希望获得最大利润的农业生产者，他们能够根据市场的需求，不断调整其耕作品种。

按照地球气候特点划分，温带地区处于热带和极圈之间的气候带。北半球温带地区的范围，是从北纬23°26′的北回归线到北纬66°34′的北极圈之间。南半球温带地区的范围，是从南纬23°26′的南回归线到南纬66°34′的南极圈之间。温带地区约占地球总面积的一半，其总体特征表现为冬冷夏热，气温比热带低，比寒带高；昼夜长短和四季变化明显。但各地降水量存在显著差别，据此又可分为温带海洋性气候、温带大陆性气候、温带季风性气候和地中海气候等几种类型。由于温带气候分布地域广泛，类型复杂多样，从而为生物繁衍创造出良好的气候环境，形成丰富多彩的动植物品种。杜能把研究对象确定为温带地区，便于说明农村能够生产多种多样适于城里需要的农产品，同时能够根据市场变化及时调整不同的农产品结构，用以获得最大利润。

5. 孤立国没有可以通航的自然水流和人工运河，无法通过河流运送货物，马车是运输产品的唯一手段。

在杜能著书的19世纪20年代，欧洲大陆早已建成发达的内河航运系统。流经德国的多瑙河和莱茵河，是著名的国际河流和国际航运水道，德国境内还有莱茵—美因—多瑙运河等多条人工开凿的河流。这里假定孤立国没有河流，是有意把水上运输排除在考察范围之外，使影响农产品交易的运费集中在陆上运输上。当时，陆上运输工具已有人力车、马车、牛车、雪橇等多种形式，把陆上运输工具确定为马车一种，目的是减少不同运费折算的麻烦，使生产成本和商品价格的计算变得更加简单。

6. 运输费用与运输距离成正比，运费由农业生产者承担，运价要小于农产品的销售价格。

这个假定条件告诉我们，农业生产总成本，由生产费用和运输费用两部分组成。同种农产品，当生产费用一定时，它在城里市场出卖的总成本，将随着运费的高低而升降。距离城市越远的农村区域，农产品运费越大，总成本将随着运费增加而越高；反之亦然。同时，由于市场存在竞争关系，同类农产品在市场上只能按照相同价格出售。所以，同类农产品的获利能力，会随着运输距离变远而减弱。当然，运输费用不能过高。如果它大于农产品的出卖价格，农民不仅难以获利，而且无法收回生产费用，连简单再生产也难以为继了。

（二）杜能区域农业发展理论的基本命题

杜能认为，市场上的产品销售价格，决定经营的产品种类和经营方式，而运输费用决定产品的总成本。一个经营者所期望得到的利润，等于销售的商品价格减去生产费用，再减去运输费用。①

二　区域农业发展理论的核心内容：同心圆模式

杜能依据上述假定，提出孤立国全境的生产布局以城市为中心。运费大的产品，如笨重而体积大的物品，以及易于腐烂的鲜货，安排在城市近郊生产。离城市越远，产品运费越大。这样，在生产布局上形成许多有规则的界限明显的同心圈境。每个圈境都有自己的主要产品，并有自己相应的耕作制度。孤立国由内向外依次排列着六个不同的圈境，如图 6－1 所示。

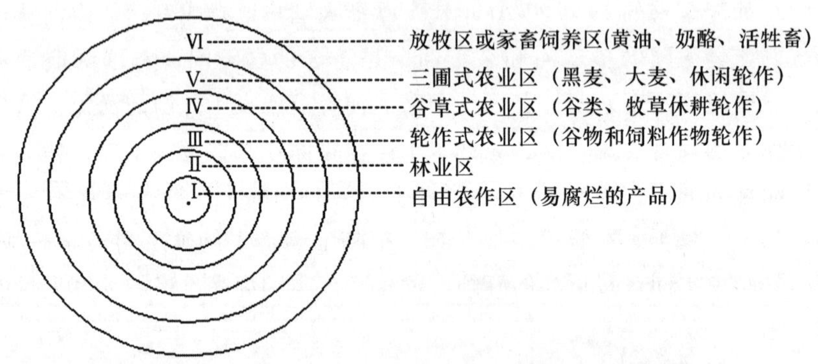

图 6－1　杜能设计的六个不同圈境，也称作杜能环

① 张明龙、周剑勇、刘娜：《杜能农业区位论研究》，《浙江师范大学学报》（哲学社会科学版）2014 年第 5 期。

第一圈境为自由农作区。

这一圈境距离市场最近，其土地主要用于生产城市需求量大、易腐烂变质和单位产出率高的蔬菜、牛奶等农产品，谷物作为商品生产处于次要位置。由于这里唯一的运输工具是马车，又没有保鲜贮藏技术，所以该区只按城市的需要向外延伸，但不会延伸很远。

这里地租很高，不允许存在休耕地，更不允许存在荒地。在这个区域内，要求尽量多投入劳力和资本，以最小的土地面积获取最大农产品产量。杜能认为，该圈境只能采用自由农作制。他说，这里作物的种植将轮流交替进行，以求种植每种作物的土地上获利相等；但是人们绝不会单纯为了轮作而种植从本地看比价不利的作物。这种情况也就是所谓自由农作，自由农作就是作物的更换种植不按预定的计划进行。①

杜能还把购买肥料作为限定第一圈境的一个重要因素。他在书中写道，该区域农村向城市购买肥料，离城最近的地方最便捷，费用也最低。距离越远，则费用越高。随着肥料运费的递增，直到离城较远的某一点，向城里买肥料已无利可图，农民觉得自己生产肥料比购买更有利。那个区域就是第一圈境的尽头，同时又是第二圈境的起点。

第二圈境为林业区。

这一圈境除了为城市提供必需的建筑木材外，主要是为居民提供取暖用的劈柴和木炭。由于产品重量和体积都较大，应尽量安排在城市近处种植，以使减少运费。但是，栽培木材的土地是需要支付地租的，而城市近处区域的地租往往较高。所以，木材在城里市场的销售价格，不仅足够补偿生产和运费，能够偿付地租，而且还应该有正常利润。否则，该区域就会退出木材生产，改种其他市场效益更高的农作物。

这一圈境的外围边界限制，取决于市场对木材的需求变化。在劈柴和木材的价格已定时，如果它们的产地距城市太远，以致运费超过其卖价，即使生产费用和地租等于零，也不可能将这些东西运往城市出售。只有在劈柴和木材的销售价格，足够补偿生产成本、运费和地租支出时，这些产品才可能运往城市出售。

---

① ［德］约翰·冯·杜能：《孤立国同农业和国民经济的关系》，吴衡康译，商务印书馆1986年版，第22页。

第三圈境为谷物与饲料作物轮作区。

这一圈境采用轮载作物制，主要生产集约化程度较高的谷物产品。杜能认为，轮载作物制生产有如下特点：全部耕地上都种植农作物，没有纯粹休闲的地块；所产的肥料都用于饲料作物，选择肥力最高的耕地种植饲料；谷物及饲料作物轮流种植。

这一圈境以各种麦类谷物与马铃薯、豌豆等饲料作物的轮作为主要特色。杜能提出每一块地分六区轮作。第一区为马铃薯，第二区为大麦，第三区为苜蓿，第四区为黑麦，第五区为碗豆，第六区为黑麦。其中耕地的50%用来种植谷物。

采用上述六区作物轮作制度，要求能够把上一年收成所产的肥料，全部在春天施于马铃薯和豌豆地上。

第四圈境为谷草休耕轮作区。

这一圈境属于农牧业混合地带，牲畜以圈养为主。农业生产采取轮作休闲制，其主要特点是：所有耕地面积轮流种植谷物和用作牧场；农作物每次循环栽培中，都有一区不种任何东西，作为纯粹的休闲地块；所产的全部肥料用于休闲地块；谷物及豆荚作物成熟以后，耕地接种苜蓿或豌豆青饲料，不作休闲；肥力最差的谷物区则放弃耕种，转变为牧场。

杜能提出，农户的全部耕地，都分成七区轮作，与第三圈境不同的是，总有一区为休闲地。其中：第一区种黑麦，第二区种大麦，第三区种燕麦，第四区、第五区、第六区为牧草，而第七区为荒芜休闲地。全部耕地的43%为谷物种植面积。

设置一区作为休闲地，是为了更好地保持土地肥力。杜能以经营田庄的经验为基础，通过测算，提出以下看法：肥力均等的田地，由于使用土地的方法不同，以及气候的作用，在豌豆割青之后种植黑麦，其收益只有休闲地种植黑麦收益的5/6，也就是前者收益只有后者的83%。① 所以，距离城市较远的区域，采用轮作休闲制，是提高农产品栽培收益的有效措施。

---

① ［德］约翰·冯·杜能：《孤立国同农业和国民经济的关系》，吴衡康译，商务印书馆1986年版，第186页。

第五圈境为三圃式的三年轮作区。

这一圈境是距离城市最远、最粗放的谷物生产区。它向城里市场主要提供各种经过加工的畜产品和少量谷物商品。据测算，该圈境内的全部耕地中，只有24%的面积用来种植谷物。这里，农业生产采取三圃式的轮作制，其主要特点如下：地块的一部分是永久牧场，用于养殖牛马羊等牲畜；耕地的三分之一，每年轮流纯粹休闲，不种任何农作物；所产的全部肥料都用于纯粹休闲地块。

杜能认为，这一圈境的农户，将根据家庭居住地点的远近，把全部土地分成两部分，离家近的土地开辟为耕地，离家远的则作为永久牧场。

耕地采取三圃式的三年轮流耕作制，每一块地分为三区，第一区种黑麦，第二区种大麦，第三区休闲。每区耕地三年轮流休闲一次，要求在休闲土地上，趁着其空置之机，上足肥料，用来增强耕地肥力。

牧场不能放任自流，需要进行翻耕，还应注意防止过度放牧。牧场翻耕大约每9年一次，采用的方法是不施肥料种植谷物数次，然后又改作牧场。牧场翻耕时种植的谷物，主要目的是为了给牧场土地增添肥料，同时避免牧场使用年头过多而造成牧草退化。所以，它不要求有多少成熟的谷物籽实收成，能够收获适量麦秸等谷物茎叶干草就可以。

第六圈境为放牧区。

这一圈境也称作家畜饲养区，生产以游牧形式为主。该区域离城里市场最远，农产品运费最高，只有那些比谷物价值大而运费小的产品，才能实现有利可图。所以，这里的谷物等种植业产品，是用来满足农户自己需要的，不再存在以出售为目的的栽培活动。

实际上，这里许多畜产品，如鲜奶、鲜肉、鸡蛋等，也是被生产者用作自己消费的，只有少量畜产加工品送往城市出售，其中代表性的商品是黄油。杜能认为，按照同样的重量计算，运送黄油的费用，并不比谷物便宜，甚至还要高一些。例如，它只能小批量发货，运输期间无法选择在农闲运费低廉之际，需要委托别人代理出售，还得花钱购买装载的专用木桶，而木桶的重量又会增加运费。但是，同样重量的黄油，其价值要比谷物高出许多倍，这使得黄油的运费与黄油的价值相比是很小的。[①] 所以，生产黄油是可以赚钱的。

第六圈境以外的边缘地区，还有一些猎人散居在树林中，靠狩猎为生。他们的工作、生活方式和习俗都非常原始。他们同城市的唯一交往，就是用兽皮交换少量的生活必需品。这里是城市向平原四周产生最后影响的区域，其空间再向外面延伸，便是荒无人烟的原野。

三　杜能区域农业发展理论的贡献与不足

（一）杜能区域农业发展理论的主要贡献与启示

1. 主要贡献。

杜能的区域农业发展理论，根据级差地租、运输成本和农产品的差异，建立起农业生产空间的布局模式，以实现农业的集约化经营，对区位论作出了开创性的贡献，并对后来的区位论产生了深刻的影响。

2. 重要启示。

杜能从假设条件出发，得出农业生产布局的原则和措施。他以城市为中心，通过距离由近至远，形成农业经营集约化水平依次递减的圈境。每个圈境内，都有自己的主要产品，并相应形成自己独有的耕作制度。这样，可以发挥土地资源的级差优势，减少运输成本，提高特色农产品的竞争力。

杜能的观点告诉我们，在农业生产布局上，必须考虑级差地租因素。应该以城市或工业中心为基础，依次安排经营集约化水平不同的农产品生产。城市近郊或工业中心附近耕地，由于级差地租最高，应采用最高等级的集约经营模式，不得出现休耕现象，特别是严格禁止抛荒行为。至于偏远地区，由于级差地租较低，可以采取经营集约化程度较低的耕作方式，甚至实行轮作休闲制，以便涵养耕地土壤肥力，提高单位面积的特色产品产量。

杜能的观点告诉我们，在农业生产布局上，必须考虑运输费用因素。蔬菜、水果、牛奶、鸡蛋，以及其他鲜活畜禽产品，由于不宜长途运输，单位产品价值中运费比例偏高，应采用接近消费地点的原则，最

---

① ［德］约翰·冯·杜能：《孤立国同农业和国民经济的关系》，吴衡康译，商务印书馆1986年版，第193页。

好做到现产现卖。但同时也告诉我们，随着现代高速公路网、高速铁路网的不断完善，以及水运、空运事业的发展，农产品产地与消费地点之间的空间距离相对缩短，数百里甚至千里之外的产品，当天就可送到市场销售，而且，由于运输工具越来越先进，单位产品价值中运费含量已经大大降低。在此条件下，新鲜蔬菜和鲜活畜禽之类产品，生产区域可以拓展到更远的地方。从产地来说，只要包括运费在内的农产品总成本，小于其市场销售价格，就仍然是有利可图的。

杜能的观点告诉我们，在农业生产布局上，必须考虑农产品差异性因素。产品差异性，是培育优质特色产品的基础。一定区域内，优质特色农产品的形成，可能与地形、气候、水文、植被、生态等自然条件有关，可能与土壤类型、特性、养分状况和分布规律有关，可能与微量元素的有效组合及其在产品上的体现有关，更可能与数百年世代相传的栽培、管理和加工技术有关。我国位于中纬度温带地区，气候条件优越，土壤类型复杂，生物资源丰富，优质特色农产品培育历史悠久，品种多样，它们犹如群星般璀璨耀眼。例如，东北地区有人参、鹿茸、貂皮、大马哈鱼、乌拉草；西北地区有枸杞、葡萄、哈密瓜、香梨、棉花，以及肉类和毛皮；西南地区有烤烟、药用植物、花卉、高原蔬菜、猕猴桃、普洱茶等。今后，为了充分发挥区域优势，要顺天时，尽地利，要组织多学科协作攻关，加强综合性技术措施，力争全面提高现有优质特色农产品基地的单产和商品率，还要抓紧制订特色农产品系列标准，创立特色农产品区位品牌，完善特色农产品流通渠道，从而尽可能多地发展效益最佳的优质特色农产品。

（二）杜能区域农业发展理论的不足之处

杜能在《孤立国同农业和国民经济的关系》第一卷中，采用抽象法，提出一系列假设条件，排除了许多影响农业区位的因素，旨在易于阐明农业生产布局的一些原则和规定。从学术研究角度说，这种方法是可行的。但由于舍弃的因素过多，使得理论模式与现实经济相距甚远。这样得出的研究结论，肯定会较大幅度地偏离实际状况。

事实上，杜能自己也已经意识和观察到这个问题，他在该书第二卷中，又用观察法取代抽象法，放弃孤立国只有一个大城市而没有别的市镇的假设。他说：“第一卷所设孤立国只有一个大城市的前提条件，这仅仅是为了便于研究问题，这个前提条件很不合理，现在必须予以废除。”① 在这里，他认为，孤立国除了一个大城市外，实际上还存在着许多规模较小的城市，这些城市的大小及相隔距离必须最有利于国计民生。与此相适应，他放弃了工业品都集中在唯一大城市生产的观点，提出工场和工厂应该依据最低成本原则，就近分布在各类不同城市中。由此可见，杜能没有以统一的逻辑思维贯穿全书，导致不少观点前后矛盾，影响了结论的科学性。

第三节　韦伯区域工业布局论的结构考察

一　区域工业布局论概述

（一）区域工业布局论的产生

在世界经济思想宝库中，关于如何合理布局种植业、畜牧业、手工业和商业，我国先秦时期的文献就有大量记述。西方古希腊也有不少思想家作过研究。但研究近代工业布局的著作，其出版时间，距今也只有200多年。19世纪后半叶，德国学者龙哈德以钢铁工业为样本，发表了两部著作，对区域工业布局问题作了深刻的探索。他在《国民经济学说的数学论证》（1885年）一书中，首次提出了“区位三角形原理”：假设某空间存在一个原料产地、一个能源基地和一个消费市场，把三点联结起来就形成了区位三角形，企业的所在地应位于这个三角形内。

德国经济学家阿尔弗雷德·韦伯，在龙哈德研究的基础上，全面推进区域工业布局理论的研究。1909年，他出版了专著《工业区位论》，围绕工业区位，首次分析了工业的区位选择和合理布局等问题。此后，对区域工业布局论和工业布局理论作出较大贡献的，还有胡佛的《经济活动的区位》（1948年）、艾萨德的《区位与空间经济》（1956年）和纳斯的《地域经济学》（1968年）等著作。这里着重分析韦伯区域工业布局论的结构与内涵。②

---

① ［德］约翰·冯·杜能：《孤立国同农业和国民经济的关系》，吴衡康译，商务印书馆1986年版，第344—345页。

② 张明龙、张琼妮：《韦伯工业布局论的结构考察》，《浙江树人大学学报》（人文社会科学版）2008年第5期。

（二）韦伯区域工业布局论的前提

韦伯为了便于分析工业区位问题，采用抽象法，排除了一些会影响结论的次要因素。通过在假设条件的基础上，揭示工业区位的实质与内涵，推导出工业布局的一些规定和原则。他在深入研究之前，作出以下假设：

1. 要分析的对象是一个单一的单位、一个孤立的国家或一个特定的地区。只讨论影响工业区的经济因素，而假定区域内各地的气候条件、地质地貌条件、种族及技术熟练程度等都是相同的，不在讨论之列。

2. 一些自然资源一般遍布各地，而其他一些自然资源，即包含能源在内的原料的分布，只能在一些地点存在。

3. 劳动力并不是无所不在，其分布已预先确定。工资是固定的，但每个地区的工资水平不一定相同。各个区域内，当固定工资达到一定水平时，劳动力的供应便是无限的。

4. 消费地点已经预先确定。假设每一个工厂都把产品出售给一个特定市场。生产分布状况影响消费者的分布状况。

5. 运输费用是重量和距离的函数，运输费用的增加与运行里程及载运重量成正比。

二　韦伯的运费最小区域工业布局论

（一）运费最小点的产业布局优势

韦伯认为，在原料产地、能源基地与消费市场一定的情况下，运费最低的地点可以带来最大利润，是企业选址的最佳地点。韦伯赞同并接受了杜能对农产品总成本的规定，认为工业品与农产品一样，其总成本等于生产费用加上运输费用。这样，当工业品的生产费用一定时，运费将与利润成反比例变化。运费越低，则利润越高；反之亦然。企业建在运费最低的区域，将会因运费远低于平均水平而获得较多额外收益，从而使利润达到最大量。所以，运费最低的地方，具有区位优势，可以吸引企业前来落户。

（二）影响运费的原料因素

韦伯认为，决定运费大小的主要因素，是运送货物的重量和运送距离。工业制成品，都是用原料生产出来的。绝大多数原料在生产过程中，或多或少都会损耗掉一部分。所以，原料的重量，通常要大于制成品，它需要的运费也更多。为了揭示原料到底如何影响运费，他把原料分为广布原料与偏布原料两类。

1. 广布原料，指各地广泛分布、没有稀缺现象的原料。如空气、阳光、水、泥土等。

2. 偏布原料，指只分布于少数地点的原料。如原煤、原油、铁矿石等。偏布原料包括两种形式：（1）偏布失重原料。它表现为，加工过程中，需要剔除部分废料或下脚料，只有部分重量转移到成品中。（2）偏布纯原料。它表现为，加工过程，可以把全部或大部分重量，转移到成品身上去。

（三）按照运费最小点的企业选址原则

韦伯认为，为了尽量减少运费，企业选址应遵循以下原则：

1. 使用广布原料越多的企业，越应接近消费市场。例如，从事空气分离的生产企业，利用随处可见的空气，制造氧气、氮气，以及氦气、氖气、氩气、氪气、氙气等稀有气体。其产品成本，除了生产费用外，主要是生产地点到消费单位之间的运费。所以，它选择的设厂地址，都是尽量接近其气体产品的大客户位置。

2. 使用偏布失重原料越多的企业，越应接近原料产地。例如，金矿石的含金量通常很低，一吨金矿石平均能提炼10克以上黄金，已属于高品位了，一般只能提炼3~4克。这样，金矿石的绝大部分都将成为剔除掉的废料，如果运到远处提炼，就会造成大量虚耗的运费。因此，提炼黄金的企业，总是开办在金矿近旁。

3. 主要使用偏布纯原料的企业，则可在原料产地或消费市场之间灵活选择。例如，花岗岩板材加工企业，把整块花岗岩石料，切割成花岗岩板材时，原料损耗很少，大部分都可以转移到产品上去。这类企业，可以建立在花岗岩采石场附近，也可以建立在花岗岩板材的消费地点。

另外，韦伯指出，如果原料、燃料产地和消费市场分散在许多点上，企业不能单纯依据原料运费来确定布局，可通过区位多角形求得引力最大的方向来选择最佳地点。他以龙哈德“区位三角形原理”为依据分析说，假定某企业的原料、燃料产地和消费市场，分布在平原上的三个不同地点，那么企业的最优区位，应在这个三角形的中间。

（四）其他学者提出的完善措施

韦伯的运费最小区位论模式，舍弃了一些不容忽视的重要因素，缺乏实用性。针对这种情况，胡佛和艾萨德等学者提出改善办法，主要是增补其他需要考虑的一些重要因素，如原料或成品易碎、易腐、易爆情况，成品加工后过大、过重而难以运输等；还用按运价换算的重量代替自然重量。改善后的企业最优选址原则是：

1. 在原料产地、燃料产地和消费市场等多个点上，如果有一个点的换算重量比值，超过其他各点之和，企业的最优区位应在这一点上。

2. 如果没有一个点的换算重量比值超过其他各点之和，应按照运输网分布的特点以不同原则确定企业最优选址。（1）中位点原则，它表现为原料、燃料产地和消费市场分布在一条运输线上，企业的最优区位应在中位点上。（2）联结点原则，它表现为原料、燃料产地和消费市场分布在不同运输线上，呈放射状态，企业的最优区位应在三者的联结点上。（3）运费最低点原则，它表现为原料、燃料产地和消费市场之间的运输系统，出现了一个封闭的环线（类似于阿拉伯数字的 6 或 9），有两个以上具有某种区位优势的点坐落在环线上，那么只能通过计算运费最低点，来确定企业的最优选址。

三　韦伯的劳动力费用最小区域工业布局论

韦伯对劳动力费用如何决定工业布局问题的研究，是按照以下程序来进行的：首先提出独创的等费线概念，接着指出劳动力费用最小的区位点具有产业布局优势。在此基础上，阐明临界等费线的内涵，指出突破运费、劳动力费用等各种临界等费线的费用最小区域，对企业选址的吸引力最强。

（一）等费线概念

1. 等费线的定义。

韦伯认为，把费用相等的点连成线，形成环绕原料、能源产地和市场的等值圈，这条线就叫等费线。韦伯指出，同种费用可以环绕不同地点形成等费线。就运输费用来说，可以环绕不同的原料产地形成等费线，也可以环绕能源基地或产品市场画出等费线。

2. 等费线的类型。

根据韦伯的观点，不同的费用可以形成不同的等费线。从运费最小点出发向外移动，可以形成运费逐步增大的无数条等费线。同理，如果从劳动力费用最低点向外推移，可以画出无数条工资逐步提高的等费线；从城市向农村考察房地产租金变化情况，可以形成许多条租金逐步减少的等费线。

韦伯说，不同等费线在一定空间上可以出现交叉或重叠现象，使一些可以相互替代的区域经济活动处于临界状态。

（二）劳动力费用最小点的产业布局优势

韦伯指出，企业选址不仅要考虑运费大小，还要考虑劳动力费用高低。企业究竟开办在运费最小的地点，还是开办在劳动力费用最低廉的区域，主要看两种费用对生产总成本的节约程度。

假设劳动力费用最小的地点，与运输费用最小的地点不一致，如果企业搬到工资水平最低地区节省的劳动力费用，大于由于搬到新地点原料和成品追加的运费，企业就可能离开或放弃运费最小的地点，转移到劳动力最低廉的区域。

假定 A 点是等费线内运费最小的点，而等费线外的 B 点，生产一个单位产品所需劳动力费用比 A 点低 3 个单位，如果到 B 点需追加的运输费用只有 2 个单位，甚至只有 1 个单位，那么从 A 点搬到 B 点就能提高经济效益，说明 B 点是一个总费用较低的位置。

一个企业到底由劳动力成本还是由运输成本决定配置地点，还需考虑其他因素，其中主要应该考虑的是劳动力系数的影响。所谓劳动力系数，指劳动力成本指数与所需运输的总重量的比值。而劳动力成本指数即为每个单位重量产品的平均工资成本；运输总重量包括工业生产需要运输的原料和成品的总重量。

（三）临界等费线

韦伯阐述道，不同等费线，在数值相同时，出现交叉或重叠的点联结成的等值圈，叫临界等费线。

如果企业搬迁后节省的劳动力费用等于由此追加的原料和成品运费，便处于临界等费线状态。此时，运费最小点与劳动力费用最小点，对企业具有相同的吸引力。

四　韦伯的区域工业集聚布局论

韦伯最早提出要加强对区域经济集聚作用的研究。他在《工业区位论》中，系统地阐述了集聚经济理论。

（一）集聚的内涵

韦伯认为，集聚实质上是工业企业在空间集中分布的一种生产力配置，能使企业获得成本节约的经济效果。集聚可以分成两大类型：

1. 自然集聚：由于港口、交通枢纽和大城市等自然因素而导致的工业企业集聚。

2. 纯集聚：为了集聚的经济目的而产生的工业企业集聚。它与位于一个港口、交通枢纽和大城市所造成的自然集聚现象不同。

韦伯认为，纯集聚的经济效益主要来自企业的规模效益、协作效益和外部经济利益的增长。一个企业获取集聚经济收入的方法主要有两种：一是扩大生产规模，增加生产的集聚程度，从而降低成本；二是选择与自己有密切关联的企业一起配置，可以共同使用专用设备，共同利用劳动力市场，共同使用公共设施，达到降低成本的目的。

（二）企业或产业集聚区的形成

韦伯在阐述集聚概念时，还分析了企业或产业集聚区的形成，这为后来的企业集群和产业集群理论奠定了基础。

他说，像劳动力费用可以克服运输费用最小的区位引力一样，由集聚形成的经济效益，也可以使区位优势偏离运输和劳动力指向。如果一个企业由集聚节省的费用，大于因其搬离运费和劳动力费用最小的位置而追加的费用，它就将按集聚指向进行新的配置。

需要指出的是，韦伯区域工业布局论也存在一些不足之处。其主要表现是，它建立在静态区位的研究基础上，难以有效揭示由于原料和燃料的产地及产量变化而形成的区位特点。也无法准确分析，市场的分布及容量变化对区位的影响。同时，它以完全竞争为前提，没有涉及不完全竞争状态下的区域工业布局。

五　区域产业布局指向论

以韦伯的区域工业布局论为基础，胡佛、艾萨德等人推进了区域产业布局指向论的发展，美国学者纳斯的《地域经济学》，从不同角度分析了费用指向与利润指向的统一问题。这里，简要介绍一下产业布局指向论的相关内容。

（一）区域产业布局指向的含义

“指向”是指一定区域内某种因素对某种企业具有特殊的吸引力，企业相应地被吸引到某个区位上。①

不同的工业，在原材料、劳动力、技术设备、生产工艺和销售市场等方面存在明显差别，使它们在选择布局地点时，表现出一定的指向性。

（二）区域产业布局指向的类型

区域产业布局的指向有很多形式，其中主要有：

1. 天然资源指向，包括原材料、燃料、廉价电力、富矿、优良水质、港口及交通运输枢纽等指向。

2. 知识资源指向，要求区域内分布着众多的高等院校和科研机构。

3. 资本资源指向，要求区域内资本富集程度高，融资渠道四通八达。

4. 劳动力资源指向，包括廉价劳动力和特种技术劳动力指向。

5. 运输费用指向，主要取决于运送货物的重量和运送距离。

6. 市场指向，包括中间产品市场和最终消费品市场指向。

7. 配套产业指向，上下游产业相互配合、相互支持，对产业整体在研发、设计、制造、销售和服务各个过程中，可以增强互补功能，有利于提高整个产业的效益，是吸引企业前来加盟的一个重要因素。

8. 同业集聚指向，同类企业集聚在一起相互竞争，不仅可以刺激技术进步，降低成本，还可以通过专业化分工获得规模经济。

9. 优惠政策指向。企业能够获得税收、金融和使用土地等方面的优惠政策，可增强创造利润的能力，可以带来超过平均获益率的额外收益，因此它对企业具有很强的吸引力。

---

① 刘再兴：《工业地理学》，商务印书馆1997年版，第105页。

10. 基础设施和生态环境指向。企业开办在基础设施完善的地方，可以节省用电、用水、通信，以及交通运输等方面的费用，有利于降低成本，增加利润。有些企业生产的产品，如有机绿茶、有机纯牛奶等，对生态环境要求很高，不允许有任何污染，于是，生态环境就成了吸引它们的指向要素。

（三）正确认识区位指向问题

产业布局指向形式的划分，仅仅是为了方便理论研究的需要。实际上一个区域可能拥有多种吸引企业落户的因素，而一个企业的选址也可能受到多种指向要求的影响。不过，在一定条件下，某个区位对企业最有吸引力的因素，总是显而易见的。例如，进驻北京中关村的外资企业，大多属于知识资源指向性选址的结果。

第四节　区域发展规律概述

众所周知，区域经济发展具有一定规律性。如何认识和运用区域发展规律呢？先秦学者荀子说，通过摸清自然资源条件，来确立国家经济管理模式；按照生产活动所能提供的收益，来安排人民的生活；根据不同劳动者的能力差别，来设置不同的岗位。让民众做其能够胜任的工作，这样才会获得收益，而且创造出的收益，足以维持民众的生存，既能满足人家日常生活的需要，又常有节余积累，这便是合乎经济发展规律。现代区域经济发展，远远超出了荀子所能观察到的范围。它通常以经济增长和产业结构优化为核心，综合反映一个国家或一个地区社会、经济、文化、技术等方面的进化过程。区域经济是整个国民经济的有机组成部分，它与其他经济活动一样，按照一定规律运行。各种区域经济现象，在发展过程中表现出来的必然趋势，就是区域发展规律。[①]

一　区域利益规律

（一）区域利益规律的基本内涵

1. 区域利益规律的定义。它表现为，在经济发展过程中，一定区域内

① 张明龙：《论发展规律》，《发展研究》2001 年第 5 期。

人们的行为及其所负责任与所得利益之间，存在有机联系的客观必然性。

2. 区域利益规律存在的原因。由于各地自然、经济、社会、文化、交通、技术等方面存在差异，必将导致区域利益是不一致的。各区域在发展过程中，都要求维护自身的利益，必然会导致这一规律的出现。

3. 区域利益规律的重要性。区域利益，既是推动区域经济增长和发展的力量源泉，又是协调不同区域经济关系的行为准则。例如，云南省思茅市所辖各县盛产普洱茶。普洱茶与龙井、碧螺春、铁观音等一样，是我国茶客熟知的名茶，可给当地带来巨大利益。为了有效地开发普洱茶产业，2003 年云南省给普洱茶制定标准，确定它是以云南省一定区域内的云南大叶种晒青毛茶为原料，经过后发酵加工而成的散茶和紧压茶。接着，采取严格的保护措施，维护普洱茶产地的应得利益。2007 年，普洱茶产地决定，把城市名称由“思茅市”改为“普洱市”。目前，普洱市不仅大力加强普洱茶产业发展，而且着手谋划茶文化旅游产业新格局，围绕“世界茶源、中国茶城、普洱茶都”的目标定位，该市将凸显“茶文化旅游”主题，大力培育以茶文化、茶马文化为主题的旅游产品，充分利用和发挥普洱茶产业的区域优势，实现茶产业与旅游产业互动共赢，一起推进区域经济发展。

4. 区域发展利益规律的作用。适当的区域利益差别，有利于推动区域经济你追我赶快速发展，有利于提高区域经济运行效率。

（二）区域利益规律的要求

1. 根据区域利益规律的要求，无论经济如何发展，无论发展到什么阶段，不同区域，与不同部门和不同经济实体一样，用于满足当前或将来需要而进行的商品及服务交换，必须遵循等价原则。

2. 必须正确处理国家整体利益与区域局部利益之间的关系，在保证国家整体利益的前提下，尊重区域局部利益。

3. 必须正确处理各区域之间的利益关系，充分发挥各区域的比较优势，促使它们在合理分工的基础上优势互补、共同发展。

二　区域非均衡发展规律

（一）区域非均衡发展规律的基本内涵

区域非均衡发展规律，又称为区域不平衡发展规律，它反映一定区域经济非均衡发展的客观必然性。非均衡发展，是均衡发展的对称。区域非均衡发展规律表明：由于各地的自然资源、人文条件和增长潜力等因素不同，必将造成区域经济非均衡发展的趋势。

（二）区域非均衡发展规律的理论依据

运用均衡分析方法的新古典学派，强调社会经济的均衡发展。认为在非均衡的经济状态下，完全竞争的市场机制，将促使资源和财富在各地自由流动，从而导致生产要素自行趋向合理配置，实现各地经济的均衡发展。

到了20世纪50年代，许多经济学家运用动态分析方法，对区域经济发展过程进行实证考察，发现新古典学派的理论不符合经济发展的实际情况，于是提出了影响经济趋势的非均衡发展理论，并发现了区域非均衡发展规律。这方面较有代表性的观点是：

1. 佩鲁的增长极非均衡发展论。

佩鲁认为，经济活动是在一定经济空间中进行的。经济空间总以非均衡状态存在，它由一个中心及传输各种力的场所组成，必然产生极化现象，形成极化效应。佩鲁强调，增长并非同时出现在所有的地方，它以不同强度出现于一些增长点或增长极上，然后通过不同的渠道向外扩散，并对整个经济产生不同的最终影响。从而提出以增长极为核心的非均衡发展理论：由于规模效果和集聚优势，可以降低成本，提高效率，引起投资在一定空间集中，产生推动经济结构升级的主导产业，进而围绕主导产业形成前向关联产业和后向关联产业，最终形成起增长极作用的企业集群和产业集群。增长极企业集群一旦形成，不仅自身可以迅速壮大，而且通过乘数效应，可以推进整个地区的经济快速发展。

2. 罗斯托的阶段性非均衡发展论。

如果说，佩鲁主要从空间角度分析经济发展的非均衡现象，那么，罗斯托则主要从时间角度分析经济的非均衡发展。罗斯托认为，经济发展的历史进程不是一条平坦的道路，而是在波动中不断地向更高阶段推进。经济发展的不同阶段，有不同的主导增长部门。主导部门的结构演变，会引起基础设施和产业结构发生相应变化，并促进经济快速增长。一个主导部门取代另一个主导部门，实现主导部门产业结构升级，将推动一个地区的经济进入新的高一级阶段。不同地区具有相应的经济发展阶段，各自主导部门的演化，不可能同步进行，所以经济的发展必然呈现非均衡状态。

3. 中心—外围非均衡发展论。

阿根廷的普雷维什，在20世纪50年代初，把欧美发达国家作为中心地区，把拉美落后国家作为外围地区，进而分析两者的关系，结果发现：中心地区的发达国家，一方面从外围地区的落后国家廉价进口原材料和初级产品，另一方面又向其倾销工业制成品，造成外围地区产品在国际市场面临日益恶化的贸易条件，抑制了外围地区产业结构的完善、升级。为了防止中心地区与外围地区的两极分化进一步加剧，他提出外围地区宜采取进口替代战略。① 通常中心—外围理论，多用于分析不同国家之间的非均衡发展现象。

4. 核心—腹地非均衡发展论。

瑞典的缪尔达尔和美国的赫希曼，以核心—腹地的划分为基础，分析区域经济发展现象。认为核心—腹地是普遍存在的区域经济结构。核心区与腹地区没有绝对的界限，一定区域，相对于它的下一层次来说可能是核心区，但相对于它的上一层次来说则可能是腹地区。

缪尔达尔认为，区域差异是经济发展和市场作用的必然结果。他说，市场力作用的固有趋势是扩大区域之间的差异，而且国家越贫穷则这种趋势越明显，这是自由市场经济条件下区域经济运行的重要规律。他提出，在市场经济条件下，区位条件优越的地方制造业得到较快发展，促使经济走向繁荣，从而确立核心区的地位。核心区通过技术创新，不断产生和吸引新兴产业，保持旺盛的增长势头，使自己的实力逐步壮大。随着时间的推移，这里将出现越来越多的工业企业，以便共享区域内已建成的供电、供水、交通、邮政、通信等方面的基础设施。于是，核心区就以增长极特有的向心力，把腹地的资金、技术、劳动力和资源吸引过来，形成回流效应，这会造成腹地经济的衰落。同时，核心区虽然通过扩散效应，可以向腹地输送各类要素资源，但在区域经济发展过程中，扩散效应往往小于回流效应，特别是核心区销到腹地的廉价

① ［阿根廷］劳尔·普雷维什：《外围资本主义：危机与改造》，苏振兴、袁兴昌译，商务印书馆1990年版，第23页。

工业品，抑制了腹地工业的发展。这样，区域差异会日益加大，必将导致经济的非均衡发展。①

核心—腹地理论，与中心—外围理论不同，它多用于分析一个国家内不同地区的非均衡发展状况。

三　区域阶段性发展规律

（一）区域阶段性发展规律的基本内涵

1. 区域阶段性发展规律的定义。它表现为区域经济的发展存在着不同阶段，每个阶段都有自己鲜明的特征，并有从较低阶段向较高阶段发展的客观必然性。

2. 区域阶段性发展规律的发现过程。揭示这一规律的理论，是从均衡发展与非均衡发展两大对立理论的缝隙中成长起来的。

增长极及其相关的理论，主要由非均衡角度研究区域经济的发展，与新古典的均衡发展理论发生了很大冲突，导致人们对区域经济发展问题的研究，产生浓厚兴趣和激烈争论。

自从出现均衡与非均衡两大对立观点后，有些学者试图进行调和。他们考察的视角不仅仅局限于空间上的一定区域，而且把时间因素也包含进去，探索一个国家或一个地区，在一定时期内的发展轨迹，结果发现经济发展呈现明显的阶段性特点，不同阶段有不同的均衡现象，也有不同的非均衡现象。从时间角度看，总的趋势是，在区域经济发展的较低阶段，增长和收入的非均衡状态会加剧，到一定阶段后这种现象将开始逆转，进入较高阶段时则会朝均衡方向发展。

1949 年，美国经济学家胡佛和费希尔，发表了《区域经济成长研究》一文，认为区域经济的发展具有阶段性。1951 年，美国著名经济学家罗斯托发表了《经济成长过程》一书，奠定了区域经济阶段性发展的理论基础。

1955 年，库兹涅茨从经济增长角度探索个人收入差距的长期变动趋势，认为：个人收入差距的长期变动趋势是，在经济增长的早期阶段

---

① ［瑞典］冈纳·缪尔达尔：《经济理论和不发达地区》，陈瑞译，北京经济学院出版社 1991 年版，第 35—86 页。

个人收入差距会趋向扩大，特别在前工业文明向工业文明转变的时候，这种扩大趋势会更加迅速，随后出现一个稳定时期；在后一个阶段个人收入差距趋向缩小。这一观点被称作“库兹涅茨倒U假说”。

1965年，威廉姆森依据罗斯托的增长阶段论和“库兹涅茨倒U假说”，利用20多个国家的有关统计资料，计算了7个国家人均收入水平的区际差异，结果表明：随着经济增长和收入水平的提高，区域非均衡发展状态，大体呈现为先扩大后缩小的“倒U”形变化趋势。

自此以来，区域发展阶段论日臻成熟，区域阶段性发展规律也渐渐被人们所认识了。

（二）区域阶段性发展的两种代表性观点

区域阶段性发展理论，既不同于纯粹的均衡发展理论，又不同于纯粹的非均衡发展理论。这种独特的新奇观点，吸引了许多经济学家加入进来，一起讨论。不过，参与讨论者，大多比较笼统地描述阶段性现象，没有对各阶段的特点进行比较和区别。但是，胡佛、费希尔，以及罗斯托与其他学者不一样，他们分别把区域发展分成五个阶段，并考察了各个阶段的基本特征。

1. 胡佛与费希尔的发展阶段论。胡佛与费希尔认为，一个国家或地区的发展，一般得经过五个阶段。

（1）自给自足阶段。主要特征是，产业构成表现为以农业为主，经济活动随农业资源呈均匀分布，很少有不同地区的投资及贸易。

（2）乡村经济崛起阶段。交通运输设施改善，不同地区之间的贸易增多，导致生产活动专业化。

（3）农业生产结构变迁阶段。由粗放型的农作物生产，转变为集约型和专门化的农业生产。据有关报道，白术为著名中药浙八味之一。浙江磐安县在2009年，种植面积扩大到2万亩，产量3000多吨，占全国总产量的25%左右。可见，地处山区的磐安县，已经走向农作物生产的集约型和专门化，区域发展进入农业生产结构变迁之际。

（4）工业化阶段。人口增加，农业衰退，工业产值比重迅速提高，前期以轻工业产品为主，后期转向以重工业产品为主。

（5）服务业输出阶段。以资本、技术以及专业化服务等输出为主。

2. 罗斯托的经济成长阶段论。罗斯托从经济成长角度，把区域发展划分为有明显差别的五个不同阶段。

（1）传统社会阶段：以农业生产为主体，保持封闭式的自给自足状态，城镇不发达。

（2）准备起飞阶段：工农业和运输业得到一定程度的发展，第一产业走向专门化，对外贸易扩大，开始引进高级技术。据新华社 2007 年报道，陕西凤翔县辣椒产业发展到 10 万多亩，年产值 1 亿多元，一村一品辣椒种植专业村达到 23 个 。显然，凤翔县第一产业中辣椒种植业，已经出现生产专门化特点，从这个方面看，它进入了准备起飞阶段。

（3）起飞阶段：现代方法大量取代传统方法，投资迅速增加，由资源加工向第二产业发展，出现了城市化趋势。

（4）向成熟推进阶段：技术密集型工业兴起，交通网络不断完善，城市化高度发展并波及农村。

（5）高额群众消费阶段：经济活动重点，由生产资料生产，转向消费资料生产和服务业。服务业和社会福利成为经济的重要组成部分。第三产业专门化，并得到高水平的发展。同时向较不发达地区输出资金、人才和服务。

这一阶段最终将深化为追求生活质量：增加教育和卫生保健费用。以巨额投资，减轻高消费阶段所造成的污染和城市畸形化状态。主导产业是与提高居民生活质量有关的部门，以服务业为代表。人们向往环境的优美，生活的舒适，以及精神方面的享受。

四　区域主导产业优先发展规律

（一）区域主导产业优先发展规律的内涵及理论基础

1. 区域主导产业优先发展规律的定义。它表现为在区域非均衡发展过程中，不同产业的增长速度快慢不一，主导产业往往一路领先，具有比其他非主导产业较快增长的必然趋势和要求。

2. 区域主导产业优先发展规律的理论基础。区域主导产业优先发展规律，是在分析不同产业结构过程中发现的。分析产业结构，首先必须对产业进行分类。产业分类有不同的标准，其中对理论研究和实际生活影响较大的，有以下几种情况：

（1）三次产业理论。20世纪30年代，克拉克和费希尔在研究区域经济的发展过程中，发现区域人均总产出的增加，将导致区域第一产业就业人口或产值的比重下降，第二和第三产业的就业人口或产值的比重相应上升，进而提出了三次产业部门的理论。

（2）产业发展乘数理论。三次产业理论出现不久，诺斯、梯鲍尔和豪特等人，把国民经济分为基础部门和非基础部门，认为基础部门的扩张会造成城市或区域的增长，将促使区域生产总值是原来的数倍，形成一种乘数效果。由此形成了产业和区域发展的乘数理论。

（3）产业关联理论。1936年，列昂节夫提出著名的投入产出法，认为一个地区与另一个地区之间，在投入和产出方面有着相互依存的关系。通过投入产出分析，根据地区之间的贸易量、人均收入和就业状况，改变现存的工业结构，可以使一个国家或一个地区的工业布局更合理。后来，这一观点逐步演化为产业关联理论。

（4）产业成长理论。20世纪50年代，罗斯托根据经济成长过程中不同产业的增长速度，把它们划分为主导产业、补充产业和相关产业三类。主导产业的主要特征，表现为具有高投入产出率，地区比较优势明显，对当地经济成长有较强的带动作用。补充产业，是为适应主导产业成长而形成的附属性产业，它将随着主导产业不断壮大而得到较快发展。相关产业，指与经济增长，特别是跟主导产业的成长，具有连锁正效应的关联性产业。

例如，浙江台州市在20世纪90年代，把汽车和摩托车产业确定为主导产业。与此相适应，汽车和摩托车模具产业，就是其附属性的补充产业。另外，生产汽车、摩托车齿轮和轴承等产品的产业，就是与汽车和摩托车产业有连锁正效应的关联产业。

罗斯托在划分产业类型中发现，主导产业具有比补充产业和相关产业增长速度更快的现象。

（二）区域主导产业优先发展的客观必然性

区域主导产业优先发展具有客观必然趋势，主要是由于主导产业与其他非主导产业比较，具有明显的产业优势：

1. 拥有能反映当代科技进步的技术设备，现实的或潜在的劳动生产率高，或技术设备虽然在全国还没有名列前茅，但适合当地生产力发展的实际，能够形成劳动、资金密集型产品的较大优势。

2. 由一系列能取得规模效益的企业群组成，在一定地区的国内生产总值中占有较大份额，或对全国国内生产总值的增长有一定影响。

3. 产品在当地生产的机会成本比其交换对方低，在地区市场、国内市场乃至国际市场，具有较高的销售成长率和市场占有率，并具有较高的利润率。

4. 生产所需的资源，当地往往在全国占有重要地位，或其富集程度较大幅度地高于全国的平均水平。

5. 拥有适当数量的补充产业，并有较多的“前向”和“后向”关联产业，能通过连锁效应，推进和拉动地区内一大批产业迅速增长。

6. 能够主导一定地区内经济发展和产业结构变动的方向。正是由于主导产业具有上述产业优势，使其能够产生极化效应，引起其他经济活动向它靠拢，形成区域集聚规模经济。通过优先发展主导产业，特别是优先发展主导产业部门中的龙头企业，可以拉动前向产业，推进后向产业，影响旁侧产业，提高补充产业，从而带动整个地区经济的快速发展。

（三）区域主导产业优先发展的要求

经济学家们发现，要使生产率提高，除了增加投资和提高劳动力质量外，还有两个主要方法：一是改善资源配置效率，把资源从低生产率部门转移到高生产率部门；二是技术进步，它主要体现在产品的更高质量上、生产产品的更好方法上和组织生产的更好方式上。[①] 因此，提高经济效率，加快经济发展，不仅要求进行产品创新和企业创新，而且要求进行产业创新。产业创新会引起产业结构升级，在较低产业层次中成长起来的旧主导产业，将被较高层次的新主导产业所取代。一定区域的产业结构高低等级，以及相应的主导产业的培育，总是与一定生产力水平相适应的。

为了更好地发挥区域主导产业优先发展规律，要求我们做到：根据当地现阶段的生产力水平，确定区域产业结构等级，选择与之相适应的

① ［美］斯蒂格利茨：《经济学》（下册），姚开建、刘凤良、吴汉洪等译，中国人民大学出版社 1997 年版，第 294—295 页。

主导产业。同时使本地区主导产业的选择，能与全国区域分工和生产力布局相一致，使自己具有比较优势，进而成为全国范围内的优势产业。

五 区域周期性波动发展规律

（一）区域周期性波动发展规律的基本内涵

区域周期性波动发展规律，大体表现为：随着时间的推移，经济发展会周期性地出现繁荣—衰退的波动现象。斯蒂格利茨指出："所有的现代经济都有经济活动水平的上升和下降。在增长较快和就业较高的阶段以后，接踵而来的是增长的缓慢阶段。"① 这种波动现象，可以通过经济增长率、个人收入、物价指数、通货膨胀率、利率和失业率等经济指标的变化来测定。也可以通过主导产业、关联产业和基础产业的规模、比重，以及波动状况等产业结构的变化来测定。

（二）影响周期性波动发展的主要因素

1. 产品创新与需求。

一定区域的产品创新，会导致该地区的产品及其产业发生周期性的变化。这种变化包括地区产品引进、增长、成熟和衰落四个阶段。它是区域经济发展周期性波动的直接动因。特别是耐用消费品，不仅创新及其形成的供给呈现明显的周期特点，而且需求天然具有剧烈波动性和不稳定性。在坏年成，可以无限期推迟购买新耐用品；在好年成，大家可以突然同时决定买进可用十年之久的耐用品。②

2. 主导产业升级。

一个主导产业部门，周期性地取代另一个主导产业部门，促使主导产业升级，是推动经济周期性发展的动力之一。经济活动的产业结构波动，反映到一定空间上，必然会引起地域结构的变动，从而引起各地经济发展产生周期性波动。

3. 市场结构变化。

不同的市场结构与不同的产业结构相适应，不同的产业结构具有不

① ［美］斯蒂格利茨：《经济学》（下册），姚开建、刘凤良、吴汉洪等译，中国人民大学出版社 1997 年版，第 341 页。

② ［美］萨缪尔森：《经济学》（上册），高鸿业译，商务印书馆 1979 年版，第 358 页。

同的经济增长率。在经济快速增长时期，需求弹性大的部门比需求弹性小的部门，产品结构和产业结构变动快，经济增长率相应高得多，这会促使主导产业向需求弹性大的部门演变，进而推动经济的周期性变化。

4. 体制改革的周期运动。

从我国不断深化体制改革的30多年历程看，改革呈现出周期运动。当一轮体制改革启动时，区域经济增长会迅速进入快车道。每一轮体制改革带来的快速增长时间，大约在持续5年之后，其活力和动力便会出现逐渐衰减趋势。这样，区域经济的增长过程，将会随之进入调整阶段，直至跌入谷底。于是，新一轮体制改革的诉求又开始酝酿形成，每轮体制改革的变动周期，为9～10年。①

5. 经济政策走向。

经济政策特别是产业政策，对产业结构的变动起着重要作用。具有不同产业结构的地区经济，在不同产业政策的牵引下会出现不同的经济发展状况。如重工业优先发展时期，重工业比重大的省份，得到了较快发展；加快轻工业发展时期，轻工业比重大的省份，经济发展就一路领先。这种变化，往往会造成各地有不同的周期性波动状况。

（三）减少区域周期性波动的关键是加强技术创新

1. 区域周期性波动与产业集群生命周期息息相关。

产业集群处于成长或走向成熟阶段，通过技术创新，主导产业不断壮大，其他非主导产业也跟着迅速发展，会吸引更多的新企业加盟，形成区位聚集，促使区域经济保持旺盛的增长势头。相反，产业集群进入衰退阶段，主导产业无力增长，其他相关产业也随之萎缩，当地原有的资金、技术、劳动力和资源就会转移到有利可图的地方，从而造成区域经济的衰落和萧条。

2. 要延长产业集群生命周期必须突破主产品的核心技术限制。

区域经济实践表明，主导产业的兴衰成败，决定产业集群的繁荣与衰落，决定产业集群生命周期的运行轨迹。而主导产业生命周期取决于龙头企业生命周期，龙头企业生命周期取决于主要产品生命周期，主要产品生命周期取决于核心技术生命周期。所以，要确保区域经济避免或

---

①　黄泰岩：《新时期我国经济发展的目标、道路和动力》，《经济学家》2015年第5期。

减少周期性波动，必须提升产业集群结构，增强主导产业竞争力，促使龙头企业不断壮大，抓紧研发未来可成为主产品的新产品，努力突破主产品的核心技术限制。

第五节　区域发展模式比较与选择

我国经济发展道路的核心内容，是不盲目照搬外国模式，在实现社会稳定、坚持对外开放、借鉴国外发展经验的同时，立足本国国情，探索具有中国特色的社会主义发展道路。[①] 我国经济理论界和实际工作者，在探索自身发展道路的过程中，联系国际经济变化带来的挑战和机遇，联系我国具体的国情特点，联系区域不平衡发展的现状，对进一步促使区域经济增长和发展，提出了各种理论模式和设想，现择要评述之。[②]

一　世界发展大趋势

在我国推进改革开放的同时，世界政治和经济形势也发生了急剧变化。特别是东欧剧变和苏联解体之后，原来两极对峙的格局被打破，世界迅速走向多极化，和平与发展成为主旋律。在此条件下，各国都把战略重点放到发展经济上，从而促使世界经济出现了一系列新特征：

（一）经济发展全球化

20 世纪 90 年代以来，伴随着国际形势和全球经济竞争的加剧，各国把政策重点转向经济领域，并积极参与国际分工，从而使各国经济相互渗透、相互依赖。特别是随着国际资本输出的加强和跨国公司的发展，使得发达国家之间、发展中国家之间，发达国家与发展中国家之间的技术经济联系越来越密切，经济全球化发展趋势进一步明显。

（二）区域经济一体化

它表现为：同存于一定区域内的国家和地区，依据平等互利原则，

---

① 丁任重、郭洪涛：《中国经济发展道路：探索与转型》，《经济学动态》2011 年第 4 期。

② 张明龙：《区域发展与创新》，中国经济出版社 2010 年版，第 25—31 页。

通过制定条约和协定，并建立相应的执行机构，共同规范生产要素和产品在成员国之间的流动，实现成员国资源优化配置，共享繁荣。这类区域经济一体化组织现有 30 多个。较有影响的主要有：欧盟、北美自由贸易区、东盟自由贸易区等。

（三）产业结构高级化

二战后，科学技术创新在许多领域取得了突破性的进展，特别是高新技术的迅猛发展，催生出许多新兴产业，促使产业结构升级。例如，社会经济活动中广泛应用微电子技术，通信领域中快速发展信息技术，农业和相关工业中大力推广生物技术，以及新能源的开发，新材料的研制，海洋工程和航天工程等方面高新技术成果的出现，引起产品结构、企业结构急剧调整和变化，形成了高新技术产业化、产业结构高级化的经济发展新趋势。

（四）中心地区城市化

各国经济的增长，加强了极化效应。随着区域主导产业的发展壮大，吸引相关产业向其靠拢，并以它为核心形成产业聚集和区位财富聚集。在此基础上，城市发展速度加快，特别是中心城市的实力和规模不断膨胀，带动周边城镇由小变大，并以其为核心形成庞大的城市群，出现了城市圈域经济。

例如，美国的纽约大城市经济圈，由三个圈组成：一是核心圈，即曼哈顿岛地区。二是纽约城市区，指围绕曼哈顿这个核心地区形成的城市化区域。三是大纽约城市经济圈，指地域上与纽约城市区相连接，经济上与纽约城市区有密切关系的区域，它由若干大城市群组合而成，总面积达 10202 平方公里，人口 1800 余万人。

其他著名的大城市圈域还有：欧洲的英国伦敦、法国巴黎、俄罗斯莫斯科、德国柏林等大城市经济圈；北美美国的洛杉矶和芝加哥、墨西哥首都墨西哥城等大城市经济圈；亚洲日本的东京和大阪、泰国曼谷、印度孟买，以及我国的上海、北京、天津、沈阳、武汉、广州、重庆等大城市经济圈；非洲埃及的开罗、尼日利亚的拉各斯等大城市经济圈；南美洲巴西的圣保罗和里约热内卢、阿根廷的布宜诺斯艾利斯等大城市经济圈；大洋洲澳大利亚的悉尼和墨尔本大城市经济圈等。

二　区域发展模式比较

（一）梯度推进发展模式

1. 梯度推进发展模式的基本内容。

按照区域经济非均衡发展规律的要求，从本国发展过程形成的经济技术梯度实际出发，认为我国区域经济发展应该实行东、中、西梯度推进。也就是，首先促进经济技术条件较好，拥有对外开放区位优势的东部沿海地区迅速发展，然后再逐步向经济技术较差的中西部地区推进，随着梯度推进和不同区域的经济发展，将使各地区在总体经济增长的同时，逐步缩小区域之间的差距，带动中西部地区的经济增长，最终实现区域经济发展的相对平衡。它是我国改革开放以来所采用的主要区域经济发展模式。

2. 梯度推进发展模式的主要优点。

它把经济效率提高作为发展目标，充分考虑了我国区域经济发展不均衡和要素资源相对不足的现状，及时抓住国际经济全球化发展带来的机遇，通过东中西梯度推进的方式布局生产力，安排国家投资，制定区域政策，实行梯度对外开放，推动了东部沿海地区经济的快速增长，也相应带动了全国各地区和总体经济的发展。

3. 梯度推进发展模式的主要不足。

东中西三大梯度划分不很科学，特别是中西部地区的划分，缺乏有力的科学依据，不符实际经济发展状况，导致它们经济结构趋同性大，互补性差。同时，这一发展模式扩大了东部与中西部之间的发展差距，加剧了全国经济发展的非均衡状态。

（二）点轴渐进发展模式

1. 点轴渐进发展模式的基本内容。

也以区域经济非均衡发展规律为依据，主要特点是，把佩鲁的“增长极”理论，与美国经济学家沃纳·杉巴特的“生长轴”理论结合起来。这一模式认为：我国区域经济发展，应在全国范围内，选择具有开发潜力和远景的重要交通干线，如铁路、陆路和水路等，作为经济的“发展轴”。再在各条发展轴上，确定重点发展的中心城市及城市集群作为“增长点”。通过加快“增长点”的经济发展，带动“发展轴”

向周边延伸，进而带动全国经济的发展。

2. 点轴渐进发展模式的主要优点。

它充分吸收了区位理论和区域经济非均衡发展理论的精华，从动态的角度来进行空间生产力的组织，既与我国地理特征及地域分布相适应，又充分考虑到区域经济发展的现实格局，所以成为我国国土开发和区域规划的主要依据。这一模式的具体应用表现为：在我国区域开发与规划中，形成以东部沿海地区和长江流域相结合的“T”形区域开发实践。

3. 点轴渐进发展模式的主要不足。

它以发达的交通网络为基础。我国地域辽阔，地形起伏，山地多而平原少，历史上形成东部交通发达，西部交通落后，点轴渐进发展模式的开发结果，仍然是向东部地区倾斜。同时，交通的发展需要大量资本投入，且建设周期较长。因此，这一模式推进速度较慢，难以加快中西部地区的发展。

（三）区域经济协调发展模式

1. 区域经济协调发展模式的基本内容。

构造区域之间资源互补的依托结构，充分利用东部发达地区经济的增长势头，支撑整个国民经济的发展。同时，加大宏观导向和投资力度，推动落后地区优化产业结构，使各个区域在不断增长的基础上彼此协调发展。从而通过对各区域的重点发展，带动整个国民经济的发展，并兼顾总体经济效率和空间平等，尽量缩小地区之间经济发展的差距。

2. 区域经济协调发展模式的主要优点。

这一模式，充分应用现代区域经济发展理论，并尽力吸纳各种已采用模式的长处，从目前区域经济发展形成的格局，分层次进行了经济带、市场圈、协作区和工业基地等多种形式布局，对我国未来区域经济发展作出了综合的系统规划。

3. 区域经济协调发展模式的主要不足。

它基本上是以政府为主导的生产力布局模式，虽然考虑了已有的经济格局，但忽略了市场机制对经济中心的选择原则和趋向。同时，没有明确的区域“增长极”，造成生产力重复布局。它也无法从根本上解决区域经济发展的不平衡及其相关的一系列问题。

（四）城市圈域经济发展模式

1. 城市圈域经济发展模式的基本内容。

以比较发达的城市为中心，通过极化效应造成的经济吸引，并通过扩散效应造成的经济辐射，形成统一的生产和流通渠道，带动周围次级城市和农村共同繁荣。它提出，按照市场经济规律的要求，充分考虑各地经济的内在联系和自然地理特点，突破行政区划界限，在已有的经济布局基础上，以中心城市和交通要道为依托，进一步形成若干个跨省级行政区的经济区域。①

2. 城市圈域经济发展模式的主要优点。

充分利用大城市的聚集效应，促使我国沿海与内地，东部与中西部，寻找到各自的合适位置和特有优势，实现区域产业结构的合理化和资源的有效配置，有利于建立资源节约型的产业体系，有利于加强中心城市与腹地的联系，有利于提高区域经济的运行效率和发展水平。

3. 城市圈域经济发展模式的主要不足。

城市圈域范围的界定，各级中心城市的划分，缺少社会公认的统一标准，各地都在选择对自己有利的分圈、分级方法。特别是遇到跨省级行政区时，较高等级城市对较低城市及农村的经济辐射和吸引，会受到来自当地政府或多或少的干预，造成效率降低，难以收到预期的效果。

（五）网状交织发展模式

1. 网状交织发展模式的基本内容。

集中投资开发增长极，合理选择和配置增长点，加强不同极点之间的经济联系和相互作用，使它们在空间上逐步联结成发展轴。在此基础上，通过已有增长极点聚集区的产业结构升级，发展新兴产业和高新技术，向外围扩散和转移一些原有产业，促使外围形成新的增长极和新的发展轴。与此同时，在外围营造一些开发新区，通过降低土地费用、公共服务和基础设施建设成本，提高环境质量，改善运输条件等措施，形成新的经济聚集中心和相应的聚集轴线。进而以新旧增长极点的互相联系和不断扩散，推动发展轴的轴线增多，逐步形成纵横交错的经济增长网络体系，促使区域差异缩小，经济走向均衡发展。

① 高汝熹、罗明义：《城市圈域经济论》，云南大学出版社1998年版，第179—180页。

2. 网状交织发展模式的主要优点。

区域内形成经纬交织网状结构的多条发展轴，每条发展轴分布着多个增长极，可使它们产生较大的同向合力乘数功能，推动周围广大地区共同繁荣。点轴网状交织发展，有利于提高经济运行的关联度，促使资源、资金、技术和劳动力的合理流动，完善扩散和回流效应的传导机制。这样，一方面，可以加快中心地区向外转移过于拥挤的部分原有产业，实现内部产品更新换代和产业结构升级。另一方面，可以加快外围腹地产业结构转换，吸引新兴产业，迅速改变落后面貌，迎头赶上发达地区。

3. 网状交织发展模式的所需条件。

采用网状交织模式推进区域发展，可以优化产业结构，优化生产力布局，有利于加快城乡一体化建设，是比较理想的经济发展模式。但是，实行这一模式，需要一系列经济条件。它要求，一个区域内，前期开发的增长极和发展轴，能够迅速积累能量，在较大范围发挥乘数作用，使当地形成扎实的经济技术基础。有了相当雄厚的综合实力，企业聚集、区位聚集和城市化聚集达到较高水平，可以随时招聘到高素质的劳动力，具备高效畅通的产品扩散机制和财富回流机制。基础设施日趋完善，交通通信网络已经建成。实际上，能够采用网状交织发展模式的区域，一般已进入工业化的中后期阶段。

三　区域发展模式选择

综合比较上述各种区域经济发展模式，从长远看，网状交织发展模式比较理想，主要理由是：

（一）网状交织发展模式集中了其他发展模式的长处

1. 吸收了梯度推进发展模式的优点。

网状交织发展模式，把发展目标建立在提高经济效率上，能利用具有社会、经济、技术和文化区位优势的网上触角，及时抓住国际经济全球化发展带来的机遇，并迅速在整个网络系统扩散。同时可避免梯度推进发展模式的不足，防止本区域平原地区与山区、丘陵之间的发展差距扩大，缓解区域经济发展的不均衡状态。

2. 融入了点轴渐进发展模式的长处。

网状交织发展模式，运用动态方法合理配置资源，优化生产力的空间结构与布局，符合我国地域分布的自然特征，也符合区域发展的经济特征。同时可摈弃点轴渐进发展模式的短处，使增长点和发展轴的配置不再完全取决于交通干线。

3. 可以避免区域协调发展模式的缺陷但又能体现其要求。

网状交织发展模式，主要通过市场手段而不是行政手段，添置增长极，延长和拓宽发展轴，促使不同区域在经济快速增长的基础上，实现彼此协调发展。

4. 增强了城市圈域经济发展模式的功能。

城市圈域经济的发展，要以中心城市为核心。能成为一定区域中心城市的，首先必须具有高聚集状态的城市人口。例如，浙江省国内生产总值在全国名列前茅，但城市规模偏小，人口 20 万以上的大中城市只有 8 座，50 万以上的大城市只有 3 座，最大城市杭州近来并入萧山和余杭两个区后，城市人口也才 200 多万。从单纯城市圈域经济发展模式来说，浙江各主要城市，极化效应和扩散效应较弱，难以对区域经济起到有力的辐射和带动作用。但如果采用网状交织发展模式，一定空间上不同规模和不同层次的城市，将通过网络联系实现有效组合，形成城市集群。这样，可以加快企业聚集和区位聚集，促使主导产业崛起，进而吸引其他经济活动向增长极核靠拢，迅速提高中心城市的经济势能。

（二）网状交织发展模式有利于推动核心区与外围腹地共同发展

首先，采用网状交织发展模式，区域经济中的核心区，单个增长极会变成多个增长极的聚集体，单条发展轴会变成多条发展轴的组合群，为高新技术的研制、开发和引进创造有利条件。在此情况下，核心区可以在产品创新和企业创新的基础上，通过高新技术产业化催生新兴产业，推进产业创新，用较高产业层次的新主导产业，取代由较低产业层次成长起来的旧主导产业，实现产业结构高级化。

其次，采用网状交织发展模式，可以提高区域经济运行的关联度，促使资源、资金、技术和劳动力的合理流动，完善扩散和回流效应的传导机制。这样，区域经济中的核心区，可以通过便利的网状扩散机制迅速输出产品，又可以通过便利的网状回流机制迅速输入生产要素，加快技术创新，不断产生和吸引新兴产业，保持旺盛的增长势头，使自己的实力稳步壮大。同时，有了健全的网状扩散和回流机制，一方面，可以加快核心区向外转移过于拥挤的部分原有产业，实现内部产品更新换代和产业结构升级。另一方面，可以加快区域经济中的外围腹地产业结构转换，吸引新兴产业，迅速改变落后面貌，迎头赶上发达的核心区。

最后，采用网状交织发展模式，区域经济中的核心区，将形成经纬交织网状结构的多条发展轴，每条发展轴分布着多个增长极，可使它们产生较大的同向合力乘数功能，推动周围广大地区共同繁荣，促进城乡一体化建设。

（三）不少区域已经具备实行网状交织发展模式的条件

从前面分析可知，尽管网状交织开发，是比较理想的区域经济发展模式，但它不是任何地区和任何时候都能采用的，它要求区域经济已经发展到工业化的中后期阶段。改革开放以来，我国经济持续快速发展，促使沿海地区，以及中西部比较发达的核心区，越来越多地进入工业化的中后期阶段，基本上都已具备实行这一模式所需的经济条件。

（四）实行网状交织发展模式的措施

1. 沿海地区，以及中西部比较发达的核心区，能够形成网络交织状态的一切物质条件，如铁路、公路、水运、航空和管道运输等交通运输网，邮电、通信、计算机互联网络等信息产业网，广播电视网，科技推广服务网，供电网，给水排水网，供气网，商品流通网，金融网，劳动就业服务网，天气预报警报服务网，环境保护监测网等，都必须从区域经济网状交织发展模式的要求出发，做好长远规划，优化布局，合理配置，加强有机联结，提高建设效率。

2. 集中投资开发增长极，合理选择和配置增长点，加强沿海地区，以及中西部比较发达的核心区不同极点之间的经济联系和相互作用，使它们在空间上逐步联结成发展轴。在此基础上，通过沿海地区，以及中西部比较发达的核心区，已有增长极点聚集区的产业结构升级，发展新兴产业和高新技术，向核心区外围扩散和转移一些原有产业，促使外围形成新的增长极和新的发展轴。

3. 在核心区外围营造一些开发新区，通过降低土地费用、公共服务和基础设施建设成本，提高环境质量，改善运输条件等措施，形成新的经济聚集中心和相应的聚集轴线。

4. 以新旧增长极点的互相联系和不断扩散，推动发展轴的轴线增多，逐步形成纵横交错的经济增长网络体系，促使区域差异缩小，经济走向均衡发展。

第六节　欠发达地区跨越式发展思索

我国区域经济，由于资源禀赋、制度安排和文化观念等方面的差异，存在明显的非均衡发展状态，欠发达地区（less developing area）占有相当大比重，且大部分集中在西部。欠发达地区梦寐以求的发展之路，是通过跨越式发展（leaping development）实现赶超目标。跨越式发展是发展经济学的一个重要概念，它针对不同研究对象有不同的解释。但其最基本的含义是，落后地区在较短时间内迅速增强经济实力，相对排位前移，赶上先进地区，摆脱贫穷，走向富裕。探索欠发达地区跨越式发展途径，是西部大开发的需要，也是我国全面建设小康社会的需要，意义十分重大。①

一　大力培育植根于当地的制造业

20 世纪 90 年代以来，世界经济迎来一次新的战略性重组，其中一个显著特点是，世界制造业中心开始新一轮转移。由于我国经济保持持续发展态势，创造了吸纳产业转移的良好条件，世界制造业中心向我国转移的迹象已越来越清晰。欠发达地区要千方百计抓住这一难得的历史机遇。为此，应按照地域分工与合作的原则，探索当地制造业以及相关产业的优势整合和素质提升，努力找出一条高效率、低成本的发展制造业道路。

（一）从零部件开始提高整个产品质量

目前，我国欠发达地区大多已建成一定数量的工业企业，生产各种类型的工业品。但是它们面临着不少困难，其中主要是：科技人才严重短缺，研究开发能力薄弱；现有企业特别是民营企业依靠滚雪球式积累的资本普遍偏少，难以达到规模经济的要求；不少制成品的市场准入门槛不断抬高，企业面临的整改难度越来越大。

---

①　张明龙：《欠发达地区跨越式发展思索》，《经济学家》2005 年第 4 期。

实际上，欠发达地区生产的产品，大多是通过仿制与局部创新来降低成本，依靠价格优势占领市场。因此，就欠发达地区现有的条件来说，技术要求较高产品的整体生产，如汽车和摩托车的整车生产，质量很难提高，更不要说达到领先水平。但是，这些产品的整体是由零部件装配的，可以分解成许多零部件，如汽车的零部件有上万个，摩托车也有数千个。如果欠发达地区针对汽车和摩托车的某些零部件开展科技攻关，那么不管是技术还是资本规模，一般都会绰绰有余，完全可以生产出国内领先，甚至国际领先的产品。这方面成功的例子已经很多，如有家摩托车公司通过引进美国技术进行深度开发，研制出耐磨摩托车活塞，质量、性能达到世界先进水平。这种活塞经过 2 万公里磨损测试，它的保护膜仍然光亮如新。

零部件质量普遍提高，整个产品的质量也就有了坚实的基础。因此，欠发达地区的制造业，对于由较多零部件组成的产品，应以提高零部件的质量为起点，进而推动整个产品质量的全面提高。

（二）从优势产品开始推动产业结构优化

欠发达地区的区位条件没有苏南、浙北那么有利，不能模仿苏南、浙北某些地区，主要通过吸引海外企业落户来发展当地制造业。欠发达地区也没有上海、广州等大城市的规模经济效益，不能照搬上海、广州的模式，按照先确定产业再确定产品的思路调整制造业结构。

欠发达地区主要依靠土生土长的本地产品和本地企业，推进产业成长。根据这种情况，必须转换优化产业结构的思维方式。上海、广州等大城市优化产业结构的思维走向，往往表现为从产业到产品进行推论：先确定未来支柱产业，再从中挑出未来主导产业，然后组织相关企业，生产相应的产品。实践表明，这样优化产业结构，对于欠发达地区来说风险太大，容易形成区域产业结构趋同化和虚高度化。所以，不能照搬上海、广州的模式，应该从产品出发优化产业结构，推动产业结构升级。

据此，欠发达地区应围绕当地优势产品吸纳多方投资，加大投入，分类培育，形成规模生产，争取以当地名牌产品为核心，带动其他产品的开发，逐步形成富有区域特色的拳头产品、骨干产品和系列产品。进而以优势产品为导向培育优势企业，以优势企业为导向培育优势产业，以优势产业为导向培育主导产业和支柱产业，逐步形成以优势产品为主干的区域产业体系和相应的支柱产业结构。

（三）从现有产业优势开始分类培育制造业基地

欠发达地区现有的制造业，在产品、技术、工艺、装备等方面存在很大差别。因此，要把它们培育成在全国有一定影响的制造业基地，不能在同一平面上推进，必须充分发挥它们各自的优势，加以分类培育，形成具有不同特点和要求的制造业基地。根据欠发达地区的实际情况，大致可以按照以下五大类型进行培育：

(1) 技术领先型基地。拥有核心技术和自主知识产权，或已列入省级规划纲要重点培育的制造业产品，应培育和发展成技术国内领先乃至世界领先的制造业基地。

(2) 优质高产型基地。企业集群规模大、实力较强，科研力量较雄厚，拥有多种高利润率、高成长率和高市场占有率的产品，应发展成产品质量优而数量大的制造业基地。

(3) 产量领先型基地。有些制造业，研究开发能力与先进水平相比有很大差距，新产品开发多采用模仿式改进方法，应以满足中低消费层次为主，把增大产销量作为主要任务，形成产量领先型基地。

(4) 特色高产型基地。有些富有地方传统特色且产量较大的产品，应在继承传统的基础上，有较大创新和提高，逐步建成国内外闻名的特色高产型制造业基地。

(5) 特色精品型基地。有些特色产品，技艺世代相传，巧夺天工，极其精致，被视作宝物收藏，但产量不大，它们应按特色精品型基地的要求来发展。

（四）从先进适用技术开始加强科技创新

就目前欠发达地区企业现状来说，大量需要的是先进适用技术，而不是高精尖技术。对于许多企业来说，高精尖技术搞不了，也不愿搞。因此，政府对先进适用技术的研究，要给予更多的政策和资金扶持。企业用于研究开发先进适用技术的费用，与其他技术创新一样，可按规定据实列支，并可直接抵扣当年应纳所得税额。如果该成果能列入省级技术创新项目，还可申请技术创新专项资金补助。

同时，加强引进先进适用技术的消化吸收和创新。制定优惠政策，支持企业加强关键性新技术的引进，促使企业引进技术以硬件设备为主转向以软件技术为主，特别是注意引进新的原理、数据和配方、新工艺和科学操作规程、先进管理方法等。及时组织科研人员对引进技术进行消化性研究，通过不断改进和完善，使之更加科学、先进、合理，达到技术上青出于蓝而胜于蓝的目的。当然，需要运用高精尖技术，或有能力研究高精尖技术的，也必须给予鼓励。

为此，宜着重做好以下工作：

（1）鼓励当地企业、高校、科研院所研究开发具有自主专利权的高新技术及其产品，政府对申报专利的费用给予一定补助。采取切实有效的措施，促进专利技术的转化应用和产业化，争取每年有较多当地产品推荐进入国家级新产品计划，列入省级新产品、创新项目或高新技术产业项目。

（2）扩大风险投资资金规模，规范风险投资的运作机制，为风险资本的退出提供多种渠道，优化风险投资的法律环境，运用风险投资推进高新技术产业化。

（3）推进科技型创业服务中心建设，鼓励企业和个人兴办科技创新孵化器。落实有关政策，经科技部门认定的孵化器，给予享受省级高新技术企业优惠待遇。

（4）鼓励和支持企业设立各类国家级和省级技术中心、工程研究中心、工程技术中心、研发中心和产品质量检测中心、科技创新服务中心，以及面向行业和区域的技术中心。鼓励和支持当地企业与高校合作建设各类技术中心，设立博士后流动站；建立产、学、研联合体，组织实施一批产、学、研联合攻关项目。

（5）吸引国外大公司来当地设立研发机构。

（五）从龙头企业开始提高产业核心竞争力

龙头企业，是在一定区域产业部门中，占统治地位起领头作用的推进型企业。龙头企业，往往是形成区域增长极的核心部分。龙头企业不断壮大，会引起相关企业由分散走向集中，造成企业集聚，并促使主导产业迅速增长，吸引其他经济活动向区域增长极靠拢，进而导致区位集聚和城市化集聚，产生降低交易成本的集聚经济优势。

有的欠发达地区已非常重视龙头企业的培育，并取得了明显的成效。欠发达地区要在已有基础上进一步壮大龙头企业，增强它们在当地制造业成长中的作用，建议采取以下措施：

（1）形成向龙头企业倾斜的资金投入政策。如制定纳税量与优惠信贷或贴息挂钩，盈利量与技术改造专项资金挂钩，销售成长率和市场占有率与重点建设专项资金挂钩等，最大限度地调动各类财政资金和信用资金，投入龙头企业，促使龙头企业做大规模，做强实力，并在效益快速提高的基础上，及时淘汰落后产品和低档次产品，集中力量开发高技术含量产品、高附加值产品、高效益和高销售成长率产品。

（2）支持龙头企业积极开展创新活动。龙头企业的创新能力、规模和素质，直接影响到欠发达地区增长极的能量大小。为了增强龙头企业的创新能力，欠发达地区要充分利用贴息、进口设备减免关税、使用国产设备抵免企业新增所得税等政策，支持龙头企业技术改造和新产品开发。同时，努力拓宽筹集技改资金的渠道，增大技改贷款规模和投入总量，配套组合技术改造贷款、科技开发贷款、小型技改贷款、专用基金贷款，使之形成有效合力，优先满足龙头企业技术创新的资金需求。还要全力支持龙头企业开辟国内外新市场，控制原材料的新来源，以及推进自身的组织和制度创新。

（3）建立龙头企业产品质量保障体系。为了确保龙头企业不断发展壮大，并促使欠发达地区产业核心竞争力提高，应设法完善其产品质量的支撑机制。可以考虑从建立龙头企业产品的市级质量检测中心开始，进而建立省级质量检测中心，有条件的还应积极筹办或报批国家级质量检测中心，以及符合美国、欧盟等国际技术标准的质量认证机构。这样，通过技术保障体系有力地支持龙头企业开展技术创新，促使其产品质量不断提高。

（4）引导龙头企业延长和拓宽生产链、价值链。欠发达地区有的龙头企业，经营范围狭窄，生产链和价值链十分有限。为使它们不断增强自身实力，政府可以通过优先配套建设基础设施和环保设施，优先提供公共品等办法，促使它们努力把主业产品的整个制造产业链做强，把技术、工艺、质量和售后服务做精，争取成为业内最具竞争力的专业化生产企业。[①] 在此基础上，引导它们把业务拓展到：前向关联产品、后向关联产品、补充产品乃至旁侧产品的生产领域，逐步在现有基础上完善产品加工链、价值链，增强对相关企业的拉动作用。

（5）促使行业内优势企业成长为新的龙头企业。改革开放以来，欠发达地区涌现了不少具有比较优势的企业。不过，许多优势企业，虽说实力已相当雄厚，但仅靠单家独户的力量，还难以在当地的所在部门中起支配作用。对此，政府可以综合运用经济杠杆，采取有效的鼓励性措施，通过市场导向和资本纽带，促使优势企业实行多种形式的联合，迅速羽化为在本行业中起领头作用的龙头企业。

（六）从企业集群开始完善区域产业组织形式

1. 完善企业集群结构。

有些制造业产品，由于零配件或加工环节较多，可以通过众多企业严密而精细的分工来完成，每家企业只需专攻一两个零部件，甚至专攻一个零件的某个加工环节，从而做精质量，做大批量，做低成本。成百上千家这类企业集聚在一起，就会形成一个庞大的制造业簇群。有些欠发达地区已经开始形成这种富有特色的企业组织。今后应在现有基础上着重做好两点：一是以产业链或价值链为基础，吸引前向企业与后向企业、上游企业与下游企业相互靠拢，使前向或上游企业的产出品，成为后向或下游企业的投入品，从而形成具有投入产出纵向联系的企业簇群。二是以当地龙头企业为核心，吸引为其服务的配套企业、补充企业进入同一区域，并带动受龙头企业影响的旁侧产业共同发展，从而形成横向联系的企业簇群。

2. 完善产业组织形式。

以合理的企业集群为基础，逐步形成以优势产业为核心，关联行业上下游协作配套，大小业主和谐共生的区域产业组织，推动制造业走向合理化布局、集约化生产、规模化经营和簇群化发展。

3. 在“网状交织发展”体系中有效培育制造业新增长点。

首先，合理选择和配置增长极，在适宜区域集中投资开发新增长点，加强欠发达地区不同极点之间的经济联系和相互作用，使它们在空间上逐

---

① 金碚：《中国工业的转型升级》，《中国工业经济》2011 年第 7 期。

步联结成发展轴。在此基础上，通过区域内已有增长极点集聚区的产业结构升级，发展新兴产业和高新技术产业，向核心区外围扩散和转移一些原有制造业，促使外围形成新的增长极和新的发展轴。其次，在核心区附近或外围营造一些开发新区，通过降低土地费用、公共服务和基础设施建设成本，提高环境质量，改善运输条件等措施，形成新的经济集聚中心和相应的集聚轴线。最后，以新旧增长极点的互相联系和不断扩散，推动发展轴的轴线增多，逐步形成纵横交错的制造业发展网络体系。

二　充分挖掘当地特色产业潜力

欠发达地区经过千百年的演变，形成了许多特色技术，产生了不少富有特色的产品和产业，有的已逐步发展为特色明显的区域经济。传统特色技术，是欠发达地区差异性产品的重要来源，很难被外地竞争对手模仿。充分挖掘当地特色产业潜力，整合区域经济优势，发展更多更好的差异性产品，是加速欠发达地区经济发展的一项重要措施。

（一）抓紧制定特色产品的系列标准，努力拓宽传统名产的适用领域

在技术壁垒不断加强的情况下，有权制定产品标准，意味着掌握了产品的市场通行证。按照 WTO 规则，一国特有的产品，其管理标准、安全卫生标准和环保标准，通常由这一国家来制定。据此类推，欠发达地区特有的产品，其标准理当由当地制定。为此，欠发达地区应抓紧自行制定特有产品的标准，并积极参与优势产品标准的制定，给组建区域内品牌俱乐部奠定基础，并形成阻挡冒牌产品进入的技术壁垒。与此同时，还要努力寻找传统名产的新需求，开辟新市场。例如，欠发达地区是许多著名中草药的主产区，目前它们大多以未加工的原料药形式出售，不仅适用范围有限，而且价格低廉，如果能将它们加工成储存、携带和服用方便的中成药，进而开发出高质量的中药保健品，将会在国内外打造出广阔的市场前景。

（二）创立特色产品区位品牌，发展企业品牌俱乐部

欠发达地区的许多特色产品，是由众多中小企业共同制造的。中小企业依靠单家独户的力量，很难创出有影响力的特色产品品牌。而品牌反映产品质量、功能和特性、产品历史、产品市场占有率，驰名品牌是一笔蕴含着巨额财富的无形资产。同一产品，以不同的品牌出现，它的

市场销售价格可以相差几倍甚至几十倍。为了进一步打响欠发达地区的特色产品品牌，一个有效的方法是，组建企业品牌俱乐部，发展和完善区域内中小企业的分工协作关系，通过共享品牌赢得规模经济效益。品牌俱乐部，表现为品牌属于一个成员企业数量确定的共同体所有。每个成员企业，都有权使用俱乐部拥有的品牌为自己服务，但必须严格遵守俱乐部规定的产品原料、工艺、技术、质量、计量、卫生、安全、环保、性能、功用和包装等方面的标准。

（三）增强行业协会的组织协调功能，形成特色产业有序竞争

欠发达地区的行业协会，要广泛深入地参与本行业的经济活动，主动引导当地经济健康成长。行业协会应与厂商、政府主管部门一起，抓紧健全市场规则体系，提出行业发展政策，制定行业标准，确立本行业企业进入市场或退出市场的规则，规范成员企业生产、经营、营销、投资和创新等方面的行为。特别是存在过度竞争的某些领域，行业协会要加大协调力度，抓紧制定规则和标准，及时制止违规行为。同时，行业协会还应组织 WTO 规则和技术认证体系等培训，协调对外贸易争端，维护成员企业的合法利益。

（四）改造和提升传统市场，完善特色产品的流通渠道

特色经济的发展，特色产品的销售，需要借助市场的推动。随着经济全球化的发展，传统市场的理念和方法，已无法适应现代营销的要求，必须加以改造和提升，赋予其更多的功能。就具体方法来说，一是加快发展会展业，精心组织举办各种交易会、展销会和科技交流会，积极参加广交会、华交会、厦交会等各种商贸洽谈会，通过特色产品会展，推动特色产业更快发展。二是发展电子商务，促使特色产品市场网络化。电子商务可以充分利用原有专业市场的资源优势，在互联网上构筑商务平台，发挥资源回流和产品扩散功能。三是运用开设连锁店、专卖店、特许经营部、直销门市部、代理中心、物流配送中心、分市场，以及承包商场、租赁柜台等灵活多样的形式，不断向外延伸特色产品的输出终端，逐步编织出自成一体的营销网络，推动特色产业向外拓展市场。

三　不断拓宽招商引资空间

欠发达地区加速经济发展，实现赶超目标，面临的主要瓶颈是启动

资金、人才和技术短缺。招商引资，不仅可以解决资金短缺、人才不足的困难，而且还可以引入先进技术，更新工艺设备，提高管理水平，是加快欠发达地区经济发展的有力举措。因此，欠发达地区应着力营造诚信为本、操守为重的良好氛围，提高招商引资水平，以较多的投入增量，促进区域经济运行质量提高。改革开放以来，我国欠发达地区招商引资活动，掀起了一股又一股热潮，成绩十分显著。为了继续加强这项工作，建议着重做好以下几点：

（一）分阶段突出招商引资的工作重点

欠发达地区应根据自己的区位条件和优势，确立不同阶段招商引资的主攻目标和重点对象。就目前状况来说，大多数欠发达地区，应充分利用血缘关系招商，并综合运用亲缘、地缘、神缘、业缘、物缘关系（指以宗族亲戚、邻里乡党、宗教信仰、同行同学和物质媒介等为纽带结合成的社会人际关系）招商。同时，大力发展当地外出企业的回归投资，以及邻近较发达地区厂商的迁入投资，进而积极开展台港澳和侨胞中的招商活动，并努力突破周边国家，以及日韩、欧美等发达国家的引资项目。从长远发展来看，一些区位条件较优越的地区，还应积极主攻国内实力强大的上市公司、国际著名跨国公司、台港澳龙头企业、欧美大型企业和科技含量高的新兴产业项目，主攻影响力大、带动力强的核心技术项目，以及相配套的上下游企业。

（二）把工业园区作为吸引外商投资的重点空间

欠发达地区大多建有一些工业园区。为使工业园区充分发挥招商引资的龙头作用，应使它主要通过降低土地费用、公共服务和基础设施建设成本，提高环境质量，改善运输条件等措施，形成新的经济聚集中心，以吸引外部资金、技术、人力和资源的流入。工业园区可以根据不同发展阶段的特点，设置相应的入园门槛，努力提高园区的产业特色和企业优势。新建立的或经过整合提升后的工业园区，必须高起点、严要求，建立规范化的管理制度，形成高效率的服务机制，已出台的优惠政策必须及时到位，尽量用足，并创造出比周边较发达地区更诱人更优越的条件。在此基础上，尽力使工业园区的招商引资项目，高起点规划，高速度建设，高标准选项，高水平管理，高效率运转，从而把工业园区打造成招商引资的“洼地”。

（三）灵活运用和合理选择招商引资的方法

招商的具体方法很多，有待机招商，也有主动出击招商；有单家独户招商，也有通过专业队伍招商；有派遣专人招商，也有委托他人招商、网上招商。欠发达地区应根据自己的实际需要和可能，有效组合各种招商方法，尽力提高引资的实绩和效率。在时机成熟时，还应通过组建招商机构，逐步将招商引资活动推向市场。如在区域内建立“外商投资促进中心”，通过市场化运作，变政府行为为市场行为；在海外建立招商代理网络，委托或聘请台港澳、日韩、欧美等地的著名企业家、银行家等知名人士在当地招商，用他们的“品牌”为我们服务。

（四）动员区域内一切可以调动的力量为招商引资服务

1. 全民动手，上下共同努力，强化亲商意识，深化诚信服务，做到人人都是投资环境，个个均为招商主体，事事都讲投资信誉，建立健全公开、公平、公正的法制环境，进一步营造“亲商、安商、富商”的良好投资氛围，形成环境优势、服务优势。

2. 在巩固全民招商的基础上，引进充实招商人员，组建一批专业化的招商小分队。招商小分队的成员一般需经过专业培训，掌握必要的外语、商务、谈判和管理知识，精力充沛，理智敏捷，精明能干。为了充分激发招商小分队的努力激情，规定在引资金额中提取适当比例，用作招商奖励基金，促使他们四处出击，锲而不舍。组建招商小分队的主要目的，是对招商工作进行准确定位，提高招商工作的针对性和实效性，有重点地开展招商攻关活动。

3. 进一步加快清理审批事项，大幅度减少行政性审批，坚决废止没有法律依据或可用市场机制代替的行政审批。对保留的审批事项，要减少环节，公开程序，规范行为，强化监督，落实责任，提高效率，努力形成公开、便捷的审批运作机制和有效的审批约束监督机制，创造一个公平竞争的市场环境。建立快捷的审批管理体制，完善项目引进中的“一条龙”服务体系，建立项目建设中的“全方位”服务体系，构筑企业开工后的“永久性”服务体系。各级、各部门、各单位要密切配合，给外来投资者提供“贴身保姆”式的服务，让他们有“宾至如归”的感觉。使客商在当地进来方便，留下安心，发展满意。

4. 审时度势，把握机遇，将招商引资列入各级政府工作的重要议程。明确任务，落实责任，把招商引资的成绩，跟相关干部的考核联系起来，作为提拔、评优和晋级的重要依据。

（五）促进外商投资方式和投资领域多元化

欠发达地区吸引外商直接投资，除了合资、合作和独资三种基本方式外，还可以让外商通过收购、兼并、承包、租赁、还本租赁、产权置换、特许权经营等方式，参与当地企业的资产重组和制度创新。同时，进一步提高欠发达地区的开放程度，允许外商更多地进入电信、金融、保险、外贸、旅游、医疗卫生、教育、市政建设，以及会计师事务所、信息咨询机构、监理公司、资产和资信评估机构等领域。另外，需要指出的是，欠发达地区应防止招商引资中出现饥不择食、急功近利的短期行为，牢牢把住项目筛选关。优先引进的项目，应该具有广阔的发展前景，市场竞争力强，符合国家产业政策，附加值和外向度高，无污染，从而确保招商引资取得良好的经济效益和社会效益。

第七节　区域发展部分的教学研究

一　运用概括式示意图讲解区域发展原理

（一）用概括式示意图讲解区域集聚影响因素（见图6－2）

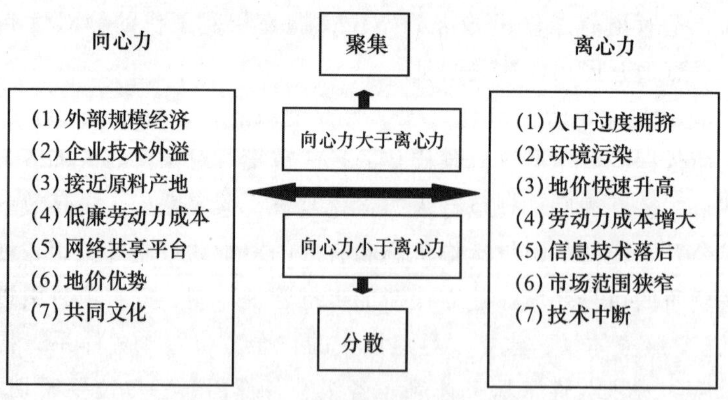

图6－2　区域集聚影响因素示意图

（二）用概括式示意图讲解城市名牌产品发展战略（见图6－3）

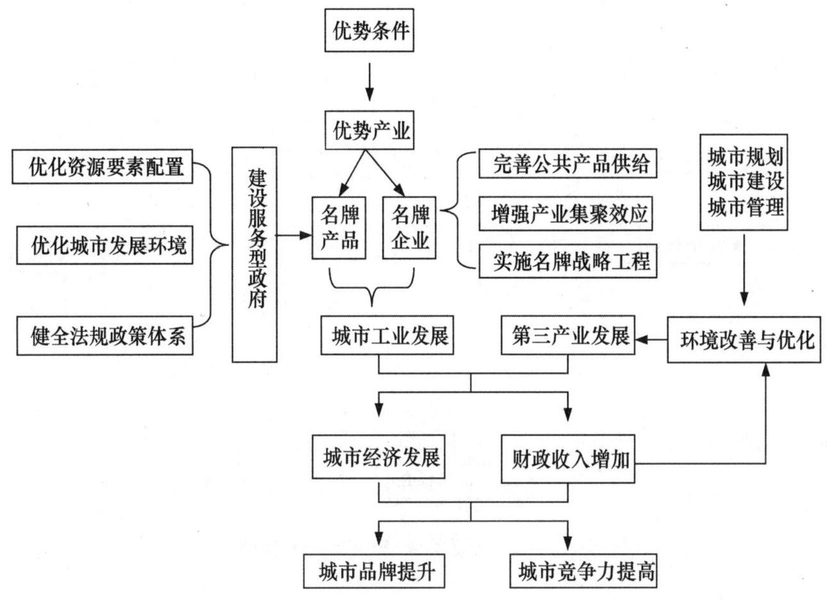

图6－3　城市名牌产品发展战略示意图

二　运用分解式示意图讲解区域发展原理

用分解式示意图讲解区域品牌构成要素（见图6－4）。

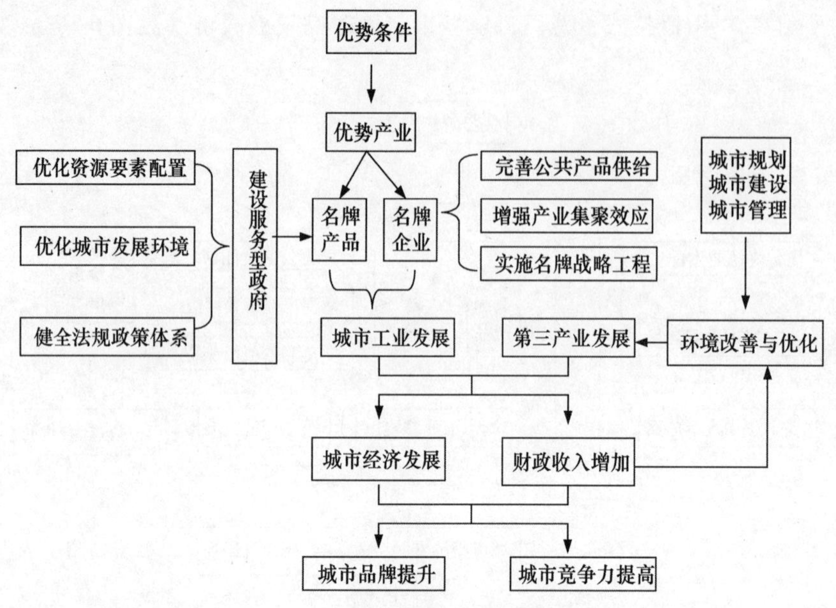

图 6-4　区域品牌构成要素示意图

三　运用图表讲解影响区域发展的等费线原理

（一）用表格和示意图讲解等费线密度

假定 A、B、C 三个产地每吨原料运价相同，但矿石品位不同，加工中分别失重 60%、50%、40%，按每吨成品的矿石运费画出的等费线将具有不同密度。如表 6-1 所示：

表 6-1　　原料失重率不同导致的等费线差别

原料（吨）	失重率（%）	成品（吨）	运费（元）	10 元 1 条等费线（条）
A = 750	60	300	750	75
B = 600	50	300	600	60
C = 500	40	300	500	50

从表 6-1 可见，以每吨成品计算，A 产地矿石运量最大，费用最多，等费线密度最高；B 产地次之，C 产地等费线联结范围最远，密度

最低。

这里以 RM_1 和 RM_2 分别代表两个不同地点的原料产地，以 M 代表市场。假设 RM_1 和 RM_2 生产的都是失重原料，它们的失重率相同均为 50%，而原料和产品每吨运价相等。此时，等费线可用图 6－4 表示：

图 6－5 以市场 M 为中心的费用等值圈，表示单位产品（假定 1 吨产品）运往市场的运费。环绕第一原料产地 RM_1 和第二原料产地 RM_2 的费用等值圈，表示生产 1 个单位产品（假定 1 吨产品）所需原料的运费。由于原料是失重的，而产品是纯重的，所以环绕原料产地 RM_1 和 RM_2 的运费等值圈的间距，比环绕市场 M 的要密得多。

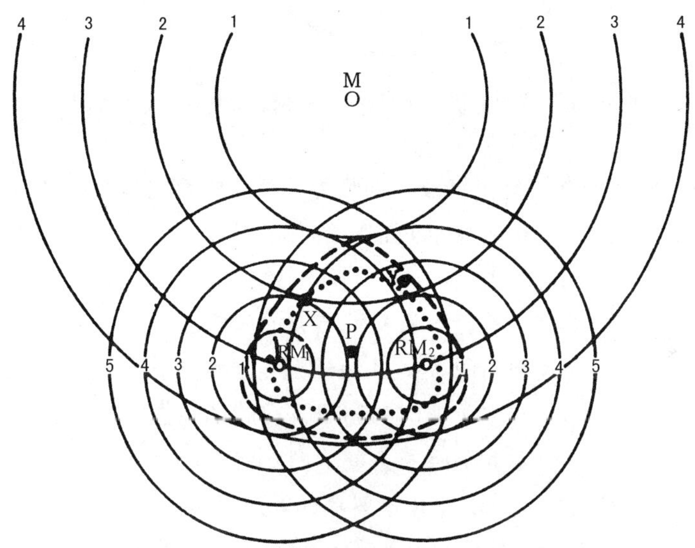

图 6－5　不同地点运费等费线密度差别示意图

（二）用示意图讲解劳动力费用等费线

如果从劳动力费用最低点向外推移，可以画出无数条工资逐步提高的等费线（见图 6－6）。

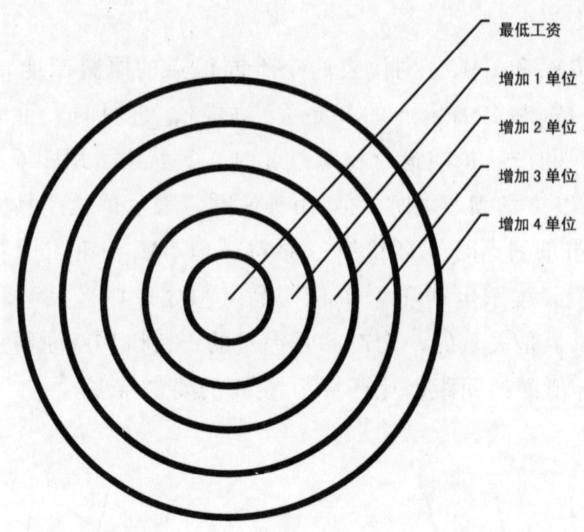

图 6-6　劳动力费用由最低点向外推移的等费线示意图

（三）用示意图分析突破各种临界等费线的费用最小区域

临界等费线是分析企业空间布局的有用工具。企业费用支出的各项内容，在不同区域是有差异的，它们的变量在一定条件下可以形成临界等费线。如企业由城市转移到农村而节省的房地产租金与相应追加费用等值时的连线；企业由高税收地区搬迁到低税收地区获得的税收优惠，与追加的运费、销售成本等值时的连线。突破各种临界等费线的费用最小区域，对企业具有最大的吸引力，如图 6-7 所示。

（四）用示意图分析工业企业集聚区的形成

假定某区域内有 3 家企业，它们各自存在多条临界等费线。如果 3 家企业的临界等费线不交叉，就不会产生集聚现象。要是它们的临界等费线相互交叉形成一个重叠区域，就会在这个重叠区域内产生纯集聚效应，形成工业企业集聚区。

假定企业由集聚增加 3 个单位的经济利益，那么以此经济利益形成的等值线就是集聚产生的临界等费线。如果 3 家企业搬迁到集聚区需增加的运费和劳动力费用都小于 3 个单位，比如 A 企业为 2 个单位，B 企业只有 1.5 个单位，C 企业是 2.2 个单位，它们就会迁入集聚区内，如图 6-8 所示。企业集群和产业集群，就是在这种企业选址、搬迁形成

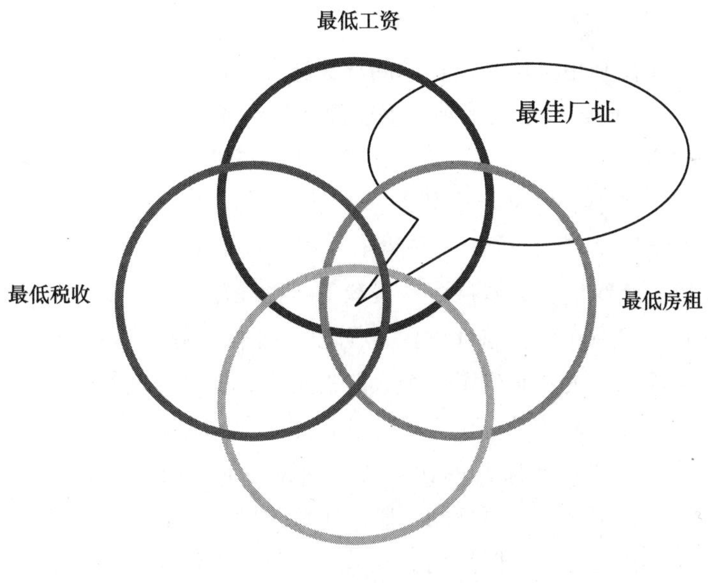

图 6－7　突破各种临界等费线的费用最小区域

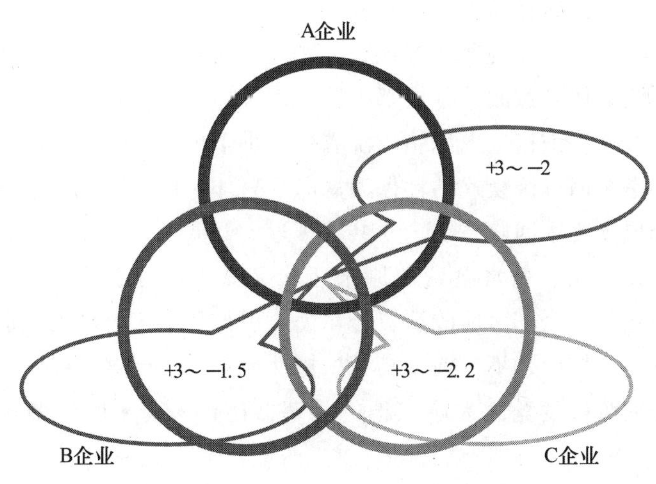

图 6－8　企业集聚区的形成

集聚区的过程中产生的。

四　立体利用区域空间资源的环保住宅举例

（一）建成区域空间多种环保能源同用的环保房

2007 年 3 月，英国著名环保组织“地球之友”发起人马蒂·威廉，历时 5 年，终于把他位于伦敦的一套普通复式楼房，改建成当今“环保样板住宅”。据悉，该住宅安装了太阳能电池面板、风力涡轮机、生物发电机及绝缘墙壁、双层真空玻璃等节能设施。

马蒂·威廉在伦敦东部的汉克尼区，拥有一套 3 居室的复式小楼。大约 5 年前，他突然萌生了一个大胆的念头，将自己这幢普通住宅楼全面改造成一套“环保样板房”。经过长达 5 年的艰苦摸索和不断实践，一套堪称当今“最环保”的住宅终于问世。乍望去，这套尖顶复式住宅并无什么特别之处。可仔细一瞧，不难发现其中玄机多多。

首先，住宅迎风的院墙前矗立着一个扇状涡轮发电机，随着叶片的转动，不时将风能转化为电能。其次，在斜面屋顶外铺设着数块巨大的太阳能电池板，将日照转化成电能，并加以储存。最后，在一楼的储藏间安装有一个硕大的生物发电机，食物的残渣和人畜的粪便在此经发酵变成沼气，继而转化为电能。

另外，所有门窗的普通玻璃，被清一色的双层真空隔热玻璃取代。原有混凝土墙体经过改造，内部夹层一律添加了绝缘材料。此外，住宅内原有的普通洗碗机、电冰箱、洗衣机、烘干机及电灯泡一律淘汰，取而代之的是全面升级换代的环保型家电。另外，还安装了一个节水型马桶和一套屋顶废水回收系统。一共花了近 3 万英镑。

据测试，他家的水电费与原来相比，现在每月骤降 70% ~80%。不过，要想收回全部房屋改造资金，怎么也得几十年，可见改造成本还是比较高的。然而，不久前，马蒂试探性地宣布出售这套绿色住宅，市场对此的追捧程度竟大大超出他的预期，连日来前来问价的顾客络绎不绝。

（二）设计建成区域空间多能并用的碳零排放环保住宅

2007 年 6 月，英国媒体报道，碳零排放的新型环保住宅揭开神秘面纱，在英国沃特福德亮相，这是首座完全符合英国可持续性住宅法所规定的，六级环保标准的五星级商业性住宅。英国建设部部长库玻为其颁发了免除财产购置税证书，专家预计这种新型节能环保住宅，今后将在英国大量涌现。

这种新型零排放4层木框架结构住宅，是由斯图尔特米尔恩集团设计开发的，住房为两卧室，居住面积大约为110平方米。该设计的最大特点是使用可再生能源，由太阳能热水器提供热水，屋顶的风能涡轮发电机及太阳能板提供电力，生物质能锅炉燃烧特制的小木球来供暖。屋顶装有雨水回收器，室内用水为循环使用，洗澡洗脸用过的水，可用于冲刷卫生间。住宅的密封条件极高，据计算，比传统住宅减少60%的热量散发。室内装有温度传感器，自动控制通风口调节室内的温度，保持室内空气流通，保证空气质量。智能电表可向住户提供详细的能源消耗情况，帮助其提高能源使用效率。当住户外出度假时，其可产生的再生能源还可并入国家电网中，供其他居民使用。

据统计，英国住宅的二氧化碳排放量，约占全国二氧化碳排放总量的1/4。解决住宅二氧化碳排放问题，成为英国政府当务之急。2007年4月，英国颁布了可持续性住宅法，对住宅建设和设计提出可持续性新规范。根据房屋的能源效率，设定了一至六星的评定等级，要求到2016年，英国的新住宅，需按照可持续住宅法的标准进行设计和建筑，并对符合可持续性标准的住宅，提供免除财产购置税的优惠政策。

虽然这种新住宅，还没有达到可持续性住宅最高六星的评级标准，斯图尔特米尔恩集团的执行总裁表示，新住宅还不能称作完全意义上的零排放住宅，比如生物质能锅炉还要排放二氧化碳，还需要利用作物生长吸收二氧化碳来做抵偿。不过，他认为，这毕竟是首座达到五星级可持续性标准的商业住宅。随着时间的推移，六星级的可持续性住宅肯定会在不远的将来出现。

另一个民众非常关注的问题，就是新型住宅的成本问题。开发者表示现在谈论成本，还有点为时过早。虽然目前样本房的建筑成本，比标准住房要高40%左右，今后如果大规模开发建设，其成本将会大大降低。此外，还要考虑免除1%的财产购置税，以及大幅降低的用电支出等因素。如果有50户以上居民使用风能，可降低当地60%～80%的能源消耗。一个标准的新型住宅一年的电费只需要31英镑，而同等大小的传统住宅年平均电费则需要大约500英镑。

（三）设计出用足区域空间太阳能和风能的环保建筑

2007年11月，美国媒体对洛杉矶建筑师迈克尔·伽特泽的设计做了报道。伽特泽是个喜欢标新立异的人，他常常设计一些稀奇古怪的建筑。他的创意如此奇特，以至于这些建筑一旦落成，就成为地标式建筑，而且引领建筑设计的时尚潮流。伽特泽同时也是个重视环保的人，他喜欢让自己设计的建筑，能够利用天然的绿色能源，其中主要就是太阳能和风能，他的设计往往能引发人们对环保建筑的一些思考。以下简要介绍伽特泽的作品，让公众一睹环保建筑的风采。

旋转式太阳能住宅。伽特泽设计的旋转式太阳能住宅，用8个扇形外墙和一个圆形地板组成。8个扇形外墙相互叠加，可以围绕着中央的支撑柱旋转。外墙是一种百叶窗式的结构，打开时可以透光，封闭时可以遮雨挡风。在天气好的白天或月夜，扇形外墙在底座电机的带动下，可以完全或部分叠加在一起，形成一个开放式或半开放式的亭子，人们可以充分享受到阳光和清新的空气。如果出现风雨或者太阳光太强烈等恶劣天气，扇形外墙可以围成一圈，让你拥有一个全封闭而且完全的家。这种旋转式住宅顶上有太阳能电池板，可以提供日常生活用电和旋转外墙的用电。

适合沙漠地区的风凉大棚。伽特泽为风沙大的地区，设计了一种名为“风凉大棚”的建筑。这种建筑，看上去像是一个两端没有封口的大棚。但是，无论风沙有多大，无论太阳光有多强烈，你只要进入这个大棚，你就安全了。有人会说，这个大棚没有封口，风还是可以吹进来的。其实你不用担心，大棚的屋顶上布满了涡轮风扇，这些风扇可以吸收四周吹来的风，并用这些风力来发电。因此，风凉大棚不但可以为路人遮阳挡风，还可以为附近的居民提供电能。这种大棚坐落在沙漠里最合适了，如果给大棚配备一些插座，行人还可以在里面为自己随身携带的小电器充电。

能折叠的曲折外墙。这种住宅的外墙折来折去，看上去有些令人犯晕。伽特泽之所以设计出这样的外墙，是为了让建筑充分利用太阳能。这种住宅其实是由一些部件搭建起来的临时住宅，需要搬家时搬起来也容易。临时搭建的住宅往往在风雨中就变得不安全了，曲折的外墙设计可以有效地抵御风吹雨淋，至少可以抵御七级左右的大风。曲折的外墙还可以增加太阳照射的面积，让房子冬天也很暖和；曲折的外墙还可以贴上太阳能电池板，这可以给夏天的房屋降温，而且能提供夜晚日常生活的用电需求，一举两得。

可转动的风力旋转公寓。伽特泽设计的风力旋转公寓共有 7 层，除了底部的一层不能转动之外，上面的 6 层可以随风转动。因此，你每分钟看到的房子外形都是不一样的。这是世界上第一栋以风作为旋转动力的建筑。这栋公寓由超轻材料制成，这便赋予了可以随风转动的特质，旋转起来的公寓从远处看就像一个大风车。居住在这所公寓里的人还可以随喜好自行操控自家房子，例如改变房子的朝向、温度和景色等。风在吹动房子改变其外观的同时还可以用来发电，为居民提供夜间照明。

风力发电的太阳风礼堂。这个宏伟的太阳风礼堂，是伽特泽为加州州立大学设计的，可以用于中型的集会和平时师生的休闲，可以同时容纳 300 人。这座建筑最醒目的是位于建筑中部的风力涡轮发电机，它离底座有 45 米的高度，可以发电直接使用或存储在电池里，电池安装在礼堂的基座下。巨大的太阳能电池板位于礼堂顶部的百叶结构上，也能产生额外的电能供校园使用或存储在电池里。而且，电池里的电能，也可以用来分解建筑收集到的雨水产生氢，把太阳能和风能用氢能的方式储存起来。

（四）推出充分利用区域空间自然风、光、水、热资源的环保屋

2009 年 4 月，日本松下公司在东京“松下中心”，向当地媒体展示了其面向未来的“零排放概念环保房屋”。这种房屋充分利用自然风、光、水、热资源，采用节能环保材料，以及太阳能等，最大限度地减少二氧化碳排放。公司称，这种环保屋预计 3 年至 5 年后将成为现实。

据松下公司介绍，环保屋的主要特点是“节能、创能、蓄能”。“节能”就是提高对自然界既有资源的利用率，同时采用环保隔热的建筑材料，以及最先进的环保节能家电设备等。例如，室内的通风换气系统，采用自然换气和机器换气相结合；房屋设计成透光结构，可大量采用自然光；照明设备全部用 LED 节能灯；卫生间等全部采用节水设施；在合理利用自然界热量方面，房屋大量使用高性能隔热材料，同时通过热泵技术，采集空气中分散的热量“为房所用”，可以达到降低电力消

费的效果。

所谓“创能、蓄能”，就是通过大量采用燃料电池、太阳能等清洁能源，获得日常生活中所必需的一些能源，并通过蓄电装置，把多余能源储存起来以备不时之需。研发人员希望通过节能、创能和蓄能，实现环保屋二氧化碳零排放的目标。

据悉，由于“创能、蓄能”方面的技术成本较高，目前这个环保屋对大多数人来说还是“奢侈品”。松下公司预计，随着技术进步和成本降低，在不久的将来，普通人也能住上这种环保屋。

第七章　收入分配与宏观调控理论及教学研究

价值生产离不开分配领域，劳动者需要通过分配过程获得工资，用来补偿劳动力价值的支出，以便保证再生产有足够的人力资源。一定时期内，物质生产部门劳动者新创造的价值称作国民收入。各类企业或个体经济单位创造的国民收入，在初次分配中，其中一部分按照规定以税金形式上缴国家，成为国家集中的纯收入，由政府统筹安排，在全社会范围内使用。劳动者创造的新价值，除去工资和税金后的剩余价值，经过分配领域一系列的转化过程，被分解为利润、利息、股息、债息、租金和地租等形式。国民收入初次分配之后，国家通过编制基本财政收支计划的国家预算，以及银行信贷、劳务费用、价格变动等途径进行国民收入再分配，同时对宏观经济进行调控。政府以社会管理者身份参与国民收入再分配，从宏观调控角度来说，目的是确保个人收入分配公平。此外，宏观调控目标还包括充分就业、稳定物价、经济持续适度增长、优化经济结构、保持国际收支平衡。本章理论研究内容，主要从纵向角度考察我国就业制度、工资制度、宏观调控政策的演变，以及相关的理论问题。教学研究主要针对宏观调控展开，在分析社会总供给与总需求如何实现平衡时，运用公式推导讲解扩大再生产公式的相互联系。另外，运用分解式示意图讲解凯恩斯经济危机理论，运用案例通俗讲解资本主义经济危机的实质与根源，还举例介绍国外宏观经济环境治理新技术。

第一节　我国就业制度演变纵向考察

我国的就业制度，是社会主义经济体制的重要构成内容。就业的具体形式，是由社会主义经济模式的总体框架决定的。[①] 传统的计划经济体制，在建立和形成过程中出台了一系列就业政策，逐步形成了与之相适应的传统就业制度。自20世纪70年代末期以来，随着计划经济体制向社会主义市场经济体制的转变，我国的就业制度已经发生了深刻的变化，企业、事业单位与劳动者相互选择的市场机制正在逐步形成。我国就业制度的变迁，是整个国民经济体制变迁的必然产物。市场化的竞争就业机制及其就业制度的形成，也是社会主义市场经济顺利运行的重要保证。

一　改革开放前的就业制度

(一) 改革开放前就业制度的形成

新中国成立初，为了解决旧社会遗留的400万失业人员，以及城镇新成长的劳动力就业问题，主要采取了以下就业制度：一是政府统一安排旧有公职人员和官僚资本主义企业的职工；二是其他失业人员实行介绍就业和自行就业制度；三是对部分一时找不到合适工作的人员，采取生产自救和以工代赈等办法，使其在继续求职期间能有基本生活费来源。

这一阶段，国家允许国有、私营企业和事业单位自行招工。1952年，政务院已提出逐步实施统一调配劳动力，但在具体招工用人过程中，仍允许各单位自主选择录用。1953年8月，中央批准下发的劳动就业委员会、内务部和劳动部《关于劳动就业的报告》中规定，各单位招聘的工人、职员数量较大时，应向劳动部门申请，并由劳动部门负责介绍、选择和录用；招工数量较少时，可自行在当地失业人员中选用或另行招聘。此间，固定工制度仅在一部分职工中推行，企业有权自行决定使用临时工。由于临时工、合同工所占比重较大，政府又没有完全禁止辞退职工，各企事业单位的用人，基本上仍保持能进能出的劳动力运行机制。

1955年之后，就业制度发生了较大变化，企事业单位的用人自主权渐趋削弱，并逐步建立起由各级劳动部门统一管理劳动力运行的制

① 张明龙：《新中国50年劳动就业制度变迁纵览》，《天府新论》2000年第1期。

度。1955年，劳动部颁布的有关文件指出，依据对劳动力调配实行统一管理和分工负责的原则，各企业招工必须由劳动部门统一进行。与此同时，企事业单位中固定工数量增多，政府又颁布了禁止辞退职工的规定，各单位用人便往往只能进不能出了。1957年，由于上年新增职工大大超过国家计划，国务院发出通知，规定使用临时工的指标也需经中央主管部门或省、市和自治区政府批准。这样，用人招工权被进一步集中到政府的劳动部门。这一时期，政府负责安排的人员范围不断扩大，从大中专毕业生和部分复员转业军人开始，渐渐发展到城镇中需要就业的全部人员，最终形成了以政府统包统配和固定工制度为主要特征的就业制度。这种就业制度，对稳定社会秩序、促进经济建设起过一定的积极作用。到1957年，我国不仅安排了旧社会遗留的400万失业人员，而且职工人数发展到3205万人，其中“一五”期间，净增了1673万人。

“一五”期间，较好地解决了城镇新增劳动力和失业者的就业，本来已为下一阶段的劳动就业奠定了稳实基础。但是，由于“大跃进”造成的严重失误，使劳动就业形势骤然逆转。1958—1960年期间，全国净增职工2868万人，其中2000万人来自农村，他们75%在工业部门就业，其中64%集中于重工业部门。1961年开始的三年经济调整时期，不得不精减职工2000多万人，其中大部分被动员回乡从事农业生产。

经济建设收缩和企业精减职工，影响了工矿企业对劳动力的吸纳。到1963年底，全国城镇尚有200万人未能安置，其中85%以上为青壮年劳动力。面对此况，政府对城镇求职者在实施统包统配政策的同时，采取比较灵活的安置办法。一方面，劳动部门通过开辟城镇生产和服务新途径，组建各种手工业、商业和服务业等集体企业，增加就业岗位，继续执行统一配置劳动力的方针；另一方面，有计划地动员部分城镇青年上山下乡，提倡从事家庭副业和自谋职业，对未升学的青年进行文化补习或职业培训等，尽力减缓就业压力，从而使城镇闲散劳动人口和新增劳动力基本上得到了妥善安置。到1965年，城镇就业人口比1962年增加了600万人。

1966年开始的十年“文革”内乱，将国民经济推向崩溃边缘，打乱了正常的就业制度。特别是头三年，由于工矿企业停止招工，大专院校停止招生，使400万初、高中毕业生滞留在社会等待安排。当时的解决办法是，大量动员城镇知识青年上山下乡。到1979年，由于调整了城镇知识青年上山下乡政策，城镇新增劳动力不再推向农村，同时历年下乡的知识青年要返城，以及按政策留城而尚未就业者、自行回城者和其他待业者，等待政府安置的达1500万人。政府面临着新中国成立以来前所未有的严峻形势，继续推行统包统配的就业制度困难重重，所以，这种就业制度的改革势在必行。

（二）改革前就业制度的主要特征

改革前的就业制度，自20世纪50年代中期产生以来，经过十多年的发展，至60年代中后期基本定型，一直延用到70年代末。其主要特征是：①

1. 劳动制度以指令性劳动计划为基石。

表现为国家对劳动力主要是城镇待业人员，制定统一的指令性计划进行调节。由于不存在劳动力市场，劳动力资源配置难以体现价值规律和竞争规律的要求。企业没有招聘职工的自主权，只能执行国家的招工计划。企业增加新职工，首先得有劳动计划的人员指标，拿不到进人指标便无法招工。

2. 就业制度以统包统配为基本特征。

表现为政府直接控制就业岗位，包揽劳动者就业，用行政手段把劳动力资源配置到各个生产部门，劳动者不能自由选择职业和工作岗位。劳动者就业后，他的工资、奖金、津贴和福利，由国家而不是由企业制定标准发放，并全部由国家负担。国家还对已就业人员一包到底，实行终身就业保障，使其再无失业之虞。

3. 用工制度以国家固定工为主体。

由于国家计划中职工人数指标，一直与工资总额控制指标挂钩，企业人员增减直接涉及工资数量的变动，而人员和工资指标均由政府控制，所以企业用工只能坚持国家统一计划、统一招收、统一分配的形式。企业一旦有用工指标招进职工，这些职工便会固定在企业中，既不能辞退他们，又不能让其自由流动，只能进不能出。

---

① 张明龙：《改革前我国就业政策的主要特征》，《新华文摘》2010年第2期。

（三）改革前就业制度的弊端

改革前就业制度出台不久，就暴露出一些弊病：不少单位富余人员越来越多，既很难调剂又无法辞退，严重影响了劳动生产率的提高。还有一些职工成为固定工，有了铁饭碗，不再勤奋工作，劳动纪律松弛。针对这些情况，1958 年上半年，劳动部提出，今后企业招收新工人时，应广泛使用长期合同工和短期合同工。除了部分掌握复杂技术的生产骨干外，尽力少用固定工。然而，这种改革设想，刚刚提出不久，便被“大跃进”的狂热淹没了。随着社会主义建设事业的发展，统包统配就业制度的弊端暴露得越来越明显了，它主要表现为劳动调控机制呆板，计划指标因脱离劳动力市场供求而严重失实，政府统得过死，包得过多，能进不能出，一次分配定终身，严重影响了企业和劳动者的积极性，束缚了生产力的发展。

二　我国改革开放初期就业制度演进的四大步骤

20 世纪 70 年代末，我国迈进改革开放新时代，就业制度与其他经济体制一起，开始冲破计划经济体制的樊篱。改革开放初期，就业制度从妥善安置“文革”郁积下来的待业人口入手，由表及里地推进创新，逐步以广开门路形成多元化就业格局，在新增劳动力中确立双向选择关系，全面促使劳动力合理流动，直至剥离企业富余人员。就业制度的这一演进历程，大体包括以下四大步骤。

（一）外围层次改革的就业制度：通过广开门路形成多渠道多元化的就业格局

“文革”结束后，特别是党的十一届三中全会以来，政府采取大力发展集体企业，加快消费品生产，扩大服务性行业经营范围，广泛组建劳动服务公司，开展多种形式的就业技术培训等有效措施，努力拓宽就业门路。

1980 年 8 月 7 日，中共中央转发的全国劳动就业工作会议文件《进一步做好城镇劳动就业工作》率先提出“在国家统筹规划和指导下，实行劳动部门介绍就业、自愿组织起来就业和自谋职业相结合”的方针。这个“三结合”方针的提出，突破了政府统包统配政策单渠道安置劳动力的就业制度，开辟了国有、集体和个体多条就业渠道，逐步形成了多元化的就业制度新景象，开始从外围层次的社会劳动力管理入手改革劳动就业制度。

1981年10月17日，中共中央和国务院又颁布了《关于广开门路，搞活经济，解决城镇就业问题的若干决定》，指出要通过进一步调整产业结构和所有制结构，在发展经济和各项建设事业的基础上，有计划有步骤地解决就业问题，并提出要运用政策大力引导、鼓励、促进、扶持集体和个体经济的发展。

随着国民经济的发展和就业制度的创新，1977—1981年，全国城镇共安置3700多万人就业，绝大多数地区已将以往郁积的待业人员基本安置完毕，从而卸下了空前沉重的就业包袱。

（二）内圈层次改革的就业制度：通过公开招工在新增劳动力中确立双向选择关系

20世纪80年代初，随着经济体制改革，多种经济成分的出现和发展，特别是在“三结合”就业方针的指导下，敞开了就业门路，拓宽了就业渠道，就业结构呈现出多样化。此时，全民企事业单位的用工制度开始发生变化，用人单位有了一定的招工自主权。

1986年7月12日，国务院发布《国营企业招用工人暂行规定》，提出：企业招用工人，应贯彻执行先培训后就业的原则，面向社会，公开招收，全面考核，择优录用。这一规定，把竞争机制引入就业领域，还赋予企业在招工中拥有选择权，为形成劳动者与企业的双向选择关系打下了基础。这一规定还明确废止两种招工办法：一是企业不得以任何形式进行内部招工；二是不再实行退休工人子女顶替，使企业选择新职工有更大的回旋余地。

与此同时，国务院还发布《国营企业实行劳动合同制暂行规定》，提出对新招职工普遍实行劳动合同制，首先在新增职工中打破了固定工制度。劳动合同制的推行，改变了原有的用工模式，把劳动就业制度改革，从外围层次的社会劳动力管理，进一步推向内圈层次的企业新增劳动力管理。但是，这次用工制度改革，仅仅局限于就业增量部分，尚未触及城镇就业存量部分，企业原有职工仍然保持着固定工制度。

（三）核心层次改革的就业制度：通过全员劳动合同制促使劳动力合理流动

20世纪50年代，我国曾实行过劳动合同制。1951年5月15日，劳动部公布的《关于各地招聘职工的暂行规定》载明："招聘职工时，雇用者与被雇用者，双方应直接订立劳动契约，须将工资、待遇、工时、试用期以及招往远地者来往路费、安家费等加以规定，并向当地劳动行政机关备案。"后来，随着统包统配政策的形成，逐渐放弃了劳动合同制。

1980 年，劳动合同制在三资企业中恢复。1986 年把它全面推行到全民所有制的新增职工范围。接着，从 1987 年的劳动"优化组合"，到 1991 年的破"三铁"，大范围地推动企业原有的固定工制度改革。

1992 年 7 月 23 日颁布的《全民所有制工业企业转换经营机制条例》规定："企业可以实行合同化管理或者全员劳动合同制。"实行全员劳动合同制，合同化管理范围，由新增职工扩大到包括原有职工在内的全体就业人员。这样，就业制度创新和就业制度改革，又向前跨上了一级大台阶，从内圈层次的企业新增劳动力管理，直接深入到核心层次的国家固定工制度。实行全员劳动合同制，消除了企业原有职工与新增职工的用工差别，避免了两种不同用工制度并存带来的弊端，有利于广泛开展劳动者竞争上岗，可以促进劳动者合理流动，优化劳动组合和生产要素资源配置。

（四）硬核层次改革的就业制度：通过劳动计划体制改革剥离企业富余人员

传统劳动就业制度，由指令性计划管理的劳动制度、统包统配的就业制度和固定工模式的用工制度三个链环共同构成，劳动计划体制则把三个链环固化为一体。所以，构成传统劳动就业制度的硬核部分是计划体制。如果说，触及国家固定工制度，已经到达传统劳动就业制度的核心层次，那么在这个核心层次中起硬核作用的便是劳动计划。

劳动、就业和用工政策必须协同创新，劳动、就业和用工制度必须协同改革，才能彻底冲破计划经济的束缚，全面巩固和扩大劳动就业制度的改革成果。在保留原有劳动计划体制的条件下，单方面的就业改革，或单方面的用工改革，都将收效甚微。如《国营企业招用工人暂行规定》，尽管赋予企业一定的招工自主权，但它同时规定，企业招用工人"必须在国家劳动工资计划指标之内"。这样，企业既不能自主决定招工的数量，也不能自主决定招工的时间、地点、条件和方式，招工自主权，仅仅表现为在劳动部门分配来的人员中作有限的选择。又如劳动“优化组合”和破“三铁”，由于没有劳动计划体制改革相配套，不是流于形式，就是半途而废。因此，全面创新就业政策和改革就业制度，要以彻底抛弃传统的计划体制为前提。

1992 年，党的十四大把建立社会主义市场经济体制作为经济体制改革的目标，从根本上动摇了计划经济体制。1993 年，党的十四届三中全会决定，培育市场体系的重点，是金融市场、劳动力市场、房地产市场、技术市场和信息市场，要把开发利用和合理配置人力资源作为发展劳动力市场的出发点。自此以来，劳动制度改革取得了突破性进展，缩小了劳动工资指令性计划的调节范围，先后在许多领域放弃了计划管理，使其迅速赶上就业制度和用工制度的改革步伐。这样，就业政策创新和劳动就业制度改革，终于跃过最后一级台阶，由核心层次的改变固定工身份，继续深入到硬核层次的剥离企业富余人员。

三　社会主义市场经济条件下就业制度的变动趋势

（一）确立适应市场经济的就业制度创新目标

考察改革开放初期就业制度的变迁轨迹，不难看出，就业制度正在朝着适应市场经济的方向演变。它的创新目标，就是通过劳动、就业和用工政策的全面创新，建立政府宏观调控的市场竞争就业机制。这一时期，政府就业工作面临的压力，主要来自下岗和失业职工的再就业。为了缓解这种压力，1993 年底，劳动部提出了再就业工程计划，并于 1994 年初开始在 30 个城市搞试点，1995 年 4 月经国务院办公厅批准在全国范围内实施。与此同时，劳动力市场体系建设和制度建设进一步完善。到 1996 年底，我国已建立职业介绍机构 3.1 万个，劳动力资源配置的市场化进程日益加快。

1998 年 5 月 14 日，中共中央、国务院召开了国有企业下岗职工基本生活保障和再就业工作会议。提出要打开思路，广辟门路，努力建立全方位、多渠道、多领域的再就业体系。

1999 年 3 月，九届人大二次会议的《政府工作报告》指出，要加强多种形式的职业培训，拓宽就业门路，引导职工转变择业观念，争取尽可能多的下岗职工实现再就业。下岗职工再就业以后，要与原企业解除劳动关系。三年以后还没有再就业的下岗职工，也要与原企业解除劳动关系，转到社会保险机构领取失业保险金；享受失业保险两年后仍未就业的，转到民政部门领取城镇居民最低生活费。这“三条保障线”，是有中国特色社会保障制度的重要组成部分，也是促使就业制度走向创新目标的重要保证。

（二）规范劳动力市场的管理制度

2000 年 12 月 8 日，公开发布并开始施行《劳动力市场管理规定》。该文件是劳动和社会保障部根据劳动法和有关法律法规制定的，目的是为了保护劳动者和用人单位的合法权益，发展和规范劳动力市场，推进市场经济条件下的就业工作。该文件指出，用人单位可以通过委托职业介绍机构、参加劳动力交流洽谈活动、以大众传播媒介刊播招用信息、利用互联网进行网上招聘，以及法律、法规规定的其他途径自主招用人员，并对用人单位招用人员时不得采用的行为作出规定。同时，该文件规定了开办职业介绍机构应当具备的条件、职业介绍机构可以从事的业务，以及禁止出现的行为，还对公共职业介绍机构应当免费提供的服务作出规定。

（三）进一步完善适应市场经济的就业政策体系

1. 进一步做好就业和再就业工作。

2002 年 9 月 30 日，中共中央、国务院发布《关于进一步做好下岗失业人员再就业工作的通知》指出，要统一认识，加强领导，明确再就业工作目标和责任；努力开辟就业门路，积极创造就业岗位；完善和落实促进再就业的扶持政策；改进就业服务，强化再就业培训；坚持统筹兼顾，搞好就业的宏观调控；确保国有企业下岗职工基本生活，确保企业离退休人员养老金按时足额发放，完善社会保障体系。此后，连续 3 年召开全国性会议，重点围绕解决国有企业下岗失业人员再就业问题，制定和完善就业制度，对就业再就业工作进行部署。

2005 年 11 月 4 日，国务院发布《关于进一步加强就业再就业工作的通知》指出，必须看到，我国劳动力供大于求的基本格局在相当长时期内不会改变。今后几年，就业再就业工作的重点，仍是解决体制转轨遗留的下岗失业人员再就业问题和重组改制关闭破产企业职工安置问题。同时，也要继续做好高校毕业生、进城务工农村劳动者和被征地农民等的就业再就业工作。

2007年6月28日，劳动和社会保障部发布《关于全面推进零就业家庭就业援助工作的通知》，其目的是扩大再就业制度扶持范围，健全再就业援助制度，着力帮助零就业家庭和就业困难人员就业。

2012年9月1日，国务院印发《关于进一步加强和改进最低生活保障工作的意见》，要求最低生活保障工作坚持保基本、可持续、重公正、求实效的方针，进一步完善法规政策，健全工作机制，严格规范管理，加强能力建设，努力构建标准科学、对象准确、待遇公正、进出有序的最低生活保障工作格局，不断提高最低生活保障制度的科学性和执行力，切实维护困难群众基本生活权益。

2. 做好高校毕业生就业工作。

2005年6月29日，中共中央办公厅、国务院办公厅发布《关于引导和鼓励高校毕业生面向基层就业的意见》指出，积极引导和鼓励高校毕业生面向基层就业，有利于青年人才的健康成长和改善基层人才队伍的结构，有利于促进城乡和区域经济的协调发展，有利于构建社会主义和谐社会和巩固党的执政地位。

2006年2月27日，人事部、教育部、财政部、劳动和社会保障部、国务院国有资产监督管理委员会、国防科学技术工业委员会联合发布《关于建立高校毕业生就业见习制度的通知》，旨在帮助回到原籍、尚未就业的高校毕业生提升就业能力，促进供需见面，尽快实现就业。同时，我国从2006年开始连续三年发出通知，要求切实做好高校毕业生的就业工作。

2009年1月19日，国务院办公厅发布《关于加强普通高等学校毕业生就业工作的通知》指出，高校毕业生是我国宝贵的人力资源。当前，受国际金融危机影响，我国就业形势十分严峻，高校毕业生就业压力加大。各地区、各有关部门要把高校毕业生就业摆在当前就业工作的首位，采取切实有效措施，拓宽就业门路，鼓励高校毕业生到城乡基层、中西部地区和中小企业就业，鼓励自主创业，鼓励骨干企业和科研项目单位吸纳和稳定高校毕业生就业。

2011年5月31日，国务院发出《关于进一步做好普通高等学校毕业生就业工作的通知》。通知指出，到中西部地区和艰苦边远地区县以下基层单位就业，服务期达到 3 年以上（含 3 年）的高校毕业生，按规定实施相应的学费和助学贷款代偿。对到艰苦边远地区或国家扶贫开发工作重点县就业的高校毕业生，在机关工作的，试用期工资可直接按试用期满后工资确定，试用期满后级别工资高定 1～2 档；在事业单位工作的，可提前转正定级，转正定级时薪级工资高定 1～2 级。通知规定，各城市应取消高校毕业生落户限制，允许高校毕业生在就（创）业地办理落户手续（直辖市按有关规定执行）。各地要按照就业促进法、劳动合同法、公务员法等的要求，进一步深化高校毕业生就业制度改革，简化高校毕业生就业程序。高校毕业生从企业、社会团体到机关事业单位就业的，其参加基本养老保险缴费年限合并计算为工龄。通知规定，自 2012 年起，省级以上机关录用公务员，除部分特殊职位外，均应从具有 2 年以上基层工作经历的人员中录用。

3. 制定解决进城务工人员问题的政策。

2006 年 1 月 31 日，国务院颁布《关于解决农民工问题的若干意见》，旨在统筹城乡发展，保障农民工合法权益，改善农民工就业环境，引导农村富余劳动力合理有序转移，推动全面建设小康社会进程。

2012 年 8 月 30 日，国务院办公厅转发《关于做好进城务工人员随迁子女接受义务教育后在当地参加升学考试工作的意见》。指出做好随迁子女升学考试工作的主要原则是，坚持有利于保障进城务工人员随迁子女公平受教育权利和升学机会，坚持有利于促进人口合理有序流动，统筹考虑进城务工人员随迁子女升学考试需求和人口流入地教育资源承载能力等现实可能，积极稳妥地推进随迁子女升学考试工作。

4. 制定残疾人就业政策。

2007 年 5 月 1 日开始，我国施行《残疾人就业条例》。该文件规定，国家对残疾人就业实行集中就业与分散就业相结合的方针，促进残疾人就业。[①] 用人单位应当按照一定比例安排残疾人就业，并为其提供适当的工种、岗位。具体比例由省、自治区、直辖市人民政府根据本地区的实际情况规定，但不得低于本单位在职职工总数的 1.5%。用人单

---

① 陈玲：《论残疾人劳动权特殊保护的法律对策——兼论〈残疾人就业条例〉的新举措》，《法制与社会》2008 年第 8 期。

位安排残疾人就业达不到其所在地省、自治区、直辖市人民政府规定比例的，应当缴纳残疾人就业保障金。依法征收的残疾人就业保障金应当纳入财政预算，专项用于残疾人职业培训以及为残疾人提供就业服务和就业援助，任何组织或者个人不得贪污、挪用、截留或者私分。残疾人就业保障金征收、使用、管理的具体办法，由国务院财政部门会同国务院有关部门规定。财政部门和审计机关应当依法加强对残疾人就业保障金使用情况的监督检查。

简要小结

考察我国就业制度六十年演变的历程，可以发现，就业政策是宏观经济政策的重要组成部分。它是由经济体制决定的，有什么样的经济制度就有什么样的就业制度。改革开放以来，我国就业制度从抛弃统包统配方式开始，逐步打破固定工用工模式，改革指令性劳动计划体制，全面推进劳动、就业和用工政策创新。它确立的目标，是建立政府宏观调控的市场竞争就业机制。[①] 此后，围绕这一目标，出台了再就业工程计划、加强高校毕业生就业、解决农民工或进城务工人员问题，以及促进残疾人就业等新政策。可以预计，我国的就业制度，将会沿着既有的目标指向继续推进创新，从而更加合理地配置劳动力资源。

第二节　我国工资制度变迁纵向考察

在社会主义条件下，收入分配制度通常与劳动就业制度紧密结合，工资机制与劳动就业机制融为一体，劳动工资工作是国家宏观经济管理的重要组成部分。收入分配制度，特别是工资制度，涉及国家政治、经济和社会生活的方方面面，关系到社会主义经济建设的发展，也关系到广大劳动群众的切身利益。收入分配制度，取决于生产资料所有制。马克思指出："消费资料的任何一种分配，都不过是生产条件本身分配的结果。而生产条件的分配，则表现生产方式本身的性质。"[②] 经济体制

① 张明龙：《我国就业政策的六十年变迁》，《经济理论与经济管理》2009 年第 10 期。

② 马克思：《哥达纲领批判》，《马克思恩格斯选集》（第 3 卷），人民出版社 1972 年版，第 13 页。

的总体框架，确定了相应的分配形式和分配关系。传统的计划经济体制，形成了平均主义的个人收入分配制度。社会主义市场经济体制，要求通过改革，建立与自己相适应的收入分配制度。本节拟从纵向角度，考察我国工资制度的演变过程。新中国成立以来，先后在 1956 年、1985 年、1993 年和 2006 年进行过四次规模较大的全国性的工资改革，还进行过十几次大大小小的局部工资调整。系统考察这些工资改革或调整的原因、措施及成效，进而揭示我国工资制度的变迁规律，对于早日建成适应社会主义市场经济的新工资体系，是有重要现实意义的。

一　改革前工资制度的演变

改革开放前，我国社会主义经济实行单一的生产资料公有制，并相应建立起单一的按劳分配制度。按劳分配的具体形式，除农村的工分制外，行政机关、国有企业、城镇集体企业、全民和集体事业单位等，均实行工资制。这一时期工资制度的演变过程大体如下：

1949 年至 1954 年，尚未形成全国统一的个人收入分配制度，劳动就业和工资工作的管理比较灵活。各大行政区、省市或企业，可根据实际情况确定分配形式和工资标准。实行计时工资制的职工提级加工资，由企业按照上级下达的工资总额自行安排；实行计件工资制的，计件单价和超额奖励等，一般也由企业依据自身生产需要和条件确定。

1954 年后，撤销了各大行政区，加强了中央直接对整个国民经济的控制，个人收入分配的管理权限也逐步集中到中央。1956 年，实行全国工资改革，统一了国家机关、国有企事业单位职工的个人收入分配制度。自此开始，新中国成立初期延续实行的供给制全部改为工资制；同时形成了干部的职务等级工资制，企业工人的八级工资制；并根据企业特点分别实行计时、计件、奖励和津贴等工资形式。国家统一制定全国职工工资计划、工资标准和津贴标准，统一安排职工提级加工资。1957 年，周恩来总理在党的八届三中全会的报告中，谈到收入分配制度时指出：“八年来，不仅工资水平提高了，职工生活改善了，并且从根本上改变了半殖民地、半封建性的工资制度，建立了基本上符合社会主义按劳付酬原则的工资制度。”

1958 年“大跃进”期间，为了大办钢铁、大办地方工业，许多中央掌握的宏观管理权限下放给地方。各省市、自治区可以自行控制工资总额，自行安排增加职工。下放收入分配和劳动就业管理权限，有利于调动地方和企业的积极性。但由于没有形成配套制度，相关管理工作未能及时跟上，特别是受“左”的思想影响，急躁冒进，提出不切实际的高指标，致使短短两三年时间全国职工总数增加一倍以上，每年多支出工资几十亿元。“大跃进”以来的五年中，全国工业总产值年均递减0.6%，工业全员劳动生产率年均递减5.4%。正常的收入分配制度被打乱，把计件工资和奖励制度说成是“钞票挂帅”、“物质刺激”，迫使许多企业停止采用。此间，因生产下降和财政紧张，无力给职工普遍增薪，仅在1959年给不到30%的职工升了一级工资，1960年和1961年对一小部分小学教师和煤炭、矿山、森工和石油工人调整了一次工资。又由于增加了大量低工资职工，到1962年全国全民企事业单位职工的平均货币工资，比1957年下降7.1%，年均递减1.5%，联系同期生活费指数上升的因素，职工实际工资年均递减5.4%。

1963—1965年，国民经济经过全面调整得到了较快恢复和发展。不少企业在试行《工业七十条》中，又陆续恢复了计件工资和奖励制度。在劳动生产率提高和财政状况转好的基础上，1963年给40%的职工提了一级工资。1965年与1962年相比，全国职工货币工资平均提高了10.1%，年均递增3.3%。这期间，市场供应充裕，物价逐年回落，如果考虑同期生活费指数下降因素，职工实际工资年均递增7.2%左右。

“文革”开始后，以往建立起来的收入分配制度遭到全盘否定，按劳分配原则被诬蔑为“产生资产阶级的经济基础”，宏观管理出现了异常混乱的局面。计件工资、奖励制度、定额管理、技术考核和职工升级等体现按劳分配原则的办法被废弃。1966—1976年的十一年间，由于国民经济增长缓慢，劳动生产率下降，只对大约30%的低工资职工调整过一次工资。此间，职工货币工资年均递减0.5%，若是综合考虑生活费指数上升因素，实际工资年均递减0.7%，绝大多数职工的实际工资都降低了。同时，十多年的工资冻结，导致收入平台迭起，出现了干多干少、干好干坏、干和不干一个样的平均主义现象。

改革开放前的工资制度，从其建立以来，不管怎样变化，都是在计划经济框架内进行的，反映计划经济的要求。它的典型特征是：

（1）国家制定统一的工资标准、工资等级和工资水平。

（2）国家建立统一的津贴制度、奖励制度和福利制度。

（3）国家确定统一的增资时间、增资比例和增资数量。

（4）同部门或同行业的工资标准和工资等级全国一致，不同部门或不同行业稍有差别，不同区域有一定地区级差。

（5）企业工资总额与自身盈利量无关，职工工资多少与企业经营好坏无关，也与本人工作的努力程度无关。

（6）只具福利型的配给功能，对生产要素的投入不起保护作用，对生产要素的贡献没有激励效果。

这种高度集中的计划分配制度，在否定旧社会遗留的工资制度中起过积极的作用，但经长时间推行，导致了严重的平均主义倾向，压抑和挫伤了劳动者的生产积极性，大大降低了社会劳动生产率。

二　改革开放以来工资制度的变迁

随着改革开放的发展，所有制结构发生了很大变化，公有制实现形式呈现多样化；非公有制经济迅速发展，已成为社会主义市场经济的重要组成部分。以公有制为主体、多种经济成分并存的经济制度，形成了以按劳分配为主的多元分配格局，出现了多种利益主体，逐步打破了传统的分配体制。改革开放以来工资制度的变迁过程大体表现为：

1977—1980 年，在恢复和调整国民经济的过程中，安排了三次调整工资工作，约有 80% 以上的职工升了一级工资。提高了部分偏低的工资标准和部分地区的工资区类别。普遍恢复和实行了计件工资和奖励制度，并对部分特殊工种实行岗位津贴。当时提出工资调整要贯彻按劳分配原则，应根据政治表现、劳动态度、技术高低和贡献大小来评定工资级别。1981 年，对中小学教职工、医疗卫生单位和体委系统的部分人员调整了工资，中小学教职工和一些初级医务人员，凡工资标准低于国家机关行政人员的，都统一执行国家机关行政人员的工资标准。1983—1984 年，国有企业在利改税过程中调整了工资总额，实行奖金随企业所得利润浮动。这些还是工资制度的局部调整，基本上没有突破 1956 年建立的工资制度。

在前几年工资调整的基础上，为了进一步消除原有工资制度中的平均主义和其他不合理因素，建立起能够较好地体现按劳分配原则、便于管理和调节的新工资制度，1985 年对国营企业、国家机关和事业单位的工资制度进行了全面改革。

1985 年 1 月，国务院发出《关于国营企业工资改革问题的通知》，对企业工资制度提出了改革方案。其主要内容是：

（1）国营大中型企业工资总额同经济效益挂钩。企业工资总额，以 1984 年的工资总额进行核定；经济效益指标，一般应以 1984 年的实际上缴税利为基础。企业工资总额同经济效益挂钩浮动的比例，以人均上缴税利为主，同时考虑国家投资比例、百元工资税利率、劳动生产率的高低等情况分别确定。一般上缴税利总额增长 1%，工资总额增长 0.3% ~0.7%，某些特殊行业和地区，可以超过 0.7%，但最多不得超过 1%。上缴税利下降时，工资总额要相应下浮。

（2）国家对企业的工资，实行分级管理的体制。国家负责核定省、自治区、直辖市（包括计划单列城市）和国务院有关部门所属企业的全部工资总额，及其随同经济效益浮动的比例。每个企业的工资总额和浮动比例，由省、自治区、直辖市和国务院有关部门在国家核定给本地区、本部门所属企业的工资总额和浮动比例的范围内逐级核定。

（3）企业与国家机关、事业单位的工资改革和工资调整脱钩。

（4）企业可以根据自身特点和实际情况，自行研究确定本企业的工资形式、工资制度和分配方法，企业可以在一定范围内调整企业职工之间的工资关系，开始将市场机制引入企业分配领域，调动了企业干部职工的生产经营积极性。

1985 年 6 月，中共中央和国务院发出《关于国家机关和事业单位工作人员工资制度改革问题的通知》，并提出了相应的改革方案。其主要内容包括：

（1）国家机关行政人员和专业技术人员，抛弃旧的等级工资制，实行以职务工资为主的结构工资制。全部工资由四部分组成，即基础工资、职务工资、工龄津贴和奖励工资。

（2）事业单位的行政人员和专业技术人员，可以实行以职务工资为主的结构工资制，也可以根据自身特点或实际需要，实行以职务工资为主要内容的其他工资制度。实行结构工资制的，可以有不同的结构因素。

（3）国家机关、事业单位的工人，可以实行以岗位（技术）工资为主要内容的结构工资制，也可以实行其他工资制度。

（4）增加工资的资金，按现行财政管理体制分级承担，属于中央单位的由中央财政开支，属于地方单位的由地方财政开支。

1985 年的工资制度改革，是继 1956 年以来的第二次全国性工资制度改革，也是全面突破 1956 年工资制度框架的一次改革。新工资制的实行，较大幅度地提高了职工的可支配收入，初步理顺了工资关系，为逐步完善工资制度打下了基础。

但是，1985 年建立的工资制度，就总体来看仍具有计划经济特征，执行过程中渐渐暴露出一些不足和缺陷，特别是尚未形成合理的工资调控机制和正常的增长机制，致使平均主义倾向更加严重。当时，职工的工资性收入中，基本工资、职务工资和工龄工资部分所占比重越来越小，奖金和津贴等所占比重越来越大。到 1988 年，奖金、津贴和其他收入，已占全民单位职工工资总额的 40% 左右。津贴中的洗理费、书报费、交通费、副食品补贴和价格补贴等，每个职工都可得到相同的一份；奖金部分，机关事业单位基本上是平均发放的，企业奖金也有 50% ~70% 的部分是平均发放的。由于以平均发放为主的津贴、奖金在工资总额中比例提高，而职务工资的档次及差别却变动甚微，结果各类成员之间的工资性收入差距日见缩小。据全国主要城市抽样调查，1988 年与 1985 年比较，科研机构研究员与实习研究员的工资差距，由 3∶1 缩小为 1.8∶1；大学教授与助教的工资差距，由 4.1∶1 缩小为 1.9∶1；中学高级教师与三级教师的工资差距，由 3∶1 缩小为 1.6∶1，医院主任医师与医师的工资差距，由 3∶1 缩小为 2∶1；国家机关司局长与办事员的工资差距，由 3.1∶1 缩小为 1.5∶1。

1993 年，经党中央和国务院批准，在总结和吸收 1956 年和 1985 年两次工资制度改革经验的基础上，结合机构改革和公务员制度的推行，联系事业单位在市场经济条件下的发展特点，对机关和事业单位的工资制度进行第三次全面改革。本次改革的主要内容是：

（1）机关和事业单位工资制度相互脱钩，分别实行不同的工资制度。机关实行职级工资制，全部工资包括职务工资、级别工资、基础工资和工龄工资四个部分。事业单位工资制度按不同特点分为五大类：第一，教育、科研、卫生、农业、林业、水利、气象、地震、设计、新闻、出版、广播电影电视、技术监督、商品检验、环境保护以及图书馆、博物馆、档案馆等事业单位实行专业技术职务等级工资制；第二，地质、测绘和交通、海洋、水产等事业单位，根据其在野外或水上作业，具有条件艰苦、流动性大和岗位责任明确的特点，实行专业技术职务岗位工资制；第三，文化艺术表演团体，根据艺术表演人员成才早、舞台青春期短、新陈代谢快的特点，实行由艺术专业职务工资、表演档次津贴和演出场次津贴三部分组成的艺术结构工资制；第四，运动员实行津贴、奖金制；第五，金融单位实行行员等级工资制。

（2）建立正常增加工资的机制。

（3）改革地区工资类别制度，建立地区工资津贴制度。

（4）改革奖励制度，对作出突出贡献和取得成绩的人员，分别给予不同的奖励。

这次工资改革形成的新工资制，体现了改革开放和建立社会主义市场经济体制的要求，进一步贯彻了按劳分配原则，较大程度上引入了竞争机制，有利于提高职工的积极性。它与以往工资制相比，具有以下主要特点：

（1）增资面广，人均增资数额大；

（2）增加了津贴（活工资部分），更好地体现了按劳分配原则和公平竞争要求；

（3）有利于建立符合机关和事业单位各自特点的工资制度；

（4）分别确立了机关和事业单位正常的工资增长机制。

总的来说是很成功的，但也存在某些微瑕。例如，新旧工资制度衔接过程中的套改，每档工作年限过长，有 1 ~ 17 年为一档、18 ~ 27 年为一档。这样，同一职称职务者，尽管工作年限相差 10 ~ 17 年，但都是同一工资标准，难以体现工龄长短与贡献大小之间的密切联系，以致造成“工资平台”现象。①

---

① 章庆平：《高校新工资制存在的问题与对策》，《高师教育》1995 年第 4 期。

1995年，人事部、财政部和国家计委共同印发了《关于机关、事业单位工作人员正常晋升工资档次办法的通知》。自此，机关和事业单位工作人员每隔两年晋升一个职务工资档次，到1999年初已晋升了三次，使新工资制度实现了有效运转。此间，人事部和财政部发出了《关于调整机关、事业单位工作人员工资标准等问题的通知》《关于机关、事业单位离退休人员增加离退休费的通知》等文件，及时消除了新工资制度执行中遇到的问题，使其更加贴近社会主义市场经济运行的实际。

1999年8月底，国务院办公厅，转发了人事部和财政部，关于调整机关、事业单位工作人员工资标准，以及增加离退休人员离退休费的三个实施方案。决定从1999年7月1日起调整机关、事业单位工作人员的工资标准，并相应增加离退休人员的离退休费。这次工资调整，对于提高广大干部、职工的生活水平，扩大国内需求，拉动经济增长，促进经济与社会健康发展，都有重要意义。特别是，它使新工资制度及其运行机制更加完善，更加合理。

2006年6月23日，人事部根据党中央、国务院批准的《公务员工资制度改革方案》，印发《公务员工资制度改革实施办法》。该文件规定本次工资改革的实施范围为，按照公务员制度管理和经批准参照公务员制度管理的单位中，2006年7月1日在册正式工作人员。规定列入实施范围的单位中，除工勤人员以外的工作人员实行职级工资制。该文件在实施职级工资制方面，还对套改工资办法、正常晋升工资办法，以及新录用人员工资待遇等做出具体规定。其中套改工资办法规定：职务工资，是指公务员按现任职务执行相应的职务工资标准；级别工资，是指公务员的级别和级别工资档次，按现任职务、任职年限和套改年限确定。

该文件阐明了调整基本工资标准的方法：国家建立工资调查制度，定期对公务员和企业相当人员的工资水平进行调查比较，调查比较结果作为调整公务员工资水平的依据。工资调查指标列入国家统计指标体系，调查比较每年进行一次，由人事部、财政部会同有关部门组织实施。国家根据工资调查比较的结果，结合国家经济发展情况，适时调整机关工作人员基本工资标准。工资标准调整的幅度，根据国民经济发展、财政状况、物价变动等情况和工资调查比较结果确定。

到2015年上半年，通过提高工资水平，进一步完善机关事业单位公务员的工资改革。这次调资工作的主要特点：一是调结构。为了进一步优化工资结构，将部分规范津贴补贴或绩效工资纳入基本工资，提高了基本工资占工资的比重。二是重基层。这次调整基本工资标准主要是增加级别工资，基层资历较长的公务员虽然职务较低，但级别和级别档次相对较高，可以拿到较高的工资。对乡镇机关事业单位人员还建立了乡镇工作补贴制度，在乡镇工作时享受，离开时取消。在县以下机关建立公务员职务与职级并行制度，基层公务员在不晋升职务的条件下，可以通过职级晋升来提高工资待遇。

三　在理顺收入分配制度关系的基础上推进工资制度创新

改革开放过程中出现的多种经济成分，导致了多样化的分配关系和多元化的收入来源。现阶段，我国城乡居民合法的收入来源主要包括：

（1）个人劳动收入，即工资、奖金、津贴和其他补偿劳动的酬金，由劳动者通过提供各种劳动和服务所得。

（2）个人资产收入，即租金、利息、股息、红利，由个人出租私有房产，购买债券、股票，提供贷款等而获得。

（3）个人福利收入，即生活补助金、救济金，以及医疗、养老和住房等各种福利待遇。

（4）个人其他合法收入，主要包括两项：一是风险收入。实行租赁、承包的企业，租赁者和承包者承担着扣减个人收入、用抵押品清债等经济风险，当他们冒着风险完成了租赁、承包任务，取得较好经济效益时，应该得到一定量的风险酬金。私营业主承担着在竞争中遭失败、被淘汰的风险，其收入里也应包含部分风险补偿。二是合法的剥削收入，即国家法律允许的，由雇工创造被私营业主占有的那部分剩余价值。

继续推进收入分配制度改革，应以完善分配结构和分配方式为重点，坚持按劳分配为主体、多种分配方式并存的制度。把按劳分配和按生产要素分配结合起来，坚持效率优先、兼顾公平。[①] 个人收入分配的

① 张明龙：《工资制度改革的回顾与展望》，《唯实》2000年第5期。

公平尺度是相对的，它受生产力发展水平、所有制结构和交换方式等多种要素的制约，会随着经济条件的变化而改变。按照我国现行的分配制度，劳动、资本、管理、技术、信息和风险等生产要素都可以获得一定的收入。倘若每种生产要素的投入及其贡献与取得的收入是对称的，个人收入分配就是公平的。否则，分配就是不公平的。为了确保在效率优先的前提下，努力实现个人收入分配公平，须着重做好以下两项工作：

（一）加强宏观调控，健全生产要素定价机制，确保每种生产要素的贡献与报酬对称

在我国经济持续以较高速度增长的过程中，各项生产要素，除了劳动有较多剩余外，资本、管理、技术和信息等均呈短缺现象。这种状态很难在短时间内改变，有的可能还会趋向加剧。收入差距问题，仍然是当今中国备受关注的社会问题之一。① 为了缓解长期卖方市场的固有矛盾，防止某些短缺生产要素所有者产生垄断行为，获取不合理的偏高收入，在充分发挥市场机制作用的同时，还要做好以下几点：

1. 以政策和法律形式，明确规定短缺生产要素的所有者在投入要素取得报酬的整个过程中，哪些事可以干，哪些事不可以干，违反了应承担什么责任，从而有效地减少或消除他们在交易中产生不规范行为，使他们能够在增进社会利益的前提下充分实现自身追求的利益。

2. 加强个人收入登记管理、工商行政管理、征税管理、市场管理、物价管理、财务管理、技术和信息转让管理、审计等工作，健全社会监督体系，促使短缺要素所有者能以政策、法规为准绳自觉约束自己的行为，不致在短缺生产要素交换中采取垄断手段，获取超出社会可承受范围的高价收入。

3. 对短缺生产要素所有者开展多层次、多角度、多样化的职业道德教育，树立新型职业道德形象，培养正确的利义观、致富观；加强舆论对短缺生产要素所有者行为的导向作用，大造维护国家利益和社会利益者光荣，唯利是图、见利忘义者可耻的社会舆论，使短缺生产要素所有者，在道德规范和社会舆论的有力制约下，依据可为社会接受的公平代

---

① 杨宜勇、池振合：《中国居民收入分配现状及其未来发展趋势》，《经济研究参考》2014 年第 6 期。

价，获取投入资本、管理、技术、信息和经营风险等要素的相应收入。

4. 逐步建立公平、客观和统一的定价机制和计价标准，以便根据每项生产要素的质和量准确核定相应的收入，使它们的投入及贡献与其所得报酬保持对称。

（二）贯彻按劳分配原则，完善工资机制，确保劳动贡献与劳动报酬对称

1. 在建立和完善工资总量调控机制、工资正常增长机制的基础上，使工资总额与国民收入、平均工资与劳动生产率之间保持协调的比例关系。

2. 根据按劳分配原则，工资必须以劳动量为基础，承认劳动差别，实行差别工资，维护劳动者的合法收入权益。特别是要正确处理部门之间的工资关系，地区之间的工资关系，岗位工种之间的工资关系，以及脑力劳动者与体力劳动者之间的工资关系。整顿不合理收入，对凭借行业垄断和某些特殊条件获得个人额外收入的，必须纠正。从而合理确定各类工资档次，使工资能够真正体现劳动的性质和数量差别。

3. 调整好工资结构，理顺基本工资、浮动工资、奖金和津贴的关系，同时理顺劳动收入、经营收入、资产收入、福利收入和馈赠收入的关系。

4. 正确制定工资等级数目、等级系数、级差百分比和工资标准，完善等级工资制；规范劳动技能、劳动责任、劳动强度和劳动条件等基本劳动要素的评价标准，根据职工现有岗位及技能所提供的实际劳动质量和数量，确定劳动报酬，完善岗位技能工资制；根据实际需要，及时调整生活保障工资、激励工资、辅助工资、年功工资和奖励工资的比例和组合，完善结构工资制。

5. 健全和完善工资的市场决定机制，努力做到在市场竞争过程中并通过市场竞争，确定以劳动力价值为基础的社会工资率，再视劳动力市场供求变化及时调整社会工资率，同时考虑劳动力创造的边际收入对企业可支付工资额的制约关系。

第三节 宏观调控目标与健全宏观调控机制

宏观调控目标有总目标与具体目标的区分。政府宏观调控的总目标，是实现社会总供给与总需求的平衡。宏观调控的总目标可以分解为

许多具体目标。健全宏观调控机制，是保证宏观调控目标实现的重要方法。为了健全宏观调控的核心机制，要构建以市场运行为基础的计划机制，要构建以优化信贷结构为基础的金融机制，还要构建以开源增收为基础的财政机制。

一　宏观调控的总目标

宏观调控，通常指政府对宏观经济的干预。现代市场经济存在不稳定性，放任自流的市场调节时有失灵之虞，会导致经济衰退，加剧失业或通货膨胀，这在客观上要求政府进行必要的宏观调控。就建设中国特色社会主义来说，必须全面推进依法治国，也必须深化经济改革。依法治国和深化经济改革是一致的，二者互相配合，彼此促进。[①] 因此，社会主义市场经济条件下的宏观调控，必须通过加强依法治国和深化经济改革，综合发挥政府的各种干预职能，主要是法律和经济手段，弥补市场机制失效所造成的缺陷，为市场经济的顺利运行创造良好环境。其主要任务是尽力减少经济周期震荡带来的负效应，确保经济总量平衡，维持充分就业，抑制通货膨胀，促进重大经济结构优化，实现经济稳定增长，进而提高综合国力，改善人民生活。

政府宏观调控的总目标，是实现社会总供给与总需求的平衡。社会总供给，一般表现为一个国家一定时期内通常为一年中，提供给社会的最终产品的实物和价值总量。总需求，表现为一个国家一定时期内，社会有支付能力并愿意购买的最终产品的实物和价值总量。社会总供给与总需求的平衡，包括总量平衡和结构平衡两个方面。总量平衡主要表现为社会总产品实现过程中的价值平衡；结构平衡包括地区、部门、产业、产品等多方面的平衡。在总供给与总需求一定的条件下，最终产品的供求，以及产业部门之间中间产品的供求，在品质和数量上不一致，都会导致结构性失衡。总量平衡是结构平衡的前提，结构平衡是总量平衡的基础。社会总供给与总需求的全面平衡，既要做到社会总产品实物上能够全部替换，又要使其价值得以全部补偿。

社会总供给大于总需求，将会造成生产相对过剩，引起商品积压滞

---

① 厉以宁：《依法治国和深化经济改革》，《经济研究》2015 年第 1 期。

销，厂商难觅投资热点，工人失业加剧，导致社会经济衰退。社会总供给小于总需求，将会造成商品短缺，引起货币贬值、物价上涨，出现通货膨胀，从而降低劳动人民的实际生活水平，加深社会矛盾。为了避免宏观经济失衡带来不利后果，几乎所有市场经济国家，都把保持社会总供给与总需求基本平衡，作为宏观调控的中心任务和总目标。

二　宏观调控的具体目标

宏观调控的总目标可以分解为许多具体目标。在经济周期的不同阶段，宏观调控具有不同的着力点和主攻方向，因而具体目标是不一样的。但一般来说，宏观调控的具体目标主要包括：

（一）充分就业

努力做到充分就业，使愿意参加工作并有能力工作的人都可以找到一个有报酬的职位，是政府宏观调控的重要目标。

劳动者充分就业，可以普遍增加城乡居民的家庭收入，使人们能够普遍分享经济繁荣带来的实惠，有利于充分利用劳动力资源，有利于形成安定团结的政治局面。“因此，失业对个人来说常常是一出悲剧，对社区来说则是造成紊乱和紧张的一个原因，对社会整体而言，则是生产资源的一个浪费。”①

在我国新体制确立时期，实现充分就业，将给改革创造良好的条件，改革的顺利推进有利于促进社会稳定，社会稳定和体制改革又能推动经济健康快速增长，为劳动者提供更多的就业机会。就业、改革、稳定和发展，实际上构成了一条有机连环，它们共同制约宏观经济的运行。实现充分就业，将在我国政府制定的经济目标中居于显著地位，成为长期坚持不懈、必须尽力完成的重要任务。

需要指出，充分就业是一个有特定含义的经济概念，它不等于所有社会成员全部就业。通常把失业率保持在5%以内看作是充分就业。

（二）稳定物价

在市场经济条件下，商品运行与货币运行并存。倘若货币投放符合

---

① ［美］斯蒂格利茨：《经济学》（下册），姚开建、刘凤良、吴汉洪等译，中国人民大学出版社1997年版，第6页。

商品流通的需要量，价格会与价值保持一致。由于商品与货币运行分离，一旦受到某些因素影响，货币就可能出现过量发行。如果货币超过了流通所需量，将会引起物价上涨，导致通货膨胀。

通货膨胀不利于经济繁荣，会使人们到手的利益遭受损失。美国经济学家哈伯勒说："价格不稳定会引起收入分配不稳定，由此也许会造成极其严重的社会问题和经济问题。"[①] 鉴于此况，大力提倡自由竞争的德国经济学家艾哈德也再三强调，物价的水平必须在任何情况下保持稳定。他还说，我绝对否认经济的大发展必须自然地或者合理地跟物价的普遍上涨联系起来。对所有固定收入者和储蓄者来说，我们的目标必须是：在保持物价稳定的同时要有一种不断上升的更为全面的繁荣局面。[②]

当然，物价稳定不能理解为物价绝对没有波动，大多数市场经济国家认为，年物价上涨指数保持在2%～3%以内，就算实现宏观调控的物价基本稳定目标了。

（三）经济持续适度增长

经济增长可以最简单地规定为经济的产量增加。如果经济的产量从一个经济周期高峰到下一个高峰保持不变，则该周期为零增长。只有在下一个高峰超过了上一个高峰的情况下，经济才会表现出增长。[③] 经济增长是经济全面发展的基本指数，它反映资本投入和劳动投入的产出效果，反映部门结构和产业结构的变动趋势，反映科技知识转化为现实生产力的实际贡献，反映经济周期波动对宏观经济运行的直接影响。没有一定的经济增长速度，不可能出现经济繁荣。

衡量经济增长的主要指标，是国内生产总值和人均国内生产总值。通常发展中国家，国内生产总值达到6%～10%的增长率，即被视作高速增长。

---

① ［美］哈伯勒：《繁荣与萧条》，朱应庚、王锟、袁绩藩译，商务印书馆1963年版，第483页。

② ［德］路德维希·艾哈德：《来自竞争的繁荣》，祝世康、穆家骥译，商务印书馆1983年版，第75页。

③ ［美］夏皮罗．《宏观经济分析》，杨德明、王文钧、闵庆全、李荣章等译，中国社会科学出版社1985年版，第545—546页。

随着经济发展，在国内生产总值不断增长和人均国内生产总值不断提高的情况下，产品结构、劳动力结构、产业结构和技术结构都会发生变化。这要求政府作为宏观调控者给予适当干预，还应兴建和经营公用事业、基础设施，为经济持续适度增长创造必要的条件。素有经济增长研究先驱者之称的库兹涅茨指出："由于现代经济增长、连同它的持续的技术和社会革新及其结构变动的高速度一起，需要一个国家基础来作为公断人，和平地疏导变化，并为必不可少的基础设施承担直接责任。"①

（四）优化经济结构

经济结构表现为国民经济各地区、各部门、各行业、各企业，以及社会再生产各环节的比例构成。优化经济结构，就是使各经济结构相互之间及其内部各构成要素保持协调的比例关系，并使其能够最有效地运用新技术革命成果，实现社会资源的合理配置。

针对我国经济结构现状，应该综合运用各类宏观调控措施，促使各地大量发展名、优、特、高、精、尖产品，及时淘汰落后产品，通过不断优化产品结构形成优势产品。再以优势产品为基础培育优势企业，"以生产畅销产品的企业带动生产滞销产品的企业，以盈利的小企业为主改革改组亏损小企业"②，优化企业结构。

进而以优势企业为基础形成优势产业，并注意努力避免区域产业结构趋同化和虚高度化。然后各地在自己优势产业的基础上确立主导产业，并逐步把主导产业培育成：是全国生产地域分工体系中占有相当重要地位的重点产业，又是整个区域经济发展中起核心作用的关键产业或支柱产业，使其具有地区比较优势，生产当地机会成本较低的产品。

（五）确保个人收入分配公平

社会主义公有制为实现社会公平提供了客观条件。做到个人收入分配公平，是实现社会公平的基础，也是坚持社会主义原则的基本要求。衡量个人收入分配公平的尺度是相对的，它受多种经济因素影响，不同

① ［美］库兹涅茨：《各国的经济增长》，常勋等译，商务印书馆 1985 年版，第 369—370 页。

② 宋涛：《运用社会主义市场竞争规律调整企业结构和产品结构》，《经济理论与经济管理》1997 年第 4 期。

时期有不同的标准。从我国社会主义初级阶段来说，劳动、资本、技术、信息、管理和风险等生产要素，均可获得一定收入。倘若每种生产要素的投入及其贡献跟取得的收入是对称的，个人收入分配便是公平的。否则，分配即为不公平。

我国目前分配不公主要表现为劳动报酬与劳动贡献不对称，各种生产要素缺乏公平、客观和统一的定价机制及计量标准，它们相互之间的收入比例不合理，还出现了靠“寻租”聚敛财富而形成的暴富群体等现象。

为此，政府应在坚持效率优先、兼顾公平的原则下，运用财政杠杆、福利政策和社会监督，以及生产要素计量手段等措施，努力做到各类生产要素的贡献与其所得的报酬对称，抑制暴富群体的寻租行为及个人收入的过分膨胀，适当提高低收入者的生活水平，防止两极分化，迈向共同富裕。

（六）保持国际收支平衡

国际收支，指一国居民在一定时期内与外国居民之间全部经济交易所形成的收支。它主要包括：一国居民与外国居民之间进行商品和劳务交易的收支；该国居民持有的货币黄金，特别提款权以及对外国居民的债权、债务的所有权及其变化；为平衡不能相互抵消的上述交易和变化所需的无偿转让和对应项目。

国际收支平衡不是一个收入等丁支出的数学概念，而是一个跟一国经济诸方面密切相关的综合性经济范畴。它不是仅指一年内的均衡，而是力求较长时期的均衡。它要求经常项目差额、资本净流量与外汇储备的合理增长在运动中达到一致，不断实现高水平的动态平衡。

国际经济周期、经济结构、国民收入和人均收入、货币价值的变化，以及外汇投机所造成的不稳定资本移动等，都会导致国际收支失衡。例如，在全球经济失衡、美元泛滥、美国贸易逆差扩大，以及人民币相对美元低估从而面临升值压力等大背景下，我国出现了国际收支失衡现象。1994 年以来，我国国际收支持续出现大规模顺差。2007 年，经常项目顺差（以外贸顺差为主要部分）占 GDP 的比率达到 10.3%，加上资本项目顺差，2007 年我国国际收支顺差与 GDP 的比率为 12.3%。我国经常项目持续的人规模顺差，也会给国民经济的健康发展带来一系列的不利影响。[①] 因为生产和资本国际化的发展，国内、国外经济互相影响致使许多方面已融为一体，这样，一国的国际收支不稳定，势必影响国内经济的正常运行。

因此，消除国际收支失衡，是一国政府宏观调控政策的重要内容。调节国际收支的措施主要有财政政策、货币政策和外汇政策，还可实行直接管制办法，即一国政府用行政手段直接干预外汇买卖和对外贸易。

三 健全宏观调控的核心机制

我国现阶段，经济发展呈现明显的非均衡状态，为了确保整个社会经济有序运行，实现国民经济的良性循环和健康发展，必须在充分发挥市场机制作用的同时，加强宏观调控能力，健全宏观调控机制。计划、金融和财政要素，是构成宏观调控机制的核心内容。为了增强宏观调控能力，首先应按市场经济要求建立和健全包括计划机制、金融机制和财政机制在内的宏观调控的核心机制，并加强它们对经济运行的综合协调作用。[②]

（一）构建以市场运行为基础的计划机制

1. 计划信号的主要类型。

计划机制，表现为投资者、生产者、供应者、中间商和消费者与计划信号之间形成的有机制约关系，以及相应的调节功能、组织结构和运作方式。构建在市场运行基础上的计划机制，其调节信号不再是单纯行政指令式的，而是由一系列既有层次差别又有密切联系的不同计划信号组成的，其中主要包括：

（1）刚性计划信号，表现为各类指标和任务完全缺乏弹性，以一系列不允许上下浮动的确定数字来表示。它已被限制在相当狭小的范围内，一般限于必须用它调节而又可以用现代科技手段精确计算或预测的经济活动。

（2）限额计划信号，表现为计划指标和任务以刚性为主，弹性为

① 樊纲、魏强、刘鹏：《中国经济的内外均衡与财税改革》，《经济研究》2009 年第 8 期。

② 张明龙：《健全宏观调控的核心机制》，《长白学刊》1997 年第 5 期。

辅，具体有最高限额、最低限额和范围限额等多类。

（3）合同性计划信号，即通过国家与企业之间建立起来的订货合同制度，确定生产要素和产品的供给量、需求量及价格，并使合同数量尽量贴近市场运行实际的供求定量，从而在此基础上使合同价格接近于市场价格。

（4）协议性计划信号，即国家与大企业或企业集团通过协商确定计划的实物指标和价值指标，并根据这种协商计划安排生产和流通。

（5）参数性计划信号，指国家通过计划向市场输出保证预期目标实现的财政、金融、价格和工资等经济杠杆控制数额，使政府调控意图通过市场参数体现出来，进而有意识地变动市场参数，调整其输出信号，使之造成某种有利条件或不利条件，把企业引导到追踪国民经济计划目标上来。

（6）弹性计划信号，其主要特征为：不管是数量、质量指标，还是实物、价值指标，或是限额指标，都是非刚性的，它们可以在一定范围内上下浮动，企业在执行中有较大的回旋余地，并享有执行计划的灵活变通权。

（7）预测性计划信号，也就是，政府通过公布中长期经济计划的有关数据资料，定期发布各种统计数字和预测结果，引导生产者自觉依据预测计划的要求作出经营决策。

（8）诱导性计划信号，其基本内涵是，不制定任何具体的计划指标，而是通过优化经济政策、法律规则、道德规范和监督体系等计划机制的构成要素的组合，形成一股定向约束力，牵引、诱导企业按计划要求开展生产经营活动。

2. 不同计划信号形成不同计划机制。

不同的计划机制，是因供给方面和需求方面跟不同的计划信号相联系而形成的。例如，供给方面与需求方面，同刚性计划信号的有机联系就是刚性计划机制，它们同参数性计划信号之间形成的制约关系即为参数性计划机制，它们同预测性计划信号之间的彼此联系和运动便叫作预测性计划机制，等等。

各种计划机制都有特定的调节对象，每个计划信号的变动首先起因于它们自身机制的供求变动。但在调节经济运行的实际过程中，各种计划信号不是孤立地在自身机制中发挥作用，它们的变动也不是仅仅取决于自身机制，往往要受到别的计划机制供求变动的制约和影响。所以，为了更有效地发挥计划机制在市场经济中的调节功能，必须使它们成为一个有机整体。

3. 构建以市场运行为基础计划机制的主要思路。

当前，应加快计划体制、计划内容和计划方法的改革，使各种计划信号的变动呈链式联动关系，进而使各个计划机制能在各自发挥功能的同时又共同发挥作用。为此应努力做到：

（1）各个计划信号本身能够灵活变动。这具体表现为各个计划信号的形成和调整，必须是它们自身机制供求变动的结果，同时又应是促使它们自身机制供求变动的原因。以诱导性计划机制为例，当某类商品供不应求时，诱导性计划机制中供求数量对比所产生的计划信号，将会形成供给者比需求者更有利的经济结果，这一过程会促使供求渐趋平衡。而一旦此类商品变为供过于求，诱导性计划机制也会随之改变计划信号，使其转为产生需求者比供给者更有利的经济结果。其他各种计划信号也与此一样，都能够随着自身机制供求数量对比的调整而灵活变动，跟自身机制的供求双方呈因果互动关系。

（2）各个计划信号能够彼此协调运行。计划信号变动，将引起计划机制作用力和作用方向的改变。各个计划机制的调节方向及其变动趋势一致，可以有效地促进社会生产的增加或减少，否则，就会得到相反的经济结果。如有些产品，可能同时接受多种计划机制的调节，它们所产生的作用力，要是都对生产者有利，就能有效地促进生产发展；要是都对生产者不利，就能有效地限制生产增加。但如果其中某些计划机制在促进生产，而另一些计划机制却在遏止生产，它们的作用力就会相互抵消，最终谁也无法收到应有的调节效果。因此，要使各个计划机制的调节方向尽可能趋向一致，首先必须使各个信号的变动能够相互呼应，密切配合，使各个计划信号在各个计划机制彼此协调的关系中变动。

（3）各个计划信号能够相互顺畅传递。计划诸内在机制能否形成一个统一的有机整体，关键在于各个计划信号能否顺畅传输和反馈。一个计划信号，只有能把自身变动的消息传送到别的计划机制上，同时又能接收到别的计划信号的变动消息，才能使自己与其他计划信号形成彼此协调适应的关系。计划信号的传递，也应与市场信号的传递相类似，是以接力式的方法来进行的，其表现大体是，某个计划信号的变动引起自身机制作用力的调整，这个机制调整作用力的过程，会引起别的计划机制中计划信号随之改变。在各个计划信号能够彼此顺畅传递的计划机体中，各个计划机制就能在计划信号因果链的基础上形成联动关系，进而形成一个彼此协调适应的有机整体。

（二）构建以优化信贷结构为基础的金融机制

1. 金融机制调控宏观经济的表现。

金融机制对宏观经济的调控，主要表现为中央银行控制货币供应总量的变化，从调节金融活动入手，影响整个国民经济的运行，实现社会总供给与社会总需求的平衡。中央银行的基本调控手段有：

（1）法定准备金率，指国家以法律形式规定商业银行存款准备金的最低比率。它要求商业银行吸收存款后，必须按照法定准备金率保留准备金，其余部分才可以作为贷款使用。

（2）公开市场业务，即中央银行通过买进或卖出政府债券以调节货币供应量。在经济衰退时，中央银行买进政府债券，可促使市场上货币供应量增加，并推动债券价格提高而相对降低银行利率，刺激投资规模和社会总需求扩大。在经济高涨时，中央银行卖出政府债券，则可产生抑制投资需求和社会总需求过分膨胀的作用。

（3）中央银行的贴现率：商业银行向中央银行借款时支付的利息率。中央银行通过变动贴现率可以调节货币的供应量和利息率。当经济发展出现衰退迹象之际，通常中央银行会降低贴现率，促使商业银行增加借款，并相应降低商业银行贷款利率，推动投资者扩大生产规模。当经济发展出现过热走势，中央银行又会提高贴现率以起到必要的抑制效果。

2. 构建以优化信贷结构为基础的金融机制的主要对策。

近年，我国金融体制改革成效明显：以银行融资为主的金融业迅速发展，中央银行的地位和作用日益加强，国家专业银行全面向商业银行转变，债券和股票融资相当活跃。为了在现有改革成效的基础上确保金融业继续健康平稳运行，进一步稳定金融秩序，优化信贷结构和贷款投向，建成符合社会主义市场经济要求的金融机制，应着重做好以下工作：

（1）分清政策性业务和经营性业务，建立和完善专业银行的自主经营机制。我国至今未建成一个统揽所有政策性贷款业务的政策性银行，各项政策性贷款分散在不同的专业银行中致使这些专业银行的经营性业务与政策性业务混杂交叉，增大了考核银行经营业绩的难度。鉴于此况，各地应依据国家的金融政策和有关规定，结合当地实际，制定某些核算和管理不同银行业务的具体措施，把政策性业务和经营性业务彻底分开，并对政策性业务实行专户核算，银行由于经营此类业务而发生的亏损或利润减少部分，在应上缴利润中扣除。银行的经营性业务可采取全面承包或地区分片承包等办法，由各家银行自行选择，进而逐步实现“银行商业化，利率市场化”。

（2）建立新型银企关系，优化贷款结构和贷款投向。政府有关部门应制定某些倾斜政策，采取鼓励性措施，齐心协力，共同支持银行推行贷款主办行制度和试办银团贷款，巩固和发展以当地大中型企业为主体的贷款投放格局，并遵循优中择优的原则，对其中产品适销对路、经济效益好、资金周转快的企业给予优先放贷。同时，各专业银行特别是工商银行，要发挥综合优势，积极融通资金，拓宽筹集技改资金渠道，增大技改贷款规模和投入总量，配套组合技术改造贷款、科技开发贷款、小型技措贷款、专用基金贷款，以及人民币和外币贷款与结算功能，使之形成有效合力，优先支持企业开发，引进和推广新技术、新工艺、新材料和新产品，努力提高当地产品的技术含量和质量档次。还要积极组织信贷资金，重点支持农业和政府确定的发展专项和重点项目，促其上等级、上质量、上水平。

（3）完善专业银行的考核指标，强化信贷业务的风险约束。各地在推进专业银行企业化改革的过程中，应根据国家的有关规定，在现有各项考核专业银行清偿能力指标的基础上，采用一些当地行之有效的具体措施，进一步建立或完善存贷款比率、呆账比率、超额准备金比率、流动性资产比率、负债净值比率等，使之形成体系，并更加科学合理。有关部门应随时对各专业银行进行考核，一旦发现某银行上述指标超过一定标准，出现清偿能力危机，就应对其业务和组织进行强制性整顿，防止银行出现清偿危机。

（4）努力提高金融服务质量，不断扩大金融业务范围。一是尽快提高城镇职工工资的直存比例，加快发展个人支票服务和信用卡业务，使银行能够更有效地对企业及个人的收支进行记录和监督，为最终建成完善的信用制度和税收机制奠定基础。二是大力发展居民购置个人财产的抵押贷款及相应的债券市场。三是建立金融机构信用和服务评级制度，切实维护投资者的利益，积极稳妥地发展证券交易部等直接融资市场，逐步提高直接融资的比例。

（5）严格金融纪律和执法，规范金融经营行为。各地应以国家的方针、政策、法规为依据，密切联系当地金融业发展的现状和趋势，制定一些可操作性强的具体措施和办法，加强金融市场的建立和管理，将金融竞争纳入法制轨道，坚决制止各类非法金融活动，及时消除把拆借资金作为委托存款来增加发放委托贷款，借用某些非营利性基金乱集资等扰乱金融秩序的现象，防止出现集中挤兑等社会性金融风波，主动引导金融市场向规范化方向发展。

（6）优化金融机构组合，加强金融体系建设。改革开放以来，我国逐步形成了以中央银行即中国人民银行为核心，以国家专业银行为主体，保险公司、城市合作银行、农村信用社、信托投资公司、租赁公司、证券交易所、外汇调剂中心和农村合作基金会等多种形式金融机构并存的金融组织格局。今后，应以现有基础为起点，理顺各金融机构的相互关系，促使银行金融机构与非银行金融机构共同发展，协调运行。同时，在银行与财政、银行与银行、银行金融机构与非银行金融机构、银行与企业、非银行金融机构与企业之间建立起规范的信用关系。进而在多种金融机构相互竞争、不断优化组合的基础上，形成高效灵敏、井然有序的金融组织体系。

（三）构建以开源增收为基础的财政机制

1. 财政机制调控宏观经济的表现。

财政机制对宏观经济的调控，主要表现为通过财政收支的变化，推动社会总需求扩张或收缩，使之与社会总供给一致，实现社会经济的稳定增长。一切财政活动，都应在一定财政体制及相关政策的规范和制约下进行。

2. 构建以开源增收为基础财政机制的主要措施。

为使财政机制成为推动国民经济持续快速发展的强大杠杆，今后须着力构建以开源增收为基础的财政机制，主要措施是：

（1）建立对预算外资金实行准预算管理的制度。我国各地应从本区域整体角度确立聚财理财思路，树立相应的财政观念，完善财政政策，制定合理规范的财政资金管理细则，建立顺畅、灵敏的财政收支预报系统，健全财政资金流转的监控体系和监控工作。当前，要着力引导、规范、管理预算外资金的运行。按照“集中收、统一管、分类支、集约用”的原则，对预算外资金实行准预算管理，严格按程序、按制度办事，提高财政对国民经济发展的调控和支撑力度。可以考虑设立重点建设基金、技术改造基金、基础设施和公共工程基金、扶持农业基金、市镇建设基金、资源开发基金、科教文卫基金、社会保障基金、环境保护基金等预算外专项资金和相应的对口管理机构，促使预算外资金纳入财政职能的作用范围，全面提高财政资金的整体效益。

（2）确立科学高效、规范严密的税收征管制度。目前，我国各地区在陆续建立城镇办税大厅，不少市县已建成连接本区域各税收征管点终端的计算机网络系统，这为加快全国税收征管改革奠定了硬件基础。今后，各地应以《税收征管法》为依据，制定适合当地实际、易于操作便于稽查的补充条例和实施细则，以及相应的强制性执法措施，进一步健全税务登记制度，纳税申报制度，发票管理制度，税款征收、缴纳与解缴制度，税务检查制度，税务登记制度，税务代理制度，并使各种税收制度之间相互密切配合，从而以完善的制度规范纳税人的行为。

（3）形成有利于培育主导产业和增加经济新增长点的税源培植制度。涵养、扶持税源，不断壮大纳税大户的后劲和实力，是完善财政体制的重要内容。为了加强税源培植，应充分发挥财政杠杆的作用，制定倾斜的优惠政策，如纳税量与优惠信贷额度挂钩，盈利量与技术改造专项资金挂钩，销售成长率和市场占有率与重点建设专项资金挂钩，最大限度地调动财政信用资金，投入以高技术含量、高附加值、高效益、高销售成长率为特征的支柱产业，特别是其中有明显优势的重点企业，使骨干税源稳步增大。同时，突出重点，分类指导，用足用活税收优惠政策，加快经济技术开发区、乡镇工业小区、个体私营经济、集贸市场、高效农业等经济新增长点的培育和发展，使后续税源如云蒸泉涌而来。

（4）建立与行政管理体制相一致的财政管理体制。目前，由于种种原因，有的地方存在行政管理与财政管理范围不一、体制有别，形成事权与财权不统一的现象。例如，有些省的地级市，自从撤地建市以来，行政上已直接管理原地区所属的范围，但财政体制没有随之相应改变，仍然沿用撤地建市前不设地区行署一级财政的做法。由于地级市本级加上所辖城区比下属县（市）的部门、机构多得多，开支费用也大得多，这种财政体制与行政体制不配套的结果，造成地级市本级财政资金比下属各县（市）紧张得多，常有入不敷出、无力承担之虞，难以发挥区域中心城市的功能和作用。为了有利于财政资源的有效配置，推动地级市尽快发育成区域中心城市，建议有关省市尽快改变财政管理体制与行政管理体制不一致的现象。

第四节　市场经济条件下政府的宏观调控方法

在社会主义市场经济新体制下，政府是宏观调控主体，它既不能越俎代庖，替企业确定经济发展目标和策略，也不能袖手旁观，放任自流。其实，市场经济是竞争经济，也是法治经济。竞争要受法治监管；市场决定资源配置，要在法治的轨道上运行；政府的宏观调控，要在法治的框架内进行。① 它的责任，是运用一切为社会主义法治所允许使用的手段，为市场经济顺利运行创造必要的条件和适宜的环境。政府的经济职能或宏观调控方法，主要表现在以下十个方面。

一　制定适宜的经济政策

经济政策可以覆盖全社会，并且具有规范化、易操作性、稳定性和适应性强等特点，它既能保证国家对整个经济活动以及市场行为的控制，又可确保企业的法人地位，是政府对市场经济进行宏观调控的有效形式。

为使经济政策充分发挥调节经济运行的作用，政府首先应研究、制定并运用好各种宏观经济政策，使它们在功能、效益、时差、交替和主辅等方面有效配合，及时消除市场经济运行过程中已经出现和可能出现

① 卫兴华：《社会主义市场经济与法治》，《经济研究》2015 年第 1 期。

的各种失常态势，保持良好的市场经济宏观秩序。在此基础上，通过充实、加强、调整现有的经济政策，研究、制定一些针对性强的新政策，逐步形成适应市场经济需要的财政政策、货币政策、金融政策、投资政策、产业政策、企业政策、技术政策、劳动就业政策、收入分配政策和消费政策等，并使它们以政策体系合力的形式，共同制约、调节和规范市场经济的运行和发展。

二　完善经济法规

经济法规，是指由国家制定或认可，体现统治阶级意志，并依靠国家强制力保证其实施的经济行为规则。经济法规是调整和规范各种经济关系的重要手段，它表现为国家从建设社会主义的根本利益出发，用法律形式，规定人们在经济领域内可以做什么，不可以做什么，违反了规定应承担什么责任，以巩固和发展有利于广大劳动人民的经济关系，限制、禁止、取缔不利于广大劳动人民的经济关系，从而保证社会主义市场经济顺利、正常运行。

针对我国经济法规不完备的现状，应加速法制建设步伐，尽快研究制定或充实完善诸如《禁止和限制买卖法》《禁止不正当竞争法》《反垄断法》《税收法》《投资法》《审计法》《银行法》《产品责任法》《保护消费者利益法》《批发管理条例》《商品储运法》等基本的市场运行法规和当前急需的其他市场运行法规，使经济立法能够适应社会主义市场经济发展的需要，进一步明确政府、生产经营者、消费者各方的权利、义务和责任，使各级政府管理、指导市场经济活动有统一的行为规范，也使参与市场活动的各个经济主体有统一的行为准则。同时，对现有的各类经济法规条例、细则，不断随着环境和条件的变化及时给予修正、补充，尽早消除内中缺陷，以免造成执法尺度不准，影响强制性措施的实施。

三　更好地发挥计划机制的长处

计划作为一种调节经济运行的手段，它的基本功能是协调利益、协调比例关系，这是不同国家计划的共同之处。美国学者博恩斯坦对法国、日本、波兰和匈牙利等国计划进行比较研究后说："不论在东方还是在西方，计划的制定都是一种对各部门、各地区和各行业的利益进行磋商并使之协调一致的社会过程。”① 计划是通过计划机制发挥调节作用的。计划机制表现为在生产者、消费者与计划信号之间建立起来的有机制约关系，以及相应的调节功能、组织结构和作用方式。它是国家为实现计划目标，通过一定计划手段，对国民经济的运行过程进行调节和控制而形成的。

在社会主义市场经济条件下，为了充分发挥计划机制的调节功能与长处，政府应更新计划观念，改进计划方法，计划指标以弹性指标为主，必成指标仅仅限制在必须用它调节，同时又能进行科学预测和精确计算的经济活动中，使计划信号保持高度的灵活性，并尽量贴近市场供求状况。同时，把计划的重点放到合理确定国民经济和社会发展的战略目标上，搞好经济发展预测、总量调控、重大结构与生产力布局规划，集中必要的资源投入重点建设。

四　变动经济参数

经济参数是社会主义市场经济中能表明经济现象某一种性质的量。它的内容很丰富，主要包括两大类：一是宏观调控参数。一般可以理解为经济杠杆的数量化语言。它可以在一定范围内改变本身的量值，以自变量的形式对社会经济活动产生作用，同时，它又是社会经济活动的因变量，其量值最终取决于整个国民经济的运行状况。它的量值变动将直接影响商品价值的实现，进而影响企业和个人获取的物质利益。二是市场参数。通常指商品市场的价格、资本市场的利率、劳动力市场的工资、外汇市场的汇率、租赁市场的租金和有价证券市场的预期报酬等市场信号。

为了确保市场经济平衡协调运行，政府可以通过变动税率、税种、货币发行量、存款准备金率、价格总指数增长率、平抑物价的物资投放量、工资总额及增长率、平均工资和最低工资标准等宏观调控参数，向市场输出保证预期目标实现的经济杠杆控制数额，使国家宏观调控意图

① ［美］莫里斯·博恩斯坦编：《东西方的经济计划》，朱泱、周叔俊、王昕若等译，商务印书馆1987年版，第26页。

融合到市场参数中，进而有意识地调整市场参数，造成某种有利条件或不利条件，使成千上万个分散的经济当事人基于追求最大物质利益的共同目标，自然而然地形成协调一致的经济行为，朝着政府预先确定的国民经济发展计划目标，在实现微观个量平衡的基础上达到宏观总量平衡。

五　加强道德规范建设

道德规范包括职业道德标准、价值观念、社会心理、民主意识和人际关系等内容。道德是一种社会意识形态，指人们共同生活及其行为的准则和规范。在社会道德中，对经济活动导向作用最灵敏、最有效的是职业道德。

要使道德规范在社会主义市场经济中发挥应有的宏观导向作用，政府应努力克服各种腐败现象，健全和完善廉政制度，特别是净化政府自身工作人员的职业道德，为树立良好的市场经济道德风尚奠定基础。当前，在全面推行公务员制度和精简机构的过程中，一定要采取切实可行的措施和详尽的法律规定，确保各级干部清廉和机构的高效，还要制定公务员行为指导手册，促使他们努力做到道德自律。为了有效地净化政府工作人员的职业道德，可用法规条例的形式规定，凡公务员每年必须按一定格式呈报自己家庭的全部财产情况，包括动产、不动产、银行存款、股票及其他有价证券等，对财产增长必须说明原因，要是无法说明或理由不能成立，即视为贪污或受贿，并按有关规定论处。在此基础上，通过完善制度和措施，推进社会各行各业人员自觉净化职业道德规范，全面提高人们的思想素质和道德水平。

六　健全监督体系

经济活动的社会监督体系涉及范围很广。主要包括：行政监督，即国家权力机关和行政管理机构组成的监督；经济监督，即由财政、税务、金融、审计、统计、计划、工商管理、海关和归口行业等经济部门组成的监督；法制监督，指国家司法、检察机关和公安派出所等组成的监督；舆论监督；群众监督；等等。

在社会主义市场经济条件下，只有建立起完善、全面的社会监督体系，才能保证经济活动主体不折不扣地遵守经济法规和道德规范，不折不扣地完成计划任务，才能保证经济当事人自觉地以政策、法规和道德规范为准绳来约束自己的行为。要健全社会监督体系，政府必须完善各道监督环节，加强监督措施，建立上下贯通、纵横交错的监督网络，使行政监督、经济监督、法制监督、舆论监督和群众监督组合成有效的约束机制。

七　提供社会公共服务，并直接参与某些经济活动

根据英国学者巴顿的分析，政府提供的公共服务项目主要包括：

（1）防护，公安，消防；

（2）公用事业，初等和中等教育，公共卫生，文化活动，福利，娱乐；

（3）人力资源开发，下水道，供水，垃圾处理；

（4）一般服务，行政管理，公共交通，地方道路，住宅，图书馆，等等。[①]

也就是，政府应当建设公共文化场所、公共卫生设施和环境保护设施，举办教育、科研事业，加强国防、公安和安全部门的建设，为市场经济的顺利运行创造一个和谐安宁的社会环境。

同时，为了适应当今已经高度现代化和全球化的市场经济运行要求，在强手林立的世界市场激烈竞争中成为赢家，争取在世界上拥有较大的总量实力，政府应当及时消除制约经济发展的“瓶颈”，兴建铁路、港口、邮政、电力、自来水等基础设施；应当合理配置因自然资源稀缺或特定生产技术所限，长期短缺但能实行源头控制的重要基础产品和稀缺资源产品；应当控制可获取垄断高额利润，是国家财政收入的稳定源泉，不允许自由竞争的领域或产品；应当经营关系到宏观平衡的重大生产能力建设或重要产品，如长江三峡工程等大型骨干重点工程、某些关键性高技术产品；应当控制安全性要求很高的产品，如某些药品等。

---

① ［英］肯尼思·巴顿：《城市经济学：理论和政策》，上海社会科学院部门经济研究所城市经济研究室译，商务印书馆1986年版，第156页。

八　积极开展有利于市场经济发展的制度创新

市场经济离不开技术创新，技术创新离不开相应的制度创新。政府倡导和组织制度创新，改革阻碍生产力发展的传统体制，实现社会主义制度的自我完善，可以为技术创新赢得适宜的环境和必需的条件。

政府应抓紧推进计划、投资、财政、金融、外贸等方面的体制改革，尽力使各项改革措施相互配套，争取在不长的时期内建立起社会主义市场经济的基本框架。还应注意合理划分中央与省、自治区、直辖市的经济管理权限，充分发挥中央和地方两个积极性。特别应注意尽快采取措施，改变各级地方政府兼有调控主体和经济利益主体双重身份的状况。在地方政府兼有双重身份的条件下，地方政府很容易向经济利益主体一头倾斜。在运用各种调控手段时，倘若触及到作为经济利益主体的利益，措施往往会被束之高阁，导致地方保护主义，出现画地为牢的局面。为了避免这种现象的产生，必须使地方政府逐步成为单纯的调控主体，不再兼有经济利益主体身份。同时，建立国有资产经营公司，使其在管理国有经济运行过程中，只作为单纯的经济利益主体，不行使政府行政干预的职能，从而把地方政府现有的经济职能替代出来。国有资产经营公司可由国家对口部门直接管理，它在各地的组织不隶属于地方政府，而应是国家经营管理国有资产统一机构的派出单位。

九　建立适应市场经济的社会保障制度

社会保障，通常指国家以立法和行政措施建立起来，保证社会成员基本生活安全的所有项目。它向社会成员提供各种补贴、津贴，用于补偿社会成员因退休、失业、伤残、生育和丧偶等造成的收入损失，并在其患病期间提供医疗服务。社会保障可使社会成员在收入中断或不能工作时，获得最基本的生活费用，有利于维护社会安定，有利于保证劳动力的再生产，从而有利于社会再生产的顺利进行。

社会保障的核心内容是社会保险。社会保险承担着劳动者丧失收入的各种风险。为了建立与社会主义市场经济相一致的社会保障制度，应努力健全和完善老年社会保险、失业社会保险、生育社会保险、医疗社会保险、工伤社会保险和死亡社会保险等，对于劳动者暂时或永久丧失劳动能力，以及虽有工作能力但无工作岗位等风险造成的收入损失，给予适当的物质补偿，用来保障其基本生活。还要进一步完善社会救助、社会福利和社会优抚的内涵、对象和目标，使之能够更好地服务于现代市场经济。与此同时，尽快创立新型社会保障管理体系，制定社会保障法规和实施细则，确定社会保障基金管理方式，分清各级政府、各部门的社会保障职责和权限，全面建成具有中国特色的社会保障制度。

十　综合运用示向性引导措施

示向性措施是政府宏观调控机制的构成内容之一。它的特点大体表现为，通过利益诱导促进经济主体自觉自愿地改变生产经营方向，或通过氛围感染的潜移默化作用促使经济主体不知不觉地调整自身行为。它不采取任何强制性措施约束经济主体，因此，它对经济主体的利益调整不像其他宏观调控方法那样带有明显的外力作用痕迹。但它有时能够产生轰动效应，引起供求关系急剧改变。为了确保市场经济顺利运行，政府必须在充分发挥其他经济职能的同时，重视运用示向性措施的经济导向功能。[①] 目前，应着重做好以下几项工作：

（一）搞好经济信息对企业活动的示向引导

在市场经济条件下，企业主要依据市场状况进行生产经营决策，信息在协调供求中起着极为重要的作用。然而，各企业因所处地点、人力、物力等条件的限制，能够搜集到的信息总是有限的，很难准确把握社会需求的发展变化，容易造成生产与实际需求不一致。为了弥补这一缺陷，政府可以通过公布中长期经济计划的详细内容，定期发布社会生产和社会需求的各种统计数字，提供市场预测的分析结果，形成示向性经济信息，使生产者掌握重要产业和重要产品的生产、库存及需求情况，全面了解市场运行走向，引导他们作出正确的生产经营决策。

（二）把握正确的宣传舆论经济示向

宣传、新闻、广播、影视、文化和出版等部门，在宣传、报道和评价经济活动时所形成的舆论倾向，可以起到鼓励或抑制生产者行为的作用。宣传舆论作为经济示向性要素引导市场经济运行时，应努力做到肯

---

① 张明龙：《健全市场规则体系的宏观对策》，《宏观经济管理》2001 年第 7 期。

定公正、诚实、合法的经济行为，赞扬符合国家、民族、社会整体利益的经济活动，激励能够最大限度地发挥自然、技术、社会、经济方面综合优势的经济建设，支持可以消除“瓶颈”、增加短缺资源有效供给量的经济开发，表彰为国家和人民、为社会主义市场经济新体制建设作出很大贡献的个人或集体。同时，否定恶劣、欺诈、非法的经济行为，谴责违反社会公德或有损于国家财产和人民生活安全的经济活动，鞭挞破坏社会主义建设的违法乱纪分子。只有这样，才能引导生产者自觉维护市场秩序和遵守市场规则，才能使社会主义市场经济在蓬勃向上、积极健康的社会舆论牵引下，迅速而顺利地朝着预定目标推进。

（三）提高名人消费行为的有利示向效果

名人往往在不知不觉中成为一般人仿效的榜样，他们的经济行为在一定条件下可以改变社会的生活习惯和消费方式。如果政府能够采取有效措施，促使领袖人物、影星、体育冠军等名人多消费供应充裕的产品，少消费一时尚不能有效地改变生产增加供应的产品，特别是少消费非人民生活必需而又不能大量生产的产品，就将迅速形成有利于市场经济协调发展的示向效果，引导人们在仿效名人生活方式的过程中形成合理的消费结构。

总之，在社会主义市场经济条件下，不仅需要政府通过自身的改革使市场对资源配置起决定性作用，还要求政府更好地发挥应该发挥的作用。[①] 如果在市场决定资源配置的条件下，政府能够在该发挥作用的地方有效地发挥作用，整个社会是可以做到效率和公平兼顾、经济发展既有活力又可持续的。

第五节　我国宏观调控政策变迁纵向考察

新中国成立以来，国民经济经历了十次紧张和波动，相应进行了十次大的宏观调控。系统考察这些宏观调控的原因和措施，进而揭示我国宏观政策的变迁规律，对于早日建成适应社会主义市场经济的新宏观调

---

① 洪银兴：《论市场对资源配置起决定性作用后的政府作用》，《经济研究》2014 年第 1 期。

控体系，是大有参考价值和借鉴意义的。新中国十次大的宏观调控，按其所处背景分析，大体呈以下三大类。

一　由市场经济走向计划经济时期的宏观调控

第一次宏观调控

1949 年至 1952 年为国民经济全面恢复而进行的宏观调控。我国社会主义制度，以及计划经济体制，是凭借强有力的宏观调控铺平道路而逐步建立的。

由于长期战争和持续十多年的高通货膨胀，使得稳定物价成为新生人民政权面临的最急迫的任务之一。1949 年 10 月 5 日，新中国成立的第五天，中央人民政府政务院财政经济委员会（简称“中财委”）就为抑制通货膨胀召开专门会议，决定采取以下紧急措施：冻结未入市场的货币 10 天，各贸易机关抛售物资 10 天，停止各机关购存物资，检查各银行存款，收缩贷款，加强市场管理。

10 月 20 日，中财委又专门发出《关于 11 月 25 日起平稳物价具体措施的指示》，其主要内容是：

（1）布置京津方面准备布 35 万匹，纱 5000 件；上海方面准备布 110 万匹，纱 28000 件；汉口方面准备布 30 万匹，纱 8000 件；西安方面准备布 40 万匹；从东北调进粮食 6000 万斤。

（2）暂停贷款，按约收回贷款。

（3）11 月 25 日起征具有收缩作用的税收，暂停支付工矿投资和收购资金，推迟半月至 20 天发放地方经费。

（4）各地国有贸易公司从 11 月 20 日起，逐渐提高牌价，到 11 月 24 日与黑市价格持平，然后自 25 日开始一齐抛售，并使价格按市价逐日下降。这次全国统一的平稳物价活动历时半个月，严厉打击了囤积居奇、投机倒把者。

12 月中旬，中财委召开城市供应会议，经过充分讨论，一致认为，当前亟须解决的问题是主要物资供求失调，特别是粮食和花纱布严重短缺。针对这一情况，要着重做好调剂物资（首先是粮、布）和统一贸易两项工作。会议还对全国粮食、纱、布等主要物资的统一调度做了具体部署。

1950年初，政务院和中财委制定、颁布了一系列经济文件，如《关于全国盐务工作的决定》《关于关税和海关工作决定》《全国税政实施要则》《全国各级税务机关暂行组织规程》《工商业税暂行条例》《货物税暂行条例》《公营企业缴纳工商业税暂行办法》《中央金库条例》《关于全国仓库清理调配的决定》《关于抛售物资、催收公债、回笼货币、稳定物价的指示》《关于统一国家公粮收支、保管、调度的决定》《契税暂行条例》《关于印花税、利息所得税、特种消费行为税、使用牌照税、屠宰税五种暂行条例草案的通知》等。特别是1950年3月政务院通过的《关于统一国家财政经济工作的决定》，对提高政府的宏观调控能力和稳定宏观经济起了重要作用。根据这项《决定》，政府采取了加强税收征管，抽紧银根，有计划地抛售物资，合理使用仓库存货，制定机关人员编制，增收节支，惩办经济犯罪分子等一系列政策措施，逐步实现全国财政、金融和物资的统一运行和调控，促使财政消除巨额赤字，收支接近平衡，并控制住通货的大量发行，稳定了市场物价。

1951年，我国继续加强宏观调控，政务院和中财委又新制定了许多经济政策和经济法规，其中主要有：《企业中公股公产清理办法》《关于美国企业及个人存款申请动支的规定》《特种消费行为税暂行条例》《私盐查缉处理暂行办法》《关于实行国家机关、国营企业、合作社财产强制保险及旅客强制保险的决定》《关于没收战犯、汉奸、官僚资本主义及反革命分子财产的指示》《关于土地房产所有证收费的决定》《关于收回东北银行和内蒙古人民银行所发行的地方流通券的命令》《中华人民共和国暂行海关法》《关于划分中央与地方在财政经济工作上管理职权的决定》《专卖事业暂行条件草案》《预算决定暂行条例》《关于全国物价调整办法的指示》《关于改进与加强基本建设计划工作的指示》《关于中央与地方共同投资的基本建设计划及基金管理的规定的指示》等。12月1日，中共中央作出《关于实行精兵简政，增产节约，反对贪污、反对浪费和反对官僚主义的决定》，从此，在全国展开“三反”运动。这一年，我国除原煤外，主要工农业产品已接近或超过战前最高水平。财政上出现了新中国诞生以来第一次收支平衡、略有结余的可喜局面。

1952年1月29日，中共中央发出《关于在城市中限期展开大规模的坚决彻底的“五反”斗争的指示》。一个反对行贿、反对偷税漏税、反对盗窃国家财产、反对偷工减料和反对盗窃国家经济情报的斗争，首先在各大城市并很快在全国各地展开。与此同时，我国政府制定并颁布了《国民经济计划编制暂行办法》《基本建设工作暂行办法》《基本建设拨款暂行办法》《关于统一处理机关生产的决定》《关于统一对苏联及新民主主义国家卢布牌价的决定》《中央金库条例施行细则》等加强宏观调控的重要文件，进一步促使宏观经济有序健康运行。这一年，主要工农业产品全部超过新中国成立前最高水平，财政收支完全平衡，金融物价完全稳定，经济恢复工作胜利完成，为我国进入一个大规模的有计划经济建设新阶段创造了必要前提。

简要小结

这个时期的宏观调控，尽管是为建立计划经济制度服务的，但它立足于市场经济，各种调控措施顺应市场经济正常运行的要求，除了适度使用行政手段外，主要依靠财政政策、货币政策、投资政策、收入政策，以及有效利用库存物资和及时投放紧缺物资等经济手段和相应的法律手段，其中许多成功的经验，对当前的宏观调控仍可资借鉴和参考。①

二　计划经济体制下的宏观调控

第一次宏观调控

1953年6月，中央召开财经会议，采取一系列调整措施，纠正经济建设投资规模过大。

1953年是我国执行第一个五年计划的第一年，也是开始大规模地对农业、手工业和资本主义工商业进行社会主义改造的第一年。这一年的主要计划指标是：工农业总产值为886亿元（包括个体手工业51亿元），比上年增长12.35%，农业总产值为506亿元，增长6.4%；工业总产值（不包括个体手工业）为329亿元，其中工业投资38.5亿元。新建大中型项目136个；房屋建筑面积2727万平方米；新建铁路铺轨608公里。国家预算总收入和总支出均安排为233.5亿元。由于计划工

① 张明龙：《新中国八次大的宏观调控》，《天府新论》1996年第5期。

作经验不足，财政打了赤字预算，把已作为银行信贷基金使用的上年财政结余30亿元列为财政收入抵作当年支出；又因支出摊子铺得太大，尤其是基本建设投资实际执行总额比上年增长107.6%，财政收入增加有限，使预算公布不久，财政和信贷资金就出现了周转困难。

到6月，在中央召开的财经会议上，及时发现了上述宏观经济运行中产生的问题，马上采取针对性措施，如加强基本建设管理，纠正修正税制中变更纳税环节的失误，进一步完善税收政策，改进商业、银行工作。同时开始实行粮食的计划收购和计划供应，实行棉花、纱布和食油的统购统销等。8月27日，财政部向中央提出了关于解决当年财政收支平衡的报告。其具体措施：一是增加财政收入。银行增缴利润2亿元，并从下半年银行发行货币8亿元中拿出6亿元作财政支付。二是减少支出。中央经济建设费少支5亿元；军费少支3亿元；中央文教、行政费少支2.5亿元；地方少支2亿元。四项总计可少支12.5亿元。中共中央同意财政部所提各项措施并批转这个报告。同时发出紧急指示，号召全党全国人民通过增加生产、扩大收购和销售、加速资金周转和做好税收工作等来增加收入，厉行节约，大力缩减军费开支和行政经费，节约粮食，坚决保证财政部提出解决赤字具体方案的实现。中央指示下达后，各地区、各部门都迅速召开会议进行传达，并根据具体情况拟定执行中央指示的具体措施。

这次宏观经济出现的问题，由于发现及时，加上调整措施具体有力，几乎没有造成失衡影响，基本上完成了“一五”计划规定的本年度各项指标，工业生产发展较快，其总产值比上年增长30.3%。

第三次宏观调控

1956年11月，提出在“保证重点、适当压缩”的方针下考虑安排来年计划。通过加强综合平衡，纠正当时经济工作中产生的急于求成倾向。

1956年，我国正处于社会主义改造和社会主义建设的高潮之中，出现了扩大基本建设、增发农村贷款和提高职工工资齐头并进的局面。基建拨款占财政支出的比重由上年的32.9%猛升到45.7%；农村贷款比上年多投放20亿元；职工工资比上年增长14%。结果，财政出现了18.3亿元的赤字，市场货币流通量比上年底增加17亿元，其中有相当部分是超过正常需要的，造成市场物价波动，供应紧张，商业库存比上年减少 19 亿元，每百元基建投资新增固定资产比上年下降 10.8 元。

针对上述情况，1957 年的计划安排，坚持物资、财政和信贷三大平衡，瞻前顾后，注意年度之间的相互衔接，避免过大起伏。认为原材料的供应必须有分配的顺序。在原材料供应紧张的时候，首先要保证生产生活必需品的生产部门最低限度的需要，其次要保证必要的生产资料生产的需要，剩余的部分用于基本建设。避免盲目扩大基本建设规模，挤掉生活必需品的生产。还提出了解决当时社会总需求较大幅度超过总供给的三条重要措施：一是开展增产节约运动；二是适当压缩基本建设的投资额；三是有计划地控制社会购买力增长速度。由于 1957 年的国民经济计划指标合乎实际，国家预算执行情况良好，财政收支超额完成，宏观经济转入正常运动，保证了第一个五年计划的圆满完成。

第四次宏观调控

1960 年下半年，提出著名的“调整、巩固、充实、提高”八字方针，此后数年，大力收缩基建战线，对亏损企业实行“关、停、并、转”，加强财政和银行的集中管理，并采取若干临时的高价措施，回笼过多货币。

这次宏观调控起因于 1958 年的“大跃进”。“大跃进”期间，以高指标、瞎指挥、浮夸风和“共产风”为主要标志的“左”倾错误严重泛滥，打乱了正常的经济秩序，国民经济主要比例出现严重失调。经济工作上存在的主要问题是：

（1）钢铁等重工业孤军突出，超速增长。重工业产值比上年猛增 78.8%，比“一五”时期重工业平均增长速度快两倍多。

（2）农业发展速度放慢，一些主要农产品的产量有较大幅度下降。农业总产值只比上年增长 2.4%，它在工农业总产值中的比重整整下降了 9 个百分点。

（3）基本建设规模急剧膨胀，积累率迅速上升，全国投资总额高达 269 亿元，比上年增加 126 亿元，增长 87.7%，积累率由上年的 24.9% 提高到 33.9%。

（4）忽视经济效益，造成财政虚假收入。由于片面追求速度，工厂粗制滥造的产品，交给商业部门，实现利润，又实现税收，但实际上这些东西都积压在仓库里，没有卖出去。经实际核实，当年收支相抵，存在21.80亿元赤字。

（5）财力和管理分散，政府宏观调控能力大大减弱。

1959年，重工业继续以“大跃进”的速度上升，它的总产值比上年增长48%以上。基本建设战线进一步拉长，全国基本建设投资在上年急剧膨胀的基础上，又增加了80.7亿元，增长30%。积累率上升到43.8%，成为新中国成立以来最高的一年。而农业遭到自然灾害，其总产值比上年下降13.6%。这使得国民经济主要比例关系失调状况更趋严重，进而导致建设规模与国力完全失去平衡，财政赤字高达65.74亿元。

1960年，由于重工业和基本建设“继续跃进”，农业继续遭受严重自然灾害而大幅度减产，轻工业生产出现倒退，进一步加剧了国民经济比例关系失调状况。财政出现81.8亿元赤字，货币发行过多，商品零售价格普遍上涨，市场供应十分紧张。尽管七月的北戴河会议就已提出宏观经济的调整方针，但由于种种原因，许多调整措施并没有落实到具体工作中，致使这一年的宏观经济运行遇到了严重困难。

1961年，全国各地全面贯彻“调整、巩固、充实、提高”八字方针，宏观经济失衡势头得到了控制。重工业发展速度放慢，其产值比上年下降46.6%。基本建设投资大幅度回落，比上年减少261亿元，下降67.2%。积累率也随之比上年降低20.4%，仅为19.2%。经过调整后，宏观经济运行在某些方面开始有所好转。

1962年，宏观经济调整进入关键性阶段，各级政府在全面、扎实贯彻执行八字方针的同时，采取了一系列具体有效的调整措施。1月中旬，中共中央在北京召开扩大会议，制定以下政策和措施：

（1）减少城镇人口，精减职工；

（2）压缩基本建设规模，缩短重工业战线，充实轻工业，保证石油工业；

（3）加强和发展农业生产，削减粮食征购量，对农民实行退赔，提高农产品收购价格，使农民得以休养生息；

（4）稳定市场，回笼货币，消灭财政赤字。

此后，中共中央、国务院，以及国家计委、财政部等，制定了一系列加强宏观调控的政策、法规，如《关于切实加强银行工作的集中统一，严格控制货币发行的决定》《关于恢复建设银行机构加强领导的通知》《关于严禁各地进行计划外工程的通知》《关于厉行节约的紧急规定》《关于严格控制财政管理的决定》《关于清理基本建设单位拖欠贷款的报告》《关于严格执行基本建设程序、严格执行经济合同的通知》《关于坚决执行国家计划和预算，严格管理资金和物资的指示》等。这一年，整个国民经济开始好转：农业生产得到一定恢复，粮食总产量比上年增加250亿斤，生猪比上年增加2440多万头，农业生产总值比上年增长6.2%。农业和工业的比例关系、重工业和轻工业的比例关系，都开始有所改善。全国集市贸易价格比上年下降35%，城乡人民生活水平有所回升。基本建设投资比已经大幅度缩减的上半年又下降44.1%。财政收支相抵，结余8.3亿元。市场通货增加的局面开始扭转，在社会商品零售总额同上年基本持平的情况下，年末货币流通量比上年减少19.2亿元，下降15%。

1963年9月上旬，中共中央在北京举行工作会议。会议讨论了农村工作、工业发展，以及1964年国民经济计划问题。会议确定从本年起，再用三年时间继续“调整、巩固、充实、提高”的工作，使其成为今后发展的过渡阶段。本次宏观调控到1965年，国民经济全面恢复了正常，工农业生产都完成和超额完成了计划任务。市场繁荣，物价稳定，人民生活有了进一步改善。

简要小结

本阶段三次宏观调控，尽管所处背景不大一样，但其治理对象基本相似，重点都是抑制扩张冲动，缓解投资饥渴。在传统体制下领导者的权力、地位、声望和物质报酬，会随着经济发展而增长，同时不必承担经济损失或企业破产的风险，结果扩张冲动造成了不可满足的投资饥渴，进而导致宏观经济混乱。我们不难悟出：只要旧体制尚未彻底改变，只要其惯性没有完全消失，扩张冲动和投资饥渴就随时可能成为宏观失控的重要原因，在今后很长一段时间里，这仍应值得我们警惕。

三　由计划经济走向市场经济时期的宏观调控

第五次宏观调控

1979年6月18日至7月1日，第五届全国人民代表大会第二次会议，通过了全国工作重点转移和对国民经济实行“调整、改革、整顿、提高”八字方针的重要决策。会后，即在全国开始国民经济调整工作。

这次宏观调控面临着特殊困难：“文化大革命”十年动乱，国民经济遭到严重破坏，经济结构全面失衡，全国经济濒于崩溃的边缘。粉碎“四人帮”后的头两年，扩张冲动的诱因依然存在，出现了大计划、高指标的“洋跃进”，使农轻重比例、积累与消费比例的失调状况雪上加霜，更趋严重。

本次宏观调控的一项重要预备性措施，是先调低1979年的国民经济计划指标：农业生产增长速度由原订的5%～6%调整为4%以上；工业生产增长速度由10%～12%调整为8%，其中轻工业增长8.3%，重工业增长7.6%；财政收入由1260亿元调整为1120亿元；国家预算直接安排的基建投资由457亿元调整为360亿元，加上利用外汇贷款安排的基建投资，总规模为400亿元，压缩基建规模，控制引进项目，稳定和调整物价，平衡财政收支，控制人口增长等十多项具体措施，国民经济开始向协调合理的方向发展。

为了进一步巩固宏观调控成果，1980年冬，决定把本次国民经济调整工作延长到第六个五年计划期间。1981年，国民经济作了进一步调整。推倒了原来十年规划中的高指标，本着实事求是的原则，对国民经济和社会发展计划进行了必要的修改。本年的经济增长速度虽然不太高，但经济结构更趋合理，为今后经济的长期稳定创造了条件。1982年和1983年，继续贯彻执行本次宏观调控方针，国民经济发展取得了可喜成就，农业生产连年获得丰收，工业稳定增长，工农业总产值和粮、棉、煤、原油等33种主要工农业产品产量，提前两年达到第六个五年计划规定的1985年指标。固定资产投资结构趋向改善。财政、信贷收支持续保持基本平衡。

第六次宏观调控

1985年3月，提出加强对宏观经济的控制，努力搞好资金综合平衡工作。

“六五”期间前三年，国民经济发展比较平稳，国民收入分别比上年增长4.9%、8.3%和9.8%。到1984年，为了提前实现翻番目标，全国各地普遍增温加压，相互攀比增长速度，加工工业畸形发展，能源和交通运输供应日趋紧张；经济效益下降，预算内工业企业的可比产品成本比上年提高 1.3%；固定资产投资和消费基金增长过猛，导致银行货币投放过多，商品价格上涨，社会总供给跟不上总需求的变化。

本次宏观调控的主要任务，就是缓解 1984 年以来的经济发展过热现象。经过努力，当年即见较大成效：工业增长速度由上半年的 23.1%下降到第四季度的 10.2%；基建投资增长速度由上半年的 43.5%下降到下半年的 30.8%。消费基金增长过快的趋势也基本上得到控制。1986 年继续加强宏观调控，进一步消除影响经济发展的某些不稳定因素，国民经济主要比例关系明显改善，生产速度跟经济结构渐趋合理。

第七次宏观调控

1988 年第四季度至 1991 年的治理整顿。

进入 1988 年，国民经济出现了加速发展势头，但宏观失控问题也随之加速积累。1988 年第一、二、三季度，经济出现增长速度逐渐加快的动向：工业生产比上年同期分别增长 16.7%、17.6%和 18.2%，固定资产投资比上年同期分别增长 11.3%、15.4%和 18.1%，银行对工资及个人其他支出比上年同期分别增长 21.1%、27.6%和 33.8%，市场货币流通量比上年同期分别增加 26.2%、35.9%和 45.7%。这种投资需求和消费需求的双向膨胀，使得现有国力和社会生产能力支撑不了庞大的建设规模和严重膨胀的社会消费需求，现有农业支撑不了过大的工业生产规模，现有能源、交通和原材料的供应能力支撑不了过大的加工工业，结果社会总需求远远超过社会供给，引发抢购风潮，推进通货膨胀预期，当年零售物价指数上升到改革开放以来的最高点，达到 18.5%。

自 1988 年第四季度开始，国家采取严厉措施清理、压缩固定资产投资的在建项目，集中部分投资审批权以控制新开工项目，对年度固定资产投资规模及在建总规模实行指令性计划管理，严格控制银行的固定资产投资，迫使投资规模逐步收缩，增幅较快回落。

在整个治理整顿时期，由于采取财政和金融双紧政策，国民经济在紧缩条件下运行，在调整过程中前进。结果是通货膨胀率逐年降低，货币超经济发行状况全面扭转，财政收支趋向平衡，产业结构较快改善，经济效益得以提高。

第八次宏观调控

1993年下半年开始，政府采取适当紧缩的宏观调控政策。

我国经济经过治理整顿，又进入新一轮高速增长阶段。1992年，国民生产总值比上年增长13.2%。1993年6月达到高峰，工业总产值增长率为30.2%。伴随经济高速增长，宏观失控现象日渐明显：投资规模过大，1993年上半年固定资产投资增幅高达76.7%，工业增长超出了正常范围和社会资源可支撑能力；货币投放过多，物价涨幅过高，全国35个大中城市居民生活费用价格，1993年与上年同期相比，1月份上涨14.7%，6月份上涨21.6%，11月份仍上涨21.9%。瓶颈制约加重，能源、交通运输和一些重要原料供应十分紧张。金融秩序混乱，随着股票热、房地产热、集资热和开发区热的出现，资金“体外循环”现象十分突出，信贷收支、财政收支和国际收支出现了明显不平衡。

针对上述情况，党中央和国务院在1993年6月及时提出加强宏观调控的16条措施，以整顿金融秩序为重点，制止乱集资、乱拆借和乱设金融机构现象，减少货币供应，降低财政支出增长率，控制投资膨胀和过旺的消费需求，大量清理开发区，压缩经济中的“泡沫”成分，促使过高的工业增长速度逐步回落。

自1994年以来，围绕“抓住机遇，深化改革，扩大开放，促进发展，保持稳定”的全党全国工作大局，正确处理改革、发展和稳定三者的关系，在宏观调控已有成效的基础上，实施各项重大改革，集中力量治理通货膨胀，继续实行固定资产投资和货币供应量适度从紧政策。还把宏观调控与经济结构调整紧密结合起来，掌握不同的松紧弹性，对农业、基础工业、支柱产业和“瓶颈”产业给予政策扶植，保证资金供给；并加大国家重点项目，重点开发区和中西部地区的投资力度，进而实现经济增长方式从粗放型向集约型的转变，努力促进国民经济持续、快速和健康发展。

1996年11月，中共中央、国务院召开的经济工作会议认为，经过近三年的努力，以治理通货膨胀为首要任务的宏观调控基本上达到预期目的。1997年，经济增长8.8%，物价上涨0.8%，经济发展出现了高增长、低通胀的良好格局。

第九次宏观调控

1998 年上半年，政府开始转向适度扩张和积极扩大内需的宏观调控政策。

据有关统计资料表明，自 1997 年下半年以来，我国出现了物价指数上涨率呈负增长的通货紧缩迹象，1998 年上半年全社会商品零售物价指数上涨率为 -2.1%，通货紧缩现象日趋明显。特别是，通货紧缩与突发性高失业率交织在一起，造成大量社会生产力的闲置和过剩。同时，由于亚洲金融危机加剧，对我国经济特别是外贸出口带来了很大影响，致使出口在 5 月份出现了负增长。不久，又出现了新中国成立以来最严重的洪涝灾害。在此情况下，中央决定适时调整宏观经济政策，由适度从紧转向适度扩张，把扩大内需和降低失业率作为宏观调控的主要目标，及时提出采取更加有利的财政政策，刺激国内有效需求加大，拉动经济增长。

1998 年 7 月中旬，党中央、国务院在听取国家计委工作汇报的基础上，形成了中央 12 号文件，进一步提出采取更加有力的措施，推行更加积极的财政政策，加大基础设施建设力度，大力拓展消费领域，继续扩大国内消费需求。其中主要措施是：把全社会固定资产投资增长幅度从原来的 10% 调整为 15% 以上，主要用于加强农林水利、铁路、公路、通信、环保、城市基础设施建设，并集中力量增加粮库、农村和城市电网、城市经济适用住房及生态环境等方面的建设投资。为了落实建设资金，由中央财政发行 1000 亿元 10 年期国债，补充和增加基础设施建设项目资本金，同时吸引银行贷款 1000 亿元左右。

从 1999 年至 2008 年 11 月，我国实施的宏观调控政策措施主要有：

(1) 坚持实行扩大内需政策。通过建立健全全面协调可持续发展的制度保障，完善政府社会管理和公共服务职能，同时综合运用财政政策和货币政策，积极发展农业和农村经济，大力推进新型工业化，着力促进社会发展和解决民生问题，努力实现国内需求持续快速增长。2008 年 11 月 9 日，国务院公布扩大内需、促进经济增长十项措施。为落实这一重大举措，三天后国务院又制定了四项实施措施：①核准审批固定资产投资项目；②提高部分产品出口退税率，调整部分产品出口关税；③确定中央财政地震灾后恢复重建基金的具体安排方案；④提出进一步加强支持林业生态恢复重建的政策措施。

（2）整顿和规范市场经济秩序。2001 年 4 月 2—4 日，国务院在北京召开全国整顿和规范市场经济秩序工作会议。朱镕基出席会议并作了重要讲话。李岚清作了《大力整顿和规范市场经济秩序，为加快推进现代化建设创造良好环境》的报告。2006 年 7 月 6 日，建设部、发改委、工商总局下发《关于进一步整顿规范房地产交易秩序的通知》，提出努力营造主体诚信、行为规范、监管有力、市场有序的房地产市场环境。2007 年 7 月 25 日，国务院颁发《关于加强食品等产品安全监督管理的特别规定》。它严格规定了生产经营者的行为规范，强化了地方人民政府和监督管理部门的职责，加大了对违法行为的处罚力度。2008 年 1 月 15 日，经国务院批准，发展改革委发布《关于对部分重要商品及服务实行临时价格干预措施的实施办法》，涉及范围主要是成品粮及粮食制品、食用植物油、猪肉和牛羊肉及其制品、牛奶、鸡蛋、液化石油气等重要商品。

（3）加强税收的宏观调控力度。这一期间，各项税收法律、法规及各项配套措施逐步落实到位，全国财税收入快速增长，但国内并没有因税改而引起物价大幅度上涨。这表明，我国税收的调控作用更加明显，已进一步与国际税收接轨，从而促进了对外开放。

（4）全面深化金融体制改革。改革开放以来至此，全国金融工作会议共开过三次，其中两次集中在这一阶段。2002 年 2 月 5—7 日，改革开放以来的第二次全国金融工作会议在北京召开。会议主题是“加强金融监管、深化金融改革、防范金融风险、整顿金融秩序、改善金融服务”。2007 年 1 月 19—20 日，中央召开第三次全国金融工作会议，明确了金融生态环境建设的核心内容和工作方向，对未来一个历史时期我国金融改革发展稳定工作做了全面部署。29 日，中共中央、国务院发出《关于全面深化金融改革促进金融业持续健康安全发展的若干意见》。

第十次宏观调控

从 2008 年 12 月至今，宏观调控表现为，在实施积极财政政策的同时，先是采用适度宽松的货币政策，进而采用稳健的货币政策。

改革开放以来的 30 多年中，产业结构变迁对我国经济增长的贡献曾经十分显著。然而，随着市场化程度的提高，产业结构变迁对经济增长的贡献呈现不断降低的趋势，逐渐让位于技术进步的力量[①]。也就是说，技术进步的力量，将逐步取代产业结构变迁所体现的市场化力量。在此宏观经济背景下，要求宏观调控政策必须作出相应的调整。

2008 年 12 月 3 日，国务院召开常务会议。会议指出，为了应对国际金融危机，保持经济平稳较快发展，必须认真实行积极的财政政策和适度宽松的货币政策，进一步加大金融对经济发展的支持力度。要通过完善配套政策措施和创新体制机制，调动商业银行增加信贷投放的积极性，增强金融机构抵御风险的能力，形成银行、证券、保险等多方面扩大融资、分散风险的合力，更好地发挥金融支持经济增长和促进结构调整的作用。会议研究确定了九项金融促进经济发展的政策措施。

2010 年 12 月，中央召开的经济工作会议强调，从 2011 年开始，在继续实施积极财政政策的同时，把适度宽松的货币政策调整为稳健的货币政策，主要是控制新增货币过快增长，并努力缓解已有存量货币可能产生的通货膨胀压力。会议还强调，要增强宏观调控的针对性、灵活性和有效性。

2012 年 12 月，中央召开的经济工作会议提出：我国要继续实施积极的财政政策和稳健的货币政策。体现积极财政政策的具体措施有：（1）中国人民银行持续减少我国外汇储备的增量；（2）中国人民银行下调存贷款基准利率和存款准备金率；（3）财政部、国家税务总局提高小微型企业增值税和营业税起征点；（4）国家发改委决定在“十一”黄金周之前分批降低部分游览景点门票价格等。

2014 年 12 月，中央召开的经济工作会议认为，科学认识当前形势，准确研判未来走势，必须历史地、辩证地认识我国经济发展的阶段性特征，准确把握经济发展新常态。会议强调，经济发展进入新常态，主要任务是努力保持经济稳定增长。关键是保持稳增长和调结构之间的平衡，坚持宏观政策要稳、微观政策要活、社会政策要托底的总体思路，保持宏观政策连续性和稳定性，继续实施积极的财政政策和稳健的货币政策。积极的财政政策要有力度，货币政策要更加注重松紧适度。

---

① 刘伟、张辉：《中国经济增长中的产业结构变迁和技术进步》，《经济研究》2008 年第 11 期。

要促进“三驾马车”更均衡地拉动增长。同时，还要积极发现培育新增长点，加快转变农业发展方式，优化经济发展空间格局，加强保障和改善民生工作。

目前，我国经济增长失衡已经出现了新的变化和新特征，这种变化表现在我国经济进入新的增长阶段后，新经济约束条件发生了多方面的变化，自然经济增长率出现新的长期回落。① 需要指出的是，我国宏观调控面临着既要保增长又要防通胀的“两难”选择，必须坚持统揽全局、统筹兼顾。因此，要保持宏观政策的连续性和稳定性，避免其出现急速转向和过激调整，导致宏观经济运行出现大起大落。同时，要密切跟踪国内外经济形势的新变化，加强预测和预研，及时采取必要的微调措施，增强宏观调控政策的针对性、灵活性和前瞻性。只有这样，才能确保我国经济在稳定的基础上实现持续增长，在“两难”的困境面前获得突破。

简要小结

从计划经济走向市场经济的改革时期，我国政府对经济发展进行宏观调控的自觉性逐步增强，有效性不断提高，特别是对调控时机、调控力度和调控手段的把握更趋准确。这一时期宏观调控政策和特点表现为：直接调控和间接调控并存，行政调控、经济调控与法律调控同用，总量调控和结构调控并重；直接调控、行政调控和总量调控方面的政策力度渐趋减弱，间接调控、经济和法律调控、结构调控方面的政策力度日益增强。

第六节　宏观调控部分教学研究

一　运用公式推导讲解扩大再生产公式的相互联系

社会资本扩大再生产，涉及社会总供给与总需求的平衡，是宏观经济方面的一个重要内容。随着政治经济学教科书版本的增多，学术研究文章的增加，社会资本扩大再生产的实现条件和公式也多起来了。这一方面反映了理论教学和研究不断向纵深发展，另一方面由于不同教科书

① 刘伟：《我国经济增长及失衡的新变化和新特征》，《经济学动态》2014 年第 3 期。

选择的公式不尽一致，难免有失偏颇，有的公式相互之间缺乏有机联系，又会给学习和教学造成一定困难。为使理论阐述更加完整、明确、易懂，方便学习和教学，以下试图通过推导，把社会资本扩大再生产实现条件的主要公式结成统一的整体。

（一）从生产资料方面分析

扩大再生产，首先必须有追加的生产资料，以满足两大部类追加不变资本的需要。因此，第一个前提条件是：

$$\text{Ⅰ}(v+m) > \text{Ⅱ}c \tag{7-1}$$

公式（7－1）表明：第一部类可变资本价值与剩余价值之和，必须大于第二部类不变资本价值。只有这样，才能从第一部类的剩余产品中留下一部分作为追加生产资料之用。那么余下多少才合适呢？

我们先把剩余价值分解为追加的不变资本（Δc）、追加的可变资本（Δv）和供资本家个人消费的剩余价值部分（$\frac{m}{x}$），即 $m = \Delta c + \Delta v + \frac{m}{x}$，并假定第一部类原有可变资本价值和供资本家个人消费的剩余价值之和等于第二部类不变资本价值，那么（7－1）式左端比右端大了个积累部分，左端减去新积累的 Ⅰ Δc 和 Ⅰ Δv，两端就相等。即 $\text{Ⅰ}(v+m-\Delta c-\Delta v) = \text{Ⅱ}c$，或 $\text{Ⅰ}(v+m) = \text{Ⅱ}c + \text{Ⅰ}\Delta c + \text{Ⅰ}\Delta v$。其中 Ⅰ Δv 是第一部类用来购买追加消费资料的，但它的实物形态都是供第二部类追加不变资本用的生产资料，可见，Ⅰ Δv 与 Ⅱ Δc 必须通过交换，而且价值必须相等，才能实现，把 $\text{Ⅰ}\Delta v = \text{Ⅱ}\Delta c$ 代入上式，得：

$$\text{Ⅰ}(v+m) = \text{Ⅱ}c + \text{Ⅰ}\Delta c + \text{Ⅱ}\Delta c \tag{7-2}$$

公式（7－2）表明：第一部类剩余产品中留作追加生产资料的部分刚好等于两大部类需要追加的生产资料。

在（7－2）式两端各加 Ⅰ c，得：

$$\text{Ⅰ}(c+v+m) = \text{Ⅰ}(c+\Delta c) + \text{Ⅱ}(c+\Delta c) \tag{7-3}$$

公式（7－3）表明：第一部类的全部产品，必须能够满足两大部类补偿消耗掉的生产资料和追加生产资料的需要。

把（7－3）式中的 Ⅰ m 分解为 $\text{Ⅰ}\Delta c + \text{Ⅰ}\Delta v + \text{Ⅰ}\frac{m}{x}$，得：

$$Ⅰ\left(c+v+\Delta c+\Delta v+\frac{m}{x}\right)=Ⅰ(c+\Delta c)+Ⅱ(c+\Delta c),$$

约简后就是：

$$Ⅰ\left(v+\Delta v+\frac{m}{x}\right)=Ⅱ(c+\Delta c) \quad (7-4)$$

公式（7-4）表明：第一部类能够向第二部类提供的生产资料价值，与第二部类能够向第一部类提供的消费资料价值，应该相等。或两大部类需要互相交换的产品，其价值必须相等。

（二）从消费资料方面分析

扩大再生产还必须有追加的消费资料，以满足两大部类追加可变资本的需要。因此，第二个前提条件是：

$$Ⅱ\left(c+m-\frac{m}{x}\right)>Ⅰ\left(v+\frac{m}{x}\right) \quad (7-5)$$

公式（7-5）表明：第二部类不变资本价值与供积累用的剩余价值之和，必须大于第一部类可变资本与供资本家个人消费用的剩余价值之和。只有这样，才能从第二部类的剩余产品中留下一部分作为追加的消费资料之用。那么该余下多少呢？

因为$Ⅱm=Ⅱ\Delta c+Ⅱ\Delta v+Ⅱ\frac{m}{x}$，那么$Ⅱ\left(m-\frac{m}{x}\right)=Ⅱ\Delta c+Ⅱ\Delta v$。由于（7-5）式左端比右端大了个积累部分，即大了$m-\frac{m}{x}$或$Ⅱ\Delta c+Ⅱ\Delta v$，所以左端减去新积累的$Ⅱ\Delta c$和$Ⅱ\Delta v$，两端就相等，即$Ⅱ\left(c+m-\frac{m}{x}\right)-Ⅱ\Delta c-Ⅱ\Delta v=Ⅰ\left(v+\frac{m}{x}\right)$，或$Ⅱ\left(c+m-\frac{m}{x}\right)=Ⅰ\left(v+\frac{m}{x}\right)+Ⅱ\Delta c+Ⅱ\Delta v$，其中$Ⅱ\Delta c$是第二部类用来购买追加生产资料的，但它的实物形态却是供第一部类追加可变资本用的消费资料，可见$Ⅱ\Delta c$与$Ⅰ\Delta v$价值必须相等，并通过交换实现，把$Ⅱ\Delta c=Ⅰ\Delta v$代入上式，得：

$$Ⅱ\left(c+m-\frac{m}{x}\right)=Ⅰ\left(v+\frac{m}{x}\right)+Ⅰ\Delta v+Ⅱ\Delta v \quad (7-6)$$

公式（7-6）表明：第二部类剩余产品中留作追加消费资料的部分，刚好等于两大部类需要追加的消费资料。

在（7－6）式两端各加Ⅱ$\left(v+\frac{m}{x}\right)$，得：

$$Ⅱ\left(c+m-\frac{m}{x}+v+\frac{m}{x}\right)=Ⅰ\left(v+\Delta v+\frac{m}{x}\right)+Ⅱ\left(v+\Delta v+\frac{m}{x}\right)$$

，约简后就是：

$$Ⅱ\left(c+v+m\right)=Ⅰ\left(v+\Delta v+\frac{m}{x}\right)+Ⅱ\left(v+\Delta v+\frac{m}{x}\right) \quad (7-7)$$

公式（7－7）表明：第二部类的全部产品必须能够满足两大部类原有工人、追加工人和资本家的生活消费的需要。

把（7－7）式中的Ⅱm分解为ⅡΔc＋ⅡΔv＋Ⅱ$\frac{m}{x}$，得：

$$Ⅱ\left(c+v+\Delta c+\Delta v+\frac{m}{x}\right)=Ⅰ\left(v+\Delta v+\frac{m}{x}\right)+Ⅱ\left(v+\Delta v+\frac{m}{x}\right)$$

，约简后就是：

$$Ⅱ\left(c+\Delta c\right)=Ⅰ\left(v+\Delta v+\frac{m}{x}\right) \quad (7-8)=(7-4)$$

公式（7－8）就是公式（7－4）。

（三）从社会总产品方面分析

以上（7－1）、（7－2）、（7－3）、（7－5）、（7－6）、（7－7）六个公式，分别从各个侧面反映了扩大再生产过程中社会生产和社会需要之间的内在联系，表明了扩大再生产条件下社会生产两大部类所必须遵循的主要比例关系。同时这六个公式又集中表现在公式（7－4）上，所以，Ⅰ$\left(v+\Delta v+\frac{m}{x}\right)=Ⅱ\left(c+\Delta c\right)$是社会资本扩大再生产实现条件的基本公式。

公式（7－4）不仅包含（7－1）、（7－5）两个前提条件和（7－2）、（7－3）、（7－6）、（7－7）四个实现条件，而且也包含着简单再生产的基本公式。因为简单再生产时，资本家把剩余价值全部用作个人消费，没有积累，$\frac{m}{x}=m$，$\Delta c=0$，$\Delta v=0$；把这些代入公式（7－4），得Ⅰ$\left(v+0+m\right)=Ⅱ\left(c+0\right)$，即Ⅰ$\left(v+m\right)=Ⅱc$。公式

（7－4）还反映了两大部类之间的相互制约关系，表明第一部类的积累引起并规定着第二部类积累的规模；第二部类的积累对于第一部类也具有制约的作用。

此外，不同时期，在多种因素影响下，资本家用作个人消费的 $\frac{m}{x}$ 在剩余价值中所占的比例是不一致的，这样，Ⅰ $(v+\frac{m}{x})$ 就可以等于、大于或小于Ⅱ c。但从较长的时期看，由于资本家对剩余价值的追逐和竞争的迫使，积累率必须维持在一定高度，而且通常变化比较缓慢，因此Ⅰ $(v+\frac{m}{x})$ 与Ⅱ c 基本趋于一致。当Ⅰ $(v+\frac{m}{x})$ ＝Ⅱ c，两大部类内部交换又能顺利进行时，那么可以从公式（7－4）中推出：

$$\text{Ⅰ}\ \Delta v = \text{Ⅱ}\ \Delta c \qquad (7-9)$$

公式（7－9）表明：两大部类消耗掉的生产资料和消费资料得到补偿后，第一部类能够向第二部类提供的追加生产资料和第二部类能够向第一部类提供的追加消费资料，在价值上应该相等。

二　运用分解式示意图讲解基本原理

用分解式示意图讲解凯恩斯的经济危机理论，如图 7－1 所示。

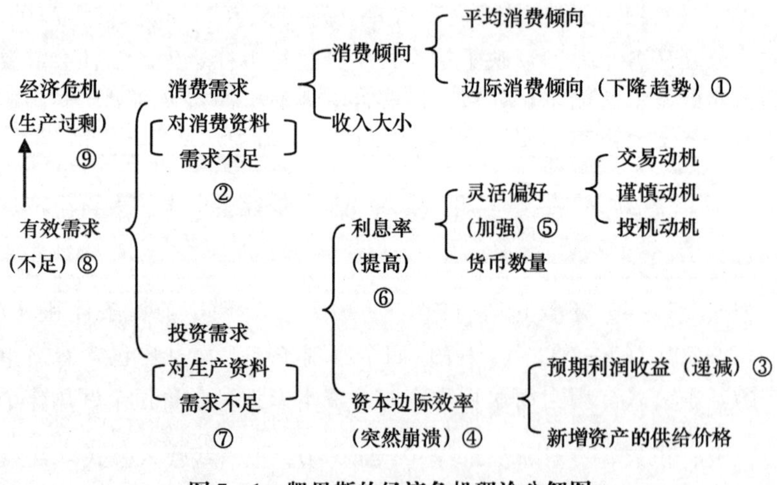

图 7－1　凯恩斯的经济危机理论分解图

三　运用案例通俗讲解资本主义经济危机的实质与根源

“宝贝，你在天堂门口等着我。”在巴黎塞纳河畔风景秀丽的地方，在栽满苍松翠柏、奇花异草的坟场里，有这么一块大理石墓碑。竖碑人不是死者的父母，也不是死者的丈夫或妻子，而是死者的主人。——这是西方成千上万座狗坟中的一座。与狗同是家畜的其他动物，未敢企求如此洪福。1933 年，美国有 640 万头猪、2300 万头牛羊在死神无情的追逐下好端端地被投入茫茫大海，葬身鱼腹。[①]

为什么狗与猪、牛、羊的生命结局有天壤之别呢？原来尔虞我诈，弱肉强食，是资本主义社会铁的规律；狼多肉少的矛盾结果，迫使至爱亲朋背信弃义，互相厮杀。在竞争搏斗之余和百无聊赖中，富人们想起狗的驯顺和忠诚，为了寻找精神寄托，与狗作伴成了他们生活中一项重要内容，狗成了贵妇人怀里的宠物，市场供应远远满足不了需求，于是身价百倍。而猪、牛、羊主要是供人们用作肉食的，此时此刻，饲养得太多，购买者又少，供给大大超过需求，卖不出去，生产过剩了。大量商品找不到销路，生产下降，市场萎缩，企业倒闭，工人失业人数大增。经济生活和社会生活就像遭受瘟疫和地震的剧烈破坏一样，突然陷入瘫痪和混乱之中，资本主义国家这样每隔若干年爆发一次生产过剩的社会经济大混乱就是经济危机。

资本主义社会生产的东西真的太多了吗？当然不是。一本描述危机期间工人生活的书中，有这样一段情节：一个牛奶场工人，家里出生不久的小女儿饿得奄奄一息，因为他买不起牛奶。为什么买不起牛奶呢？因为他失业了，身边没有钱。他为什么会失业呢？因为牛奶太多了卖不出去。虽然他一向勤劳肯干而且很正派，明知偷东西是坏事，但不忍眼睁睁地看着自己的骨肉活活饿死，他不得不忍心指使自己的大孩子去偷牛奶。这就是每次经济危机所表现出来的极为荒唐和矛盾现象的一个缩影。广大劳动群众忍饥挨饿，是因为生产的粮食、肉乳“太多”；纺织工人衣不蔽体，是因为织的布帛“太多”；煤矿工人家里没有煤烧而受

① 张明龙：《貌似荒唐的社会瘟疫——谈谈资本主义经济危机的实质、根源》，《浙江青年》1984 年第 4 期。

冻，是因为挖出来的煤“太多”；建筑工人失业流浪，无处栖身，是因为造的房子“太多”。正如傅立叶所说的，“富裕变成了贫穷和困苦的源泉。”显然，所谓生产“过剩”，并不是说劳动人民已经富有得再也不想添置东西，而是他们穷得叮当响，无钱购买迫切需要的生活用品。商品之所以卖不出去，是因为广大劳动人民的购买力十分有限。相对于这种十分有限的购买力，资本主义生产确似过剩了。如果能把这些“过剩”的商品用于改善人民生活，充分利用物质资料，恐怕连一条猪尾巴也不会多出来。

危机的强波，冲得资本家仿佛患了精神病，违背常理地拿小麦当煤烧锅炉，把棉花毁在棉田里，把新鲜牛奶倒入臭水沟，把猪、牛、羊抛入大海，等等。这是为什么？

实际上，这种离奇的做法并不离奇。当市场上主要商品由许许多多资本家一起经营，每个资本家的商品量在全部商品中所占比重不大时，那么谁也不愿意把自己的商品毁掉，总是千方百计地企图售卖，竞争的结果使商品跌价。但有的商品，如粮食、棉花、西瓜之类，体积大，价值低，易霉烂变质，时间一长，跌价销售的全部收入，甚至抵偿不了与日俱增的仓库费、保管费；要是用来救济穷人，又会减少十分有限的需求，只有趁早毁掉一部分对资本家最有利。

一旦主要商品由实力雄厚的少数大资本家控制（如美国联合果品公司经营的香蕉占世界产量的五分之三），那么，他们直接销毁，或者通过国家收购后销毁一大批商品，就会造成人为的供给减少，可以维持高价。

当然，危机中不销毁商品，又能保持高价，那肯定更加有利。为了达到这一目的，有些资本家曾挖空心思地制造人为的需求增加。例如，阿根廷有家制药厂，在出售灭虫剂的同时，还养殖害虫，并将其散布到首都布宜诺斯艾利斯和其他大城市中去。这样一来，他们的产品便供不应求了。真相揭穿后，有人评述道，这些资本家不择手段的“首创精神”，相对来说仍算是无害的，因为他们只是养殖不会致人死命的跳蚤，但如果下一次他们为了保证其抗蛇伤疫苗畅销而养殖响尾蛇的话，那后果将怎样呢？对于资本家来说，除了金钱损失，不知道还有别的痛苦，除了快快发财，不知道还有别的幸福，只要能赚更多的钱，粮食肉乳之类，可以做成美餐佳肴，也可以毫不惋惜地毁掉，可以喂老鼠养跳蚤，当然也可以繁育响尾蛇！

为了医治生产过剩的瘟疫，资产阶级曾经遍索灵丹妙药，终因药不对症而病情趋重，这一瘟疫的病根究竟在哪里呢？

实际上，经济危机的病根，马克思早就精确地诊断出来了：资本主义生产是社会化的生产，许多人集中在一起生产社会上所需要的商品。生产的社会化，要求根据整个社会需要统一安排生产，统一经营管理，使整个社会生产自觉地保持一定比例，协调发展。但是资本主义私有制使得生产资料和商品完全归资本家私人占有，这样，资本家在自己的工厂里实行有组织、有计划地生产，但生产规模和数量与市场的消费能力相脱节，因而整个社会的生产却是无组织、无计划、乱糟糟的，哪种商品最赚钱，资本家们就一拥而上，竞相生产，常常出现某些商品产量大大超过市场的实际需要的情况。广大劳动人民深受剥削，又时常处于失业半失业状态，买不起这些商品，于是就产生了生产过剩。可见，资本主义制度本身是萌发生产过剩的温床，不消灭资本主义制度是不可能治愈危机瘟疫的。

危机中受害最重的是无产阶级。资本主义企业一遭危机影响，就会缩减生产，解雇大批工人。如美国波音飞机公司在20世纪70年代初的危机中，解雇了60%的职工，该公司所在地西雅图市，成千上万的失业工人被抛上街头。工人失业后，有的虽然可领取失业救济金，但领取时间一般不会很长。法国作家左拉年轻时到巴黎谋生，曾整整一年多找不到工作，他在一封信中诙谐而形象地说："我拼命追逐着职业，尽管我跑得飞快，但职业比我跑得更快。"

工人大批失业还会给在职工人带来巨大压力，资本家会乘机把在职工人领到工厂的门口，让他们看到工厂门外挤满失业工人，迫使其忍受资本家的摆布，承担过度劳动。如福特汽车工厂利用危机一再提高工人的劳动强度，其最后几根传送带所装配的发动机，每12秒钟掉落一个，在这样快的速度下，工人只好用胳臂肘和肩膀交叉着动作，来完成这一严格规定的工作量，这就活像《摩登时代》中卓别林演过的那个著名角色。

经济危机用严酷的事实教育了无产阶级，使他们认识到要摆脱剥削和贫困的苦难深渊，唯一的出路是联合起来推翻资本主义制度。

四　国外宏观经济环境治理新技术举例

（一）国外治理废气的新技术

1. 国外治理工业废气的新技术。

（1）法国国家科研中心开发出新型材料，可大量吸附二氧化碳。它是由铬元素和对苯二甲酸合成的一种多孔复合纳米材料（MIL. 101）。由于它表面布满直径为 3. 5 纳米的小孔，因此吸附能力十分强大：这种材料在 25℃的温度下，1 立方米可储藏 400 立方米二氧化碳。

（2）目前，烟尘过滤装置均采用聚丙烯制成。焚烧设备运行时，烟尘中的二氧化碳很容易沉淀在其表面，在温度升高时，沉淀物又会脱落，重新回到烟尘中，造成排放超标。为解决这一难题，烟尘过滤装置必须定期更换，而且更换过程复杂，成本昂贵。近年，德国开发出具有“吸毒”功能的黑塑料，既能吸附对环境有害的二氧化碳等物质，又能阻止沉淀到焚烧设备烟尘过滤装置的表面。

（3）多伦多大学研制出一种探测炼钢炉内二氧化碳浓度的无源红外传感器，并成功进行了原型工业试验。它能够提高大型炼钢熔炉的燃烧效率，同时降低二氧化碳等有害温室气体的排放。如果加拿大所有大型工业熔炉都推广使用这项技术，每年将减少 15. 7 万吨二氧化碳气体的排放。

（4）瑞典瀑布能源公司试验开发煤基含氧燃料技术。他们通过在纯氧中而不是空气中燃烧煤炭的方法，对传统的火电厂进行改造。由于空气中含有大量氮气，所以传统发电厂会产生主要由氮气和部分二氧化碳及水组成的气溶胶混合物。问题在于，把二氧化碳与氮气分离需要大量能量，因此捕获二氧化碳的成本很高。但是，在煤基含氧燃料技术中，气溶胶主要由二氧化碳和水组成，而水很容易浓缩和去除，这样形成的纯净二氧化碳很容易收集。

（5）德国亚琛工业大学正在研究把发电厂排放的大量二氧化碳转化成有用的塑料原料。研究人员已建立一个催化剂研究中心，并与拜尔公司合作，准备利用二氧化碳生产廉价的聚碳酸酯塑料。这项研究不仅有利于减缓气候变暖，而且应用前景非常广阔，因为聚碳酸酯塑料是生产塑料瓶、DVD光碟和镜片等塑料制品非常普遍的原料，每年全球的需求量达数百万吨。

（6）以色列本·古里安大学利用海藻吸收二氧化碳，提炼生物燃料。其基本思路是，收集发电厂排出来的二氧化碳气体，把它们导入一个能生存海藻的系统。肥料和烟囱中排放出的碳，能帮助海藻大量繁殖。海藻含有的植物油约占体重的四分之一，提取这种植物油就能制成生物燃料。来自植物的生物燃料更清洁，造成的污染更小。

（7）加拿大探索用藻类生物反应器系统吸收二氧化碳。这种系统可以与煤、天然气发电厂或大型工业设施相结合。开发的思路是，把大型工业设施排放的二氧化碳气体，引导到一个人工“藻类农场”，农场里的藻类植物靠吸取二氧化碳生存，待其长大成熟后用作工业原料。成熟的藻类含油量丰富，可以用来生产生物柴油、酒精、动物饲料以及各种塑料。

（8）英国诺丁汉大学碳捕获和存储技术创新中心，利用一个与植物光合作用相似的过程，发明出把二氧化碳转化成沼气的技术。

（9）英国诺丁汉大学等机构组成的一个研究小组，研制出一种新型多孔材料，这种材料中的孔洞就像一个个“笼子”，其他气体可自由通过，但二氧化碳会被截留，因此这种材料有望用于工业上捕捉二氧化碳，减少碳排放。

（10）美国洛斯阿拉莫斯国家实验室发现，对大型发电厂附近大气污染的遥测，可能提供一种监测空气污染和排放程度的方法。

2. 国外治理汽车废气的新技术。

（1）法国标致雪铁龙汽车公司，开发出减少汽车尾气的“停车起步”装置。装有“停车起步”装置的汽车。每当车停时，发动机就会暂时停转，以避免在红灯、停车和堵车时制造空气污染。它可使城市汽车减少10%的汽油消耗，堵车时甚至减少15%。

（2）英国北威尔士一名有机化学家和两名工程师，研制成一个名为“绿盒”的装置，可以安装在汽车后方消音器的旁边，收集喷出的废气。绿盒回收的废气包括二氧化碳和一氧化二氮，收集所得的废气经藻类生物反应器处理，再经提炼形成生物柴油，又可供车辆使用。

（3）日本产业技术综合研究所开发出在低温条件下，对柴油车尾气中氮氧化物进行高效分解净化的电化学反应器。它可在250℃以下，分解氧浓度高达约20%的柴油尾气中的氮氧化物，有望取代现有的柴油车尾气净化装置。

3. 国外治理厨房废气的新技术。

德国莱布尼茨低温与等离子体研究所等发明一种厨房油烟过滤装置，可以去除恼人的厨房油烟和气味。它由三部分组成：一是吸收油烟中较大颗粒的过滤器；二是等离子体过滤器，它可将气体变成等离子体，各种污染物颗粒会与带电等离子体粒子发生反应，最终形成稳定的化合物；三是活性炭过滤器。这种新装置能够过滤掉最细小的污染物颗粒，甚至可以处理烟道中的污染水汽。

4. 国外治理香烟废气的新技术。

俄罗斯科学院生化物理研究所，对铝代硅酸盐和硅酮进行处理后，获得一种具有超强吸附能力的材料。他们用这种材料制成香烟过滤嘴，可有效吸收香烟燃烧气体中的尼古丁、挥发性亚硝酸盐、多环芳香烃、焦油和重金属等有害物质，其过滤功能大大超过普通香烟的过滤嘴。

（二）国外治理废水的新技术

1. 国外治理工业废水的新技术。

（1）新加坡南洋理工大学土木与环境工程系科研人员，利用细菌混合物净化废水新技术，可把废水中的有机化合物减少七成多。一般废水的主要有机物为氮和磷，而特定的几种细菌，会自动分解这些物质以获取自身所需的能量。利用这些细菌来分解清除有机物，比起目前采用的物理或化学方法来清除有机物更为简易。同时，可在废水中加入少量铁矿石，让有机物被氧化的同时，铁离子进行还原反应，从而使氧化还原反应持续不断。经过这样的处理后，废水的有机物含量便能大幅度降低。

（2）日本东京工业大学从蟹壳中提炼的脱乙酰壳多糖，能有效清除工业废水中的有毒物质苯酚。

（3）美国研制成能清除水中重金属的治污新材料。美国西北大学和能源部阿尔贡国家实验室，共同开发出一种多孔的新材料，可以像海绵一样吸收水中的重金属，将诸如水银或铅这样的污染物从水中清除掉。该新材料是一种由凝胶制成的坚硬的泡沫状物，其中大部分的液体被气体所代替。实际上，它是一种新型气凝胶，其原料与制作半导体所用的原料是一样的。传统的气凝胶由二氧化硅或碳制成，通常是白色或无色的，不吸收任何光线，而这种新型气凝胶可以吸收光线。科研人员把新型凝胶放置在含有金属离子的溶液中，发现它不仅清除了溶液中大部分的水银，还“带走”了大量的有机化合物。它非常像海绵，只是这种海绵的孔壁表层能防止硫原子进入溶液。

（4）德国斯图加特弗劳恩霍夫研究协会，发明世界第一套离心式污水处理装置，该装置采用转片过滤器，在金属筒内装有直径 31 厘米、厚 6 毫米和 0.2 毫米孔径的多孔陶瓷滤片。这些陶瓷滤片安装在旋转空心轴的几厘米处，同时可用作排水管。陶瓷片旋转的目的是不让脏物积得太厚，以影响其过滤功能。当脏物积得太多时，通过离心机将其抛出加以清除。这使污水处理厂可以避免频繁更换过滤器。

（5）韩国研究人员用木棉树纤维，开发出一种能迅速吸收水面上各类油污的环保材料。它的吸收能力，是目前清除漏油用无纺布的 4 ~ 6 倍，并能够多次重复使用。它还可用于清理甲苯、苯和烹饪用油。

（6）奥地利维也纳大学发现，碳纳米管是处理污水的好材料，并发明了一种用碳纳米管净化污水的新技术，能吸附致癌的多环芳烃等多种污染物，认为其效果好于传统方法。

（7）美国莱斯大学等科学家组成的国际研究小组发现，生产碳纳米管时在碳中添加少量的硼，能够获得固态、海绵状且可重复使用的亲油块状材料，它具有极强的吸油能力，有望用于水面漏油的清理。

（8）意大利罗马大学，研制出吸污和吸油能力超强的碳纳米管海绵，能够吸收水中化肥、农药和药品等污染物，净化效率超过之前方法的 3 倍。经掺杂硫后，还可提高吸收油污的能力，有可能在工业事故和溢油清理方面一显身手。

2. 国外治理农业污水的新技术。

（1）日本三得利公司开发出一种利用植物净化水质的新技术：改造蓝翅蝴蝶草基因，使其能够大量吸收水中的磷。这不仅可以减少农业污水，净化农业生产水质，而且含磷高的蓝翅蝴蝶草还能成为好肥料。

（2）日本农业食品产业技术综合研究所开发出一种新技术，利用简单的设备就可以从养猪场排出的污水中提炼出元素磷，再用于制造肥料等领域。

3. 国外净化压舱水的新技术。

新加坡研发出压舱水净化系统。压舱水是在船舶没有运载货物航行时，为保持船身平衡而注入船舱的海水，当船舶入港装载货物时，就会排出压舱水，但却容易把别处的海洋生物带入当地水域，导致外来生物入侵，进而影响海洋生态。为此，新加坡环境科学工研院在海事及港务管理局、热带海洋科学研究院、义安理工学院、海皇轮船及美国海运局支持下，完成这套压舱水净化系统。试验表明，它的净化率达百分之百。

4. 国外净化饮用水的新技术。

（1）以色列沃特希尔公司推出一款净水装置，只有10克重、7厘米长，外形小巧，像个软木塞，可以套在瓶子、容器和水龙头的出口处。当脏水流经净水装置时，可以得到快速清洁，流出来的就是可以直接饮用的干净水。

（2）发现检测饮用水中镭元素的新技术。有关研究表明：呼吸吸入镭，注射或食道摄入镭，以及身体暴露于一定量的镭辐射中，都会导致癌症和其他疾病。为了确保健康，需要检测周围生活环境中镭的存在。美国乔治亚理工研究所环境辐射中心的科研人员，发现了一种有效检测饮用水中镭的方法，它可以显著减少测试时间。这种方法只需两个步骤：一是将盐酸和氯化钡投入水样中，加热至沸腾，再加入浓硫酸，反应后收集镭的沉淀物，干燥并称重；二是利用伽马射线光谱系统，分析检测沉淀物中镭－226和镭－228的含量。过去，利用原始方法检测一种类型的镭元素需要4个小时，检测镭－226和镭－228则需要8个小时。现在，这个新技术可同时检测两种同位素，主要技术只要花费半个小时。

（3）美国麻省理工学院等研究人员，研制出可同步除盐的便携净水装置。他们用纳米材料，研制出一个如茶壶般大小的便携式净水装置，该装置不仅能滤掉水中的污染物，还能去除含盐水中的盐离子，为下一代便携式水净化设备铺平了道路。

（4）爱尔兰都柏林城市大学开发出只靠阳光就能净水的净水器。

据悉，他们制造出一种简便易行的净水器，可用阳光和一种常见的钛白粉，将水中的有机化合物完全分解，为广大农村和发展中国家人民带来实惠。

（三）国外治理废物的新技术

1. 国外发明废物利用的新技术。

（1）俄罗斯国立鲍曼技术大学，研制出能废物利用的实验型发电机，它主要由两大构件组成：燃气制造炉和基于柴油发电机技术的内燃机。其燃气制造炉，能以锯末、畜粪、泥炭和褐煤等为燃料。当这些物质在炉内依次经过烘干、脱氧和燃烧等工序后，便有混合气体生成。其中可燃气体占混合气体总量的近一半，它会进入内燃机汽缸，压缩燃烧并做功，通过连杆装置驱动发电机发电。

（2）日本帝人公司推出涤纶再生先进循环再利用流程装置：把穿旧废弃的涤纶面料服装进行回收集中，再经过粉碎，制成颗粒状，然后经过化学处理分解，成为聚酯原料，之后纺丝再生，变成新的涤纶原料，又可再制作服装。

（3）德国阿博格等利用皮革废料开发出模塑皮革。把清洗干净的皮革废料磨成细粉放入铣床，制成绒毛纤维。再用一条包括阿博格塑机在内的小型挤出生产线，将这些绒毛纤维原料，与不同颜色（通常大多选择黑、棕、灰三种）的树脂颗粒混合在一起，生产出模塑皮革。它具有天然的质地和吸汗能力，比硬塑料的触感柔和，也更显美观舒适。

（4）日本以碎玻璃为主要原料，掺入少量黏土等，经粉碎、成型、晶化、退火制成一种新型环保节能材料——玻晶砖，为碎玻璃开辟了一条高附加值再利用的新途径。

（5）日本东京都立产业技术研究所，用玻璃瓶碎片和钢筋混凝土淤渣为主要原料，加入少量硫化铁、硫酸钠和石墨，制成弯曲强度和耐酸性均高于大理石的装潢材料，成功地实现了变废为宝。

（6）英国一家公司开发出一套新的生产程序，把制造巧克力时所产生的废料转化成乙醇，然后与植物油混合起来制造生物柴油。

（7）意大利生物化学分子研究所的科研人员发现，西红柿加工后的废料，尤其是废弃的西红柿皮，可提取复合糖化物，经过提炼和净化，可转化成为一系列可降解的环保塑料制品，包括人们购物经常使用的塑料袋以及在农田使用的塑料薄膜等。

（8）智利健康食品研究中心利用果皮果核提取药物原料。他们通过一系列生化过程，从猕猴桃、葡萄、西红柿、甘蔗以及核桃等加工业废弃的果皮、果核中，提取出了可治疗癌症和心血管疾病的药物原料。

（9）西班牙马德里自治大学等组成的一个国际研究小组发现，棕色洋葱皮富含纤维、酚类化合物、栎精、黄酮醇以及硫磺化合物等有益健康的成分。富含人体需要的多种营养成分，可用它来制造非水溶性的营养补充剂，或将洋葱皮提取物添加到其他食品中，以造福人类。

（10）日本京都大学的一个研究小组，利用螃蟹壳和虾壳，成功制作出柔软透明的塑料。新塑料有望用于研制下一代有机发光显示屏。

（11）瑞典林雪平大学一个研究小组，利用造纸工业的废弃物，制造出太阳能电池的阴极，它可以采用一种更加智能更加廉价的方法存储太阳能，使得人们能持续从太阳能电池和风涡轮机获得廉价的电力。

2. 国外发明分解废弃物的新技术。

（1）以色列特拉维夫大学与魏茨曼科学院一起，发现了一种由分子联合体组成的人造分解剂。它可分解树木、棉花和其他植物的纤维素。同时，运用基因工程的方法，对它的结构进行重新安排，把不同的结构要素进行重新组合，终于找到可以分解人造纤维素的分解剂。这一发现，可以提高垃圾处理和回收的效率。

（2）法国威立雅研制出生物反应器填埋场，废弃物降解时间缩短一半。生物反应器填埋场的原理，是通过控制渗沥液的回灌来保证填埋场的最佳湿度，从而加速废弃物的降解。此项技术有很多优点，通过压实废弃物显著增加了废弃物填埋的库容，加速废弃物稳定化进程，从而缩短废弃物填埋场封场之后的维护期，使填埋场尽快与周围环境相协调。

（3）俄国喀山大学开发堆肥法清除石化污染物：先在堆放场晾晒石化油泥，再将晒干的油泥一层一层地刮下。与此同时，收集一种生物过滤工艺使用过的木屑填充料，将这些木屑撒在特制的堆肥场底层，使其厚度达到30厘米。随后，将刮下的干油泥铺在木屑层上，再往干油泥上撒木屑，如此叠加并使其总高度达到1.4米。木屑堆中含有特定的微生物，能通过分解吸收，清除、转化油泥中的污染物。

（4）日本京都大学开发出一种利用微生物处理生鲜垃圾的新技术，具有吃掉垃圾不吐渣的效果。与以往微生物处理方法相比，其残余的污泥量只有过去的5%，可稀释后冲入下水道。

（5）奥地利工业生物技术中心，研发出利用真菌降解塑料的新方法。此前，有人已在一些真菌菌株中发现了能“拆解”工程塑料的酶。该中心研究人员借助基因工程技术，提高了利用真菌及其产生的酶，把工程塑料高效分解成初始单体的能力。分解出的初始单体能重新用于生产优质材料。

3. 国外发明能自然降解的包装材料。

（1）瑞典保洁生态公司研制成能自动消失的包装塑料。发明者罗森的灵感来自蛋壳。对于鸡蛋来说，蛋壳是绝好的包装材料，缺点是容易破碎，主要原因在于碳酸钙占95%，比例太高，而且其余5%的天然蛋白质黏合剂也缺乏韧性。于是，罗森不用天然蛋白质作为黏合剂，而选用了天然气里提取的塑料聚烯烃。同时，他也找到了最佳配方：70%的碳酸钙和30%的聚烯烃。这样制成的“洁净材料”，看起来和摸上去都很像传统的塑料，但它不是塑料。实验表明，它有玻璃般的坚硬，又有橡皮般的柔软，是塑料、纸板和铝制包装可行、廉价的替代品。尽管其成分中含有塑料，但聚烯烃对环境的影响是很小的，它可以降解为碳和氧。

（2）日本大阪大学成功合成全部来自植物原料的透明高分子薄膜：通过综合运用发酵法和化学聚合法，把玉米中制得的聚乳酸转变成纳米纤维，以此作为增强剂，对以大豆为原料制成的聚合物进行合成，获得透明而具柔性的薄膜。

（3）英国贝卢公司开发的玉米制塑料饮料瓶，在商业肥料作用下只需12周便可全部降解，大大缩短了降解所需时间，是环保型材料应用领域的又一新突破。

（4）日本高崎造纸公司用食品工业废弃的苹果渣生产出果渣纸。其制法是：除去果渣中的籽粒，将其捣成纸浆，加入适量的木质纤维即可造纸。这种纸使用后容易分解，可焚烧或做堆肥，亦可回收重新造纸，不易污染环境，可用于食品包装。

（5）加拿大企业在全球率先开发出完全氧基可降解聚苯乙烯泡沫包装产品。它加入了一种添加剂，可与食品直接接触。它在氧气、热、紫外线或机械压力作用下，能变成细粉再被细菌和其他微生物分解，三年内可降解。这种可降解泡沫材料的问世，有利于减轻环境压力。

参考文献

一 中文著作

[1] 安虎森主编:《空间经济学原理》，经济科学出版社 2005 年版。

[2] [美] 芭芭拉·沃德、[美] 勒内·杜博斯:《只有一个地球——对一个小小行星的关怀和维护》，《国外公害丛书》编委会译，吉林人民出版社 1997 年版。

[3] [美] 保罗·克鲁格曼:《发展、地理学与经济理论》，蔡荣译，北京大学出版社 2000 年版。

[4]《陈云文选》，人民出版社 1986 年版。

[5] [美] 德内拉·梅多斯等:《增长的极限》，李涛、王智勇译，机械工业出版社 2006 年版。

[6]《邓小平文选》(1—3 卷)，人民出版社 1993 年版。

[7] 樊纲主编:《走向低碳发展：中国与世界》，中国经济出版社 2010 年版。

[8] 范文澜:《中国通史简编》(修订本第一编)，人民出版社 1965 年版。

[9] 范文澜:《中国通史简编》(修订本第二编)，人民出版社 1965 年版。

[10] [瑞典] 冈纳·缪尔达尔:《经济理论和不发达地区》，北京经济学院出版社 1991 年版。

[11] 高汝熹、罗明义:《城市圈域经济论》，云南大学出版社 1998 年版。

[12] [美] 哈伯勒:《繁荣与萧条》，朱应庚、王锟、袁绩藩译，商务

印书馆 1963 年版。

[13] [美] 亨利·考夫曼:《利率·市场与新的金融世界》,李青原译,中国金融出版社 1990 年版。

[14] 洪银兴:《经济转型和发展研究》,经济科学出版社 2008 年版。

[15] 胡锦涛:《高举中国特色社会主义伟大旗帜,为夺取全面建设小康社会新胜利而奋斗》,人民出版社 2007 年版。

[16] [英] 霍奇逊:《现代制度主义经济学宣言》,向以斌等译,北京大学出版社 1993 年版。

[17]《江泽民文选》(1—3 卷),人民出版社 2006 年版。

[18] 蒋自强、张旭昆等著:《经济思想通史》,浙江大学出版社 2003 年版。

[19] 金碚:《资源环境管制与工业竞争力》,经济管理出版社 2010 年版。

[20] [德] 京特·米塔格:《社会主义政治经济学及其在德意志民主共和国的应用》(上册),沙吉才译,中国社会科学出版社 1982 年版。

[21] [英] 肯尼思·巴顿:《城市经济学:理论和政策》,上海社会科学院部门经济研究所城市经济研究室译,商务印书馆 1986 年版。

[22] [英] 库姆斯、萨维奥蒂和沃尔什:《经济学与技术进步》,中国社会科学院数量经济技术经济研究所技术经济理论方法研究室译,商务印书馆 1989 年版。

[23] [美] 库兹涅茨:《各国的经济增长》,常勋等译,商务印书馆 1985 年版。

[24] [阿根廷] 劳尔·普雷维什:《外围资本主义:危机与改造》,苏振兴、袁兴昌译,商务印书馆 1990 年版。

[25] [美] 劳伦斯·克莱因:《供求经济学》,司一、向宁译,商务印书馆 1988 年版。

[26] [美] 蕾切尔·卡逊:《寂静的春天》,吕瑞兰、李长生译,上海译文出版社 2011 年版。

[27] 厉以宁:《西方经济史探索》(厉以宁自选集),首都师范大学出版社 2010 年版。

[28]《列宁全集》（第 1 卷），人民出版社 1958 年版。

[29]《列宁全集》（第 33 卷），人民出版社 1958 年版。

[30]《列宁选集》（第 1—4 卷），人民出版社 1972 年版。

[31] 林岗、黄泰岩：《三元经济发展模式》，经济科学出版社 2007 年版。

[32] 刘国光：《刘国光经济文选》，中国时代经济出版社 2010 年版。

[33] 刘再兴：《工业地理学》，商务印书馆 1997 年版。

[34]［德］路德维希·艾哈德：《来自竞争的繁荣》，祝世康、穆家骥译，商务印书馆 1983 年版。

[35] 马克思：《雇佣劳动与资本》，人民出版社 1965 年版。

[36]《马克思恩格斯选集》（第 1—4 卷），人民出版社 1972 年版。

[37] 马克思：《剩余价值理论》（第 2 册），人民出版社 1974 年版。

[38]《马克思恩格斯全集》（第 1 卷），人民出版社 1975 年版。

[39]《马克思恩格斯全集》（第 2 卷），人民出版社 1975 年版。

[40]《马克思恩格斯全集》（第 3 卷），人民出版社 1975 年版。

[41]《马克思恩格斯全集》（第 19 卷），人民出版社 1975 年版。

[42]《马克思恩格斯全集》（第 21 卷），人民出版社 1975 年版。

[43]《马克思恩格斯全集》（第 23 卷），人民出版社 1975 年版。

[44]《马克思恩格斯全集》（第 24 卷），人民出版社 1975 年版。

[45]《马克思恩格斯全集》（第 25 卷），人民出版社 1975 年版。

[46]《马克思恩格斯全集》（第 32 卷），人民出版社 1975 年版。

[47] 马克思、恩格斯：《资本论·书信集》，人民出版社 1976 年版。

[48] 马克思：《政治经济学批判》，人民出版社 1976 年版。

[49]［美］迈克尔·波特《国家竞争优势》，李明轩、邱如美译，华夏出版社 2002 年版。

[50]《毛泽东选集》（第 4 卷），人民出版社 1991 年版。

[51]［美］门罗编：《早期经济思想》，蔡受百等译，商务印书馆 1985 年版。

[52]［美］莫里斯·博恩斯坦编：《东西方的经济计划》，朱泱、周叔俊、王昕若等译，商务印书馆 1987 年版。

[53]［美］萨缪尔森：《经济学》（上册），高鸿业译，商务印书馆

1979 年版。
[54] 史忠良：《产业经济学》，经济管理出版社 2005 年版。
[55] 斯大林：《苏联社会主义经济问题》，中共中央马克思、恩格斯、列宁、斯大林著作编译局译，人民出版社 1961 年版。
[56]《斯大林选集》（下卷），人民出版社 1979 年版。
[57] [美] 斯蒂格利茨：《经济学》（上、下册），姚开建、刘凤良、吴汉洪等译，中国人民大学出版社 1997 年版。
[58] 宋涛：《宋涛文集》，经济科学出版社 2004 年版。
[59] 王俊豪：《政府管制经济学导论》，商务印书馆 2001 年版。
[60] [美] 维克托·富克斯：《服务经济学》，许微云等译，商务印书馆 1987 年版。
[61] 魏杰：《企业突围——从中国制造到中国创造》，中国发展出版社 2005 年版。
[62] 卫兴华：《卫兴华经济学文集》，经济科学出版社 2005 年版。
[63] 闻潜：《社会主义市场模式》，中国财政经济出版社 1990 年版。
[64] 巫宝三主编：《古代希腊、罗马经济思想资料选辑》，商务印书馆 1990 年版。
[65] 吴枫主编：《中华思想宝库》，吉林人民出版社 1990 年版。
[66] 吴敬琏：《当代中国经济改革》，上海远东出版社 2004 年版。
[67] 吴树青：《吴树青自选集》，学习出版社 2003 年版。
[68] 吴宣恭：《吴宣恭文集——产权、价值、分配》，经济科学出版社 2010 年版。
[69] 习近平：《干在实处，走在前列——推进浙江新发展的思考与实践》，中共中央党校出版社 2006 年版。
[70] 习近平：《习近平谈治国理政》，外文出版社 2014 年版。
[71] [美] 夏皮罗：《宏观经济分析》，杨德明、王文钧、闵庆全等译，中国社会科学出版社 1985 年版。
[72] 许涤新主编：《政治经济学辞典》（上册），人民出版社 1980 年版。
[73] [英] 亚当·斯密：《国民财富的性质和原因的研究》（上卷），郭大力、王亚南译，商务印书馆 1972 年版。

[74] [英] 亚当·斯密:《国民财富的性质和原因的研究》(下卷),郭大力、王亚南译,商务印书馆 1974 年版。

[75] 杨瑞龙:《全球经济调整中的中国经济增长》,中国人民大学出版社 2007 年版。

[76] [德] 约翰·冯·杜能:《孤立国同农业和国民经济的关系》,吴衡康译,商务印书馆 1986 年版。

[77] [美] 约拉姆·巴泽尔:《产权的经济分析》,费方域、段毅才译,上海三联书店 1997 年版。

[78] 张明龙:《经济学基本理论研究》,中国文史出版社 2002 年版。

[79] 张明龙:《经济学新问题求解》,中国经济出版社 2007 年版。

[80] 张明龙等:《产业集群与区域发展研究》,中国经济出版社 2008 年版。

[81] 张明龙:《区域政策与自主创新》中国经济出版社 2009 年版。

[82] 张明龙:《区域发展与创新》,中国经济出版社 2010 年版。

[83] 张明龙:《政治经济学教学研究》,中国经济出版社 2011 年版。

[84] 张明龙、张琼妮:《中小企业创新与区域政策》,知识产权出版社 2011 年版。

[85] 张明龙:《企业产权的演进与交易》,企业管理出版社 2012 年版。

[86] 张明龙:《走向市场经济的思索》,企业管理出版社 2014 年版。

[87] 张维迎:《竞争力与企业成长》,北京大学出版社 2006 年版。

[88] 张薰华、洪远朋:《〈资本论〉提要》(第 1 册),上海人民出版社 1977 年版。

[89] 张薰华、洪远朋:《〈资本论〉提要》(第 2 册),上海人民出版社 1978 年版。

[90] 张薰华:《〈资本论〉提要》(第 3 册),上海人民出版社 1982 年版。

[91]《周恩来选集》(下卷),人民出版社 1984 年版。

[92]《周易·系辞》(下),《十三经注疏》,中华书局 1980 年版。

[93]《周礼·地官·司市》,《十三经注疏》,中华书局 1980 年版。

[94] 朱熹:《四书集注·孟子》(卷之一),岳麓书社 1985 年版。

二　中文论文

[1] 蔡继明:《土地资源配置:市场同样要起决定性作用》,《光明日报》2014 年 5 月 14 日。

[2] 陈凤英:《国际背景下的中国经济新常态》,2014 年 11 月,瞭望观察网(http://www.lwgcw.com)。

[3] 陈玲:《论残疾人劳动权特殊保护的法律对策——兼论〈残疾人就业条例〉的新举措》,《法制与社会》2008 年第 8 期。

[4] 丁任重、郭洪涛:《中国经济发展道路:探索与转型》,《经济学动态》2011 年第 4 期。

[5] 樊纲、魏强、刘鹏:《中国经济的内外均衡与财税改革》,《经济研究》2009 年第 8 期。

[6] 樊纲、王小鲁、马光荣:《中国市场化进程对经济增长的贡献》,《经济研究》2011 年第 9 期。

[7] 洪银兴:《论市场对资源配置起决定性作用后的政府作用》,《经济研究》2014 年第 1 期。

[8] 胡培兆:《政治经济学的创新与学风》,《经济学动态》2010 年第 9 期。

[9] 黄泰岩:《新时期我国经济发展的目标、道路和动力》,《经济学家》2015 年第 5 期。

[10] 纪明、纪玉山、刘洋:《中国矿产资源开发利用的问题分析与对策研究》,《社会科学战线》2014 年第 9 期。

[11] 简新华:《发展经济学的最新发展:中国特色发展经济学》,《政治经济学评论》2011 年第 1 期。

[12] 金碚:《中国工业的转型升级》,《中国工业经济》2011 年第 7 期。

[13] 金碚:《中国经济发展新常态研究》,《中国工业经济》2015 年第 1 期。

[14] 廖建辉:《群众性农田基本建设新思路》,《江西社会科学》2001 年第 2 期。

[15] 厉以宁:《依法治国和深化经济改革》,《经济研究》2015 年第

1 期。
[16] 刘灿、金丹：《社会资本与区域经济增长关系研究评述》，《经济学动态》2011 年第 6 期。
[17] 刘国光：《经济学教学和研究中的一些问题》，《经济研究》2005 年第 10 期。
[18] 刘伟、张辉：《中国经济增长中的产业结构变迁和技术进步》，《经济研究》2008 年第 11 期。
[19] 刘伟：《我国经济增长及失衡的新变化和新特征》，《经济学动态》2014 年第 3 期。
[20] 马洪：《企业管理的新发展》，《中国工业经济》1999 年第 1 期。
[21] 逄锦聚：《新中国 60 年经济学的发展和启示》，《政治经济学评论》2010 年第 1 期。
[22] 钱津：《中国经济理论研究与中国经济发展》，《河北经贸大学学报》2015 年第 4 期。
[23] 宋涛：《运用社会主义市场竞争规律调整企业结构和产品结构》，《经济理论与经济管理》1997 年第 4 期。
[24] 魏后凯、白玫：《中国企业迁移的特征、决定因素及发展趋势》，《发展研究》2009 年第 10 期。
[25] 魏杰、李东红：《30 年国有企业改革历程评析》，《经济与管理研究》2009 年第 1 期。
[26] 卫兴华：《社会主义市场经济与法治》，《经济研究》2015 年第 1 期。
[27] 吴敬琏：《转变发展方式要从改革入手》，《当代经济》2011 年第 1 期（上）。
[28] 吴树青：《深化社会主义初级阶段的认识》，《北京大学学报》（哲学社会科学版）2003 年第 2 期。
[29] 吴宣恭：《正确认识利益相关论者的企业产权和社会责任观》，《经济学家》2007 年第 6 期。
[30] 徐萌：《农村土地抛荒原因探析》，《现代农业科技》2007 年第 2 期。
[31] 杨瑞龙：《以混合经济为突破口推进国有企业改革》，《改革》

2014 年第 5 期。

[32] 杨旭明:《论农田基本建设与现代农业》,《农业与技术》2007 年第 4 期。

[33] 杨宜勇、池振合:《中国居民收入分配现状及其未来发展趋势》,《经济研究参考》2014 年第 6 期。

[34] 赵健:《农村土地开发整理权属管理初探》,《中国土地》2006 年第 3 期。

[35] 张明龙:《试谈产品价值与商品价值》,《浙江师范学院学报》(哲学社会科学版)1983 年第 1 期。

[36] 张明龙:《"竞争和生产无政府状态规律"质疑》,《学习与探索》1985 年第 6 期。

[37] 张明龙:《运用函数图像讲解价值规律》,《经济学周报》1986 年 6 月 8 日。

[38] 张明龙:《论竞争在社会主义经济规律体系中的作用》,《浙江师范大学学报》(哲学社会科学版)1987 年第 3 期。

[39] 张明龙:《计划机制与市场机制:水乳交融式结合》,《中国经济问题》1990 年第 5 期。

[40] 张明龙:《培育市场体系,强化市场机制作用》,《商业经济研究》1993 年第 3 期。

[41] 张明龙:《准确量化国有企业的资产价值》,《经济理论与经济管理》1996 年第 2 期。

[42] 张明龙:《新中国八次大的宏观调控》,《天府新论》1996 年第 5 期。

[43] 张明龙:《国有企业无形资产的内涵、量化与保护》,《中国社会科学》1996 年第 6 期。

[44] 张明龙:《健全宏观调控的核心机制》,《长白学刊》1997 年第 5 期。

[45] 张明龙:《国有企业建成现代企业制度的标志》,《贵州社会科学》1997 年第 6 期。

[46] 张明龙:《按公司制规范要求推进国有企业改革》,《青海社会科学》1998 年第 1 期。

[47] 张明龙：《产权分类与产权制度选择》，《学术论坛》1999 年第 5 期。
[48] 张明龙：《新中国 50 年劳动就业制度变迁纵览》，《天府新论》2000 年第 1 期。
[49] 张明龙：《工资制度改革的回顾与展望》，《唯实》2000 年第 5 期。
[50] 张明龙：《论产权与所有权的关系》，《浙江学刊》2001 年第 2 期。
[51] 张明龙：《论发展规律》，《发展研究》2001 年第 5 期。
[52] 张明龙：《论整顿市场经济秩序与完善市场规则体系》，《社会科学辑刊》2001 年第 5 期。
[53] 张明龙：《健全市场规则体系的宏观对策》，《宏观经济管理》2001 年第 7 期。
[54] 张明龙：《区域发展理论演进的纵向考察》，《云南社会科学》2002 年第 2 期。
[55] 张明龙：《论所有权与产权的区别》，《经济评论》2002 年第 3 期。
[56] 张明龙、章庆平：《年薪制激励和约束经营者行为》，《中国劳动》2002 年第 4 期。
[57] 张明龙：《增强经营者年薪制的激励和约束功能》，《经济学家》2003 年第 3 期。
[58] 张明龙：《产业聚集的溢出效应分析》，《经济学家》2004 年第 3 期。
[59] 张明龙：《略论市场规则体系》，《商业研究》2004 年第 4 期。
[60] 张明龙：《推进经济学理论体系创新》，《学术月刊》2005 年第 1 期。
[61] 张明龙：《欠发达地区跨越式发展思索》，《经济学家》2005 年第 4 期。
[62] 张明龙：《市场供求变量及趋势分析》，《商业研究》2005 年第 13 期。
[63] 张明龙、张琼妮：《韦伯工业布局论的结构考察》，《浙江树人大

学学报》（人文社会科学版）2008 年第 5 期。

[64] 张明龙：《我国就业政策的六十年变迁》，《经济理论与经济管理》2009 年第 10 期。

[65] 张明龙：《改革前我国就业政策的主要特征》，《新华文摘》2010 年第 2 期。

[66] 张明龙、张琼妮：《区域合作的一种可行模式：产业链式化转移与承接》，《贵州社会科学》2012 年第 7 期。

[67] 张明龙、万方：《中美贸易与人民币实际汇率关系的实证研究》，《河北经贸大学学报》2014 年第 4 期。

[68] 张明龙、周剑勇、刘娜：《杜能农业区位论研究》，《浙江师范大学学报》（哲学社会科学版）2014 年第 5 期。

[69] 张明龙、周剑勇：《产业结构与经济增长关系的实证研究》，《浙江师范大学学报》（哲学社会科学版）2015 年第 5 期。

[70] 张维迎：《从中国改革看制度变革的演进特征》，《中国改革》2003 年第 11 期。

[71] 章庆平：《高校新工资制存在的问题与对策》，《高师教育》1995 年第 4 期。

三　外文

[1] Bernanke, Ben. The Global Saving Glut and the U. S. Current Account Deficit, Updatges Speech Given on 10 March 2005 at the Sandridge Lecture, Virginia Association of Economics, Richmond, Virginia.

[2] Bosworth Barry and Susan M. Collins. Accounting for Growth: Comparing China and India, Journal of Economic Perspectives, 22 (1), 2008.

[3] D. C. North. Institutions, Institutional Change and Economic Performance, New York: Cambridge University Press , 1990.

[4] Edward, Sebastian. Information Technology and Economic Growth in Developing Countries. Challenge, Vol. 45, May/June, 2002.

[5] G. Stigler. The Theory of Price, New York , Macmillan Co. , 1966.

[6] J. A. Schumpeter. History of Economic Analysis, New York, Macmillan

Co. , 1976.

[7] J. McLaughlin, P. Rosen, D. Skinner and A. Webster, Valuing Technology: Organization, Culture and Change. Routledge, London, 1999.

[8] K. Haitani. Comparative Economic Systems: Organizational and Managerial Perspectives, New Jersey: Prentice-Hall, 1986.

[9] Kumar Subodh and Russell Robert, /Technological Change, Technological Catch up, and Capital Deepening: Relative Contributions to Growth and Convergence, American Economic Review, 92 (3), 2002.

[10] Li Shaomin and Jun Xia. The Roles and Performance of State Firms and Non-State Firms in China. s Economic Transition, World Development, 36 (1), 2008.

[11] Mukherjee Anit and Xiao bo Zhang. Rural Industrialization in China and India: Role of Policies and Institutions, World Development, 35 (10), 2007.

[12] Report to the President and Congress on Coordination of Intellectual Property Enforcement and Protection, the National Intellectual Property Law Enforcement Coordination Council, September, 2006.

[13] R. F. Klueger. Buying and Selling a Business, New York: John Wiley and Sons, Inc. , 1988.

[14] Ronald, McKinnon. Exchange Rate or Wage Changes in International Adjustment? International Economics and Economic Policy, Vol. 2, 2005.

[15] Solomon W. Polachek and W. Stanley siebert. The Economics of Earnings, Cambridge University Press, 1993.

[16] Stefano Ponte and Peter Gibbon. Quality standards, conventions and the governance of global value chains. Economy and Society, (2), 2005.

[17] The World Bank. Rural Development, Natural Resources and Environment Management Unit, February, 2007.

[18] Thrainn, Eggertsson. Economic Behavior and Institutions, Cambridge University Press , 1990.

[19] W. J. Baumol. J. C. Panzer. and R. D. Willig. Contestable Markets and the Theory of Industry Structure, San Diego: Harcourt Brace Jovanovich, 1982.

[20] Wing Thye Woo. The Structural Nature of Internal and External Imbalances in China, Economics Department University of California, Working Paper, 2005.

后　记

我任大学经济学教师，将近40年了。先后给本科生讲授过《政治经济学》《西方经济学说史》《市场营销学》《产权经济学》等课程，给研究生讲授过《社会主义经济理论研究》《经济体制改革研究》《区域经济学》等课程。

在我的大学工作生涯里，《政治经济学》是任教的起点，也是备课时间和授课时数最多的一门课。年轻时，为了写出有质量的《政治经济学》讲稿，我特地做了一块长40厘米、宽20厘米的告示板，上面直排两行写着八个字："备课时间，恕不接待"，一到晚上就挂在门上，免得闲人打扰，浪费宝贵的时间。所写讲稿，常常参考多种不同版本，博取众长，并及时吸收经济理论界的新观点和新见解，使其形成具有自己特色又与教科书不即不离的教学效果。其中，20世纪80年代撰写的部分《政治经济学》讲稿，计500多页稿纸，已经捐赠给台州市档案馆收藏。2014年11月7日，市档案馆举行了专场的"张明龙手稿捐赠仪式"。

我在重视改进教学方法，开展教材教法研究的同时，加强对社会主义经济理论与实践的研究，深入探索了所有制改革、市场及其运行机制、计划与市场的关系、产权与委托代理、国有企业改革、产业集群发展、区域发展规律与发展模式，以及收入分配与宏观调控等问题。在《中国社会科学》（中英文版）等发表论文、译文360多篇，有3篇论文呈中央政治局领导决策参考。这部《政治经济学原理及教学研究》，就是在系统梳理学术和教学研究成果的基础上形成的。

本专著的各种知识要素，吸收了经济理论界和实际工作者大量的研究成果，不少方面还直接得益于师长、同事和朋友的赐教。为此，向所有提供过帮助的人，表示衷心的感谢！

这里，要特别感谢名家工作室成员的团队协作精神和艰辛的研究付出。感谢卢双、余俊平、巫贤雅等研究生参与课题调研，以及帮助搜集、整理资料等工作。感谢浙江省哲学社会科学规划重点课题基金、台州市宣传文化名家工作室建设基金、台州市优秀人才培养（著作出版类）资助基金，对本书出版的资助。感谢台州学院办公室、组织部、宣传部、人事处、科研处、教务处、招生就业处、信息中心、图书馆和经济研究所、经贸管理学院，浙江师范大学经济管理学院等单位诸多同志的帮助。感谢中国社会科学出版社诸位同志，特别是刘艳女士，他们为提高本书质量倾注了大量时间和精力。

限于我们的学术研究水平，书中难免存在一些不妥和错误之处，敬请广大读者不吝指教。

张明龙

2016 年 1 月于台州学院湘山斋张明龙名家工作室